KB118978

합의적 질적 연구

사회과학 현상 탐구의 실질적 접근

| Clara E. Hill 편저 | 주은선 역 |

학지사

역자 서문

"Publish or perish!(연구 논문을 출판하든지 아니면 도태되든지!)"는 연구 성과물을 내야 하는 상황에 처한 사람들에게는 익숙한 표현일 것이다. 역자 또한 그렇고 주변을 둘러보아도 콧노래를 부르며 즐겁게 연구하고 논문을 써 내는 사람들을 찾기란 그리 쉽지 않다. 그만큼 연구를 한다는 것은 많은 능력을 필요로 하고 헌신이 따르며, 매우 외로운 작업임에는 틀림없다. 그만큼 어려운 과정을 겪은 후에 연구 업적이 나오게 되는데 고진감래(苦盡甘來)라고 그 열매는 매우 달콤하다. 그러나 달콤함도 잠시, 또 다른 연구 주제로 옮겨 이 과정을 반복하게 된다.

상담심리 분야의 많은 연구자처럼 역자도 연구 시작 시점에는 양적 연구 방법을 선호하였고, 그 방면으로 교육과 훈련을 받았다. 역자의 연구 작업 단계를 되돌아보면 학위 취득 후 연구자로서의 초기 단계에서는 미국에서 박사학위를 받은 배경으로 인해 서구의 연구 도구와 척도를 사용해서 한국의 상담 현장에 적용하는 과정을 거쳤다. 이 과정에서 시행착오를 겪었던 것 같다. 양적 연구 방법을 사용하면서 무언가 좀 답답한 느낌, 설문지를 통해서 그 연구 참여자가 말하려고 하는 것이 무엇인지, 그리고 통계적 수치가 진정으로 의미하는 것은 무엇인지에 대한 궁금증이 생기기 시작했다. 그러면서도 적은 수의 연구 참여자들을 대상으로 지나치게 깊게 파고들면서 참여자의 심층적인 의미 파악에는 그리 흥미를 갖지는 못하였다. 이러한 양적 연구 방법과 질적 연구 방법 사이에서 나의 궁금증과 갈증을 일정 부분 해소시켜 준 것은 Hill 교수의 합의적 질적 연구 방법이었다.

합의적 질적 연구(Consensual Qualitative Research: CQR)는 양적 연구 방법과 질적 연구 방법 각각의 장점을 채택하고, 더 나아가 힘들고 외로운 연구 과정을 좀 더 즐겁게(때에 따라서는 더 고통스럽기도 하지만) 할 수 있는 연구 방법이다. CQR은 매릴랜드 대학교의 Clara Hill 교수가 동료들과 함께 1997년 「The Counseling Psychologist」에 「A guide to conducting consensual qualitative research」라는 제목의 논문을 발표하면서 세상에 선보였고, 이 책 제16장에서 밝힌 것처럼 2014년 현재 CQR을 사용한 100편이 넘는 연구물이, 특히 상담심리 분야에서 인정받고 있는 저널에 발표되었고 그 숫자는 증가 추세다.

CQR의 특징은 다음과 같다.

첫째, CQR은 질적 연구와 양적 연구의 만남이다. CQR을 통해 각 사례를 분석할 때에는 개별적인 사례에 대한 심도 있는 분석이 가능하다. 또한 합의 과정을 통해 모든 사례를 종합하여 수치화할 수 있기 때문에 전체적인 패턴과 개인의 특수성을 파악하는 것이 가능하여 질적 연구와 양적 연구의 단점을 모두 보완할 수 있다.

둘째, 원자료를 편견 없이 볼 수 있다. 연구의 기초가 되는 원자료를 팀원이 각각 살펴보고 분석함으로써 연구 주제나 연구자의 의도에 얽매이지 않고 자유롭게 자료를 분석할 수 있는 기회를 제공한다. 따라서 아무런 편견 없이 원자료를 분석할 수 있고 합의 과정에서 민주적인 방식으로 팀원의 각각의 분석을 듣고 토의할 수 있다. 이런 과정은 다른 질적 연구들이 갖는 연구자 편향이나 동조 현상과 같은 문제점에서 자유로울 수 있다.

　셋째, 팀원 간의 친밀함과 연구에 대한 애착이 생긴다. 자료를 분석하고 합의하는 과정에 참여하기 위해 팀원과 지속적인 연구 미팅을 갖고 토의해 나가는 과정 자체가 친밀함을 높이고, 다양한 각도에서 볼 수 있으며, 전체적으로 연구를 이해하는 것에 도움을 줄 수 있다. 따라서 연구 과정이 외롭지 않고 연구자들은 즐겁게 참여할 수 있으며 연구에 대한 애착을 높여 준다.

　Hill 교수는 역자가 매우 존경하는, 상담심리 분야에서 탁월한 학자다. 훌륭한 연구자이기도 하지만 상담자이기도 하고 무엇보다도 사람이 좋다. Hill 교수는 겸손하고 유연하며 성실한 성품을 갖고 있는데, 특히 CQR이 계속 진화해서 지금까지 온 것처럼 Hill 교수의 끊임없이 수정하고 보완하는 자세를 무엇보다 높이 산다. 『상담의 기술』, 『꿈 치료』에 이어 세 번째로 Hill 교수의 책을 번역할 수 있는 것이 무엇보다 큰 영광이고 즐거움이다. Hill 교수의 책들은 특히 상담심리 분야에 실질적으로 필요한 책이고 전 세계적으로 상담심리학의 기본 교과서로 많이 활용되고 있다. 번역의 허술함이 Hill 교수의 원저에 누가 될까 봐 많은 걱정을 안고 조심스럽게 번역서를 한국 독자들에게 내보인다.

　이 책이 나오기까지 좋은 책들을 저술하고 번역할 수 있는 기회를 주신 학지사의 김진환 사장님께 감사드린다. 또한 부족한 원고를 꼼꼼히 봐 주신 김순호 편집부장님, 그리고 역자의 연구에 많은 영감을 준 덕성여자대학교 심리학과의 석사, 박사과정 대학원생들에게 고마움을 전하고 싶다.

　마지막으로 역자의 지도 교수인 시카고 대학교의 Orlinsky 교수와 그의 절친인 노스웨스턴 대학교의 Howard 교수와의 관계를 떠올려 본다. 두 분은 1970년 대부터 공동 연구를 많이 하였는데 Howard 교수가 먼저 세상을 떠났을 때 Orlinsky 교수가 몇 년을 너무나 비통해하셨던 것을 옆에서 지켜본 기억이 있다. Orlinsky 교수는 연구한다는 목적으로 Howard 교수와 많은 날을 식사도 같이 하고 여행도 같이한 추억이 많다는 말씀을 종종 해 주었다. 그만큼 친구를 잃는 것은 고통스러운 일이고, 이는 결국 연구하는 데 이를 같이 할 친구가 있는 것은 큰 축복임에 틀림없다는 말이기도 하다. 독자들도 합의적 질적 연구 방법을 통해 동료들과 많은 추억도 만들고 함께 나눌 수 있기를 바란다.

Good Luck!

2016년 1월
역자 주은선

차 례

역자 서문 / 3

제1부 합의적 질적 연구란 무엇인가

제1장 합의적 질적 연구의 개관 _ 15
1. 질적 연구 방법론이란 무엇인가 / 20
2. 합의적 질적 연구의 핵심 요소 / 21
3. 합의적 질적 연구의 주요 단계 / 27
4. 합의적 질적 연구의 적용 / 30
5. 합의적 질적 연구와 다른 질적 연구 방법의 비교 / 31
6. 이 책의 개관 / 33
7. 결 론 / 35

제2장 합의적 질적 연구의 철학적 · 역사적 배경 _ 39
1. 연구 패러다임 / 40
2. 합의적 질적 연구와 역사적 전제 / 48
3. 결 론 / 52

제2부 합의적 질적 연구 수행

제3장   **시작 단계 _57**

1. 주제 선정 / 58

2. 연구 아이디어 만들어 내기 / 60

3. 질적 방법론이 그 주제를 연구하는 데 최선의 접근인가 / 61

4. 문헌 조사 / 64

5. 문헌 관련 내용을 보류해 두기 / 65

6. 합의적 질적 연구 목적 설정하기 / 66

7. 연구 문제 설정하기 / 67

8. 결 론 / 68

제4장   **연구팀 _71**

1. 팀의 구성 / 71

2. 훈 련 / 78

3. 팀의 진행 과정 / 79

4. 작업하는 팀의 예 / 83

5. 결 론 / 84

제5장   **편견과 기대 _87**

1. 합의적 질적 연구 내의 편견과 기대를 다루는 근본적인 이유 / 88

2. 편견과 기대의 정의 / 89

3. 편견과 기대 다루기 / 91

4. 결 론 / 99

제6장   **표 본 _101**

1. 표본 선정 / 101

2. 표본의 크기 / 105

3. 표본 모집하기 / 106

4. 결 론 / 112

제7장　자료 수집 _ 115

1. 면담 계획안의 개발 / 117

2. 면 담 / 121

3. 면담의 수행 / 126

4. 기타 고려사항 / 131

5. 결 론 / 135

제8장　자료 코딩하기-영역과 핵심 개념 _ 141

1. 영역 개발 / 142

2. 핵심 개념 구성 / 152

3. 결 론 / 157

제9장　교차 분석 _ 159

1. 교차 분석의 자료 / 159

2. 범 주 / 160

3. 하위 표본을 설명하고 비교하기 / 170

4. 안정성 확인하기 / 173

5. 문제의 조정 / 174

6. 교차 분석의 대표 사례 / 176

7. 두 팀이 교차 분석 비교하기 / 176

8. 결 론 / 180

제10장　자 문 _ 183

1. 철학적 토대 / 184

2. 왜 자문이 있어야 하는가 / 185

3. 자문의 성패를 좌우하는 특성 / 186

    4. 자문의 선택 / 188

    5. 자문의 역할과 기능 / 189

    6. 피드백 방식 / 191

    7. 연구팀과 자문 사이의 협의 관계 / 193

    8. 결 론 / 193

제11장 　원고 쓰기 _ 195

    1. 개 관 / 195

    2. 방법 부분 / 196

    3. 결론 부분 / 197

    4. 논의 부분 / 202

    5. 일반적 고려사항 / 206

    6. 결 론 / 208

제12장 　합의적 질적 연구의 질적 메타 분석 _ 213

    1. 질적 메타 분석의 예 / 215

    2. 합의적 질적 연구 자료의 질적 메타 분석 수행 단계 / 221

    3. 결 론 / 227

제 3 부 총체적 고려사항

제13장 　합의적 질적 연구의 신뢰성 구축 _ 233

    1. 자료의 진실성 / 234

    2. 반응성과 주관성 / 239

    3. 연구 결과 명확히 전달하기 / 240

    4. 결 론 / 243

제14장   합의적 질적 연구의 문화적 고려 _ 247

1. 맥 락 / 247

2. 연구팀의 구성과 기능 / 250

3. 연구 문제 만들기 / 252

4. 표본과 자료 수집 / 253

5. 자료의 이해 / 255

6. 타당도와 신뢰도 / 257

7. 결 론 / 259

제15장   합의적 질적 연구의 윤리적 고려사항 _ 263

1. 연구의 초점 / 264

2. 연구팀의 고려사항 / 266

3. 참가자와 자료 수집 / 271

4. 결과 작성과 논의사항 / 275

5. 결 론 / 276

제16장   합의적 질적 연구를 사용한 주석이 달린 참고문헌 연구 _ 279

1. 합의적 질적 연구 자료의 경향 요약 / 280

2. 요 약 / 285

제 4 부 합의적 질적 연구의 수정과 확장

제17장   단순 질적 자료를 위한 합의적 질적 연구
합의적 질적 연구– 수정본 _ 329

1. 정의와 배경 / 330

2. 합의적 질적 연구–수정본에 대한 근거 / 331

3. 합의적 질적 연구–수정본: A단계별 가이드 / 333

4. 결 론 / 346

제18장 사례 연구를 위한 합의적 질적 연구의 수정
CQR-C 소개 _ 349

1. 질적 사례 연구 접근 방식에 대한 정당화 / 350

2. 합의적 질적 연구–사례의 발전 과정에서 영향력 있는 원인 / 352

3. 합의적 질적 연구–사례의 초기 단계 / 354

4. 자료 수집을 위한 준비 / 357

5. 자료 수집 / 358

6. 자료 요약(교차 분석) / 361

7. 합의적 질적 연구–사례의 결과 작성 / 368

8. 주요 고려사항 / 368

9. 결 론 / 370

부록: 합의적 질적 연구 FAQ _ 373

1. 전반적인 방법론 / 374

2. 자료 분석의 진행 / 378

3. 합의적 질적 연구 결과의 작성과 출간 / 382

4. 마지막 생각 / 384

찾아보기 / 385

제1부

합의적 질적 연구란 무엇인가

제1장 합의적 질적 연구의 개관
제2장 합의적 질적 연구의 철학적 · 역사적 배경

Consensual Qualitative Research 제1장

합의적 질적 연구의 개관

Clara E. Hill

과거 내가 연구를 시작한 무렵에는 양적 연구 방법을 사용했다. 이는 내가 유일하게 알고 있던 연구 접근 방법이기도 했다. 나는 치료자의 행동을 코딩하는 분류 체제를 개발했고(Hill, 1978) 이 시스템을 사용해서 언어 반응 양식의 상호 배타적인 분류 범주 중 하나로 각 상담자 반응(예, 감정의 반영, 해석)을 코딩할 평정자들(judges)을 훈련했다. 일단 상담자의 행동을 확실하게 코딩하면, 치료자의 각 언어 반응 양식이 상담 회기에서 얼마나 자주 사용되는지 수치화할 수 있었다. 우리는 언어 반응 양식의 비율을 기술적으로 검토했으며(예, 로저스, 펄스, 엘리스의 반응 양식의 차이점; Hill, Thames, & Rardin, 1979) 다른 변수들과도 연관시켰다(예, 즉시적인 내담자 반응, 회기 평가; Hill et al., 1988).

평정자들을 훈련하고 분류 체제의 신뢰성과 타당성을 얻는 데 있어서 양적 연구 방법은 더욱 발전하고, 자주 사용되었다(Hill & Lambert, 2004; Lamber & Hill, 1994 참조). 이것은 쉽게 관찰할 수 있으며 최소한의 해석을 요구하는 행동(예, 고개 끄덕임)을 다루는 데 특히 유용하다. 그러나 불행히도 연구자들이 큰 관심을 갖는 많은 행동은 그렇게 명료하지 않다. Holsti(1969)는 "당신이 셀 수 없다면 그것은 소용이 없고, 측정할 수 있더라도 그것이 진짜가 아닐 수 있다."라고 적절하게 지적했다(p. 112).

나의 경우, 신뢰할 만한 심리치료 여덟 사례의 132회기 안의 상담자 언어 반응 양식의 효과를 다룬 연구에서 이 양적 기반의 그리고 약간 무익한 방법론에 대한 의문은 절정에 달했다. 우리는 상담자와 내담자의 진술을 꼼꼼하게 코딩했다. 이 연구에서 상담자의 언어 반응 양식이 내담자에게 즉시적인 결과물(반응, 경험하는 수준)의 변이에 오직 1%만 영향을 미친다는 것을 발견했다. 그리고 상담자의 의도와 내담자의 이전 경험 수준을 회귀방정식에 추가했을 때는 0%로 떨어진다는 것을 알게 되었다. 얼마나 불행한 결과인가!

10년 이상 도구를 개발하고 고생스럽게 자료를 수집하고 코딩한 후, 우리는 치료자의 언어 반응이 그다지 중요하지 않다는 것을 발견했다. 이 발견은 나의 기대와 임상 경험을 의심하게 하는 결론이었다. 이즈음 나는 존재론적 위기를 느꼈다(Hill, 1984 참조). 나는 양적 방법론이라는 특정한 연구 방법론 안에서 길들여 왔고, 배운 대로 했다. 그러나 결과적으로는 제대로 되지 않았다. 내 가설이 틀렸거나 사용한 방법론이 잘못되었거나 아니면 방법론이 내 연구 주제에 적당하지 않았던 것이다.

이와 맞물려서 몇몇 사람이 양적 연구 방법론의 문제에 관해 논의하고 있었다(예, Goldman, 1976, 1979 참조). 나는 학회에서 우리가 양적 연구 방법론을 통해 무엇을 배울 수 있는지에 대해 한탄하는 토론을 많이 했던 것을 기억한다(Hill & Gronsky, 1984 참조). 많은 동료가 대안으로 질적 연구 방법론을 제안했다. 나는 인류학과 사회학, 교육학에서 발생한 이런 새로운 연구 방법론에 호기심이 생기긴 했지만, 정밀성과 명확성이 결여되었다고 보았다. 그래서 이 방법론을 어떻게 구체적으로 정의하고, 실제 상담에서 어떻게 이행할 수 있을지 구상하는 것이 어려웠기 때문에 수용을 꺼리고 있었다.

그럼에도 나는 그동안 사용해 온 양적 연구 방법의 틀을 깨는 작업을 계속해 왔다. Hill, Charles, Reed의 연구(1981)에서 우리는 상담자가 되는 것이 어떤 경험인지에 관해 박사학위 과정에 있는 학생들과 면담했다. 우리는 자료를 '질적'으로 분석하고, 그것을 양적 데이터로 발표했다. 그러나 어떤 특정한 접근법을 사용하지는 않았다. 우리의 질적 분석에서 학생들은 학업 과정이 스트레스를 주지만 또한 그들을 성장시킨다고 말했다. 그들은 또한 기초 상담 기술보다 고급 상담 능력(예: 타이밍)에서 변화가 있었다고 했다. 평정자들이 단기 상담회기에서 언어 반응 유형을 코딩한 양적 연구 결과가 있다. 3년간 훈련을 거친 훈련자들을 관찰해 보니 최소한의 촉진 기술 사용은 감소했으나 질문 사용은 증가했다. 이는 우리의 연구 결과를 뒷받침해 준다.

나는 발견 중심(Mahrer, 1988) 또는 탐색 연구(Hill, 1990)라고 불리던 방법론을 실험했다. 연구자가 개방형 질문을 던지고 개인 연구의 자료에서 분류 기준을 받아들이는 것이다. 그들은 자료를 코딩하기 위한 새로운 연구팀을 훈련했고, 코딩된 것들을 토대로 타당도를 평가했다(예: Hill, Rochlen, Zack, McCready, & Dematatis, 2003). 이 방식으로 그 방법론에서는 역으로(즉, 귀납적으로) 특정한 자료에서 나타난 분류 기준을 얻어 자료를 신뢰할 수 있도록 기술했다(연구자 편견의 한계와 자료에서 드러난 것을 관찰하는 연구자 능력의 한계를 포함한 채). 자료에 사전 분류 기준을 사용하는 것(하향적 접근 또는 연역적 접근으로 불리는)과는 대조적인 방식이었다. 공교롭게도 이 방법론에는 임상적 직관을 포기하고 주어진 분류 기준으로 자료를 코딩한 두 번째 연구팀이 필요하다. 우리가 비교적 단순한 자료를 질적으로 분석하는 방법을 어떻게 발전시켜 왔는지 자세히 알기 위해서는 합의적 질적 연구의 수정본(CQR-M)을 설명한 제17장을 참조하기 바란다.

이 연구 과정의 다음 단계는 콜럼비아 대학교에서 강연을 마치고 Renee Rhodes와 점심을 먹는 자리에서 이루어졌다. 우리는 질적 연구 방법이 매우 기대할 만하다고 생각했기 때문에 질적 연구를 어떻게 진행하는지 알아가기로 했다. 우리는 질적 연구 방법론에 흥미가 있는 Barbara Thompson에게 함께 시도해 보자고 했고, 질적 연구 방법을 연구 중이던 Robert Elliott에게도 지도 요청을 했다. 이리하여 큰 모험이 시작되었다.

우리는 무엇이 오해를 일으키며, 오해를 일으키는 사건에는 어떤 것이 있고, 그 결과는 어떠한지를 내담자들에게 물어보면서 심리치료에서 발생하는 오해에 대해 연구했다(Rhodes, Hill, Thompson, & Elliott, 1994). 그 첫 번째 연구에서는 참가자의 반응을 익명으로 처리한다면 그들이 말하기 어려운 정보를 개방하는 것이 좀 더 쉬워질 수 있으리라는 생각에 참가자에게 개방형 질문에 대해 답변을 쓰도록 했다. 그러나 반응을 글로 쓰는 과정을 통해서 수집한 자료는 다소 빈약한 경향이 있다는 걸 알게 되었고, 그 후로는 면담 방식을 사용했다. 이 첫 경험은 우리가 함께 모이고 가까이 지낼 기회를 마련해 주었다(내 생각에 질적 연구의 가장 큰 장점은 연구자의 사회적 기능을 채워 가는 데 있다). 근거 이론(GT)에 대한 Strauss와 Corbin의 책(1990)은 질적 연구를 어떻게 할 것인가에 대해 구조와 본보기를 제공했고 그 때문에 우리의 초기 연구에 많은 영향을 끼쳤다. 우리는 이 책을 여러 번 읽었는데, 이 방법론의 많은 세밀한 부분이 모호했으며(예, 개방형 코딩은 정확히 무엇인가?) 정확히 어떤 단계를 밟아 나가야 하는지(예, 단계적 구조 또는 이론을 정확히 어떻게 발전시켜 나가야 하는가?)를 결정하는 것은 어려운 문제였다. 해석학(즉, 지필 자료와 구두 자료의 해석), 근거 이론의 변형 그리고 종합적인 과정 분석의 개발(Elliott, 1989)에 대해 Robert Elliott이 자신의 경험을 바탕으로 우리를 직접 지도해 준 것은 큰 도움이 되었다.

우리는 많은 질적 연구 방법을 이행하면서 방법론을 끊임없이 수정해 나갔다. 질적 연구 방법 철학의 본질을 그대로 지켜 내려 노력하면서 양적 · 실험적 방법론을 사용한 연구 업적의 긍정적 측면 또한 버리지 않으려고 노력했다. 같은 자극도 사람마다 다른 방식으로 보기 때문에 관점의 차이를 다루는 방법을 채택하는 것이 중요하다고 느꼈다. 우리는 합의 과정을 이루고자 노력했다. 이런 과정은 다양한 생각을 검토하고 연구자들로 하여금 모든 판단을 평가하게 할 뿐만 아니라 자료의 해석도 모든 구성원이 같이 결정하는 방식을 통해 다양한 의견을 존중할 수 있게 한다. 더욱이 우리는 학생들에게 이 방식을 어떻게 사용해야 할지 가르치기 위해 노력하는 동안, 다른 연구자들도 이러한 연구 방식을 사용할 수 있도록 명확하게 단계를 제시하고 우리가 진행하는 작업을 체계화할 필요가 있다는 생각을 굳히게 되었다.

우리가 '합의적 질적 연구(Consensual Qualitative Research: CQR)'라고 부른 이론을 최초로 출판(CQR; Hill, Thompson, & Williams, 1997)하는 과정에서 우리는 아이디어를 종이 위에 옮겨야 하는 어려움에 맞닥뜨렸다. Puncky Heppner(당시 「The Counseling Psychologist」의 편집장)에게서 온 상세한 피드백은 큰 도움이 되었으며, 5명의 익명 평론가들의 피드백은 우리의 생각을 확고히 했고, 방법론의 마지막 출판본에 있는 많은 주제를 다시 점검해 명확해지게 했다.

책 출간 이후 연구에서 새로운 이슈가 계속 발생함에 따라 연구 방법을 계속 변경하고 수정했다(예, 글이나 문서에 의존하기보다는 면담에 의존). 각 연구를 통해 연구 절차를 다시 생각해 보도록 하는 새로운 문제가 발생했다(예, 새로운 것들이 추가되는지, 혹은 안정적인 확인이라고 명명한 것을 확인하기 위해 2개의 사례를 보류해야 할지, 그리고 안정성을 측정하는 데 어떤 척도를 사용해야 할지). 그러던 중 Beth Haverkamp, Sue Morrow, 그리고 Joe Ponterotto가 질적 연구법에 관하여 「저널오브카운슬링사이콜로지-상담심리학회지(Journal of Counseling Psychology)」 특별호에 글을 기고하지 않겠냐고 제안했다. 이는 좀 더 공식적으로 우리 연구의 새로운 주제에 대해 생각해 볼 기회가 되었다. 우리는 학술지에 글을 실을 때까지 CQR을 바탕으로 연구한 27개의 연구를 점검해 보고, 연구자들이 제안한 연구 절차를 어떻게 실행해 왔는지를 명시했다(Hill et al., 2005). 실제 연습과 방법론적인 문제를 좀 더 고찰해 봄으로써 우리는 질적 연구 방법의 접근법을 수정할 수 있었다. 예를 들어, 연구자들이 안정성 검증을 위해 교차분석을 할 때 두 가지 사례를 보류하도록 제안하지 않았다. 우리는 이러한 방식으로는 결론이 나지 않으며, 연구자들이 절대 이러한 확인에 근거해 그들의 결과를 바꾸지는 않는다는 것을 깨달았다. 이 시점에서 새로운 사례를 추가하면 모든 자료를 분석하기 전에 한 번에 수집한 면담의 집합과 매우 다른 자료로 바뀔 수 있기 때문이었다.

　일단 우리는 면담 자료 CQR을 수행하는 방법에 대한 매우 명확한 아이디어가 있었고, 면담 외의 자료에 기본 접근 방식을 적용하고자 노력하기 시작했다. 좀 더 명확히 하기 위해 우리는 CQR 수행 방법 아이디어를 심리치료 사례에서 도출한 자료를 적절히 검토하는 데 더 적합한 접근법으로 수정해 나갔다(특히 Berman et al., 출간 중; Hill et al., 2008; Kasper, Hill, & Kivlighan, 2008 참조). 최근에 나는 Gelso가 편찬하는 CQR에 관한 책의 한 챕터(Hill, 출간 중)를 써 달라는 요청을 받았다. 나는 거기에 CQR 이론을 수정하는 데 생각을 확장시킨 내용까지 포함하기로 했다.

　이제 많은 연구가 CQR을 바탕으로 진행됨에 따라 우리에게는 이 연구 방법론의 주요 구성과 단계에 대해 더욱 폭넓은 사고를 요하는 책을 추가로 출간해야 한다는 의무감이 생겨났다. 우리는 책을 좀 더 구체적으로 구성하고 더 많은 예를 소개했다. 덕분에 사람들이 이 연구 방법을 좀 더 쉽게 느끼도록 할 수 있었다.

　이 책에서 각 장의 저자는 나와 함께 연구한 사람들과 그런 연구자들과 함께 일한 경험이 있는 사람들이다. 나는 이 재능 있는 사람들과 함께 공동 연구를 하면서 아주 많은 것을 얻었다. 이들은 내가 CQR과 관련된 문제를 생각할 수 있게 했고, CQR 이론을 계속 변경, 수정해 나갈 수 있게 도와주었다. 이 책에 수록된 많은 내용은 그 자체가 이미 합의를 이룬 과정으로서의 역할을 하고 있다.

1. 질적 연구 방법론이란 무엇인가

나는 특히 질적 연구 방법에 대한 McLeod의 정의(2011)를 좋아한다. 그는 자신의 저서에서 질적 연구 방법론에 대해 이런 훌륭한 말을 했다.

질적 연구란 인간 내면의 의미를 찾아 나가고 인간 마음의 지도를 최대한 이용하는 방법이다. 정직성을 바탕으로 실행해 나가는 과정이므로 심리학을 연구하는 사람과 일반인에게 모두 특별한 배움의 길을 제시한다. 좋은 질적 연구란 인간이 사회적 동물로서 제대로 기능할 수 있게 하는 데 초점을 맞춘다. 이는 인간의 모든 경험을 이해해 나가고자 하는 시도와 더불어 타인을 이해하려는 노력을 바탕으로 한다(p. 9).

McLeod는 질적 방법론이란 우리의 배움을 특별한 방식으로 사회에 기여하는 것이라고 했는데, 이는 다음과 같이 요약할 수 있다. "질적 연구 방법론의 목적은 사회가 어떻게 구조화되었는지에 대한 이해를 연구해 나가는 것이다."(p. 3) 이 문장은 우리가 복잡한 세계에 살고 있으며 지식이라는 것은 하나의 절대적 진리가 아닌 다양한 관점에서 볼 수 있다는 생각을 바탕으로 한다.

2. 합의적 질적 연구의 핵심 요소

CQR 접근은 몇 가지 핵심 요소로 정의할 수 있다. 〈표 1-1〉을 보자.

〈표 1-1〉 합의적 질적 연구의 핵심 요소

1. CQR은 연역적이기보다는 귀납적이다.
2. CQR은 참가자의 사고를 촉진하기 위해 개방형 질문을 사용해서 다양한 답변을 얻어낸다.
3. CQR은 숫자보다는 단어(대화체와 이야기)를 사용한다.
4. CQR은 사례의 전체적인 맥락에서 개별적인 요소를 이해한다.
5. CQR은 소수의 사례를 깊이 있게 연구한다.

6. CQR은 자료 분석을 하는 주된 팀원 최소 3명의 다양한 관점에 의존하고, 주된 팀의 작업을 체크하는 자문을 1~2명 둔다.
7. CQR은 팀원 간의 합의를 중시한다.
8. CQR은 윤리적인 문제와 신뢰 그리고 문화의 역할을 강하게 강조한다.
9. CQR은 연구자들이 결론이 날 때마다 끊임없이 초기 자료로 돌아가서 결론을 검증할 것을 요구한다.

1) 귀납적 접근

이 연구 방법론의 첫 번째 그리고 아마도 가장 중요한 측면은 자료 분석 방식이 귀납적이며 위에서부터 아래로 내려오는 방식(기존의 이론적 틀 내에서 결론을 찾거나 기존의 이론을 한 번 더 확고히 하는 방식)이 아닌 아래에서부터 위로 올라가는 방식(수집한 자료를 근거로 하여 현상을 기술하고 결론을 도출하는 방식)이라는 것이다. 다른 말로 하면, 연구자들은 이론적 구조를 강요받지 않거나 가능한 적게 받아들이면서 자료에서 결론을 도출하는 것이 허용된다. 예를 들어, '상담자의 자기 개방이 내담자에게 자기를 개방하게 하고 자신에 대한 통찰을 이끌어 내도록 하는가.'를 조사하기 위한 연구를 하기보다는, 차라리 연구자가 내담자에게 상담자의 자기 개방에 어떻게 반응했는지를 질문한다. 그리고 내담자가 서로 다르게 진술한 바를 체계적으로 연구한다. 이런 식으로 연구자는 기대하고 측정해 온 것을 증명하는 작업에 착수하는 것이 아니라, 자료에서 새롭고 예상하지 못한 것들을 배우는 데 열린 마음으로 접근할 수 있다.

2) 면담에서 개방형 질문의 사용

귀납적 접근에 이어 CQR의 두 번째 중요한 요소는 자료를 수집하는 데 개방형 질문을 사용한다는 것이다. 연구자는 참가자에게 무슨 말을 할지에 대한 틀을 제공한다(다시 말해 일반적인 주제를 제시한다). 그러나 그다음부터는 그들의 경험에 대해 미리 생각할 시간을 주지 않고 주제에 대해 무엇이든지 떠오르는 대로 말하도록 질문한다(예, 그 순간 슈퍼바이저에 대해 어떤 생각이 들었나요?). 이러한 질적 연구 방식은 참가자들이 연구자의 질문에 얼마나 동의하는지를 5점 척도로 측정해 참가자들을 제한하는 방식과 완전히 대조를 이룬다. CQR을 사용하는 연구자는 대체로 참가자가 질문에 의해 제시되는 연구자의 생각에 어느 정도 동의하는지를 점수로 측정하기보다는 자유롭게 이야기할 수 있게 배려함으로써 자신이 상담을 좀 더 배우는 기반을 마련할 수 있다.

3) 언어에 기반

CQR의 세 번째 중요한 요소는 숫자가 아닌 단어나 문맥, 이야기에 의지한다는 것이다. 연구자는 단지 숫자로 참가자의 경험을 파악하기 위해 노력하기보다는 참가자가 자신의 생각을 열린 결말 방식으로 이야기하도록 하고, 주제와 연관된 경험의 전체적인 설명을 얻기 위해 질문을 던진다. 우리는 단어가 숫자처럼 각기 다른 사람들에게 의미를 지닐 수 있는 단어의 상징성을 깨달았다(예, 한 사람이 무관심에 관해 말할 때, 그는 다른 사람들이 생각하는 것과 매우 다른 의미로 말할 수 있다. 단순한 3점 혹은 5점 척도로는 어느 단어가 개개인에게 같은 의미일지 알 수 없다). 그러므로 우리는 각 단어에 대해 자신이 생각하는 의미만 염두에 두기보다는 참가자들이 생각하는 의미를 이해하기 위해 가능한 한 개방적인 자세를 유지해야 한다.

4) 맥락의 중요성

구체적인 단어뿐만 아니라 그 단어를 이야기한 맥락 역시 중요하다. CQR의 네 번째 구성 요소는 문맥 속 언어 표현의 중요성이다. 참가자가 표현한 개인적인 단어를 이해하기 위해 연구자는 개인이 말한 모든 것에 깊이 몰두한다(판단을 내리기 전에 문맥을 이해하기 위해서 연구자들은 읽기나 듣기 방식을 통해 전 상담을 분석한다). 문맥에 대한 좀 더 넓은 이해는 참가자의 세계관을 이해할 수 있게 해 준다. 예를 들어, 참가자가 성적 학대를 받은 적이 있다는 사실을 안다면 참가자의 결혼관을 이해하는 데 도움이 될 것이다.

5) 적은 수의 표본 사용

각 참가자의 이야기를 이해하고자 노력하는 데 초점을 두는 방식이므로 많은 사례를 조사할 수 없다는 점은 너무 당연한 이야기다. 그러므로 이 연구 방식의 다섯 번째 특징은 바로 많은 사례를 피상적으로 연구하는 방식이 아니라 적은 자료를 깊이 있게 연구하는 방식이라는 점이다. 연구자들은 질문에 담긴 현상을 경험했으며 자신의 경험을 명확히 이야기할 수 있는 사람들을 모집하려 한다.

6) 다양한 관점

사람들의 이야기를 해석하는 과정에서 어쩔 수 없이 생겨나는 오해(경험을 말로 표현하는 것이 쉽지 않고 다른 사람의 경험을 이해하는 데 불가피하게 자신의 경험을 부여하기) 때문에 CQR의 여섯 번째 요소는 자료를 분석하는 데 여러 사람의 판단이 필요하다는 것이다. 자료에 다양한 관점을 적용하는 것은 다양한 관점을 인정하는 태도이며, 연구자들이 자료에 관해 새로운 방식으로 생각할 기회를 제공한다.

나는 많은 동료와 양적 연구 방법에 대해 연구할 때부터 이미 사람마다 같은 자극에 다르게 반응한다는 것을 알게 되었다. 예를 들면, 10명이 상담치료 현장에서 같은 이야기를 들어도 저마다 배경과 경험이 다르므로 치료자의 공감에 대해서 저마다 느끼는 관점이 다르다. 우리는 이러한 관점의 차이를 일률적인 통계 방식을 사용해 하나의 사고 과정으로 묶어서 처리하는 과정을 원하지 않는다. 대신 서로 다른 관점들을 모두 경청하고 팀이 자료를 이해하는 과정에서 합의를 이끌어 내기를 원한다.

그렇지만 모든 팀은 필연적으로 집단 역동에 부딪힌다. 어떤 사람은 지배적이고, 어떤 사람은 비교적 조용하며, 어떤 사람은 조화를 위해 노력하고, 어떤 사람은 자기 생각을 주장하는 데 어려움을 느끼기도 한다. 게다가 사람들은 연구실 밖에서 겪은 사건에 영향을 받는다(예, 그들이 힘든 하루를 보내고 지쳤을 수도 있다). 따라서 팀 연구의 장점인 자료에 대한 다양한 관점은 사람들이 함께 일한다는 측면에서 도전이기도 하다(예, 개인적 불화의 해결). 자료가 집단 역동에 의해 좌우되기도 하기 때문에(예, 다른 연구자들을 위해 자기 의견을 양보하는 경우) 집단 연구에서는 확인을 위한 기제를 만들어 두는 것이 중요하다. 사실상 자문이 (영향력을 지니고) 팀의 균형을 확인해 주며, 자료에 대한 또 다른 관점을 제공한다.

7) 합 의

명칭에서 암시하듯이 합의를 이루는 과정은 이 연구의 필수 항목이라고 할 수 있다. 합의란 "자연스럽게 만장일치가 된 결정"이라고 정의할 수 있다(Schielke, Fishman, Osatuke, & Stiles, 2009). 질적 연구법에서 연구자들은 합의를 이루어 나가는 과정 중에 자료를 개별적으로 검토하고 모든 구성원이 자료에 대한 최선의 설명이라고 동의할 때까지 토의한다(Hill et al., 1997). 다른 말로 하면 연구자들은 각자의 의견을 존중하고 격려하는 분위기에서 자료에 대한 공통된 이해를 찾아낸다(Hill et al., 2005). 다양한 관점을 활용해 팀은 자료의 복잡한 면을 파악할 수 있다. 팀의 다양한 구성원들이 필연적으로 다른 분위기(뉘앙스)를 감지하기 때문이다(사람들이 자신의 편견과 기대치 때문에 자료의 모든 복잡성을 파악하기란 불가능한 일이기는 하지만). 덕분에 개인적인 편견을 피할 수 있게 된다.

　다양한 현실 인식과 합의 도달 모두 주안점이 되며, 다양한 관점은 CQR에서 가치 있고 명예로운 점이다. 팀 구성원들에게는 각자의 관점을 진술하고 의견이 맞지 않는 부분은 서로 토론하며 이를 통해 하나의 의견으로 수렴하는 과정을 위해 사람과 사람 간의 의사소통 기술이 필요하다(제4장 참조). Hill은 합의 과정에 대해 "상호 존중, 균등한 참여, 동등한 지위를 기반으로 한다."(Hill et al., 1997, p. 523)라고 설명했다. 이 과정에서는 연구자들이 서로 협력하여 연구하는 데 가치를 두기 때문에 심리학의 연구 안에서 여권과 다문화 존중이 공존한다(Hill et al., 1997, 2005).

　합의 과정에서는 신뢰와 믿음 또한 중요하다(다시 말하면, 타당성과 질적 평행; Morrow, 2005)(제14장 참조). 이는 질적 연구가 표방하는 철학과도 일치하므로 합의 과정에서 자료를 다양하고 철저하게 설명하기 위해 자료 분석 시 타당하고 다양한 진실을 결합할 수 있는 것이다. 어떤 의미에서 합의 과정은 자료에 대한 이해를 다각화하는 수단으로 작용하며, 이는 결과적으로 자료의 신뢰도에 기여한다. 자료를 독립적으로 연구한 다양한 사람이 추후에 한 가지 설명에 동의한다면, 연구자는 단 1명의 자문이 동의하는 것보다는 유사한 입장에 있는 다른 개인 또한 그 설명에 동의할 것이라는 자신감을 더 많이 가질 수 있다(Schielke et al., 2009). 특히 연구자들이 자신의 판단에 대한 근거를 조리 있게 표명할 때 더욱 그렇다(Morrow, 2005).

　몇 가지 증거를 통해서 우리는 집단 의사결정 과정을 거친 의견의 합의가 개별 연구보다 연구 수행에 더 큰 성과를 가져다준다는 것을 알게 된다(Schielke et al., 2009). Schielke는 "자연스러운 합의는 개인에 의해 산출되는 연구 성과보다 깊이 있고 다양하며 더 철저하고 정확하며 현실적인 해석을 가져다준다."라고 제안했다(p. 559).

8) 윤리와 신뢰성, 그리고 문화에 주목하기

윤리 지침에 따라 신뢰성 있는 방법으로 분석하고 문화적 맥락에 주목하는 것은 CQR의 주된 특징이다. CQR은 매우 주관적이기 때문에 연구자들은 연구 절차에서 가능한 한 주의해야 한다. 자료의 질은 자료를 어떻게 수집하고 분석하는지에 달렸다. 이 부분은 제13장과 제15장에 걸쳐 더 상세히 다룬다.

9) 지속적인 자료 검토 작업

질적 연구 방법론의 마지막 요소는 팀 연구 시 자료에 대해 이해가 필요할 때 끊임없이 초기의 원자료로 다시 돌아가는 것이다. 예를 들어, 팀 구성원끼리 자료를 보는 관점이 다를 경우 생각의 차이를 해소하기 위해 참가자의 글을 다시 검토해 보는 것이다. 자료를 다시 읽고 면담 녹취 부분을 다시 듣고 자료의 앞뒤 문맥을 다시 생각해 보는 것은 팀 연구자들로 하여금 자료의 해석이 자료를 근거로 한 것인지, 자신의 경험과 편견에서 온 것인지를 구별하게 한다. 이렇게 CQR은 연구 방법의 전 과정에 걸쳐서 더 정확한 연구를 위해 자료를 정확히 분석하는 것을 특징으로 한다.

3. 합의적 질적 연구의 주요 단계

[그림 1-1]은 CQR의 주요 단계를 도식화한 것이다. 첫 번째 단계는 시작하기다. 이것은 보통 주제 선정, 연구팀 선택, 연구에 필요한 질문지 작성, 참가자 모집(연구에 필요한 책 선정, 자기 자신의 경험에 대한 생각 정리와 시범 면담, 포커스 집단 형성)을 의미한다. 연구자는 참가자가 자신만의 방식으로 주제와 관련한 자기 이야기를 터놓고 할 수 있도록 열린 방식으로 자료를 수집한다. 그 자료는

면담, 설문지 또는 이메일을 통해서 수집할 수 있다. 근본적인 수집 방식은 참가자가 자유롭게 말하도록 개방형 질문을 사용하는 것이다(예, "당신은 그 여성과 일하는 것이 좋았습니까?"보다는 "당신의 경험에 대해 이야기해 주세요"). 면담을 통해 수집하는 자료는 나중의 더 깊이 있는 분석을 위해 녹취한다("음, 음" 같은 말은 굳이 녹취하지 않는다). 자료 사본은 참가자가 바란다면 수정과 추가를 위해 그들에게 보낸다.

연구자는 자료 사본을 받으면 개개의 자료를 분석하기 시작한다('사례 내 분석'이라고 불린다). 먼저 주제 영역(domain)으로 자료를 분류한다. 자료에서 도출된 다양한 생각에 대해 고려하고, 그런 생각들의 분류 기준을 개발하고, 그것을 영역으로 하여 최초 자료를 분류한다. 예를 들어, 심리치료에서 교정 경험에 관해 질문하면 내담자는 그 경험 안에서 무엇이 일어났는지, 치료자가 그 경험에 어떻게 기여했는지, 내담자 자신은 그 경험에 어떻게 기여했는지, 그리고 경험의 결과가 어떠했는지 등을 이야기할 수 있다. 이 시점에서는 영역 또는 주제 영역에 이런 자료를 구성하는 작업만 하고 아직 자료의 의미를 해석하지는 않는다.

일단 자료를 영역별로 조직화하고, 내담자가 각 영역에서 무엇을 말했는지를 요약한다. 우리는 이런 요약을 '핵심 개념(core ideas)'이라고 부른다. 자문가들이 내담자가 어느 영역에서 무엇을 말했는지를 이해하여 그것들을 문맥에 맞게 해석하고 명료하게 이해할 수 있는 언어로 요약하기 때문이다. 다른 말로 하면, 우리는 참가자가 한 말의 핵심을 발췌한 것을 '핵심 개념'이라고 부른다. 이 시점에서 자문들은 연구팀이 연구해 온 모든 것을 검토하고, 필요한 경우 변화를 제안하기도 한다.

다음 단계로 각 영역 내에서 참가자들의 말에 공통적으로 흐르는 주제나 패턴이 있는지 탐색한다. 주제나 패턴을 찾기 위해 교차 분석을 한다. 이는 각 영역에서 자료를 검토하여 특징적인 응답을 보이는 여러 범주로 묶어 둔다는 것이다. 예를 들어, 교정 경험에 대한 내담자 관여라는 영역 안에 '내담자가 치료 과정에서 개방된 자세를 유지함'과 '내담자의 진단이 교정 경험에 관여됨' 이라는 범주를 만들 수 있다. 또한 내담자 진단을 행동장애 대 우울장애 하위 범주로 더 구분할 수 있다. CQR 자료 분석의 모든 단계에서 범주는 이론에 따라 규정하기보다는 자료에서 도출할 수 있으며, 모든 결정은 합의에 의해 이루어진다.

시작

1. 주제를 선정하고 문헌을 검토한다.
2. 연구팀을 선발한다.
3. 면담 계획안을 개발하고 시범적으로 테스트해 본다.
4. 목표 대상을 선정하고 그 안에서 참가자를 선발하는 척도를 개발한다.
5. 참가자를 모집한다.
6. 면담을 시행하고 그 내용을 전사한다.
7. 전사한 면담 내용의 수정과 첨가를 위해 참가자에게 사본을 보낸다.

사례 내 분석

1. 주제 영역(Domain)을 개발한다.
2. 사례마다 핵심 개념(Core Ideas)을 만들어 낸다.
3. 자문은 각 사례의 영역과 핵심 개념을 확인한다.
4. 자문의 의견에 따라 영역과 핵심 개념을 수정한다.

교차 분석

1. 모든 사례에 따른 영역에서 범주를 개발한다.
2. 자문은 교차 분석한 것을 확인한다.
3. 자문의 의견에 따라 교차 분석한 것을 수정한다.

원고 작성

1. 쓰고, 다시 쓰고, 다시 쓴다.
2. 피드백을 받고 수정한다.
3. 자료를 반영하는 이야기가 훌륭하고 분명해질 때까지 계속 다시 쓴다.

[그림 1-1] 합의적 질적 연구의 단계

4. 합의적 질적 연구의 적용

CQR은 양적 연구 방법에서는 가능하지 않았던 다양하고 상세한 이해를 가능하게 하기 때문에 연구자가 개인 내면의 태도, 내적 경험, 신념 등을 깊이 있게 연구하는 데 이상적이다. 또한 연구자가 관찰만으로는 이해할 수 없는 내면의 사건(예, 비밀)을 조사하는 데 특히 유용하다. 게다가 상담자가 상담 회기 동안에 잘 살펴볼 수 없었던 자주 일어나는 사건(예, 울기)이나 변하기 쉬운 시점(예, 기분)에 대한 인식을 연구하는 데 사용되기도 한다. 연구자는 사건뿐만 아니라 태도(예, 심리치료에 대한 태도)와 신념(예, 사회정의에 대한 믿음)에 대해서도 연구할 수 있다. 가장 중요한 것은 CQR이 특별히 이전에는 측정하기 어렵거나 연구자가 무슨 질문을 던져야 할지에 대한 안내가 부족하여 연구하지 못했던 주제들을 다루는 데 유용하다는 점이다. 마지막으로, 나의 연구 분야가 심리치료이므로 이 책에 수록된 사례 대부분이 심리치료에 관한 것이기는 하나, CQR은 교육 분야나 행동과학, 사회과학(예, 사회정의, 도시 리더십 개발, 교사가 학생에게 미치는 영향력) 등의 다른 분야에도 적용할 수 있다.

나는 연구자가 질적 연구 방법을 의무적으로 생각하지 않았으면 한다. 오히려 연구자에게 적합한 연구 방법을 찾으라고 말하고 싶다. 예를 들어, 양적 접근법과 질적 접근법의 임상적 효과를 비교해 본다면, 양적 접근법은 자료를 표준화하고 통계 자료를 좀 더 세밀화하는 방법이다. 따라서 그런 방식이 필요하다면 질적 접근법보다 양적 접근법을 택하는 것이 낫다. 그러나 내담자가 자신의 경험을 자유롭게 이야기하는 방식이 필요하다면 질적 접근법이 낫다.

5. 합의적 질적 연구와 다른 질적 연구 방법의 비교

질적 연구자들은 질적 연구법의 몇 가지 특징을 기록했다(Bogdan & Biklen, 1992; Henwood & Pidgeon, 1992; Stile, 1993).

- 통계 수치보다는 내담자 진술을 더 중시한다.
- 연구자들은 자료를 분석하고 통찰력을 얻는 도구로 연구자 자신을 활용한다.
- 상담자들은 내담자의 진술을 조작하고 설명하기보다 내담자의 말을 있는 그대로 받아들이고 그 자체를 해석한다.
- 연역적 방식이 아닌 귀납적 방식을 사용한다.
- 연구자는 참가자의 관점에서 현상에 대한 이해를 이끌어 낸다.
- 내담자를 이해하는 과정에서 문맥을 통한 이해가 강조된다.
- 내담자가 경험한 내용의 원인은 대개 비논리적이며 복잡하다.
- 과학적 과정이란 사실이 아니라 잠정적인 아이디어로 생성된 관점이다.
- 연구자들은 기존의 이론을 강화하는 수단으로 자료를 보지 않고 자료를 통해 새로운 이론이 만들어지는 것에 더 관심을 둔다.

CQR은 이런 특징에 잘 들어맞는 이론이다. 제2장에서는 CQR의 철학적 근거에 대해 논의한다. CQR은 이론이나 절차 면에서 다른 질적 연구 방법보다는 근거 이론인 GT(Grounded Theory)와 좀 더 흡사하다(Glaser & Strauss, 1967; Rennie, Phillips, & Quartaro, 1988; Strauss & corbin, 1990). GT와 CQR의 유사성은 다음과 같다.

- 참가자들과 면담한다.

- 말을 영역별로 분류하여 그 속에서 중심이 되는 핵심 개념과 영역을 개발한다.
- 자료의 신뢰성을 보장하기 위해 계속해서 원자료로 되돌아가 탐색한다.

CQR과 GT의 차이점은 다음과 같다.

- CQR 연구자들은 반(半) 구조화된 면담 계획안을 만들고 참가자에게 같은 질문을 하며, 면담 자료에 개인적인 정보가 드러나도록 참가자를 격려한다. 이와 반대로 GT 연구자들은 면담 계획을 자유로이 하며, 면담 참가자가 점점 늘어남에 따라 이를 구조화하여 모든 참가자에게 동일한 질문을 하지는 않는다.
- GT 연구자들은 자료 분석과 자료 수집을 번갈아 하며, 자료가 이론화되면 연구를 종료한다(즉, 더 이상의 새로운 발견은 불가능하다). GT 연구는 이론이 형성될 때까지 자료를 계속 수집하지만, CQR 이론에서는 미리 참가자 수를 정한다.
- GT는 종종 연구자 1명이 자료를 분석한다. 반면에 CQR은 다양한 연구자와 자문이 함께 합의점을 찾는다.
- GT 연구자들은 핵심 개념을 먼저 구축하고, 그다음으로 영역에 핵심 개념을 배치한다. 그리고 하나의 핵심 범주 아래에 계층 구조를 만든다. 이와 대조적으로 CQR 연구자들은 영역을 먼저 구성하고, 다음으로 핵심 개념을 구조화하고, 영역과 카테고리, 하위 범주의 계층 구조를 개발한다.
- GT 연구자들은 특징별로 범주를 묘사하는 반면에 CQR 연구자들은 그렇지 않다.
- CQR 연구자들은 목록과 하위 목록이 일반적인지, 전형적인지, 드문지를 명시한다. 하지만 GT 연구자들은 다양한 목록에 얼마나 많은 참가자가 들어맞는지 명시하지 않는다.

- CQR은 비교적 자료 분석에 고정된 방식을 사용하지만 GT는 가변성과 융통성이 있다. 그러므로 연구자들은 이 방법을 이행하는 방식을 다양하게 변화시킬 수 있다.

우리는 결코 CQR이 가장 좋은 방법이라고 이야기하지 않는다. 다만 CQR은 비교적 접근이 용이하며 정밀하고 질적인 접근법이어서, 연구자들이 믿을 수 있는 방식으로 쉽게 배우고 연구에 적용할 수 있다.

6. 이 책의 개관

이 책 제1부 제2장에서 Stahl, Taylor 그리고 나는 사회과학 연구의 기반이 되는 철학을 이해할 수 있도록 CQR에 관한 논문을 제시한다. 이 연구 방법론이 자신에게 알맞은지를 살펴보는 과정에서 이 방법론의 기초를 이루는 철학이 자신의 철학과 잘 맞아 떨어지는지를 보는 것도 유익할 것이다(예, 당신은 문맥에 따라 다양한 진리와 관점이 있다고 생각하는가, 아니면 진리는 하나라고 생각하는가?).

제2부에서는 연구 방법론을 처음 접하는 연구자들이 과정의 각 파트를 이해하고 최선의 선택을 할 수 있도록 하기 위해서 CQR의 단계를 상세하게 개관했다. 제3장에서는 연구자들이 주제를 어떻게 선정하는지, 이 연구 방법론을 사용할지 말지를 어떻게 결정하는지, 그리고 주제에 대한 폭넓은 문헌에 어떻게 접근하는지를 설명한다. 제4장에서는 CQR에서 팀 구성과 기능이 매우 중요하기 때문에 연구팀의 선정과 팀원 간의 팀워크과 관련된 문제를 기술한다. 제5장에서는 편견과 기대에 관한 내용도 기술한다. 연구자들이 스스로 이 연구 방법론을 택한다면, 한편으로는 연구자 개개인의 경험을 어떻게 제한해야 하는지 또 한편으로는 팀 구성원끼리 생각과 아이디어를 어떻게 공유하며 서로를 격려할지를 주의 깊게 생각해 보는 데 도움이 될 것이다. 제6장에서는 선택이

결과에 어떤 영향을 끼칠지에 초점을 맞춰 자료를 선택하는 방법과 함께 자료 수집 방법에 대해서 이야기한다. 제8장에서 큰 주제를 정하고 그 밑으로 핵심 개념을 구조화하는 방법을 기술한다. 제9장에서는 교차 분석을 행하는 방법에 대해 기술한다. 제10장에서는 자문을 선택하는 방법과 그들의 역할에 초점을 맞춰 기술한다. 제11장에서는 연구자들이 독자를 위한 자료를 적절히 수집하고 그들 개인의 이야기를 진솔하게 풀어놓는 원고를 쓰기 위한 절차를 기술한다. 제2부의 마지막 장인 제12장에서는 '질적 메타 분석'이라고 불리는 새로운 방법을 제시한다. 이것은 연구자들이 CQR 연구를 통해서 결과를 종합할 수 있게 해 준다.

제3부에서는 CQR에 영향을 미치는 좀 더 큰 문제에 집중한다. 먼저 제13장에서는 '연구 방법이 과연 믿을 만한가?'라는 다소 민감한 문제를 다룬다. 양적 연구 방법론에서는 사용되지만 질적 연구 방법론에서는 다소 부적절한 측정법을 논의하기보다는(예, 신뢰도, 타당도) 연구자가 볼 때 믿을 만하다고 여겨지는 것을 검토한다. 제14장에서는 문화와 문화가 이 연구 방법론에 미치는 영향을 기술한다. 제15장에서는 CQR을 행하는 데 발생하는 수많은 윤리 문제를 다룬다. 제16장에서는 CQR 연구의 주된 특징(예, 저자, 출판사, 샘플)을 요약하고 참고문헌을 소개한다. 이 요약은 연구자들이 어떻게 CQR을 사용해야 하는지를 이해하는 데 매우 유용할 것이다.

제4부에서는 CQR의 최근 변형과 확장을 다룬다. 제17장에서 Spangler, Liu와 나는 자료를 좀 더 단순화해 이 연구 방법론을 실제 상담에 응용했다. 개방형 질문지에 대한 많은 참가자의 짧은 응답을 모았다. 제18장에서는 심리치료 연구에 CQR을 응용해 보았다(CQR-C). 비교적 자유로운 구조의 면담을 통해서 자료를 모으는 기존의 CQR과 대조적으로, CQR-C는 심리치료와 같이 자연스럽게 발생하는 자료에 적합하다.

마지막으로 부록에서는 이 방법론에 대해 자주 등장하는 질문에 답하는 것으로 CQR을 개관한다. 이로써 CQR에서 사용되는 구조적인 틀을 다시 한 번

짚어 보는 데 도움이 되기를 바란다.

7. 결 론

질적 연구 방법론을 배우는 것은 특히 양적 연구 방법론의 옹호자들에게는 다소 위협적으로 느껴질 수 있다. 질적 연구 방법론은 연구와 지식에 새로운 틀을 제공한다. 그 때문에 종종 연구자가 많은 새로운 아이디어 때문에 고민하게 되는 상황을 불러올 수 있다. 그러나 연구자들은 새로운 연구 방식에 의해 많은 문제를 생각해 볼 수 있고, 자료 수집과 자료 분석 단계에서 문제를 푸는 독특한 해결책을 개발하게 되기도 한다. 우리는 단지 CQR을 계획하고 행하는 과정에서 연구자들이 부딪히는 문제에 대한 일반적인 지침을 제공할 뿐이다.

나는 연구자가 이 질적 연구 방법을 행한다면 가능한 한 면밀하게 이 책에서 제시한 방법을 따르기 바란다. 연구자들이 이 방법론을 시도한 후에 더 나은 방식을 개발하고 이 연구 방법론을 좀 더 좋은 방식으로 발전시키기 위해 끊임없이 노력하여 다양한 측면을 경험적으로 조사해 보길 바란다.

참고문헌

Berman, M., Hill, C. E., Liu, J., Jackson, J., Sim, W., & Spangler, P. (in press). Corrective relational events in the treatment of three cases of anorexia nervosa. In L. G. Castonguay & C. E. Hill (Eds.), *Transformation in psychotherapy: Corrective experiences across cognitive behavioral, humanistic, and psychodynamic approaches.* Washington, DC: American Psychological Association.

Bogdan, R. C., & Biklen, S. K. (1992). *Qualitative research for education: An introduction to theory and methods* (2nd ed.). Boston, MA: Allyn & Bacon.

Elliott, R. (1989). Comprehensive process analysis: Understanding the change process in significant therapy events. In M. J. Packer & R. B. Addison (Eds.), *Entering the circle: Hermeneutic investigation in psychology* (pp. 165-184). Albany: State University of New York Press.

Glaser, B., & Strauss, A. L. (1967). *The discovery of grounded theory: Strategies for qualitative research.* Hawthorne, NY: Aldine de Gruyter.

Goldman, L. (1976). A revolution in counseling research. *Journal of Counseling Psychology, 23,* 543-552. doi:10.1037/0022-0167.23.6.543.

Goldman, L. (1979). Research is more than technology. *The Counseling Psychologist, 8,* 41-44. doi:10.1177/001100007900800306

Henwood, K. L., & Pidgeon, N. F. (1992). Qualitative research and psychological theorizing. *The British Journal of Psychology, 83,* 97-111.

Hill, C. E. (1978). Development of a counselor verbal response category system. *Journal of Counseling Psychology, 25,* 461-468. doi:10.1037/0022-0167.25.5.461

Hill, C. E. (1984). A personal account of the process of becoming a counseling process researcher. *The Counseling Psychologist, 12,* 99-109. doi:10.1177/0011000084123010

Hill, C. E. (1990). A review of exploratory in-session process research. *Journal of Consulting and Clinical Psychology, 58,* 288-294. doi:10.1037/0022-006X.58.3.288

Hill, C. E. (in press). Consensual qualitative research (CQR) methods for conducting psychotherapy process research. In O. Gelo (Ed.), *Psychotherapy research: General issues, outcome and process.* Vienna, Austria: Springer.

Hill, C. E., Charles, D., & Reed, K. G. (1981). A longitudinal analysis of changes in counseling skills during doctoral training in counseling psychology. *Journal of Counseling Psychology, 28,* 428-436. doi:10.1037/0022-0167.28.5.428

Hill, C. E., & Gronsky, B. (1984). Research: Why and how? In J. M. Whiteley, N. Kagan, L. W. Harmon, B. R. Fretz, & F. Tanney (Eds.), *The coming decade in counseling psychology* (pp. 149-159). Schenectady, NY: Character Research Press.

Hill, C. E., Helms, J. E., Tichenor, V., Spiegel, S. B., O'Grady, K. E., & Perry, E. S. (1988). The effects of therapist response modes in brief psychotherapy. *Journal of*

Counseling Psychology, 35, 222-233. doi:10.1037/0022-0167.35.3.222

Hill, C. E., Knox, S., Thompson, B. J., Williams, E. N., Hess, S. A., & Ladany, N. (2005). Consensual qualitative research: An update. *Journal of Counseling Psychology, 52,* 196-205. doi:10.1037/0022-0167.52.2.196

Hill, C. E., & Lambert, M. J. (2004). Methodological issues in studying psychotherapy processes and outcomes. In M. J. Lambert (Ed.), *Handbook of psychotherapy and behavior change* (5th ed., pp. 84-136). New York, NY: Wiley.

Hill, C. E., Rochlen, A. B., Zack, J. S., McCready, T., & Dematatis, A. (2003). Working with dreams using the Hill cognitive-experiential model: A comparison of computer-assisted, therapist empathy, and therapist empathy + input conditions. *Journal of Counseling Psychology, 50,* 211-220. doi:10.1037/0022-0167.50.2.211

Hill, C. E., Sim, W., Spangler, P., Stahl, J., Sullivan, C., & Teyber, E. (2008). Therapist immediacy in brief psychotherapy: Case study II. *Psychotherapy: Theory, Research, Practice, Training, 45,* 298-315. doi:10.1037/a0013306

Hill, C. E., Thames, T. B., & Rardin, D. (1979). A comparison of Rogers, Perls, and Ellis on the Hill counselor verbal response category system. *Journal of Counseling Psychology, 26,* 198-203. doi:10.1037/0022-0167.26.3.198

Hill, C. E., Thompson, B. J., & Williams, E. N. (1997). A guide to conducting consensual qualitative research. *The Counseling Psychologist, 25,* 517-572. doi:10.1177/0011000097254001

Holsti, O. R. (1969). Introduction of Part II. In G. Gerbner, O. R. Holsti, K. Krippendorf, W. J. Paisley, & P. J. Stone (Eds.), *The analysis of communication content* (pp. 109-121). New York, NY: Wiley.

Kasper, L., Hill, C. E., & Kivlighan, D. (2008). Therapist immediacy in brief psychotherapy: Case Study I. *Psychotherapy: Theory, Research, Practice, Training, 45,* 281-297. doi:10.1037/a0013305

Lambert, M. J., & Hill, C. E. (1994). Assessing psychotherapy outcomes and processes. In A. E. Bergin & S. L. Garfiled (Eds.), *Handbook of psychotherapy and behavior change* (4th ed., pp. 72-113). New York, NY: Wiley.

Mahrer, A. R. (1988). Discovery-oriented psychotherapy research. *American Psychologist, 43,* 694-702. doi:10.1037/0003-066X.43.9.694

McLeod, J. (2011). *Qualitative research in counselling and psychotherapy.* London, England: Sage.

Morrow, S. L. (2005). Quality and trustworthiness in qualitative research in counseling psychology. *Journal of Counseling Psychology, 52,* 250-260. doi:10.1037/0022-0167.52.2.250

Rennie, D. L., Phillips, J. R., & Quartaro, G. K. (1988). Grounded theory: A promising approach to conceptualization in psychology? *Canadian Psychology, 29,* 139-150. doi:10.1037/h0079765

Rhodes, R., Hill, C. E., Thompson, B. J., & Elliott, R. (1994). Client retrospective recall of resolved and unresolved misunderstanding events. *Journal of Counseling Psychology, 41,* 473-483. doi:10.1037/0022-0167.41.4.473

Schielke, H. J., Fishman, J. L., Osatuke, K., & Stiles, W. B. (2009). Creative consensus on interpretations of qualitative data: The Ward method. *Psychotherapy Research, 19,* 558-565. doi:10.1080/10503300802621180

Stiles, W. B. (1993). Quality control in qualitative research. *Clinical Psychology Review, 13,* 593-618. doi:10.1016/0272-7358(93)90048-Q

Strauss, A., & Corbin, J. (1990). *Basics of qualitative research: Grounded theory procedures and techniques.* Newbury Park, CA: Sage.

합의적 질적 연구의 철학적 · 역사적 배경

Jessica V. Stahl, Nicole E. Taylor, & Clara E. Hill

　연구자는 자신의 연구가 관점과 목적에 적합한지를 결정하기 위해 자신이 사용하는 연구 방법의 기초가 되는 역사와 철학을 이해할 필요가 있다(Creswell, 2007; Hoyt & Bhati, 2007). 역사와 철학을 이해하며 연구 과정을 더 깊이 이해하게 되고, 자신과 다른 사람들의 연구 방법론을 비판적으로 사고할 수 있게 된다. 그리고 질적 연구 방법론과 그 결과의 적합성을 지지하고 설명하게 될 수도 있다. 이 장에서는 합의적 질적 연구(Consensual Qualitative Research: CQR) 방식을 사용하는 연구자들이 좀 더 적합한 연구를 할 수 있도록 도와주는 철학적 · 역사적 타당성을 제시한다.

　이 장에서는 먼저 CQR 연구를 이해하는 데 도움이 되는 주된 방법론 세 가지와 각각의 방법론 속에 숨어 있는 가설을 정의한다. Elliott, Fischer, Rennie(1999)의 조건과 제안에 따라 철학적 토대를 기반으로 하여 우리의 CQR 연구를 세 가지 연구 방법론의 모델 속에서 실현시키려 한다. 다음으로 질적 접근법의 역사를 간단히 기술하고 각각의 연구 방법론이 어떻게 생겨났는지를 언급할 것이다. 또한 CQR이 질적 접근법의 역사와 어떻게 들어맞는지를 언급하며, CQR과 같은 질적이고 발견 지향적인 접근법의 이론적 근거를 논의한다. 즉, 이러한 각각의 논의를 통해 CQR 연구자들이 이 접근법을 선택하는 과정에서 가설과 철학 그리고 역사적 선후 관계를 완전히 이해할 수 있도록 도움을 주는 것이 목적이다.

1. 연구 패러다임

패러다임이란 "공동체 구성원들이 공유하는 신념, 가치, 기술 등의 전체 집합"으로 정의된다(Kuhn, 1970, p. 175). 모든 연구 패러다임은 세계를 어떻게 연구해야 할 것인지에 대한 가정으로 시작한다(예, 과학에 대한 철학; Denzin & Lincoln, 2005; Ponterotto, 2005). 이러한 가정은 존재의 본질(존재론), 연구자와 참가자 사이의 관계(인식론), 연구자의 역할이 연구 과정에 미치는 가치(가치론), 연구를 대중에게 설명하기 위해 사용되는 언어(수사학적인 구조), 연구의 절차와 과정(방법론)을 다룬다.

이 장에서는 주로 Ponterotto(2005)에 의지하여 CQR의 철학적 토대를 이해하는 데 필요한 세 가지 연구 패러다임(실증주의, 후기 실증주의, 구조주의)을 이해하기 위해 존재론, 인식론, 가치론, 수사학적 구조, 방법론을 소개할 것이다(다른 연구 패러다임에 대한 논의를 알고 싶다면 Creswell, 2007; Denzin & Lincoln, 2005를 참조하라. 질적 방법론에 관련된 패러다임의 철학적 역사와 맥락을 알고 싶다면 McLeod, 2011을 참조하라). 또한 각각의 접근법에서 다양한 심리치료 방법의 효과가 어떻게 응용되는지 그 예를 보여 줄 것이다.

1) 실증주의

세 가지 패러다임 중 첫 번째인 실증주의는 양적 접근법과 진정한 과학 실험의 예시가 된다. 이 철학은 객관적인 진리를 계발하기 위해서 현상을 예측하고 결과를 해석하기 위한 가설과 통제된 실험 방법과 추론에 의한 통계를 사용하는 것이 핵심이다. 존재론의 관점에서 실증주의자들은 사물의 진실을 깨닫고 인식하고 측정할 수 있다고 믿는다. 인식론의 관점에서는 연구자와 연구 참가자가 서로 독립적이며 연구자는 편견 없이 참가자를 연구할 수 있다고 믿는다. 실증주의자는 연구자와 참가자가 서로 영향력을 끼치는 존재라고 생각하지 않는다. 가치론의 차원에서 연구자의 가치관이 연구 과정에 크게 반영된다고 보지 않는다. 객관성과 진정한 실험에 연구의 초점을 두기 때문에 실증주의자들은 독립적이고 중립적, 객관화된 수사학적 구조와 엄격한 과정을 통해 변수를 조정하고 통제하는 방법론을 사용한다(Ponterotto, 2005; Wampold, Heppner, & Kivlighan, 2008).

어떤 연구자가 다양한 심리치료의 효과에 대해 실증주의적 접근을 시도한다면, 실험적 통제와 더불어 방법론적으로 엄격한 연구를 설계하는 것이 목표가 된다. 이를테면 무선 할당과 같은 통제를 가해서 심리치료에 관한 진실을 발견하려는 것이다(예, 어떤 치료법이 더 효과적인가?). 그러므로 연구자는 몇 가지 가설을 세우게 된다(예, A라는 치료제는 B라는 치료제보다 불안 수준을 낮추는 데 더 효과적이다). 이렇게 가설을 세운 연구자는 무선 표집으로 관심의 대상이 되는 변수 수치가 높은 사람들을 찾아내어(이 경우에는 불안검사에서 높은 점수를 받은 사람들) 치료 그룹에 무선 할당한다. 한 그룹은 A 치료제를 장기간 복용하고 나머지 한 그룹은 B 치료제를 장기간 복용한다. 치료가 끝난 후 연구자는 두 그룹에 속한 참가자의 불안 수준을 양적으로 수치화하고, 어떤 치료제가 불안 수준을 낮추는 데 더 효과적인지를 객관적으로 수치화하여 인식할 수 있도록 통계 방법을 사용한다. 연구자와 참가자의 관계는 상호 독립적인 것이 이상적이며, 이를 위해 이중맹검법(double-blind method)을 사용하므로 연구자도, 실험 참가자도 누가 어떤 치료 그룹에 들어가는지 서로 알 수 없다. 이러한 과정을 거치기 때문에 연구자는 어떤 치료제가 더 효과적인지에 대한 그들의 생각과 가치가 연구 결과에 영향을 끼치지 않는다고 가정할 수 있다. 어떠한 연구라도 독립적이며 중립적인 방식으로 진행되므로 연구의 전 과정에 걸쳐 객관성이 유지된다.

2) 후기 실증주의

후기 실증주의는 여러 면에서 실증주의와 같지만 미묘한 차이점이 있다. 방법론적으로 후기 실증주의자는 실증주의자와 마찬가지로 변수를 통제하고 조작할 수 있는 실험 방법론을 사용한다(Ponterotto, 2005; Wampold et al., 2008). 그러므로 A 치료제와 B 치료제 중 어느 것이 효과적이냐에 대한 연구 결과에서 후기 실증주의자들의 가설과 실험 계획안은 실증주의자들의 연구와 비슷해 보이는 경향이 있다.

그러나 후기 실증주의자들의 존재론적인 견해는 어떤 객관적인 진리가 존재한다고 하더라도 그것을 전부 알 수는 없고 다만 적절한 이해만이 가능하다. 이러한 점에서 그들은 실증주의자와 다르다. A와 B 중 어떤 치료제가 연구 참가자의 불안 수준에 영향을 끼치는가에 대한 연구를 위해 가설을 세우고 이 연구를 계속해 나가기 위해 연구 결과의 타당성을 인정하지만, 절대적인 진리는 없다고 믿는다. 따라서 후기 실증주의자들은 확실한 연구 결과를 바라는 마음으로 연구를 반복하고 이를 통해 확증된 결과를 얻으며, 그렇게 함으로써 연구 결과를 이해하게 한다.

후기 실증주의자들은 실증주의자들이 하는 방식처럼 한 번의 연구만으로 결과를 도출하기보다는 다양한 각도로 연구를 반복하는 과정을 통해 연구 결과를 수렴하는 방식을 채택한다. 불안 수준을 낮추는 데 어느 치료제가 더 효과적인지를 연구하는 후기 실증주의자들은 그들의 개인적인 경향이 연구 결과에 영향을 끼친다는 점을 인정한다. 연구자와 연구 참가자의 관계는 연구 과정에 걸쳐 서로 영향을 끼친다는 사실을 인정하지만, 그들의 관계는 마땅히 독립적이어야 한다는 인식론적 입장을 고수한다. 그러므로 그들은 연구 가설에 대한 지식이 없고 각 참가자를 어느 치료 그룹에 넣어야 하는지에 대해서도 모르는 연구 조교에게 다양한 자료를 수집하게 한다.

후기 실증주의자들은 연구자의 개인적 가치관이 연구 과정에 개입되어서는 안 된다는 입장에 대해 실증주의자들과 뜻을 같이 하며, 연구 과정에서 개인이 객관성을 지키려 해도 인간의 노력에는 한계가 있다는 것을 인정한다. 그러나 여전히 개인의 가치관이 연구에 개입되어서는 안 된다고 주장한다. 그래서 그들은 자신의 생각과 가치가 연구에 영향을 미치지 않게 스스로 통제하려고 노력한다(예, 연구자들이 실험의 가설 그리고/또는 참가자를 실험에 할당하는 조건에 대해서 계속 모르게 한다).

후기 실증주의자들은 편견이 분명히 존재한다는 사실을 인지한다. 그래서 특정한 현상을 연구할 때 자신에게 어떤 편견이 있는지를 깨닫는 데 노력을 기울인다. 그렇기에 그들의 연구는 좀 더 객관적이고 중립적이 되며, 연구 결과를 발표할 때 그들의 언어가 객관성을 유지할 수 있다(Ponterotto, 2005; Wampold et al., 2008).

3) 구조주의

연구에 관한 구조주의적 접근은 실증주의 그리고 후기 실증주의와는 많은 면에서 다르다. 존재론적으로 구조주의자들은 진리가 유일하다는 것을 인정하지 않는다. 그들은 사회 구조 내에서 다수의 진리가 공존할 수 있다고 믿는다. 인식론에 관하여 연구자와 실험 참가자의 관계에는 친밀하고 주관적인 상호적 관계가 중요하고 이것이 참가자에게 중요한 경험이 된다고 믿는다. 이러한 살아 있는 경험적 관계를 중시하기 때문에 구조주의자들이 사용하는 연구 방법은 좀 더 자연스럽고 질적인 경향이 있다(즉, 실험 과정에서 면담과 관찰법을 사용). 가치론의 관점에서 구조주의자들은 그들 고유의 경험이 연구 참가자의 경험을 이해하는 데 영향을 끼친다고 보기 때문에 연구자 개인의 가치나 신념이 연구 과정에서 불가피하게 개입된다는 것을 인정한다. 구조주의의 가치를 믿는 연구자는 자신의 가치관과 편견, 연구 결과에 대한 기대를 명백히 인정하고 기술함으로써 이러한 요소를 인지한다. 그러나 이들은 후기 구조주의자와 달리 개인의 편견과 기대를 없애기란 불가능하다고 생각하므로 굳이 이것을 없애거나 통제하려고 노력하지는 않는다. 연구자 자신의 주관적 개입 그리고 연구자와 참가자 사이의 상호적 특성을 인정하기 때문에 구조주의적 연구 보고에서는 최초의 연구자를 가치 있게 여기며, 연구 과정 전체에 걸쳐 연구자의 기대, 편견, 가치관 그리고 사고 과정을 자세히 다룬다(Ponteretto, 2005; Wampold et al., 2008).

구조주의자가 불안 수준을 낮춰 주는 A 치료제와 B 치료제를 비교하는 연구를 한다면, 참가자들이 치료를 통해 경험하는 것들의 전체상을 파악하기 위해 각 치료의 참가자들을 개별 면담할 것이다. 연구자들은 치료에 대한 개인적 경험의 고유성을 인정하면서 동시에 그들의 경험에 공통적으로 흐르는 경험 요소를 포착하려고 노력한다. 이 연구에서 구조주의 연구자들은 연구 참가자와 깊이 있는 상호작용을 할 가능성이 크며, 그들만의 경향성을 연구 과정의 고유한 특징으로 인정한다. 따라서 구조주의 연구 보고서의 특징은 연구자와 연구 참가자의 상호작용의 특징을 상세히 서술하며, 연구 참가자가 연구 과정에서 경험한 치료에 대한 개인의 독특한 경험 및 참가자들의 공통적인 경험을 중요하게 기술한다는 점이다. 게다가 연구자들은 독자가 연구 결과를 해석할 때 도움이 되도록 그들의 경향성을 설명해 준다(예, 어떤 하나의 치료제가 더 효과가 있다고 하더라도 이것은 사람마다 다를 수 있다는 점을 인식시키는 일).

그러므로 어떤 치료제가 더 나은지를 가리는 것이 목적인 실증주의자, 후기 실증주의자들과 달리 구조주의자는 연구자 자신의 관점을 유지하는 것을 기초로 하여 연구 참가자들의 경험을 잘 묘사하는 능력에 연구 목적을 둔다.

4) 합의적 질적 연구의 철학적 기초

제1장에서 설명한 대로 CQR은 네 단계를 따른다. 첫째, 개방형 자료를 수집한다. 둘째, 영역이라 불리는 넓은 범주로 자료를 분류한다. 셋째, 핵심 개념을 찾는다. 즉, 참가자들이 각 영역에서 말한 것을 요약한다. 넷째, 교차 분석을 한다. 즉, 참가자들의 반응을 이용해 주제와 유형을 찾는다. 그러므로 CQR은 자료에서 연구 결과를 도출할 수 있게 해 주는 귀납적 과정이며, 순수 자료로서 숫자에 의지하기보다는 언어에 의존한다. 영역을 지정하고 핵심 개념을 만들어 내는 데서 언어의 맥락적인 면을 중시한다. 그리고 연구팀은 연구 결과의 신뢰성을 확인하기 위해 원자료를 계속해서 검토한다. CQR에서는 팀 구성원의 합의에 의한 연구 결과를 도출하기 위해서 협력하는 연구자들을 중시한다. 자문팀은 연구 결과에 이르는 단계에서 연구팀의 연구가 서로 피드백을 주는 관계가 되도록 힘쓴다. 이러한 CQR의 모든 요소는 우리가 CQR의 철학적 기초를 명심하게 하는 중요한 역할을 한다.

Hill 등(2005)은 "CQR은 후기 실증주의적 요소를 포함하면서도 구조주의적 요소를 중요시하는 연구 방법"(p. 197)이라고 기술한다. 구조주의적 입장을 기초로 하여 CQR은 자연스러우며 상호작용하는 특징을 띠며 질적인 방법론을 추구한다. 현상을 이해하기 위한 연구는 단어와 원문을 토대로 하며, 연구 참가자들의 언어 맥락을 중요시하고, 면담자는 엄격한 조사와 명확성을 토대로 참가자와 상호작용한다.

CQR 연구자들은 존재론[즉, 현실의 본질에 대한 견해의 관점에서 다양하고, 동등하게 타당하며, 사회적으로 구성된 '진리들'(구성주의자의 관점)이 있다는 것을 인정한다. 그러므로 참가자들 사이의 경험의 공통성을 추구하는 동시에 그 경험의 독특성 또한 인정한다. 존재론적으로 CQR에서는 또한 다양한 관점을 통합해 나가면서 가능한 한 충실하게 자료를 제시하는 것을 추구하고 팀 구성원과 자문단이 하나의 진리에 합의하는 것을 강조하므로 후기 실증주의적 관점을 선호한다. 합의에 이르는 연구 과정 동안 모든 연구자는 자료가 최상의 기능을 발휘할 수 있어야 한다는 데 의견을 함께하기 때문에, 자료를 독립적으로 검토하고 서로 생각을 제시하고 논의하는 데 함께 힘을 모은다(Hill, Thompson, & Williams, 1997). 합의를 이루는 과정에서는 팀 구성원 개개인의 관점을 존중하며 격려한다(Hill et al., 2005). 팀 구성원 간에 불가피하게 관점이 다를 수 있다는 점을 인지하고 끊임없이 원자료로 돌아오는 것과 다양한 관점을 결합하여 사용하는 것, 자료의 복잡성을 이해하는 것이 필요하다. 이러한 노력으로 다양한 관점이 탄생할 수 있으며, 이는 모든 구성원의 편향성을 줄이는 데 도움이 된다. 게다가 합의를 이루는 연구 과정에서 자문단을 두는 것은 집단 사고의 폐단을 줄이고 다양한 관점을 제공하며 팀 구성원이 좀 더 '진리'(Hill, in press; Hill et al., 1997)에 가까운 사고에 도달하도록 도와준다. 합의점을 강조하는 것은 CQR 이론이, 예를 들어 자료 분석을 단 1명의 연구자에게만 의존하는 근거 이론 같은 좀 더 구조주의적인 측면에 중점을 두는 다른 이론(예, Ponterotto, 2005; Strauss & Corbin, 1990)과 차별화되는 특징 중 하나다.

인식론적 관점에서 CQR 이론은 연구자들과 연구 참가자들 사이의 상호 영향력을 인식한다는 점에서는 구조주의의 측면을 따른다. CQR에서 면담 시행자는 참가자의 질문에서 현상을 배우고 또한 참가자를 따라가며 독려하는 방식을 사용함으로써 참가자가 자신의 경험을 깊이 있게 탐구해 나갈 수 있도록 도와준다. CQR 이론의 인식론에는 후기 실증주의적 요소가 분명히 포함된다. 이는 참가자 각각에게서 같은 유형의 정보를 입수하기 위해 더 깊이 있는 정보를 융통성 있게 발휘하여 질문할 수 있는 반구조화된 면담 계획안을 사용하는 것에서 알 수 있다(제7장 참조). 변화를 수용하는 면담 계획안은 좀 더 구조주의적 접근에서 발견할 수 있는 것이기 때문에 앞 절차와는 대조적인 입장을 취한다.

연구자의 가치(가치론)가 연구 과정에서 하는 역할에 관하여 CQR은 후기 실증주의와 구조주의의 중간 입장을 취한다. CQR에서 우리는 연구 과정에 연구자의 주관적 가치가 개입되는 것은 불가피하며 이에 대해 구조적으로 접근해 명백히 토론할 필요가 있다고 본다. 그러나 편향적 성향이 연구 결과에 미치는 영향을 최소화하기 위해 이러한 주관적 가치를 통제해야 한다. 후기 실증주의와 구조주의를 기초로 하는 연구 방법론에서는 동일하게 가해지는 통제다. CQR 연구 방법론의 목적은 연구자가 아닌 참가자가 세상을 어떻게 바라보는지를 보여 주는 것이며, 이에 대한 가정은 연구자들의 주관적 가치를 통제한 결과 서로 다른 팀 구성원들일지라도 비슷한 방식으로 자료를 본다는 것이다. 게다가 CQR에서 개개의 면담자들은 자신이 연구 참가자에게 미치는 영향을 최소화하기 위해 동일한 면담 계획안을 사용한다. 동시에 면담자 개인의 가치가 면담 과정에 어느 정도 개입될 수 있음을 인정한다.

마지막으로 CQR의 수사학적 구조는 후기 실증주의에 가깝다. 이는 연구자가 가능한 한 객관적으로 결과를 제시하고 너무 포괄적인 해석을 피하며 자료를 보고하기 위해 연구 과정에서 배제되는 제삼자를 선택한다는 것이다. 수사학적 구조의 목표는 연구 참가자의 말을 요약하는 것이며, 적절하게 표집하면 이를 더 많은 전집에 적용하기 위해 참가자들에게 공통적으로 나타나는 요소에서 주제를 발견하는 것이다(Hill et al., 2005; Ponterotto, 2005). 연구 참가자의 말을 인용하는 것은 참가자의 '생생한 경험'을 그대로 연구 과정에 투입시켜 CQR에서 제시되는 구조주의의 특징을 강화한다. 정확성과 적절성을 적절히 조화시키는 것이 질적 연구 방법론에서 계속되는 과제다(Ponterotto, 2005).

질적 연구 방법은 Denzin과 Lincoln(2005)이 '양쪽으로 활용할 수 있는 영혼'이라고 부르는 이론에서 나왔다. 이 이론의 한 가지 관점은 질적 연구 방법을 사용하는 연구자들이 명확성, 객관성 그리고 과학적 엄정성의 수준으로 세계를 관찰하고 이를 기초로 가설을 세우는 것을 강조한다는 것이다. 이에 반하는 다른 하나의 관점은 질적 연구 방법론은 연구 참가자 개개인의 독특성과 개인적 특성을 강조하여 가능한 한 풍부하게 그들의 이야기를 그대로 존중해 주는 구조라는 것이다(타당성). 이 양쪽으로 활용할 수 있는 영혼 이론은 한편으로는 실험적 후기 실증주의적 방법론과, 다른 한편으로는 근거 이론과 같은 좀 더 구조주의적이고 대화식인 모델과의 사이에 동요를 초래했다. 객관적 진실인가, 자료의 풍부함인가의 문제가 역사의 전 과정에 걸쳐 질적 연구 방법론을 괴롭혀 왔지만, CQR 이론의 가장 큰 장점은 이 두 가지 핵심을 적절히 염두에 두고 고안된 이론이라는 것이며 이로써 CQR 이론은 양쪽으로 활용할 수 있는 영혼 이론이 설 수 있는 기틀을 마련했다.

2. 합의적 질적 연구와 역사적 전제

앞서 제시된 연구 패러다임은 질적 접근법의 역사와 철학의 역사를 기반으로 다져졌다. 질적 연구 방법의 역사를 간단히 검토해 보자(질적 연구 방법의 철학사에 대한 자세한 설명은 이 책의 목적을 넘어서는 것이다. 더 많은 정보를 원한다면 McLeod, 2011을 참조하라). 제2차 세계대전 이전에 질적 자료를 사용하는 연구자(그 분야의 경험을 토대로 하는 사회학자와 민족 역사학자)들은 실증주의 관점을 기초로 연구했다. 그들은 글을 쓰는 데 타당하고 믿을 만하며 객관적인 설명과 해석을 제공하는 것을 추구했다. 심리학 분야에서 인간 현상을 연구하는 이러한 접근은 행동주의 심리학을 통해 구체화되었다. 행동주의적 접근은 인간의 행동을 수량화하고 일정한 행동을 다양한 집단에 따라 다르게 변화시키는 강화 전략에 집중했기 때문이다(Denzin & Lincoln, 2005).

그러나 20세기 중반부터 연구 패러다임은 사회과학자들에 의해 실증주의에서 후기 실증주의로 바뀌었다. 이러한 변화는 사회과학자들이 자료를 문맥에 맞게 이해하고 다양한 방식으로 현상을 설명하는 것의 중요성을 깨달았기 때문이다. 심리학에서 질적 연구법이 등장한 것은 행동주의적 방법으로는 무언가 부족하다는 결론에 근거했다. 행동주의 방법은 인간 행동에 대한 진리를 일반화하려는 시도에 있어 너무 단순해 보인다. 질적 연구 방법이 양적 연구 방법만큼이나 정확하다는 것을 이해하고 연구자들이 질적 연구 방법을 추구함에 따라 후기 실증주의가 강력한 영향력을 미치게 되었다. 후기 실증주의는 연구 결과가 특정 상황에 적용될 가능성을 제시하고 이러한 가능성을 뒷받침할 다양한 자료를 이용한다(Denzin & Lincoln, 2005).

1970년대 즈음 사회과학자들이 모델과 이론 그리고 질적 자료를 분석하는 방법을 인간적으로 다루는 데 관심을 기울이면서 질적 자료에 구성주의적으로 접근하는 방식이 생겨났다. 해석학, 구조주의, 기호학, 현상학, 문화 이론 그리고 여성주의 영역에서 연구자들은 인간 현상에 대해 좀 더 비판적이고, 구술적이고, 해석적인 입장을 취할 수 있게 되었다(Denzin & Lincoln, 2005). 학문 분야를 막론하고, 학자들은 인간 행동에 대해 좀 더 복잡한 시각으로 바라보기 시작했다. 또한 비판적이고 맥락을 고려한 새로운 방법으로 문화 현상과 사회 현상을 평가하기 시작했다. 사회학자와 인류학자는 사회를 구조적 시각으로 보기 시작했고, 전통적 가설에 문제를 제기하며 인종과 성별에 대한 진실을 받아들이기 시작했다. 사회구조적 측면을 기초로 하여 인종과 성별 같은 다양한 변수의 이해를 중시하는 점은 이전의 패러다임과 비교해 볼 때 꽤나 급진적이라고 할 수 있다.

질적 연구 방법은 사회학이나 인류학 같은 분야에서 사용되고 있다. 이 방법론은 사회 집단을 연구하고 현장 연구가 필요한 분야에서 사용되는 전통적 연구 방법과 상호 보완적이기 때문이다. 특히 인류학에서 민족 역사학에 대한 질적 접근법은 연구자들이 외국을 여행하며 그들의 경험을 이해하고 문서화하고 설명하는 방법을 찾기 때문에 특히 중요하다. 반면에 사회과학과 행동과학 분야의 연구자들은 이러한 새로운 방법론을 받아들이는 것을 상대적으로 꺼렸고, 우리는 실험과학 분야에서 동료 연구자들이 이러한 질적 연구 방법론에 저항해 온 기록을 언급하고자 한다.

질적 연구법을 꺼리는 연구자들은 이 방법론이 과학적이고 객관적이지 않다고 주장한다. 다만 이 방법론은 진리에 대한 여러 견해 중 하나다. 역사적으로 심리학자들은 주로 심리학과 행동과학을 자연과학의 한 분야로 여겨 왔으므로

너무 유연한 과학적 방법을 꺼렸다. 불행하게도 이렇게 학문 분야가 분리되었
기 때문에 심리학에서는 질적 연구 방법이 더 늦게 받아들여졌다. 많은 심리학
자가 자연과학 분야의 연구자들에게 뒤처지지 않기 위해 실증주의 방법론을 고
수해 왔다. 이것을 재치 있게 '물리학 선망(physics envy)'이라고 명명하기도 했
다(Nichols, 1993).

　심리학과 심리치료 분야에서 좀 더 질적인 방법론을 추구하게 된 첫 번째 발
단은 이러한 방법론이 발견 지향적이라는 것이다. Mahrer(1988)는 심리치료를
위한 더 나은 지식을 얻기 위해 가설을 검증(즉, 양적 접근법)하는 데 이는 한계가
있다는 점을 강조한다. 가설 검증(양적 접근법)은 심리치료 연구의 결과나 이론
을 확증하거나 부당성을 제기하는 데서 개인에게 할당된 임무를 충분히 수행할
수 없다는 것이 Mahrer의 주장이다(p. 696). 대신에 그는 다음과 같이 말한다.

　　　발견 지향적인 연구 방법을 고안해 낸 기본적인 이유는 더 많이 배우고자
　　함이며, 미처 깨닫지 못한 사실을 발견하고자 하는 것이고, 알고 싶었지만 생
　　각하지 못하고 예측하지 못하고 가설을 세우지 못한 사실에 대한 답을 제공
　　하는 데 있다. 따라서 연구자들은 이러한 발견 지향적 심리치료 방식의 이론
　　적 근거와 목적 그리고 방법을 채택하는 것이다(p. 697).

　가설 검증과 양적 연구의 한계를 아는 것은 중요하며, 새로운 어떤 연구 프로
젝트(심리학 연구뿐만 아니라)를 시작하는 연구자는 발견 지향적 접근법을 선택
하면 더 효과적일 수 있다. Mahrer는 발견 지향적 접근법을 더 강조하기는 했지
만, 여전히 연구에 사용할 접근 방법에 대해 실증주의 요소들을 염두에 둔다
(예, 그는 자료에서 카테고리/범주를 이끌어 내거나 발견한 후 자료를 코딩하는 것에
대한 신뢰도를 높이기 위해 숙련된 새 점검팀을 구성하는 것을 조언했다).

　양적 접근법은 발견 지향적 접근법이기도 한데, 발견 지향적 접근법에서 발
생했고 실증주의적 요소를 많은 부분 제외시켰다. 이러한 발견 지향적이고 양

적인 접근법은 현상의 복잡성을 이해하기 위해 고안되었다(즉, 설명하고 해석한
다). 그들은 일반적이고 전 세계적인 행동 패턴[법칙 정립적 접근(a nomothetic
approach); Ponterotto, 2005]보다는 소수 개인의 행동을 매우 깊이 있게 이해하는
데[개별 기술적 접근(an idiographic approach)] 초점을 맞춘다. 그러므로 양적 접근
법의 목적은 "경험을 마치 살아 있는 것처럼 그리고 의식을 생생하게 만들어 내
는 것처럼 설명하고 명료화하라."라고 할 수 있다(Polkinghorne, 2005, p. 138).

　질적 연구 방법의 목적은 '의식 수준에서 살아 있고 구조화된 경험을 있는
그대로 설명하고 명확히 하는' 데 있다. 발견 지향적 연구 방법이라는 Mahrer
의 생각에 따라서 질적 연구는 기존에 연구가 많이 이루어지지 않은 분야에서
행해지기 때문에 가설에 의해서가 아니라 개방형 연구 문제에 의해 이루어진
다. 따라서 가설은 발견 지향적이지 못하며 연구는 주로 규범적 접근보다는 개
별 기술적 접근이 더 선호된다. 그리고 자료에서 주제와 범주를 찾아 내는 귀납
적 과정과 이러한 주제들이 새로운 자료에서 어떻게 발생하는지를 점검하는 연
역적 과정 사이의 선순환 구조를 통해 결론을 이끌어 낸다. 이러한 과정은 연구
자들이 실제 자료를 근거로 들 수 있게 한다. 이를테면 가설 검증에 초점을 맞
추기보다는 면담의 원문을 중시하기 때문이다.

　심리학과 심리치료 분야에서 발전시켜 사용하는 질적 접근법은 근거 이론
(Strauss & Corbin, 1990), 현상학적 접근(Giorgi, 1985) 그리고 포괄적인 과정 분석
(Elliott, 1989) 등 세 가지다. 이 세 가지 질적 방법은 심리학 분야에서 유용하게
사용되지만 Hill과 동료 연구자들(2005)은 이러한 접근법이 "모호해 보이고 이
해하기 어려운 점과 더불어 실행하기 어려운 점"을 들어 이 연구 방법론의 단점
을 지적한다(p. 196). 좀 더 쉽게 배우고 사용할 수 있는 방법을 만들고 싶은 바
람에서 Hill과 동료 연구자들은 기존의 세 가지 접근 방법의 가장 좋은 특징만을
통합하는 새로운 접근법을 개발했다. 그것이 바로 CQR이다(Hill et al., 1997).
CQR 발전의 역사를 좀 더 자세히 알고 싶다면 제1장을 보라.

　CQR의 역사적·철학적 정황을 논의함에 있어 CQR은 심리치료 연구 분야에

초점을 맞춰 개발된 방법론은 아니지만, 상담심리학자들은 이 연구 방법론을 주된 연구 방법으로 흥미롭게 사용하고 있다. 앞서 논의한 철학적 패러다임의 수준을 넘어서서 CQR 이론의 고유한 가정과 기초를 이루는 경향성은 상담 분야와 많이 유사하다. Rennie(1994)는 질적 연구자와 상담자 모두 인간이 경험한 이야기에 어떻게 관심을 보이는지를 설명한다. 이러한 질적 연구 방법에서 개인은 개인 이상의 의미가 있다. 상담자와 질적 연구자 둘 다 이야기의 전체 맥락에서 사람을 이해하려고 시도하고 동시에 개개의 연구 참가자와 내담자의 권한을 강조한다. 게다가 질적 연구 과정과 상담 과정에서 사용되는 기술과 과정이 광범위하게 중복된다. 참가자가 면담에서 한 이야기를 중점적으로 다루는 것은 상담 시 상담자가 내담자의 말을 잘 들어주는 상담 기술과 상당히 닮아 있다. 또한 두 가지 모두 강도 높은 집중과 감정 이입이 필요하다. 이러한 집중과 감정 이입 기술은 상담 과정과 결과 연구에 특히 유익하지만 CQR은 이뿐만 아니라 건강심리학과 사회학 분야에 걸쳐 다양한 분야에서 점점 많이 사용되고 있다(제18장 참조). CQR은 면담 자료나 원문 분석을 포함하는 모든 연구에 적합하기 때문에 많은 연구 분야에서 방대하게 사용할 수 있다. 심리치료 연구에 국한하여 CQR은 심리치료의 다양한 면과 사례 분석을 이해하는 유용한 도구라는 점이 꾸준히 입증되고 있다.

3. 결론

우리는 CQR이 다른 질적 연구 방법론의 다양한 역사를 기초로 한 중요한 연구 방법론이며, 앞으로도 계속 변화와 발전을 거듭하는 연구 방법론이 될 것이라고 믿는다. 이 장을 읽은 후에 CQR 연구 방법이 어느 연구 패러다임과 잘 맞는지 그리고 어떻게 다른 연구 방법의 역사를 기초로 하는지 이해할 필요가 있다. 다음 장에서도 계속해서 CQR 연구 방법론을 배울 것이다. 이 장에서 토론한 CQR의 역사적 정황과 철학적 가정을 꼭 염두에 두어 다음 장을 더 잘 익히기 바란다.

참고문헌

Creswell, J. W. (2007). *Qualitative inquiry and research design: Choosing among five approaches* (2nd ed.). Thousand Oaks, CA: Sage.

Denzin, N. K., & Lincoln, Y. S. (2005). *The SAGE handbook of qualitative research* (3rd ed.). Thousand Oaks, CA: Sage.

Elliott, R. (1989). Comprehensive process analysis: Understanding the change process in significant therapy events. In M. J. Packer & R. B. Addison (Eds.), *Entering the circle: Hermeneutic investigation in psychology* (pp. 165-184). Albany: State University of New York Press.

Elliott, R., Fischer, C. T., & Rennie, D. L. (1999). Evolving guidelines for publication of qualitative research studies in psychology and related fields. *The British Journal of Clinical Psychology, 38*, 215-229. doi:10.1348/014466599162782

Giorgi, A. (1985). Sketch of a psychological phenomenological method. In A. Giorgi (Ed.), *Phenomenology and psychological research* (pp. 8-22). Pittsburgh, PA: Duquesne University Press.

Hill, C. E. (in press). Cousensual qualitative research (CQR) methods for conducting psychotherapy process research. In O. Gelo (Ed.), *Psychotherapy research: General issues, outcome and process.* Vienna, Austria: Springer.

Hill, C. E., Knox, S., Thompson, B. J., Williams, E. N., Hess, S. A., & Ladany, N. (2005). Consensual qualitative research: An update. *Journal of Counseling Psychology, 52*, 196-205. doi:10.1037/0022-0167.52.2.196

Hill, C. E., Thompson, B. J., & Williams, E. N. (1997). A guide to conducting consensual qualitative research. *The Counseling Psychologist, 25*, 517-572.

doi:10.1177/0011000097254001

Hoyt, W. T., & Bhati, K. S. (2007). Principles and practices: An empirical examination of qualitative research in the Journal of Counseling Psychology. *Journal of Counseling Psychology, 54,* 201-210. doi:10.1037/0022-0167.54.2.201

Kuhn, T. S. (1970). *The structure of scientific revolutions.* Chicago, IL: University of Chicago Press.

Mahrer, A. R. (1988). Discovery-oriented psychotherapy research. *American Psychologist, 43,* 694-702. doi:10.1037/0003-066X.43.9.694

McLeod, J. (2011). *Qualitative research in counselling and psychotherapy.* London: Sage.

Morrow, S. L., & Smith, M. L. (2000). Qualitative research in counseling psychology. In S. D. Brown & R. W. Lent (Eds.), *Handbook of counseling psychology* (pp. 199-230). New York, NY: Wiley.

Nichols, D. P. (1993). Outgrowing physics envy: Reconceptualizing social research. *Contemporary Family Therapy, 15*(1), 51-72. doi:10.1007/BF00903487

Polkinghorne, D. E. (2005). Language and meaning: Data collection in qualitative research. *Journal of Counseling Psychology, 52,* 137-145. doi:10.1037/0022-0167.52.2.137

Ponterotto, J. G. (2005). Qualitative research in counseling psychology: A primer on research paradigms and philosophy of science. *Journal of Counseling Psychology, 52,* 126-136. doi:10.1037/0022-0167.52.2.126

Rennie, D. L. (1994). Human science and counseling psychology: Closing the gap between research and practice. *Counselling Psychology Quarterly, 7,* 235-250. doi:10.1080/09515079408254149

Strauss, A., & Corbin, J. (1990). *Basics of qualitative research: Grounded theory procedures and techniques.* Newbury Park, CA: Sage.

Wampold, B. E., Heppner, P. P., & Kivlighan, D. M. (2008). *Research design oin counseling* (3rd ed.). New York, NY: Brooks/Cole.

제2부

합의적 질적 연구 수행

제3장 시작 단계
제4장 연구팀
제5장 편견과 기대
제6장 표 본
제7장 자료 수집
제8장 자료 코딩하기-영역과 핵심 개념
제9장 교차 분석
제10장 자 문
제11장 원고 쓰기
제12장 합의적 질적 연구의 질적 메타 분석

Consensual Qualitative Research **제3장**

시작 단계

Rachel E. Crook-Lyon, Melissa K. Goates-Jones, & Clara E. Hill

이 장에서는 연구자가 합의적 질적 연구(Consensual Qualitative Research: CQR)를 계획할 때 고려해야 할 몇 가지 아이디어를 보여 준다. 연구자가 주제를 선정하는 방법, 질적 분석을 통해 주제의 타당성을 결정하는 방법, 연구의 목적을 결정하는 방법, 연구 문제를 개발하는 방법을 제안한다(〈표 3-1〉 참조). 기본적으로 우리는 연구자들이 신뢰도, 윤리성, 문화적 고려와 같은 중요한 요소들을 포함한 계획을 토대로 CQR을 사용하는 것을 권한다(제13장, 제14장, 제15장 참조). 과정의 각 단계에서 CQR 연구자는 CQR 자료의 신뢰도를 구축하는 것과 윤리적이고 문화적인 감수성 측면에서 높은 기준을 유지할 것을 생각하고 있어야 한다.

우리가 각 단계를 명확히 제시하고는 있지만, 모든 연구자가 제시된 윤곽에 따라 연구에 접근하지는 않는다. 어떤 연구자는 주제에 흥미를 느껴 연구에 접근하기 시작하고, 그다음에 문헌을 연구하고, 연구 문제를 개발하며, 그 시점에서야 비로소 이전 장에서 나열한 이유를 통해 질적 연구 방법론이 가장 적절할 것인지 결정한다. 질적 연구를 원하면서 적절한 주제를 찾는 연구자도 있다.

〈표 3-1〉 합의적 질적 연구를 시작하기 위한 권고사항

단 계	권고사항
주제 선정	강한 흥미, 개인적 경험 혹은 해당 영역에 연구가 더 필요할 때 주제를 선정함
연구 아이디어 도출	대학원생이나 학부생과 브레인스토밍, 학회 참석, 학술지 조사, 깊이 생각 혹은 명상함
질적 연구 방법 결정	깊은 수준의 과정을 연구하거나 현상을 묘사하거나 단발적인 사건을 연구하거나 새로운 영역을 탐색하거나 이론을 세우는 것을 원한다면 CQR을 선택함
문헌 조사	자료를 수집하기 전에 흥미 있는 주제와 연관된 문헌을 조사하고, 자료 분석 기간에는 문헌 정보를 제쳐 둠
목적 설정	연구 목적이 묘사인지, 이해인지, CQR 방법론이 어떤 현상을 연구하는 데 유용한지를 확인하려는 것인지 명확히 함
연구 문제 설정	연구 문제 또는 연구의 목적을 설정함

1. 주제 선정

당신이 흥미를 느끼는 것 중에서 주제를 선정하는 것은 매우 중요하다. 연구는 보편적으로 시간이 필요한 과정이고, 특히 CQR에서는 연구 완성까지 몇 달에서 몇 년이 걸리기 때문이다. 오직 개인적으로 관심 있는 주제를 통해서만 과정의 동기와 진행 속도를 유지할 수 있다. Sarah Knox는 자신이 어떻게 '치료자에 대한 내담자의 내적인 묘사'를 주제로 선정했는지 다음과 같이 설명한다 (Knox, Goldberg, Woodhouse, & Hill, 1999).

나는 이전에도 항상 내담자가 상담 회기 내 치료자의 존재를 어떻게 자신의 삶과 연계해서 가지고 가는지 호기심을 느꼈다. 내담자의 삶은 치료 장면 밖에서 더 많이 이루어지며, 그래서 내담자가 어떻게 작업을 지속하는지, 치료자가 물리적으로 옆에 없을 때 어떻게 긍정적으로 치료자의 치유적 존재를

삶에 적용하는지…… (중략) ……나는 이 현상에 대해 내담자 스스로에게 들어보고자 했다. 그리고 그들이 공유해 주는 것에 흥미를 느꼈다.

— S. Knox, 개인적 교신, 2010. 2. 18.

이 주제에 대한 Sarah의 흥미가 이 연구를 끝내는 데 중요했다는 것을 쉽게 관찰할 수 있다. 연구자들은 다양한 현상에 대한 자신의 고유한 경험에 기반해서 연구 아이디어를 개발해야 한다. Williams(1998)가 출판한 논문인 「기쁨에 대한 지각: 상담 심리학계의 유명한 여성 학자들의 경력의 경로(Perceptions of Serendipity: Career Paths of Prominent Academic Women in Counseling Psychology)」가 있다. 이 연구의 주제는 핵심 연구자 자신이 겪은 기쁜 사건에서 나왔다.

내가 스탠퍼드 대학교 졸업을 앞둔 학부생이었을 때, 일자리를 찾고자 이력서를 들고 취업 센터를 방문한 적이 있다. 그는 내 경험과 관심사를 살펴보고 나서 말했다. "당신도 알다시피 제 아내는 근처에 있는 작은 심리검사 출판사에서 일하고 있어요. 저는 당신이 그곳에서 정말로 재미있게 일할 수 있을 거라고 생각해요. 그곳에 지원해 보세요." 나는 그렇게 했고, 그들은 나를 '검사 전문가'로 고용했다(당시에는 참 아이러니한 일이었다). 그 회사는 심리학 저널에 자문하고 있었고, 굉장히 흥미로운 목록들과 Myers-Briggs (MBTI)를 비롯한 여러 중요한 검사 측정 도구 다수를 출판했다. 그러던 어느 날 나에게 매우 도움이 되는 회의에 회의록 작성자로 참여하게 되었다. 그리고 그 결과, Don Super, Lenore Harmon, John Krumboltz에게 경력 상담을 받게 되었다. 나쁘지 않았다! 나는 그들뿐만 아니라 많은 유명한 상담심리학자들과의 만남을 통해 좋은 산업·조직심리학 프로그램이기도 했던 상담심리학 프로그램에 참여하기로 했다.

— E. N. Williams, 개인적 교신, 2010. 3. 22.

단, 연구 주제 선정에 개인적인 경험을 활용할 때는 주의할 점이 있다. 이런 방식은 당신이 매우 특별한 결과를 얻게 하는 치우친 설명과 편견에서 자유롭지 못하다. 어쩌면 당신 내면의 강렬한 감정을 떠올리게 하는 주제를 선정하게 할 수도 있다. 만약 연구자가 어린 시절의 성적 외상에서 아직 벗어나지 못했다면 같은 경험에 대한 면담을 진행할 때 편견에서 자유롭기 어렵다.

연구자가 연구 주제를 선정하는 또 다른 방식은 해당 주제에 더 많은 정보가 필요할 때다. 예를 들어, Knox, Dubois, Smith, Hess, Hill(2009)은 상담자에게 선물을 주는 내담자의 경험을 조사한 연구를 발표했다. 그들은 Sarah Knox가 그 주제에 대해 다음과 같이 글을 기고한 이후에 흥미를 느끼게 되었다.

> 이것은 정말로 개척되지 않은 영역이었고, 그래서 앞으로 연구할 가치가 충분해 보였다. 대다수의 저술은 이론에 치우쳤고, 치료 장면 안에서 내담자가 선물하는 실제 경험에 대해서는 소수의 연구만 있었다. 이 상호작용에서 자연스럽게 자극을 받아 우리는 선물을 주는 과정을 어떻게 느끼는지 내담자에게 직접 들어보기를 원하게 됐다.
>
> — S. Knox, 개인적 교신, 2010. 2. 18.

2. 연구 아이디어 만들어 내기

연구자들은 연구 아이디어를 만들어 내는 독특한 방법을 많이 알고 있다. 예를 들어, 이 장의 제3저자는 아이디어 브레인스토밍을 위해 학부와 대학원 학생들과 함께 걷는 것을 좋아한다. 학술대회 발표를 듣거나 대학원생을 지도하면서 연구 아이디어를 얻는 연구자도 있다. 학술지를 읽으면서 아이디어를 얻기도 한다. 우리는 특별히 연구자들이 연구 가능한 주제와 질문의 아이디어를 얻도록 CQR 논문을 읽을 것을 격려한다. 꿈을 꾸거나 혹은 샤워 중에, 아니면 그저 생각하는 것을 통해 아이디어를 얻는 연구자도 있다. 연구자들은 연구 주제를 기록해 두는 '아이디어 수첩'을 통해 효과를 볼 수도 있다.

연구자는 연구를 위해 충분히 진지하면서도 한편으로는 너무 광범위하고 모호해 시야가 흐릿해지지 않도록 주제 선정에 주의를 기울여야 한다. 예를 들어, 심리치료에서 내담자의 감정 경험이라는 주제는 매우 흥미롭지만 영역이 너무 넓다. 대신 심리치료에서 내담자의 울음 경험처럼 주제를 좀 더 감당할 수 있도록 국한할 수 있다.

3. 질적 방법론이 그 주제를 연구하는 데 최선의 접근인가

몇 가지 주제 영역은 CQR과 같은 질적 연구에 매우 적합하다. 가령 질적 접근은 양적 방법론이 자주 실패하는 깊은 수준에서의 심리치료 과정 연구에 더욱더 적합하다. 예를 들어, Hill, Nutt-Williams, Heaton, Thompson, Rhodes (1996)는 장기 치료에서 나타나는 치료의 교착 상태에 흥미를 느꼈다. 비록 양적 연구 방법론으로도 치료의 교착 상태에 대해 빈도나 내용을 이끌어 낼지라도 연구자는 CQR을 선택한다. 치료자의 관점에서 치료의 교착 상태로 이어지는 요소에 관해 풍요로운 맥락적 자료를 얻기 원하기 때문이다.

또 다른 질적 연구 방법론의 이상적인 적용은 드물게 발생하는 사건의 이해에 흥미를 느꼈을 때다. 심리치료 회기 관찰과 같은 고전적인 방법으로는 이런 사건을 발견하기 어렵기 때문이다. 예를 들어, 치료 장면에서 선물을 주는 것은 비일상적인 사건이며, 치료 환경에서 내담자에게 매우 의미 있는 사건이기 때문에 중요하다. 선물을 주는 행동은 드물기 때문에 양적 연구에서 적절한 결과를 얻기에 충분히 많은 사례를 확보하기는 어렵다. 대신 Knox, Hess, Williams, Hill(2003)은 내담자에게서 선물을 받은 경험에 관해 치료자 2명과 면담하는 질적 연구를 선택했다. 그들은 '문제가 되는 선물'과 '문제가 되지 않는 선물' 간의 구체적인 차이점을 확인할 수 있었다.

이와 관련하여 질적 연구 방법은 내적인 사건 같은 복잡한 현상을 이해하는 데 유용하다. 예를 들어, 내담자에게 성적으로 끌리는 데 대한 치료자의 반응은 다양한 자료를 얻을 수 있는 주제다. 양적 연구 방법론을 사용하면 연구자들은 내담자에 대한 치료자의 성적 끌림의 빈도 혹은 성적 끌림의 상관 관계를 연구할 것이다. 그러나 질적 연구 방법론을 사용하면 연구자는 참가자의 살아 있는 경험에 대한 중요한 정보를 제공받을 수 있다. 자료를 깊은 수준 그리고 맥락에서 얻을 수 있기 때문이다. Ladany(1997)는 치료자들이 자신이 성적으로 끌리는 내담자에게 지나치게 신경을 쓰고, 내담자와 연관되었다는 생각과 성적 끌림이 거리감 상실, 집중의 저하, 목표의 상실을 발생시키는지를 알아보기 위해 CQR을 선택했다. 사람들이 콤플렉스와 감정적으로 소모되는 주제에 대한 자신의 생각과 감정을 탐색하기 위해서는 자주 관심을 기울여 주는 경청자와 시간이 필요하다.

질적 연구 방법론을 적용하는 또 다른 경우는 어떤 영역에 관해 조금밖에 알려지지 않아서 어떤 질문을 할지, 어떤 측정 도구를 사용할지를 잘 알기 어려울 때다. 예를 들어, Santiago-Rivera, Altarriba, Poll, Gonzales-Miler, Cragun(2009)은 상담자와 내담자가 스페인어와 영어를 섞어서 사용하는 것의 영향력에 관심이 있었다. 그러나 '치료자의 치료에서 2개 국어의 전략적 활용'에 대해 출간된 연구는 거의 없었다. 그것이 연구의 새로운 영역이었기 때문에 이 연구자들은 어떤 질문을 해야 할지 이해하기 위한 기초 연구가 필요했다. 이런 이유로 CQR은 이 주제를 탐색하는 데 적합했다. 연구자들은 치료자가 종종 언어를 바꾸고 자연스러운 표현을 사용하는 것이 신뢰 구축과 내담자와의 유대, 개방성 촉진에 유용하다는 것을 알게 되었다.

CQR을 사용하는 또 다른 이유는 이론을 구성하는 데 이상적이기 때문이다. 양적 연구 방법론과 대조적으로 연구자들은 가설을 발전시키고 가설을 시험한다. CQR은 연역적이 아닌 귀납적 방식이기에 연구자들이 자료를 모으고 그다음에 이론의 기반을 구성하는 것을 허용한다. 경력 개발 과정에서 관계가 미치는 영향력에 관한 연구에서 Schultheiss, Palma, Predragovich, Glasscock(2002)은 다음과 같이 기록했다.

> 관계의 복잡한 특성에도 불구하고, 이에 관한 대부분의 연구는 많은 수의 표본과 답을 강요하는 문항들에 기초한 양적 통계 분석 자기 보고 도구들을 사용해 이루어졌다. …… (중략) …… 비록 질적 연구가 애착과 경력의 연구 영역에서 완전히 새로운 것은 아니지만, 선행 연구들은 경력 결정의 발달 과정과 연관된 특별한 관계 요소를 파악하는 데 충분하지 않았다(p. 219).

경력 개발에서 관계의 영향력에 관한 이론을 만들기 위해 원하는 것을 확인해야 했기 때문에 Schultheiss와 동료 연구자들은 질적 연구를 선택하여 지지의 다차원적인 원천으로서의 관계에 대한 가치 있는 자료를 도출해 냈다.

질적 연구 방법론은 연구자가 깊은 수준을 탐색할 수 있기 때문에 특히 사람의 내적 경험을 이해하는 데 적합하다. 예를 들어, Ladany, Constantine, Miller, Erickson, Muse-Bruke(2000)는 심리치료 슈퍼바이저 1명과 그가 박사학위 이전의 연구생들을 슈퍼비전한 경험에 관해 면담했다. 연구자들은 특히 슈퍼비전에서 드러나는 역전이 징후에 관심이 있었다. 역전이는 내적인 경험이기 때문에 면담 진행자들은 내적인 면을 탐색할 수 있었고, 슈퍼바이저의 역전이 징후가 정서적(예, 정서적 고통), 인지적(예, 고유의 권한에 대한 질문), 행동적(예, 파혼)인 면에서 나타난다는 것을 알 수 있었다.

질적 연구 방법론은 현상을 설명하는 것보다 묘사하는 데 유용하다. Schlosser, Knox, Moskovitz, Hill(2003)은 다양한 요소 간의 모델 구성이나 인과적인 설명보다는 관계에 대한 조언을 받은 학부생의 관점을 묘사하는 데 관심이 있었다. Schlosser는 그들의 조언자와의 관계에 대해 박사학위 이전의 학생 16명과 면담했다. 그리고 자신의 조언자를 고르는 능력과 조언자와의 만남 횟수, 조력적인 관계와 연관된 혜택과 대가, 시간이 초과되었을 때 어떻게 갈등을 다루었는지를 포함하여 조력적인 관계의 몇 가지 측면에 관해 만족한 학생과 만족하지 못한 학생이 있다는 것을 발견했다.

마지막으로, 우리의 많은 선행 사례가 특정한 경험(예, 선물 주기)을 연구했음에도 CQR은 더 광범위한 태도와 신념을 연구하는 데 유용하다. 예를 들어, 연구자들은 인종차별과 신에 대한 믿음의 태도를 연구할 수 있다.

CQR이 현상의 광범위한 다양성을 연구하는 데 이상적일지라도, 연구자가 전집에 관해서 무엇을 알기 원하거나 경험을 수량화하기 원하거나 규준의 개발을 원한다면 양적 연구 방법론만큼 유용하지 않다는 점을 명심해야 한다. 그러나 연구자가 현상을 더 풍요롭게 연구할 수 있다는 점에서는 질적 연구가 양적 연구를 앞선다.

4. 문헌 조사

연구자가 주제를 정하고 CQR을 연구 방법론으로 결정하고 나면 문헌을 조사할 차례다. 질적 연구를 옹호하는 사람 중 일부는(예, Glaser, 1978; Shank, 2002) 계획한 연구를 이끌어 가기 위해서는 질적 연구자들이 문헌에 충분히 익숙해져야 하지만, 자료가 수집되기 전까지 문헌을 완벽하게 개괄할 필요는 없다고 주장한다. 이 주장의 근거는 질적 연구자들이 예상한 개념에서 벗어나 자료의 분석에서부터 탐색적으로 접근해야 한다는 생각에 기반을 두고 있다. 자료 수집이 끝나면, 연구자는 그 시점에서 방대한 문헌에서의 조사 결과를 통합한다.

그러나 Hill, Thompson, Williams(1997)는 이러한 접근에 반대한다. 문헌에 대한 지식은 때로 연구자가 사전 연구에서 실수를 바로잡도록 도와줄 수 있고, 문헌에 의미 있게 관여하도록 하는 명확한 방법이기 때문이다(예, 연구의 특정한 방향에 있어서 '다음 단계'). 연구를 진행하기 이전에 문헌에 대해 개괄함으로써

CQR 연구자들은 다른 연구자들이 사전 연구에서 찾아낸 개념과 관련성에 친숙해진다. 이런 개념과 관련성의 역할을 연구 상황에서 고려할 수 있다. 예를 들어, CQR 연구자가 심리치료 내담자의 경험을 연구하는 데 관심이 있다면, 그 연구자는 심리치료 결과에 대한 내담자 평가와 밀접하게 연관된 작업 동맹에 관한 내담자의 인식을 연구한 문헌을 조사할 수 있다(Harvath, 2001). 이 문헌 조사의 기본 단계에서 CQR 연구자는 면담 계획 안에서 관계에 관한 질문을 포함시키는 것에 대해 결정할 수 있다.

문헌 조사를 진행하면서 CQR 연구자는 서적, 학술 논문, 컴퓨터 자료를 조사할 수 있다. 연관 있는 논문을 발견하면 다른 논문들을 찾아서 그들의 참고문헌 목록을 조사할 수 있다. 더 특정한 단계와 연구 계획 및 문헌 조사 진행을 위해 이 주제에 대해 쓴 다양한 자료와 책들을 권한다.

5. 문헌 관련 내용을 보류해 두기

연구 문제 면담 계획안 개발을 위해서는 현존하는 문헌의 활용이 중요할지라도, CQR 연구자는 합의를 이루어 내는 노력을 해야 하며 참가자들과 면담하고 자료 분석 시기에 자료에 접근할 때는 지식을 한쪽으로 내려 두어야 한다. 그렇게 해야만 새롭고 편견 없는 관점을 정립할 수 있다. '문헌을 잊는 것'은 연구자가 참가자들이 자신을 위해 '이야기한' 자료를 얻는 것을 목적으로 하는 질적 연구의 중요한 특징이다.

치료 결과에 대한 가설적인 연구를 예로 들자면, 우리는 면담 계획안에 치료 관계에 관한 질문을 포함할 필요가 있다는 점을 문헌 조사를 통해 알게 되었다. 그러나 면담과 자료 분석 시기 동안 CQR 연구자들은 경험적인 발견에 관한 지식을 제쳐 두고, 치료 관계가 중요하거나 중요하지 않다고 생각하는 참가자의 개인적인 경험에 집중하여 합의된 결론을 이끌어 냈다. 또한 CQR 연구자들은 최근 종결한 내담자 경험을 분석하여 문헌에서 찾아낸 것과 다른 주제들(예, 종결 시기, 재정 문제)을 발견했다. 비슷하게 자료 분석 시기를 통해 연구자들은 참가자들이 말한 것보다 참가자들이 사용한 실제 단어를 면밀히 살펴보았다. CQR 연구자가 면담과 자료 분석 기간에 관련 문헌을 옆으로 치워 두지 않는다면, 중요한 정보를 간과하게 될 것이다. 따라서 CQR 연구자는 연구를 시작할 때는 관련 서적을 고려해야 하고, 면담 자료를 분석할 때는 관련 문헌을 옆으로 치워 둘 필요가 있다. 이렇게 관련 문헌을 잊어버리면 예기치 못한 정보를 발견할 수 있다. 그리고 결과를 해석하려고 할 때 다시 문헌을 찾아보아야 한다.

6. 합의적 질적 연구 목적 설정하기

전형적으로 CQR에서 연구 목적은 특정한 개인이 경험한 현상을 탐색하고 이해하는 것이다. 목적 설정에서 연구자는 다음 요소를 포함할 수 있다.

- 연구의 목적이 묘사, 이해, 개발 혹은 어떤 현상의 발견인지 명확히 하기
- 연구자가 자료를 수집하고 분석한 계획의 연구 방법으로 CQR의 선택이 명확하고 타당한지 보여 주기

목적 설정에 관한 다음 사례에서 Juntunen(2001)은 연구의 목적이 성인 미국 인디언이 경력을 쌓아 가는 것의 의미와 CQR 방법론의 사용에서 연관된 개념을 탐색하는 것이라는 사실을 명료하게 보여 준다.

Darou(1987)의 관찰 연구는 경력 개발 이론의 적절성에 관한 질문을 몇 가지 제기하는 것으로 시작되었다. 경력 선택이 개념과 불일치한다면, 미국 인디언 사이에서 무엇이 경력 혹은 경력 개발의 의미와 연관된 요소인 것일까?

Darou(1987)가 제시한 그 질문에 의미를 두고 우리가 정한 연구 목표는 미국 인디언에게서 직접 경력의 의미와 그것과 연관된 생각이 어떤 것인지 들어보는 것이었다. 우리는 또한 다문화 문헌에서 제기한 문화적 정체성, 문화 적응, 가족과 공동체 관계 등의 몇 가지 주제에 관해 이해하고 경력 개발 영역에 적용할 수 있기를 원했다. 이것을 위해 우리는 CQR을 채택하여 질적 연구를 진행했다. 연구의 목적은 미국 인디언 사례에서 경력과 경력 선택 혹은 경력 개발의 정의와 의미를 탐색하는 것과 참가자에게서 나타난 연관 개념을 명확히 하는 것이었다(p. 275).

7. 연구 문제 설정하기

다음으로 CQR 연구자는 연구 문제 혹은 그들이 무엇을 연구할 것인지를 설정한다. 예를 들어, Veach, Bartels, LeRoy(2001, pp. 98-99)는 의학 전문가가 유전적인 문제로 환자를 치료하면서 생기는 윤리적·직업적 문제를 어떻게 인지하는지에 관해 연구했다. 여기에서는 세 가지 목표를 설정했다.

- 현장에서 유전 문제를 다루는 상담자, 의사, 간호사가 맞닥뜨리는 윤리적·직업적 문제의 범위를 명시하기
- 직업적이고 윤리적인 주제를 구분하기 위한 범주를 명확히 하기
- 이러한 주제들을 전문가 집단과 미국의 지역 구분에 따라 비교하고 대조하기

저자들은 세 가지 주요 연구 문제를 설정했다.

- 자신의 환자에게 유전적인 문제가 있을 때, 유전을 다루는 상담자, 의사,

간호사에게 발생하는 윤리적이고 전문적인 문제는 무엇인가?

• 전문성에 따라 윤리적이고 전문적인 문제의 유형이 다양해지는가?

• 지역 구분에 따라 윤리적이고 전문적인 문제의 유형이 다양해지는가?

8. 결 론

CQR 연구를 어떻게 시작할 것인가에 관한 아이디어는 우리가 제공했지만, 아이디어를 발전시키고 연구 설계를 고안하는 것은 창조적인 과정이다. 연구자가 어떤 방식으로 연구를 시작하느냐 하는 것도 다양함에 포함된다. 연구자가 시작 단계에서 문제를 겪는다면, 연구 방법론에 관한 다른 참고문헌을 읽어 볼 것을 권한다. 이 책의 다른 장에서 제시한 시작 단계에 관한 추가 내용을 읽어 보는 것도 중요하다. 연구팀을 구성하고 훈련하기(제4장), 편견과 기대에 관해 생각해 보기(제5장), 사례 선정하기(제6장), 자료 수집 방법(제7장), 신뢰도(제13장), 문화(제14장), 윤리(제15장) 등의 내용이다. 과거 연구 개관을 위해 제16장의 참고문헌에 주석을 달아 놓았다.

참고문헌

Glaser, B. G. (1978). *Theoretical sensitivity*. Mill Valley, CA: Sociology Press.

Hill, C. E., Nutt-Williams, E., Heaton, K. J., Thompson, B. J., & Rhodes, R. H. (1996). Therapist retrospetive recall of impasses in long-term psychotherapy: A qualitative analysis. *Journal of Counseling Psychology, 43*, 207-217. doi:10.1037/0022-0167.43.2.207

Hill, C. E., Thompson, B. J., & Williams, E. N. (1997). A guide to conducting consensual qualitative research. *The Counseling Psychologist, 25*, 517-572.

doi:10.1177/0011000097254001

Horvath, A. O. (2001). The alliance. *Psychotherapy: Theory, Research, and Practice, 38,* 365-372. doi:10.1037/0033-3204.38.4.365

Johnson, B., & Christensen, L. (2008). *Education research: Quantitavie, qualitative, and mixed approaches.* Thousand Oaks, CA: Sage.

Juntunen, C. L., Barraclough, D. J., Broneck, C. L., Seibel, G. A., Winrow, S. A., & Morin, P. M. (2001). American Indian perspectives on the career journey. *Journal of Counseling Psychology, 48,* 274-285. doi:10.1037/0022-0167.48.3.274

Knox, S., Dubois, R., Smith, J., Hess, S. A., & Hill, C. E. (2009). Clients' experiences giving gifts to therapists. *Psychotherapy: Theory, Research, and Practice, 46,* 350-361. doi:10.1037/a0017001

Knox, S., Goldberg, J. L., Woodhouse, S. S., & Hill, C. E. (1999). Clients' internal representations of their therapists. *Journal of Counseling Psychology, 46,* 244-256. doi:10.1037/0022-0167.46.2.244

Knox, S., Hess, S. A., Williams, E. N., & Hill, C. E. (2003). "Here's a little something for you": How therapists respond to client gifts. *Journal of Counseling Psychology, 50,* 199-210. doi:10.1037/0022-0167.50.2.199

Ladany, N., Constantine, M. G., Miller, K., Erickson, C., & Muse-Burke, J. (2000). Supervisor countertransference: A qualitative investigation into its identification and description. *Journal of Counseling Psychology, 47,* 102-115. doi:10.1037/0022-0167.47.1.102

Ladany, N., O'Brien, K. M., Hill, C. E., Melincoff, D. S., Knox, S., & Petersen, D. A. (1997). Sexual attraction toward clients, use of supervision, and prior training: A qualitative study of predoctoral psychology interns. *Journal of Counseling Psychology, 44,* 413-424. doi:10.1037/0022-0167.44.4.413

Leong, F. T. L., & Austin, J. T. (2006). *The psychology research handbook* (2nd ed.). Thousand Oaks, CA: Sage.

Santiago-Rivera, A. L., Altarriba, J., Poll, N., Gonzalez-Miller, N., & Cragun, C. (2009). Therapists' views on working with bilingual Spanish-English speaking clients: A qualitative investigation. *Professional Psychology: Research and Practice, 40,* 436-443. doi:10.1037/a0015933

Schlosser, L. Z., Knox, S., Moskovitz, A. R., & Hill, C. E. (2003). A qualitative examination of graduate advising relationships: The advise perspective. *Journal of Counseling Psychology, 50,* 178-188. doi:10.1037/0022-0167.50.2.178

Schultheiss, D. E. P., Palma, T. V., Predragovich, K. S., & Glasscock, J. M. J. (2002). Relational influences on career paths: Siblings in context. *Journal of Counseling Psychology, 49,* 302-310. doi:10.1037/0022-0167.49.3.302

Shank, G. D. (2002). *Qualitative research.* Columbus, OH: Merrill, Prentice Hall.

Veach, P. M., Bartels, D. M., & LeRoy, B. S. (2001). Ethical and professional challenges posed by patients with genetic concerns: A report of focus group discussions with genetic counselors, physicians, and nurses. *Journal of Genetic Counseling, 10,* 97-119. doi:10.1023/A:1009487513618

Williams, E. N., Soeprapto, E., Like, K., Touradji, P., Hess, S., & Hill, C. E. (1998). Perceptions of serendipity: Career paths of prominent academic women in counseling psychology. *Journal of Counseling Psychology, 45,* 379-389. doi:10.1037/0022-0167.45.4.379

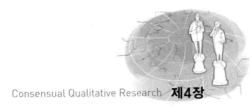

Consensual Qualitative Research **제4장**

연구팀

Barbara L. Vivino, Barbara J. Thompson, & Clara E. Hill

합의적 질적 연구(Consensual Qualitative Research: CQR)에서 얻은 자료의 풍성함과 타당성은 사례를 상호 비교하여 자료를 개념으로 변환하는 작업을 함께 진행하는 팀의 기능에 달렸다. 이 장의 목적은 연구팀의 기능과 구성에 관련된 주제들을 논의하는 것이다.

1. 팀의 구성

1) 팀의 선발

우리는 미발표 조사에서 2004년 시행된 CQR팀에 참가한 사람들을 발견했다. 그들은 CQR에서 다른 사람들의 생각의 핵심 주제를 식별하고 의사소통하는 것을 즐긴 것으로 추정됐다. 또한 연구 과제를 타인과 공동으로 작업하는 것을 즐겼다. 이는 팀을 선발하는 동안 고려해야 할 중요한 요소다.

누가 팀을 구성하는가? 본질적으로 연구팀은 CQR에서 훈련된, 연구 대상에 대한 기본 지식이 있고 연구 과제에 헌신하는 사람들로 구성할 수 있다. 연구팀은 일반적으로 졸업생, 교수, 활동하고 있는 치료자들로 구성된다(Hill et al., 2005). 연구팀을 선정하는 데 최선의 선택은 없지만, 고려할 만한 몇 가지 중요한 요인이 있다.

팀원을 선택하는 데 첫 번째 기준은 주도성과 동기다. CQR은 팀원들에게 많은 시간과 자원을 투자하는 헌신, 기꺼이 자신의 의견을 피력하는 등의 적극적인 참여를 요구한다. 과정 중의 동기와 즐거움은 연구팀 경험에 꼭 필요하기 때문에 동기와 즐거움을 높이는 방법을 제안하는 것뿐 아니라 동기와 즐거움의 요인에 대해 논의하는 것도 팀 선발 과정에서 중요하다. 연구팀 작업에서의 좋은 점을 이해하는 것은 팀원들의 동기에 긍정적인 영향을 미친다. 특히 전통적인 연구는 고독한 경험이 될 수 있기 때문에 팀 작업은 팀원들에게 즐거움을 줄 수 있다. 팀원들이 공동으로 작업하는 것을 즐긴다면 서로에게서 배움과 친분의 기회를 얻게 된다.

팀원을 선택할 때 고려해야 할 또 다른 기준은 경험의 수준이다. 경험은 주제에 대한 연구, CQR팀 혹은 일반적인 연구에 대한 경험을 포함할 수 있다. 경험이 있거나 성숙한 구성원은 일반적으로 특정한 지식이나 훈련이 필요한 주제에 좀 더 호감을 보이는 것으로 여겨진다(예, 역전이; Hayes et al., 1998). 반면에 상대적으로 경험이 적은 대학생들은 보통 좀 더 넓은 주제 영역 연구에 팀원으로 충분히 참여할 수 있다(예, 여성의 경력 개발; Williams et al., 1998).

성격과 기술 요인도 팀원을 선택할 때 고려해야 한다. Hill, Thompson, Williams(1997)는 대인 관계에 능숙하고 피드백에 편협하지 않으며 인간관계를 맺으면서 작업하려는 동기가 있는 치료자들과 훈련 중인 치료자들이 팀 구성원으로 좋다고 제안했다. 비록 CQR 연구팀의 성격 변수들이 정식으로 평가되진 않았지만, 효과적인 팀 연구자들에게서 정서적 안정감, 외향성, 새로운 경험에 대한 개방성, 친절함, 성실함과 겸손이 중요한 자질이라는 것이 일관되게 발견되었다(Driskell, Goodwin, Salas, & O'Shea, 2006; Driskell & Salas, 1992).

이전 연구의 대부분에서 핵심 팀원들은 서로 이미 알거나 연구팀에 참여하기 전에 같은 집단에 소속(예, 학생이나 동료)되어 있었다. 연구 이전에 자리 잡힌 관계는 상호 이해와 배려를 이끌어 내어 초기 팀 형성의 진전과 협력에 도움이 될 것이다. 다양한 팀원을 선택하는 것도 마찬가지로 유익할 수 있다. 실례로, 다양한 성별과 학력, 문화적 배경은 팀의 토론을 풍성하게 해 줄 것이다.

연구팀을 구성할 때 다양성과 동질성에 대한 결정은 연구 주제에 기초해야 한다. 만약 연구자들이 부부 관계에 대해 연구한다면, 남성과 여성의 팀원들은 양쪽 성별의 관점을 좀 더 잘 이해할 것이다. 마찬가지로 상담에서 연구자들이 나이 든 성인 내담자의 관점을 연구하는 과정에서는 팀 구성원의 연령이 중요할 수 있다. 산후우울증인 여성을 면담할 때는 여성 면담자가 하는 것이 더 나을 것이다. 따라서 다양한 팀원을 모집할 때 팀의 관점 측면에서 확인할 부분과 면담하는 참가자의 특별하거나 다양한 관심사가 모두 고려되어야 한다.

우리를 비롯해 다른 동료의 경험에 비추어 볼 때 이상의 몇 가지 사항은 팀원을 선정할 때 중요하다. 이러한 부분은 팀 구성원이 모두 질적 연구 작업이라는 주제에 관심이 있다면 질적 연구를 수행하는 데 그리고 한 팀으로 함께 작업하는 데 도움이 된다.

2) 팀 구성하기

팀원을 모집하는 방법은 연구에 따라 다양하다. 보통 심리학 박사과정 학생들은 다른 학생들이나 교수들에게서 연구팀 구성원으로 요청을 받는다.

팀은 연구가 진행되는 동안 언제라도 구성할 수 있다. 때때로 팀은 연구 계획의 수립 시기에 따라 구성된다. 연구자들은 계획 수립의 열정을 공유하면서 연구를 기획하고 한 팀을 구성하는 것에 자극을 받을 수 있다. 다른 연구팀은 연구 진행의 후반부에 착수한다. 예를 들어, 연구자들은 연구 계획을 진행시킨 다음에 면담 진행과 분석을 돕기 위한 팀원을 모집할 수 있다. 팀의 구성은 팀 구성원과 프로젝트 자체에 좌우된다.

한 연구자가 팀 구성원을 찾을 때 호의에 보답하는 방식으로 연구자의 프로젝트의 팀원이 되기도 한다. 예를 들어, 대학원생이 연구에서 함께 작업할 때 서로의 자료를 분석한다거나 각자 기획한 검사에 대한 검사자가 되는 데 동의하는 것으로 서로 도움을 주고받을 수 있다.

3) 팀 참여를 위한 보상

보상의 전형적인 형식은 발간될 글의 저자가 되거나 다른 연구팀의 상호 참여다. 대학생은 종종 학점을 받기도 하나, 연구팀원은 결코 지식에 대한 재정적 보상을 얻지 못한다(예, Sim et al., 2010; Williams et al., 1998). 보통 참가자는 협력적인 연구 과정을 즐기기 때문에 CQR팀에 참여한다. 교수들은 상당수가(이 장의 제3저자를 포함하여) 연구와 공동 작업에도 관심을 가지고 학계에서 그들의 입장을 발표한다. CQR 연구에서 이 장의 저자 중 2명은 임상의로 참여했다. 그들은 본질적으로 그 주제에 흥미가 있었고, 질적 연구와 팀으로 작업하기를 즐겼으며, 조사의 연구 측면에 관여하고 있었고, 그 주제를 연구하여 질을 높여서 그들의 연구를 알리고 싶어 했기 때문이다(예, 심리치료 내에서의 연민; Vivino, Thompson, Hill, & Ladany, 2009).

4) 팀 구조

얼마나 많은 사람이 팀에 참여하는가? 연구팀은 보통 초기에 팀원 3명과 자문 1~2명으로 구성된다. 변형된 형태로는 팀 안에서 초기 구성원과 자문이 역할을 바꾸는, 좀 더 규모가 큰 팀이 있다(예, Ladany et al., 1997).

5) 능력의 차이와 위계질서에서의 고려사항

팀원 간의 능력 차이는 종종 팀의 진행에 영향을 미친다(Hill et al., 1997, 2005 참조). 예를 들어, (공식적인 사회적 권력이 있는) 교수진과 (사회적 권력이 더 적은) 학생들로 팀이 구성될 때, 학생들은 특히 초기에 조언자나 멘토의 권위에 대한 우려로 입장 표현을 주저한다. 또 다른 능력의 차이는 팀의 일부 구성원들이 더 경험이 많을 때 발생할 수 있다. 팀원들은 새롭게 진행되는 과정과 내용에 대해 더 경험이 많은 구성원들을 따를 수 있다.

고려해야 할 사안은 질적 연구팀에서 수석 연구자(Principal Investigator: PI)의 역할이다. 모든 팀에서 수석 연구자는 연구팀 구성원의 한 부분이다. 능력의 차이는 자연스럽게 발생하며, 팀원들이 수석 연구자를 따르거나 반대로 수석 연구자가 팀원들을 따르기 원할 때는 논의가 필요하다. 합의 과정을 훈련하고 합의 과정에 대해 토론하는 것에 역점을 두면 수석 연구자의 그러한 기대를 줄일 수 있다. CQR팀 내에서 수석 연구자의 역할은 다른 모든 팀원과 동일한 수준이다. 수석 연구자가 집단 내에서 부가적인 업무를 맡을 수 있지만(예, 최종 성인 단계 면담에서 나온 사례를 기록하기), 그래도 수석 연구자의 역할은 다른 팀원과 동일하다. CQR 연구팀의 상당수는 주로 지도자와 박사과정 학생들로 구성된다(제18장 참조). 이런 조합이 의미하는 바는 연구에 대해 이전에 훈련받고 경험해 보았을 뿐만 아니라 심리학 현장에서 경험이 있고 젊은 구성원을 훈련해 본 경험이 있는 팀 구성원이 있다는 점이다. 좀 더 경험이 있는 팀원은 그와 관련된 권한을 인식하고 있을 필요가 있다. 훈련과 과정에 대한 초반의 논의는 모두의 합의를 위한 '논쟁하기'가 중요하다는 것을 강조하기 위함이다.

이 과정에서 문화는 다른 국가의 동료들과 논의할 때처럼 흥미로운 역할을 한다. 미국 내 우리의 경험에서는 권위가 더 높은 사람이 전문가 지위를 요구하지 않는다면 각기 다른 권위 수준의 사람을 팀에 포함하는 것은 문제가 되지 않았다. 권위가 더 낮은 개인이 의견을 자유롭게 표현하는 것도 가능하다. 그러나 좀 더 엄격하고 강한 위계적 권위 구조나 그러한 문화가 배경인 다른 나라에서는 특정 집단이나 성별 혹은 역할 전체를 넘어서는 것이 상위의 권위자가 동의하지 않는 한 권위가 낮은 학생이나 사람들에게는 어려울 수 있다. 그러므로 차이(권위의 차이)가 그룹의 기능을 방해한다고 생각된다면 팀원을 선택할 때 위계적 규제의 가능성을 고려하고 같은 권위 수준에서 팀원을 선택하는 것이 중요하다. 이미 구성된 다음에 집단 안에서 권력 투쟁이 생겨난다면 이에 관해 숨김없이 논의해야 한다. 집단 역동과 집단 안에서 각자 경험하는 것의 중요성을 강조하는 정기적인 대화 시간을 갖는 것은 좋은 생각이다. 덧붙여 구성원의 경험에 관련하여 익명으로 입력하는 시스템이 확립되어야 한다(팀 진행에 관한 부분은 이 장의 후반부를 참조하라).

6) 팀의 유형

연구팀은 기본적인 팀, 역할을 교환하는 팀, 다양한 논문을 도출하는 팀을 포함해서 몇 가지 형태가 있다. 비록 역할을 교환하는 팀과 다양한 논문을 도출하는 팀이 특정 상황에서는 유용할지라도, 첫 번째 형태가 전형적이다.

(1) 기본 팀

기본 팀에는 두 가지 유형이 있다. 그룹의 연구자들(보통 3명)은 시작부터 끝까지 함께 연구할 수 있다. 면담 계획안과 면담 지도, 모든 자료 분석의 구조를 공유한다. 그 밖에 초기 팀은 외부 자문을 1~2명 이용하기도 한다. 기본 팀의 또 다른 유형은 연구자가 1~2명 면접을 보고, 그다음에 다른 연구자, 자문들과 함께 그 자료들을 분석하는 것이다. 논문 연구의 모든 면담에서 이 방법을 종종 사용한다. 기본 팀은 초기 팀원들이 모든 사례의 자료(영역, 핵심 개념, 교차 분석)를 분석하는 데 몰두하는 것이 가능하다. 단점은 자료를 분석하는 일부 측면(예, 영역 개발과 핵심 개념 만들기, 제8장 참조)이 뒤의 개별 사례마다 반복될 수 있으며, 모든 사람의 시간을 최대한 효율적으로 쓸 수 없다는 데 있다.

(2) 역할을 교환하는 팀

역할을 교환하는 팀은 보통 자문관을 포함하여 팀원 2~4명으로 구성되며 모든 과제를 함께 작업한다(예, Ladany et al., 1997). 역할을 교환하는 팀은 핵심 구성원이 '내부' 자문 역할을 한다. 팀은 완성된 작업에서 함께 의견 일치에 도달한다. 처음에는 팀 전체의 일관성을 보증하며 함께 작업한다. 그런 다음 3개의 작은 팀으로 나누어 모두가 그 과정을 이해하며 유사한 초점을 공유한다(자료 분석에 관한 더 자세한 사항은 제8장 참조). 이런 계획의 장점은 팀이 더 방대한 자료를 분석할 수 있으며 더 많은 견해를 얻을 수 있다는 것이다. 단점은 팀원들이 모든 사례에 익숙하지 않기 때문에 구성원들이 제한적으로 기여할 수 있다는 데 있다.

(3) 다양한 학술논문이나 학위논문을 도출하는 팀

연구팀의 다른 유형은 일부 학생이 다양한 연구 분야(학생마다 구별된 분야)와 관련된 문항들을 포함한 면담 계획안 하나의 문항들을 동시에 사용해 학술논문이나 학위논문을 작성하는 것이다. 학생들은 팀으로 함께 면담을 분석하고 그 자료를 특정한 논문에 사용할 수 있다. 혹은 면담 자료의 일부분만 분석하는 팀을 만들 수도 있다. 논문 작성자를 위한 위원회 회원들은 그 과정을 관찰하는 자문 역할을 한다. 이러한 접근은 학생들이 서로에게서 배울 수 있고, 논문 작성이라는 고립된 작업을 집단이 지지하여 보완하기 때문에 매우 좋다. 물론 일부 학생들이 맡은 과제를 완성하지 못한다면 치명적이다. 이런 유형의 팀에서는 모든 구성원이 CQR 연구와 관련해 시간 약속이 중요함을 충분히 인지하는 것이 특히 중요하다.

2. 훈 련

CQR 경험이 없는 연구자에게는 훈련을 강력히 추천한다(Hill et al., 2005). 정규 교육의 정도는 이전에 방법론을 사용한 적이 있는 팀원인지 아닌지에 따라 달라질 것이다(즉, CQR에 경험이 풍부한). 팀에 훈련자 1~2명이 있을 때는 훈련이 좀 더 비형식적이 되고, 이 책을 읽는 것 그리고 본보기가 되는 연구를 검토하는 방식이 될 수 있다(예, Hill, Rochlen, Zack, McCready, & Dematatis, 2003; Knox, Burkard, Johnson, Suzuki, & Ponterotto, 2003; Ladany et al., 1997; Vivino et al., 2009; Wiliams et al., 1998). 이전의 연구에서 함께 핵심 개념과 영역을 개발하는 활동은 팀의 관계 형성에도 권할 만하고 유용했다. 팀원 다수가 CQR에 익숙하지 않다면, 경험이 풍부한 CQR 연구자와 함께 훈련할 것을 권한다. 훈련의 개요는 다음과 같다.

- 각 팀원은 이 책과 CQR 논문 몇 편을 읽는다.
- 과정에 대해서는 선행 연구 사례에서의 연구 과정을 상세하게 설명하고 논의한다.
- 팀원들은 의견에 합의를 이루는 연습을 한다. 즉, 완성된 연구에서 나온 작은 표본으로 과정의 단계(영역 개발, 핵심 개념 구성, 교차 분석)를 거치는 연습을 한다.
- 경험이 풍부한 훈련자는 실제 자료 분석 과정 동안 자문을 제공한다. 즉, 과정 동안 피드백을 제공하면서 이상적으로 자문 역할을 하는 것이다.

마지막 요점은 연구가 기재된 학술논문에 그 훈련 절차를 명확히 설명해야 한다는 것이다.

3. 팀의 진행 과정

연구자는 종종 CQR에서 풍부한 자료를 얻을 수 있고 팀에 참여하는 것이 즐거울 수 있다는 점을 깨닫는다. 팀의 성공은 몇 가지 요인에 좌우된다. 조직심리학자(West, 2004)는 다음 세 단계가 팀의 성공적인 기능에 중요하다고 말한다.

- 목표나 비전 공유하기
- 팀이나 프로젝트에 헌신하기
- 신뢰하기

1) 목표나 비전 공유하기

CQR 연구팀에서 목표를 공유하면 보통 자료를 풍부하고 적절하게 얻을 수 있다. 그러한 자료를 통해 참가자(면담을 받는 사람)의 다양한 경험에 의미를 부여하고 연구의 초점과 관련한 지식 기반을 쌓게 된다. 그러나 팀원들의 헌신과 신뢰는 언급되지 않은 다른 목표들에 의해 종종 영향을 받을 수 있다. 팀원은 학술지 발행, 종신 재직권 획득, 자신의 연구팀 증원, 동료와 교수들의 기분을 좋게 하거나 배움, 석사나 박사 학위논문의 완성 혹은 동료 학생이 석사나 박사 학위논문을 마치도록 돕는 일에 관심이 있을 수 있다. 이렇게 목표가 다르면 동기와 헌신에 확실히 영향을 미친다. 따라서 팀원들이 왜 팀에 참여하는지와 그 차이가 팀의 기능에 어떠한 영향을 미치는지를 알아보고 이해하는 것은 중요하다. 예를 들어, 한 팀원이 팀에 주어진 특정한 시간 내에 자신의 논문을 완성하는 데 불안을 느낀다면, 다른 팀원들이 자료 재해석을 중요하게 생각할지라도 그는 실행을 주저할 수 있다.

2) 팀이나 프로젝트에 헌신하기

연구팀이 형성되었을 때, 모든 팀원이 모임 시간과 팀의 예상 지속 기간에 동의하는 것은 중요하다. CQR이 낯선 사람은 그 과정에 관련된 시간을 과소평가할 수 있다. 적시에 논문을 완료하는 것과 같은 주제들은 잠재적인 역동의 방해를 강요할 수 있다. 매주 최대 2년 동안 만나는 팀이 있는가 하면 매주 다양한 간격으로 1년 동안 만나는 팀도 있다. 팀원들의 헌신을 기꺼이 이해하는 것은 필수적인 과정이다. 만나는 횟수뿐만 아니라 팀원들에게는 가끔 독립적인 작업을 수행하게 되리라는 기대도 필요하다. 신속함에 대한 기대와 최고를 지향하는 것도 분명히 할 필요가 있다.

팀이 시작되었을 때 집단 구조의 윤곽을 잡는 것 또한 중요하다. 역할 정하기, 기본 규칙 정하기, 회기의 시간 기술하기(즉, 걸리는 시간) 등의 과정에 시간을 할애하는 것은 이후에 발생할 어려움을 예방한다. 누가 수석 연구자가 될 것인가와 많은 행정 업무를 어떻게 나눌 것인가에 대해서도 함께 논의하여 모두가 합의하는 것이 필요하다. 의견과 의견의 차이를 터놓고 대화하여 분명히 합의를 이루는 것도 중요하다. 동기는 팀 내에서 서로에게 긍정적인 피드백을 전하는 팀원에 의해 유지될 수 있다. 또 분명하게 정의된 목표를 갖게 됨으로써 발전의 의미를 느끼게 된다.

업무량 분담에 대한 약속 또한 필요하다. CQR 연구는 많은 양의 자료 관리가 필요하기 때문이다. 팀원들은 일반적으로 (논문이나 논설을 위한 연구가 아닌 한) 일정 수의 사례들을 위한 자료를 관리하는 업무를 분담한다. 어떤 팀원은 자료 관리가 집단 과정의 일부라고 분명히 한다.

많은 초기 연구팀은 직접 면담을 하고, 분석하는 작업을 함께한다. 그와 같은 작업이 같은 시공간 안에서 불가능할 때는 전화로 토론하는 것으로 대신하기도 했다. 전화 회의는 친밀한 관계가 밑받침되는 한 효과적일 수 있다. 하지만 대화(예, 표정, 몸짓 등)의 미묘한 차이가 일부 결여되어 있는 것 또한 사실이다. 그

것이 오해나 진행을 늦추는 원인이 되긴 했지만 이러한 손실의 영향은 아주 적어 보였다. 화상 회의 같은 기술은 최근 CQR 연구팀에서 사용되고 있고, 많은 가능성이 있다. 연구자들은 종종 몇 킬로미터씩 떨어져 있거나 심지어 다른 국가에 살기 때문이다. 그 밖에 자문과의 의사소통은 분명한 논평이나 피드백이 필요할 때는 자주 이메일과 전화로 마무리한다.

3) 신뢰하기

(1) 신뢰를 확고히 하기

팀원들이 서로 생각과 의견을 나눌 가능성을 열어 두기 위해 연구 집단 내에서 신뢰를 확고히 유지하는 것은 중요하다. 이 과정은 연구팀의 구성과 함께 시작한다. 팀의 구조에 관해 논의하는 것 외에도 팀의 첫 번째 회의는 집단 역동과 과정에 관한 논의를 포함하면서 시작하는 것이 도움이 된다. 집단 과정은 다음과 같은 방향으로 분명히 할 수 있다.

- 모든 팀원은 모든 논의에서 균등하게 기여할 수 있기를 기대한다.
- 팀원들은 비언어적인 의사소통으로 민감하게 격려를 받는다(예, 침묵은 의견 불일치의 표시일 수 있음에 주의해야 한다. 혹은 결정으로 인한 불쾌함을 불안정한 신체 징후로 나타낼 수 있음을 인지해야 한다).
- 팀원은 집단 진행 중의 문제를 언급하고 그것을 교정하기 위해 개입하는 것을 격려받는다(집단 진행에 대한 토론은 내용에 대한 것만큼이나 중요하다).
- 서로에게 지지와 존중이 필요하다(적극적 경청이 유익할 수 있다).

신뢰를 활성화하는 또 다른 중요 요인은 초기에 역할을 확립하는 것이다. 과제를 명확히 하는 것도 필요하다. 수석 연구자는 종종 더 많은 과제를 맡게 되는데 기관자문위원회 인증 절차에 앞장서는 것, 각 사례의 상태를 기록하고 기획하는 것, 원고의 초고를 작성하는 것 등이다.

(2) 갈등 관리

갈등은 주로 부정적으로 여겨지지만, 건설적인 갈등은 팀의 에너지를 높이고 다양한 관점에서 비롯하는 가능성을 통해 더 많은 창조성을 제공할 수 있다. 토론에 깊이를 더해 주는 갈등은 구성원의 생각이 정교하게 다듬어지는 하나의 계기가 되어 다른 사람들이 그들을 더욱 잘 이해할 수 있게 한다. 모두 이미 관점이 같다면, 팀으로 함께 일할 필요가 없을 것이다.

사실 CQR팀 내에서는 너무 합의가 잘되는 것도 종종 문제가 된다. 팀 구성원이 팀을 떠나거나 갈등을 회피하려 할 때 집단 사고의 위험이 있다. 그럴 때는 구성원들이 은연 중에 의구심이 있더라도 모두 계획대로 진행하게 된다(Janis, 1972). 집단의 응집성은 종종 무언의 합의와 관련이 있고 최소의 설명으로 함께 작업할 수 있는 능력과도 관련되기 때문에 크게 화합하는 집단은 집단 사고에 관여될 가능성이 더 크다. Surowiecki(2004)는 팀원들이 유사한 교육과 직업적 배경을 공유한다는 가정에서 오는 '인지적 다양성'의 손실에 대해 주의를 주었다. 친밀한 팀원들은 그들의 응집력을 분열시킬지 모를 의문을 제기할 가능성이 낮다. 사회심리학자인 McCauley(1989)는 리더십이 지시적으로 나타날 때, 팀원들의 사회 배경과 이념이 동질적일 때, 외부의 정보와 분석 자료로부터 집단이 고립될 때 집단 사고가 발생한다고 했다. 이런 이유로 CQR팀은 처음에 선정된 구성원들 내에서 다양성과 편안함을 느끼며 숨김없이 말하도록 확인하는 것이 도움이 될 수 있다.

많은 프로젝트에서 함께 작업해 온 CQR팀은 과도한 단결 때문에 오히려 위험할 수 있다. 서로 다른 프로젝트를 위해 새로운 구성원을 추가하거나 집단의 구성을 변경하거나 집단 내에서 반대 의견 표현을 격려하거나 집단 과정에서 주기적으로 토론하고 외부자문기관의 객관성을 활용하는 것은 다양한 의견을 촉진하고 집단 사고의 위험을 피하는 데 도움이 된다.

일반적으로 CQR팀은 집단 내의 어려움을 잘 해결해 왔다. 그러나 가끔 일부 팀원이 문제가 있을 수 있다(예, 작업을 하지 않거나, 회의에 참석하지 않거나, 적대적인 상호작용에 관여함). 여러 문제가 발생한 다음에 문제 해결을 위해 토의하는 것은 효과가 없을 수 있다. 이때 수석 연구자는 해당 팀원에게 문제가 잘 해결되지 않는다고 정중하게 알리고 팀에서 나갈 것을 요청해야 한다.

4. 작업하는 팀의 예

이 장을 집필한 세 저자가 연구팀에서 함께 작업했던 사례로, CQR 경험의 실제다(Vivino et al., 2009). 우리는 몇 해 동안 서로 알고 지냈고, 심리치료 내 연민의 개념 연구를 위한 생각을 발전시켜 왔다. 그 생각은 학회에서 토론하면서 우연히 발견한 후 꾸준히 발전되었다. 팀 분위기는 함께 일하기에 좋았고, 우리는 반대 의견을 내거나 의견 일치를 위해 논쟁하는 것이 편했다. 그러던 중 생각지도 못한 일이 발생했다. 영적이고 미묘한 분위기가 담긴 인쇄 자료를 분석할 때 난항을 겪게 된 것이다. 세 번째 구성원은 불교 신자이자 영성적 성향의 우리 2명과는 다르게 자료의 의미를 인지했다. 그는 다른 사람이 관찰한 미묘함을 알아차리지 못하는 것 같았다. 연민에 관한 연구 대부분이 불교 관점에서 쓰였으며, 우리가 대다수 치료자를 불교의 관점에서 면담한 것을 고려할 때 이 문제는 중요했다. 한 사람은 불교의 관점과 관련 있는 자료가 포함되길 원한 반면에 다른 한 사람은 상관없다고 생각했기 때문이다. 그로 인해 세부적인 핵심 개념이 영성과 관련이 있을 것인지에 대한 갈등이 생겼다. 불일치를 넘어서는 긴장 때문에 우리는 불편했고, 교착 상태에 빠진 것 같았다. 충분히 토론한 끝에 우리는 결국 타협에 이르렀고, 그런 다음 자문이 추가 피드백을 주었다. 다양한 관점이 있었기에 우리는 자료를 신중하게 살필 수 있었다. 더 중요한 점은 몇 가지 생각에서는 의견이 맞지 않았지만 우리는 여전히 서로를 좋아했다는 것이다.

5. 결 론

집단 역동을 거치면서 대인 관계에 문제가 생기는 일이 종종 있다. 그렇지만 자료에 다양한 관점을 제공한다는 면에서 연구팀은 CQR 과정 중 중요한 부분이다. 팀원으로 누구를 선택할지는 신중하게 생각하기를 권한다. 그리고 과정 중에 필연적으로 생기기 마련인 갈등이 불거지면 서로의 감정에 대해서 이야기하고 협상하는 과정에서 사려 깊고 공감하는 태도를 유지하기를 권한다.

참고문헌

Driskell, J. E., Goodwin, G. F., Salas, E., & O'shea, P. G. (2006). What makes a good team player? Personality and team effectiveness. *Group Dynamics, 10,* 249-271. doi:10.1037/1089-2699.10.4.249

Driskell, J. E., & Salas, E. (1992). Collective behavior and team performance. *Human Factors, 34,* 277-288.

Hayes, J. A., McCracken, J. E., McClanahan, M. K., Hill, C. E., Harp, J. S., Carozzoni, P. (1998). Therapist perspectives on countertransference: Qualitative data in search of theory. *Journal of Counseling Psychology, 45,* 468-482. doi:10.1037/0022-0167.45.4.468

Hill, C. E., Knox, S., Thompson, B. J., Williams, E. N., Hess, S. A., & Ladany, N. (2005). Consensual qualitative research: An update. *Journal of Counseling Psychology, 52,* 196-205. doi:10.1037/0022-0167.52.2.196

Hill, C. E., Rochlen, A. B., Zack, J. S., McCready, T., & Dematatis, A. (2003). Working with dreams using the Hill cognitive-experiential model: A comparison of computer-assisted, therapist empathy, and therapist empathy+input conditions.

Journal of Counseling Psychology, 50, 211-220. doi:10.1037/0022-0167.50.2.211

Hill, C. E., Thompson, B. J., & Williams, E. N. (1997). A guide to conducting consensual qualitative research. *The Counseling Psychologist, 25,* 517-572. doi:10.1177/0011000097254001

Janis, I. L. (1972). *Victims of groupthink.* Boston, MA: Houghton Mifflin.

Knox, S., Burkard, A. W., Johnson, A. J., Suzuki, L. A., & Ponterotto, J. G. (2003). African American and European American therapists' experiences of addressing race in cross-racial psychotherapy dyads. *Journal of Counseling Psychology, 50,* 466-481. doi:10.1037/0022-0167.50.4.466

Ladany, N., O'Brien, K. M., Hill, C. E., Melincoff, D. S., Knox, S., & Petersen, D. A. (1997). Sexual attraction toward clients, use of supervision, and prior training: A qualitative study of predoctoral psychology interns. *Journal of Counseling Psychology, 44,* 413-424. doi:10.1037/0022-0167.44.4.413

McCauley, C. (1989). The nature of social influence in groupthink: Compliance and internalization. *Journal of Personality and Social Psychology, 57,* 250-260. doi:10.1037/0022-3514.57.2.250

Sim, W., Hill, C. E., Chowdhury, S., Huang, T. C., Zaman, N., & Talavera, P. (2010). Problems and action ideas discussed by first-and second-generation female East Asian students during dream sessions. *Dreaming, 20,* 42-59. doi:10.1037/a0018993

Surowiecki, J. (2004). *The wisdom of crowds.* New York, NY: Doubleday.

Vivino, B. L., Thompson, B., Hill, C. E., & Ladany, N. (2009). Compassion in psychotherapy: The perspective of psychotherapists nominated as compassionate. *Psychotherapy Research, 19,* 157-171. doi:10.1080/10503300802430681

West, M. A. (2004). *Effective teamwork: Practical lessons from organizational research* (2nd ed.). Oxford, England: Blackwell.

Williams, E. N., Soeprapto, E., Like, K., Touradji, P., Hess, S., & Hill, C. E. (1998). Perceptions of serendipity: Career paths of prominent academic women in counseling psychology. *Journal of Counseling Psychology, 45,* 379-389. doi:10.1037/0022-0167.45.4.379

Consensual Qualitative Research **제5장**

편견과 기대

Wonjin Sim, Teresa C. Huang, & Clara E. Hill

여대생들이 꿈 회기 동안 표현했던 문제와 행동 방안에 관한 한 연구에서, 연구팀은 내담자가 부모의 이혼에 대해 말한 내용을 귀 기울여 들었다. 회기가 진행되는 동안 내담자는 부모의 이혼으로 인한 어린 시절 아버지의 부재를 언급했다. 한 연구팀원은 부모의 이혼이 내담자에게 문제가 되었다고 주장했다. 다른 팀원은 문제가 되지 않았으며, 내담자는 이혼을 통해 부모의 결혼생활 갈등이 줄어들었다고 안도감을 느꼈을 수 있다고 주장했다. 또 다른 팀원은 부모의 이혼에 관한 불안, 아버지의 부재 그리고 두 집 사이를 오가야만 했던 것에 대해 말했다. 이 세 팀원은 감정적으로 이혼이 내담자에게 문제가 되었는지에 대해 논쟁했다. 각자의 편견 때문에 내담자의 말을 귀담아 듣기가 어려워진 것이 분명했다. 문제를 분명히 하기 위해 그들은 각자의 편견과 기대에 관해 의논했다. 그리고 내담자의 목소리 톤과 그녀가 사용하는 단어들을 주의해서 들었고, 확실히 그 내담자가 부모의 이혼이나 이혼 후 결과적으로 초래된 아버지의 부재 때문에 힘들어 보이지는 않았다는 최종 결론에 도달했다.

앞의 예에서 설명한 것과 같이 연구자들의 편견과 기대는 자료 분석 과정에서 불가피한 부분이고, 의심할 여지없이 코딩 과정과 결과에 영향을 미친다. 연구자들의 자료 해석에 많은 영향을 받는 질적 연구의 결과에서, 특히 이러한 개념을 다루는 것은 매우 중요하다. 이 장에서는 용어의 정의와 함께 합의적 질적 연구(Consensual Qualitative Research: CQR) 내의 편견과 기대를 다루는 근본적인 이유를 규정하는 것에서부터 시작한다. 다음으로, 연구 과정의 각 단계에서 이러한 생각을 다루는 방법뿐만 아니라 연구자들이 편견과 기대를 다루는 데서의 몇 가지 큰 어려움에 대해서 논의한다. 마지막으로, CQR 내의 편견과 기대에 관한 몇 가지 결론을 규정한다.

1. 합의적 질적 연구 내의 편견과 기대를 다루는 근본적인 이유

CQR 내의 편견과 기대를 다루는 것은 여러 가지 면에서 연구의 질을 높일 수 있다. 첫째, 연구자가 사례에 대해 추측을 확인하고 다루었던 질적 연구가 가정을 검토해 보지 않은 연구보다 믿을 만한 것으로 나타났다(Fischer, 2009). 편견과 기대를 다루면 CQR 연구자들은 "우리의 깨달음이 단지 우리의 것만이 아니라 다른 연구자들이 우리의 자료를 연구한다면 그들도 유사한 깨달음에 도달하게 될 것이라는 확신을 얻을 수 있다"(Fischer, 2009, p. 584). 이 방법론적 정밀함은 연구팀원들이 자료를 검토할 때 그들의 편견과 기대를 따로 떼어 두려고 노력함으로써 달성할 수 있다(즉, 자료 분석 중에 그들의 편견과 기대를 나누어 묶는 것). 또한 팀원들이 자료 분석 전에 이전부터 존재한 가정들에 과도하게 영향을 받는지를 보기 위해 그들의 편견과 기대를 기록한 후 자료 분석의 결과를 비교하면서 방법론적으로 정밀해질 수 있다. 만일 이전의 가정에 영향을 많이 받았다면, 연구자들은 그들의 편견과 기대를 제거하거나 인정해 나가는 단계를 밟을 수 있다.

CQR 연구 내에서 편견과 기대를 다루는 두 번째 이유는 그렇게 하는 것이 연구 과정의 질을 높이기 때문이다. 예를 들어, 자료를 분석하고 논의하기 전에 분석 과정 동안 기대와 편견을 기록하면서 연구자들의 자기 인식과 자기 이해가 높아질 수 있다. 연구팀원들은 또한 다른 팀원의 편견과 기대를 정중하게 지적할 수 있는데, 이는 자기 인식을 더욱 높이는 데 도움이 된다. 연구자들의 자기 이해와 자기 인식이 향상되면 그들의 관점에서 나온 자료만 살펴보기보다 더 다양한 관점에서 나온 자료를 볼 수 있게 된다.

CQR 내의 편견과 기대를 다루는 또 다른 중요한 이유는 최종 논문 안에 연구자의 기대와 편견을 명시하는 것이 연구의 독자에게 도움이 되기 때문이다. 편견과 기대를 보고하는 것은 독자가 연구자의 문맥 내에서 결과를 이해하는 것(Hill, Thompson, & Williams, 1997)과 연구자의 관점을 취하는 것을 가능하게 한다(Fischer, 2009). 저자의 편견과 기대를 독자가 인식하면, 독자가 원할 경우 의도적으로 연구자들과 다른 관점을 취할 수 있게 된다(Fischer, 2009).

2. 편견과 기대의 정의

CQR 내의 편견은 "연구자들이 자료에 객관적으로 반응하기 어렵게 하는 개인적인 쟁점"이라 정의할 수 있다(Hill et al., 1997, p. 539). 덧붙여 말하자면, 이러한 편견에 대처한다는 것은 그러한 편견의 영향을 인정하고 또한 설명하는 방법을 아는 것이다. 연구자들이 편견을 아예 없애기는 어렵고 완전히 객관적이 될 수도 없기 때문이다. 연구자들은 그들의 문화적 배경, 가치, 신념 그리고 주제에 관한 직·간접적인 경험을 바탕으로 자료에 대해 긍정적이거나 부정적인 반응을 보일 수 있는데, 이는 객관적으로 자료를 분석하는 데 방해가 된다(Hill et al., 2005). 예를 들어, 한 연구자가 낙태는 부도덕하다고 생각하며 격한 감정을 느낀다면, 그는 낙태를 결정한 것에 대한 참가자의 진술에 회피적인 반응을 하거나 무심코 참가자의 도덕성을 판단할지도 모른다. 또 참가자의 낙태를 내담자의 문제로 가정하면 그 연구자가 아무리 객관적이 되려고 시도하고 단지 자료로만 처리하려 하는 것도 어렵게 된다.

반면에 Hill 등(1997)은 기대를 "연구자들이 문헌을 읽거나 연구 문제를 생각하고 발전시키면서 형성한 믿음"으로 정의한다(p. 538). 다시 말해, 기대는 면담의 질문에 대해 참가자가 어떠한 응답을 하리라는 또는 연구의 결과가 어떻게 나올 것이라는 연구자의 예상과 관련이 있다. 예를 들어, 유학생이 겪는 어려움에 관한 질적 연구에서 연구자들은 개인 경험과 문헌에 대한 인식을 토대로 대부분의 유학생은 언어적 어려움과 고독을 경험할 것이라고 기대할 수 있다. 결과적으로 유학생이 더 이상 언어적 어려움이나 고독으로 힘들지 않았다고 간단한 암시를 주었을지라도, 연구자들은 참가자의 언어적 어려움과 고독을 보고할지 모른다.

편견은 기대보다 보고하기가 더 어려울 수 있다. 팀의 편견은 부정적인 의미를 내포해 연구자들이 솔직해지려는 의욕을 꺾을지도 모르는 반면에 기대는 좀 더 중립적인 의미를 내포한다. 예를 들어, 연구자들이 아시아계 미국인의 가족 관계와 관련한 편견에 대해 질문을 받았을 때 그들은 부정적인 고정관념(예, 부모의 간섭이 심함, 열린 의사소통의 부족)을 생각할 가능성이 큰데, 이런 것은 보고하기가 쉽지 않다. 반면에 아시아계 미국인의 가족 관계에 대한 기대는 좀 더 중립적일 수 있어 연구자들은 좀 더 솔직해지고 그런 보고에 관심을 덜 갖게 되기 쉽다.

CQR 연구 자료집에 기재된 평론에서 Hill 등(2005)은 편견과 기대의 보고와 관련하여 많은 단어의 의미에 대해 혼란이 있었다는 점을 강조했다. 많은 연구자가 두 용어를 '상호 호환적으로' 사용해 왔다. Hill 등(1997)에서는 편견과 기대를 둘 다 보고하는 것을 강하게 주장하지 않기 때문에 Hill 등(2005)은 오직 편견만 기록하고 보고하기를 추천했다. 그들은 기대가 종종 도입 부분에 나타나 있기 때문에 그렇다고 한다.

우리는 편견뿐만 아니라 기대도 다뤄야 한다고 생각한다. 오직 편견만을 다루면 그와 다르면서 영향력 있는 기대를 논의하지 않게 된다. 예를 들어, 즉시성의 효과에 관한 질적 연구에서 잠재적 효과에 관한 연구자의 기대는 개인적 생각뿐만 아니라 훈련에서 비롯된 것일지도 모른다. 그리고 이런 기대는 코딩 과정에 영향을 미치기도 한다(예를 들어, 연구자가 즉시성을 중요한 기술이라고 생각하는지 여부와 즉시성에 대한 그들의 정의와 같이). 연구 결과에는 이렇게 연구자가 고려하지 않은 기대가 나타날 수도 있다.

3. 편견과 기대 다루기

이 부분에서는 편견과 기대를 다루는 데 생기는 어려움을 논의하고, 연구의 각 단계에서 어떻게 할 것인지에 대한 권고를 이야기할 것이다. 〈표 5-1〉에 권고사항이 간단히 정리되어 있다.

1) 연구팀원 선발하기

팀원 선발에서 한 가지 어려운 점은 편견과 기대를 다루는 문제가 발생할 수 있다는 것이다. 연구자 중 초기 연구자와 배경이 유사한 팀원을 선발하는 것이 좀 더 편하게 느낄 수 있기는 하다. 그러나 다양한 편견과 기대(이론적인 지향과 문화적 배경뿐만 아니라; Hill et al., 1997)를 가지고 있는 팀원을 선발하도록 의식적으로 노력하고, 팀원들이 서로 의사소통을 잘한다면 연구에 도움이 될 것이다.

배경과 문화적 영향력이 다양한 팀원들은 유사한 팀원들보다 다른 팀원의 편견을 더 잘 발견할 수 있을지 모른다. 다양한 팀원을 선발하는 것이 최선이기는 하지만, 연구 과정 동안 팀원들이 솔직하고 정직하게 같이 작업하는 것 역시 중요하다(제14장 참조).

연구 분야에서 필요한 경험과 전문지식 때문에 덜 다양한 팀이 선호되는 일부 경우에는 배경이나 관점이 다른 자문들이 관점의 다양성을 더할 수 있을 것이다. 예를 들어, Sim 등(2010)의 아시안계 미국인 학생의 문제와 실행 아이디어라는 연구에서는 동양 문화에 대한 친숙함이 연구에서 중요했기 때문에 모든

〈표 5-1〉 합의적 질적 연구의 단계별 편견과 기대 다루기

단 계	권고사항
팀 선발	• 함께 잘 작업할 수 있으면서 편견과 기대가 다양한 팀원 선발하기
편견과 기대 기록하기	• 편견과 기대 정의하기 • 편견과 기대를 다루는 근본적 이유 설명하기 • 편견과 기대를 다루는 기본 원칙 설정하기 • 팀의 편견과 기대를 토론하기 전에 팀원 각자가 먼저 자신의 편견과 기대를 생각해 보고 기록하기 • 팀원들이 연구 과정 동안 자기 자신에 대해서 배우도록 격려하기, 그리고 편견과 기대에 대해 터놓고 논의하면서 자신에 대해 더 잘 알게 되도록 격려하기 • 숙고하기, 기록하기, 면담 동안에 편견과 면접자의 편견과 기대를 범주로 묶기
자료 수집	• 시범으로 면담을 해 보고, 연구자가 편견과 기대에 과도하게 영향을 받은 것처럼 보이는지에 대해 팀원들과 자문 및 또는 다른 사람들에게서 피드백 받기
분석 진행 중	• 많은 협의가 있을 때 편견과 기대를 논의하기 • 격론 후에 휴식 시간 갖기, 팀원들이 집단 역동 과정을 처리하고 물러나도록 돕기, 모든 팀원이 듣고 이해했다고 느끼기 위한 방안을 논의하기 • 초기 자료를 방어적이지 않게 다시 읽거나 듣고, 참가자들의 주장과 목소리 톤에 좀 더 초점 맞추기 • 첫 번째로 의견을 표현하는 역할을 돌아가면서 해 보기 • 반대 의견에 열려 있는 팀 모델을 위해서 반대하는 팀원을 초청하기
사후 분석과 논평 기사	• 각 개인의 생각을 개별적으로 제공하는 것보다 편견과 기대에서 나타나는 공통적인 주제와 차이를 보여 주기 • 연구의 한계를 알려 주는 부분에서 연구자의 편견과 기대의 영향을 보고하기

치료자와 자문이 동양인이었다. 그 연구팀은 또한 동양인 연구팀의 추측의 균형을 맞추기 위해 경험이 있는 백인 자문을 포함했다. 연구팀 선택에 관한 더 자세한 논의는 제4장을 참조한다.

2) 자료 수집에 앞서 편견과 기대 기록하기

팀의 대표는 편견과 기대에 관한 CQR 훈련 경험이 없는 팀원을 훈련할 필요가 있다. 즉, 합리적인 근거, 정의, 예시 들을 보여 주면서 편견을 자각하는 것이 중요함을 이해하게 하고 그 일을 어떻게 처리해야 하는지 확실히 알게 해야 한다. 이러한 훈련은 팀의 대표가 편견과 기대를 다루는 기본 규칙을 정하는 토론을 할 때 도움이 될 것이다.

연구 과정이 진행되는 동안 자료 수집에 앞서 편견을 다 기억하기 어려울 수도 있다. 따라서 각 팀원에게 연구 참여 전에 편견과 기대를 기록하라고 하는 것은 중요하다. 모두 독립적으로 자신의 편견을 숙고하고 기록할 기회를 갖기 전까지는 팀이 편견과 기대를 종합적으로 논의하지 않는 것도 중요하다. 팀원이 연구 과정 중에 언제든지 편견과 기대를 좀 더 생각해 낸다면 자신의 목록에 추가할 수 있다. 자료를 수집하거나 분석할 때 발견한 편견과 기대, 그리고 자료를 수집하기 전에 발견한 편견과 기대를 구분하고 논의하는 것은 도움이 될 것이다.

편견과 기대를 기록하는 동안 어려운 일이 많이 생길 수 있다. 우선 제한된 자기 인식을 예로 들 수 있다(Rennie, 1996). 이는 다른 방식으로 생각하는 것을 거의 경험해 보지 못했기 때문일 것이다. 어떤 경우에는 자기 인식이 제한되는 것은 심리적 방어 때문이라고 할 수 있는데, 그러한 편견과 기대를 인정하면 정체성이나 이상적인 자신의 모습과 반대될 때 특히 그러하다. 예를 들어, 어떤 사람은 자신에게 인종 편견이 있다고 생각하는 것을 원치 않아 어떠한 인종차별적인 가정도 인정하기가 어려울지 모른다. 그리고 결과적으로 자기 인식을 배제한 채 인종과 관련된 데이터를 편향되게 해석할 수도 있다. 한정된 자기 인식을 다루기 위해서 연구팀원들이 심리치료, 다문화적인 훈련 혹은 그들의 편견과 고정관념을 검토해 볼 다른 기회를 찾아보게 된다. 팀의 대표는 팀원들이 연구 과정을 통해 자신에 대해서 배우고 편견과 기대를 개방적으로 논의하는 것을 배워 자신을 더욱 잘 알게 되도록 격려할 수 있다.

연구자는 자신의 편견과 기대를 밝혔을 때 전문적으로나 개인적으로 어떤 영향을 받게 될 가능성에 대한 두려움이나 어려움이 있을 것이다. 팀원들이 자신의 편견을 알게 되었을 때 공공연하게 혹은 우회적으로 비판하거나 판단하는 것이 두려워 논쟁거리가 많은 편견을 이야기하는 것을 어려워하고 부끄러워할 수 있다. 예를 들어, 교수진과 학생들로 구성된 연구팀에서 학생 연구자들은 교수진이 훈련에서 학생들이 얼마나 진전했는지 평가할 때 자신의 편견을 기억할 가능성을 고려하게 된다. 이렇게 되면 학생 연구자에게는 권위자들의 가치나 신념에 반하는 논쟁적인 편견을 터놓는 것이 어려울 수 있다. 일례로, 불법이민자에 대한 한 학생의 부정적인 편견은 교수가 정반대 의견일 때 다문화적인 세심함이 부족한 것으로 비칠 수 있다. 한편 교직원 연구자들은 전문가의 모습을 보여 주려는 욕구나 확실한 편견을 인정하면 전문적이거나 개인적인 명성에 부정적인 영향을 미칠 수 있다는 두려움 때문에 학생들 앞에서 편견을 인정하기가 어려울 수 있다. 가끔은 그것이 힘들 수도 있지만, 우리는 CQR 연구자가 그들의 편견과 기대에 대해 가능한 한 개방적이 되고, 더욱 진실성 있는 연구 보장의 목적을 위한 다른 팀원들의 신념에 비판단적이 되도록 격려한다. 연구팀 내에서 서로 신뢰할 수 있는 팀원을 선발해야 하고, 안전하고 비판단적인 분위기를 창출해야 한다(예, 반대 의견에 개방적인 모델링). 이러한 노력을 함으로써 개방적으로 정직하게 자기 보고를 할 수 있게 되고, 편견과 기대를 잘 논의할 수 있게 된다.

3) 자료 수집

　면담자의 편견과 기대는 참가자의 반응에 미묘하게 영향을 미쳐 면담에 영향을 줄 수 있다. 면담자는 유도심문하거나 자신도 모르게 참가자에게 자신이 무엇을 듣길 원하는지에 관한 정보를 줄 수도 있다(예, 불필요한 안심을 요청하기, Fischer, 2009). 일례로, 연구자들은 유학생들이 적응 문제를 겪는다고 예상할 수 있다. 그래서 적응의 부정적인 면에 대해 더 질문하고 긍정적인 경험에 대해서는 더 적게 질문할지 모른다. 이러한 문제를 다루기 위해 면담자는 면담하는 동안 자신의 편견과 기대에 대해 깊이 생각하고, 그것들을 기록하며, 또한 잠시 옆에 치워 두어야 한다(따로 제쳐 두기). 면담을 실행하고, 피드백을 받고, 연구자의 편견과 기대가 면담에 과도하게 영향을 주는지에 관해 피드백을 받을 때에 연구자의 이런 활동이 유용할 수 있다.

4) 자료 분석

　자료 분석에 집중하는 동안에는 편견과 기대를 간과하기가 너무 쉽다. 자료를 분석하는 동안 편견과 기대를 떠올리는 것은 특히 어려운 일이다. 이런 이유로 CQR 과정에서 이 단계가 진행되는 동안 편견과 기대를 논의하고 그것에 관해 생각하는 데 특별히 주의하는 것이 중요하다. 우리는 어떤 팀원이 다른 특정한 팀 구성원에게 반박 없이 항상 동의할 때 편견과 기대에 대해 논의하기를 추천한다. 아마도 이러한 현상은 연구팀 내의 힘의 역동이나 집단 사고를 가리키는 것이다. 좀 더 영향력이 있거나 수다스러운 팀원은 팀원들의 의견에 영향을 미치거나 팀원들이 다른 의견을 내는 것을 불편하게 느끼게 할 수 있다. 영향력이 없는 팀원은 영향력 있는 팀원의 의견을 따르도록 하는 압력을 느끼거나 자신의 생각이 평가절하된 것으로 느껴 두려울 수도 있다. 다른 생각을 보고하는 것을 삼가고, 자료가 나타내는 것을 따르기보다 우세한 팀원의 의견 쪽으로 기울 수 있다. 예를 들어, 팀원 대부분이 상담자가 내담자에게 자기 의견을 제시하는 것은 효과가 없고 내담자가 자립하는 데 방해만 된다고 믿는다고 가정해 보자. 이런 때 다른 생각을 하는 연구자(예, 의견을 제시하는 것이 도움이 된다고 생각하는 사람)는 자신의 의견을 표출하기 어려울 것이다. 그래서 상담자의 자기 의견 제시에 관해 다수의 의견을 따를지도 모른다.

더 나아가 다음 몇 가지 경우에서 구성원들은 팀원 사이에 상반되는 편견과 기대가 존재한다고 의심할지도 모른다. 예를 들어, 팀원 사이에 의견이 불일치하는 시간이 길어질 때, 그 의견 불일치가 중대한 것일 때, 연구자들의 생각이 양극화될 때, 연구자들이 오랜 논의 끝에도 의견 일치에 도달하지 못할 때, 연구자 1명이 모든 논쟁에서 '승리'한 것처럼 보일 때, 혹은 일부 연구자들이 의견을 제시하지 않을 때다. 이런 단서들이 나타나는 시점이 바로 편견과 기대가 영향을 미칠 가능성을 논의하기에 바람직한 때다. 가령 팀이 내담자가 어머니와의 부정적인 관계를 이야기하는 회기에 관해서 듣게 될 때, 어머니와 부정적인 관계인 연구자는 어머니에게 의지하는 것과 관련하여 강한 부정적 의견을 표현하며 그 의견을 단념하길 원치 않을지도 모른다. 그럴 때는 다른 팀원들이 그 연구자와 부드럽게 맞설 필요가 있을 수 있다.

자료 분석 중에 편견과 기대를 다루는 것에 관해서는 다음과 같이 권한다. 어느 연구팀원이 편견과 기대가 자료에 미칠 영향을 의심한다면, 다른 팀원들도 그 문제로 주의를 돌리게끔 해야 한다. 그 팀은 한 걸음 물러나 집단 역동을 처리하고 모든 팀원이 듣고 이해했다고 느끼도록 방안을 논의하는 것이 필요할 수 있다. 팀원들이 여러 과정과 토론을 거치면서 편견과 기대가 존재함을 인정하면, 연구자들은 초기의 자료를 방어하지 않고 읽거나 듣고자 할 것이다. 그리고 자료에 근거해서 자신이 듣기를 원하는 것을 찾기보다는 참가자들의 목소리톤과 말하는 내용에 좀 더 초점을 맞추기 원할 것이다.

수석 연구자(PI)는 초기에 협력적이면서 모두 동등한 권한이 있는 팀 환경을 조성하기를 희망할 수 있다. 즉, 팀의 리더뿐 아니라 모든 팀원이 편견과 기대에 대해서 논의할 수 있는 환경을 말한다. 팀의 모든 멤버가 차례대로 돌아가면서 제일 처음으로 자기 의견을 이야기한다면, 다른 팀원의 영향을 적게 받으면서 서로 의견을 나눌 수 있다. 수석 연구자는 팀원들에게 반대 의견을 낼 것을 요청하고 반대 의견에 개방적인 환경을 조성할 수 있다. 이러한 개방적인 환경에서는 누군가가 동의하지 않을 때 어긋나는 의견을 고려하고 '이기려고' 하는 토론을 하도록 권위를 사용하는 것에 주의하면서 서로의 의견에 관해 이야기할 수 있다.

팀이 모든 분석을 끝낼 때, 연구자들은 추후 결과에 대한 편견과 기대의 영향력에 관해 이야기할 수 있다. 연구팀의 모든 구성원이 팀의 그러한 역동은 어떻게 관리하고, 또 어떻게 좀 더 잘 관리할 수 있는지 등 집단 내의 역동을 개방적으로 논의하는 것이 중요하다. 특히 팀 내에 각기 다른 수준의 권력을 가진 사람들이 있을 때는 각 팀원에게 다른 팀원들이 자신의 말을 잘 경청하고 인정했다고 느끼는지 물어보는 것도 좋다.

5) 원고 작성하기

연구팀 내에서 편견과 기대에 관해 논의하는 과정을 거친 후 마지막 단계는 연구 보고서에 편견과 기대를 서술하는 것이다. 면담자와 초기 팀원, 그리고 참가자들에 대한 방법적 설명에서 자문들의 편견과 기대를 포함시키는 것은 중요하다. 편견과 기대에 대해서 서술하는 데는 어려움이 있다. 제한된 분량 내에서 연구에 개입된 많은 사람에 대한 방대하고 서로 이질적인 자료를 요약하는 것은 어렵다. 분량을 생각한다면, 개인의 독립적인 생각을 개별적으로 제시하기보다는 편견과 기대에 공통으로 나타나는 주제와 차이를 제시하는 것을 추천한다.

Hill 등(2008)의 단기 심리치료에서의 즉시성에 관한 질적 연구는 편견과 기대에 관한 보고서의 실례가 될 수 있다.

편견에 대해 연구자 5명 모두 즉시성을 선호하고, 즉시성을 사용하면 치료에서 영향력 있게 개입할 수 있음을 연구 전에 보고했다. 이는 그들이 치료자로서 스스로 즉시성을 사용하는 것을 편안하게 느끼는 정도가 다르다고 해도 마찬가지였다. 다섯 연구자 모두 책을 읽었지만 연구 전에 그를 개인적으로 만난 적은 없다(p. 300).

Knox, Dubois, Smith, Hess 그리고 Hill(2009)의 치료자에게 선물을 주는 내담자에 관한 연구는 편견과 기대에 관한 보고서의 또 다른 예다.

우리는 내담자가 상담자에게 선물을 주는 것이 적절한지는 여러 가지 요인에 달렸다고 느낀다(예, 선물 그 자체와 주는 타이밍, 내담자의 치료에 대한 걱정과 치료 관계, 상담자가 인지한 내담자의 의도와 선물의 이면적인 의미). 감사 표시로 주는 작거나 비싸지 않은 선물은 적절하지만, 상담자는 상담 관계에서 잠시라도 그것에 대해 논의해야 한다고 느낀다. 더 크게 문제가 되는 것은 비싸거나 사적인 선물, 어떤 측면에서 치료자를 조종하려는 목적으로 주는 선물, 혹은 경계 설정에 어려움을 느끼는 내담자가 주는 선물들이다. 상담 관계에서는 이러한 선물에 대해서도 함께 논의해야 한다(p. 353).

더 나아가 '연구의 한계' 섹션에 연구자의 편견과 기대가 연구 결과에 미친 영향을 보고하는 것도 좋다. 그렇게 하면 논문의 독자가 팀의 기능과 구성이 어떠한지를 알고 그 맥락 안에서 연구 결과를 이해할 수 있기 때문이다. 논문의 저자는 평론가들이 연구 결과를 편파적인 것으로 치부해 버릴 것이라는 두려움 때문에 연구의 한계를 보여 주는 것을 꺼린다. 이는 놀라운 일이 아니다. 그러나 이러한 두려움을 알고 연구의 결과를 정직하게 개방하는 것은 중요하다.

4. 결 론

　편견과 기대는 질적 연구 과정에서 피할 수 없으며 연구자가 어떻게 연구 자료를 이해하고 해석하는지에 의심할 여지없이 영향을 미친다. 이는 치료 과정에서 역전이를 알아차리고 관리하는 것의 영향과 유사하다고 할 수 있다. 치료자가 그들의 역전이를 인정하고 그것을 더 잘 이해하기 위해 치료 과정에 사용할 때, 역전이는 심리치료 과정에서 긍정적으로 영향을 미칠 수 있다(Gelso Hayes, 1998). 유사하게 연구자는 그들의 편견과 기대를 이해하도록 의식적으로 노력하고, 이런 효과를 최소화하도록 작업하고, 치료 과정의 질을 높이기 위해 편견과 기대에 대해 서로 개방적으로 이해해야 한다. 그래서 우리는 CQR 연구자가 그들의 편견과 기대를 인지하고 다루며 또한 개방적인 마음과 호기심으로 자료에 접근할 것을 격려한다.

참고문헌

Fischer, C. T. (2009). Bracketing in qualitative research: Conceptual and practical matters. *Psychotherapy Research, 19,* 583-590. doi:10.1080/10503300902798375

Gelso, C. J., & Hayes, J. A. (1998). *The psychotherapy relationship: Theory, research, and practice.* New York, NY: Wiley.

Hill, C. E., Knox, S., Thompson, B. J., Williams, E. N., Hess, S. A., & Landany, N. (2005). Consensual qualitative research: An update. *Journal of Counseling Psychology, 52,* 196-205. doi:10.1037/0022-0167.52.2.196

Hill, C. E., Sim, W., Spangler, P., Stahl, J., Sullivan, C., & Teyber, E. (2008). Therapist immediacy in brief psychotherapy: Case study II. *Psychotherapy: Theory, Research, Practice, Training, 45,* 298-315. doi:10.1037/a0013306

Hill, C. E., Thompson, B. J., & Williams, E. N. (1997). A guide to conducting consensual qualitative research. *The Counseling Psychologist, 25,* 517-572. doi:10.1177/0011000097254001

Knox, S., Dubois, R., Smith, J., Hess, S. A., & Hill, C. E. (2009). Clients' experiences giving gifts to therapists. *Psychotherapy: Theory, Research, Practice, Training, 46,* 350-361. doi:10.1037/a0017001

Rennie, D. L. (1996). Commentary on "Clients' Perceptions of Treatment for Depression: I and II." *Psychotherapy Research, 6,* 263-268. doi:10.1080/10503309612331331788

Sim, W., Hill, C. E., Chowdhury, S., Huang, T. C., Zaman, N., & Talavera, P. (2010). Problems and action ideas discussed by first- and second-generation female East Asian students during dreams sessions. *Dreaming, 20,* 42-59. doi:10.1037/a0018993

Clara E. Hill & Elizabeth Nutt Williams

합의적 질적 연구(Consensual Qualitative Research: CQR)에서 우리는 사람들에게 그들의 이야기를 말해 줄 것을 요청했다. 이런 이야기들을 듣기 위해 우리는 아주 세밀하게 그들의 반응을 묘사할 수 있고 그런 경험이 있는 참가자들을 모으고자 했다. 이렇게 좋은 자료를 얻기 위해서는 표본 선택이 매우 중요하다. 이 장에서 우리는 CQR을 위한 최고의 표본을 선택하고 모집하는 것과 관련된 주제에 초점을 둘 것이다.

1. 표본 선정

표본을 선택하는 데서 주된 고려사항은 구체적으로 잘 기술한 연구 문항들에 잘 맞는다고 여겨지는 표본을 선택하는 것이다. 그러므로 연구자들은 표본의 구성을 결정하기 전에 연구 문항을 명확히 할 필요가 있다(제3장 참조). 예를 들어, 문항이 전이에 관한 것이면, 우리는 전이에 관해 아는 것이 많고 그 현상에 관해 Gelso, Hill, Rochlen, Mohr, 그리고 Zack(1999)이 그랬듯이 '전문가'인 참가자들을 선택하는 것이 필요하다. 그들은 전이를 포함한 언어로 말했고, 전이에 대해 깊이 있게 생각할 가능성이 있으며, 내담자로서 또는 치료자로서 전이를 경험할 가능성이 있기 때문이다. Gelso 등은 '전이'라는 주제를 위해서 정신분석을 바탕으로 하는 심리치료자들을 표본으로 골랐다. 우리의 관심이 심리치료 내의 교착 상태에 관해 더 배우는 것이라면 Hill, Nutt-williams, Heaton, Thompson 그리고 Rhodes(1996)가 그랬듯이 교착 상태를 경험해 본 내담자나 치료자 중 하나를 표본으로 선택할 필요가 있다.

포괄적인 모집단을 선정한 후에는 그 안에서 참가자들을 선택하기 위한 구체적인 규준을 정한다. 표본 내에서 변동성이 너무 크면(혹은 분명하게 정의된 연구 문항의 부족함) 종종 결과 사이에 일관성이 약해지기 때문에 우리의 목표는 분명하게 정의된 표본을 선택하는 것이다.

비록 질적 연구 내의 일반화 가능성에 대해서는 일부 논란이 있지만, 우리는 합의적 질적 연구자들이 그들의 표본을 넘어 최소한 조심스럽게 결론을 일반화해 적용하기를 원한다고(양도/일반화 가능성) 믿는다. 결론을 좀 더 일반화하는 것을 고려하면, 표본을 신중하게 정의하는 것이 중요하다. 이는 연구 결과가 누구에게 또는 어떤 이론에 적용될지 명확하게 확인하기 위해서다. 또한 연구자들이 그 표본을 신중하고 분명하게 정의한다면, 훗날 연구자들은 같은 모집단에 대해 연구할 때 자료의 믿음과 신뢰성을 밝히기 위해 질적 메타 분석을 시행할 수 있을 것이다(제12장 참조).

모집단을 정의할 때, 연구자들은 조사 문항, 예를 들어 성별, 나이, 성적 기호, 사회경제적 지위, 인종, 국적, 종교, 장애 여부 그리고 학력과 관련이 있는 인구학적 변수에 관해 생각해야 한다. 치료와 관계 있는 사건들을 조사할 때, 경험 수준과 성향 모두 결과에 영향을 미칠 수 있다는 것을 고려하면 우리는 정신분석학적으로 지향하는 경험 있는 치료자들을 모집한다고 명시하고 싶어 할 것이다. 그러나 우리는 결과가 양쪽 성별(특히 남성 치료자와 여성 치료자가 다른 반응을 보이리라고 기대할 만한 근거가 없다면)에 적용되도록 동일한 수의 여성과 남성 치료자를 모집하려고 한다. 트라우마가 있는 내담자를 위한 심리치료의 효과에 관해 연구한다면, 트라우마가 집단 내 개개인에게 다르게 발생하고 다른 방식으로 영향을 미치는 것을 고려해 성별, 인종이나 민족성, 사회경제적 지위, 트라우마의 유형에 좀 더 관심이 있어야 할 것이다. 어떤 모집단을 성적 학대를 당한 아프리카계 미국인 상류층 남성만을 선택하는 것은 어떤 의미인지 알아야 한다.

규준에 대해 생각할 때 특별히 관련이 있는 것은 최근에 인지한 경험과 경험의 생생함이다. 내담자에게 치료 회기에서 이해받았다고 느낀 순간적인 경험에 대해 묻는다면, 그 경험의 세부사항이 내담자의 마음에 명백하게 남아 있을 최근 회기가 비교적 적절할 것이다. 그렇지 않으면 그 참가자는 '기억의 공백 채우기'를 할 가능성이 있고, 사건 직후에 면담하는 것만큼 그 경험을 정확하게 기억하지 못한다. 이러한 문제 때문에 치료 회기 직후에 내담자와 함께 면담하는 것이 제일 바람직할 것이다.

(치료 회기에서 이해받았다고 느낀 경험 말고) 수년이 지나도 생생하고 분명하게 기억할 수 있는 사건들도 있다. 여기서 문제는 그 사건에 대한 감정이 시간이 흐르면서 변할지도 모른다는 것이다. 연구 문항이 아이의 죽음 이후 애도 과정의 관점에 관한 것이라면, 연구자들은 그 죽음 직후 1년 뒤, 2년에서 5년 뒤 그리고 5년에서 10년 뒤에 얼마나 애도 과정이 일어날지에 대해 조심스럽게 생각할 수 있다. 기간을 한정하지 않으면 결과의 범위가 너무 넓어질 수 있기에 연구자는 이 연구에서 무엇에 가장 관심이 있는지 생각해야 한다. 연구자는 죽음의 유형, 아이의 나이 그리고 부모의 종교와 같은 다른 변수를 고려하기를 원할지도 모르고, 이 모든 것은 결과에 영향을 미칠 수 있다.

인간의 삶에서 매우 생생한 사건은 덜 생생하고 덜 중요하게 기억되는 사건보다 매우 획기적인 일이고 분명하게 오래 기억된다. 그러나 앞에 설명한 예시처럼 경험의 생생함은 경험의 최신성과 상호작용한다고 볼 수 있다. 이는 질적 연구를 하는 연구자는 과거를 회고하는 데에는 항상 한계가 있다는 점을 알아야 한다는 것을 알려 준다. 그렇기 때문에 우리가 연구하는 것은 정확하고 객관적인 보고라기보다는 자신의 감상과 경험이 반영된 주관적인 보고(그리고 의심할 여지없이 왜곡된)가 된다는 점 또한 알아야 한다. (CQR에 대한 과학의 철학은 제2장 참조) 또한 사건을 기억한다는 것은 모두 회상한다는 것을 말하는데, 이는 왜곡되기 쉽다는 것을 연구자들이 아는 것이 중요하다.

원칙적으로 특정 표본을 선택할 때 연구자는 모집단에서 무작위로 선택할 것이고, 이를 통해 어떤 면에서는 독특한 하나보다 전형적인 표본을 갖게 될 것이다. 이는 연구에서 원하던 표본은 아닐 것이다. 일례로, 한 연구자가 친구들을 참가자로 선택했을 때 연구자의 친구들이 모두 내성적이거나 공격적이라면 왜곡될 가능성이 있다. 이렇게 왜곡하는 것을 연구자가 인지하거나 승인한 것은 아니다. 하지만 사실상 양적 연구에서와 마찬가지로 질적 연구에서도 완전히 무작위 표본을 선택하는 것은 어려운 일이다. 물론 논문에서는 이러한 한계를 반드시 명시해야 한다(즉, 편의에 의해 선택된 표본이 사용되었고, 다른 표본은 다른 결과를 만들어 낼 수도 있다). 일단 모집단을 분명하게 정의하면, 연구자들은 모집단에서 무작위로 표본을 선정하기 위해 가능한 한 최선을 다해야 한다. 이를 위해서는 연구 참여에 관한 공지를 할 때 잠재적인 참가자 범위를 가능한 한 넓게 잡고, 자원하는 사람 중에서 무작위로 선발해야 한다. 일반적으로 자기 선택 요인이 작용하기 때문에 연구자는 표본에 관해 가능한 한 분명하게 서술해야 한다. 그래야 독자가 표본이 어떤 사람들인지 알게 된다.

마지막으로 논의할 것은 연구팀이 자신의 사례를 연구에 사용해도 되는지 여부다. CQR을 사용하는 첫 연구에서(Rhodes, Hill, Thompson, & Elliott, 1994), 일부 저자들은 연구에 본인의 자료를 제공했다(비록 팀에서 그들의 사례를 분석할 때 그들이 팀에서 일하지는 않았지만). 평론가들의 질문에 응답하면서 저자들은 치료 장면에서 오해한 적이 있는 경험이 그들 스스로 그 현상을 좀 더 깊이 있

게 이해하도록 도왔다며, 자기 자신을 사례로 포함하는 것을 정당화했다. 지금
이 주제에 관해 생각해 보면, 우리는 연구자 자신의 사례를 연구에 포함하는 것
을 추천하지 않을 것이다. 단순하게 말하면, 그런 경우에는 편파적이기 쉽다.
저자들은 자신의 경험을 타인이 말한 것을 들은 것처럼 계속해서 각색하기 때
문에 다른 참가자의 것보다 저자의 경험이 훨씬 더 많이 사용될 가능성이 있다.

2. 표본의 크기

표본 크기를 결정하는 데 있어서 우리의 목표는 결과의 일관성을 얻기 위해
얼마나 많은 참가자가 필요한가를 생각해야 한다. 문헌 표본 사이즈의 범위가
3명에서 97명(M=15.7, SD=11.5)으로 다양했지만(제18장 참조), 우리는 일반적으
로 2명에서 15명의 참가자 수를 추천한다. 특히 참가자들이 경험 면에서 비교
적 동질적이라면 이 숫자는 참가자의 일관성을 보기 위해 시작하는 충분한 규
모의 표본이라고 할 수 있다.

연구자가 표본 내에 하위 집단이 있을 가능성이 충분하다고 생각한다면,
15~19명의 큰 표본이 바람직하다. 연구자는 더 큰 표본을 다시 세분화하여 각각
의 선별 기준이나 분석 중에 나오는 기준에 사용할 수 있다. 예를 들어, Williams
등(1998)은 그들의 여성 상담 심리치료자들 표본을 박사 이전에 뜻밖의 경험을
한 적이 있는 사람들과 박사 이후에 경험한 사람들로 나눴다. 분석 중에 두 집단
의 경험이 다르다는 것이 분명해졌기 때문이다. 치료자에게 적대적이거나 주장
을 잘 하지 못하는 내담자의 분노에 관한 연구에서 Hill 등(2003)은 그들의 결과
를 해결된 사건과 해결되지 않은 사건으로 나눴다. 이렇게 나눈 기준은 그 사건
들이 꽤 다른 경험으로 밝혀졌다는 분석에 근거한 것이었다. 유사하게 Hess 등
(2008)은 두 집단 사이에서 결과가 달랐기 때문에 심리학 박사학위가 있는 학생
인턴 표본을 그들의 슈퍼바이저의 자기 개방에 만족한 학생과 만족하지 못한 학

생으로 나눴다.

매우 큰 표본을 사용한다면(>20) 다른 주제들이 부각된다. 각 참가자에게서 상세한 정보를 구했을 때 연구자는 결국 그 과제를 마치기 어려울 정도의 너무 많은 정보를 갖게 될 수 있다. 일부 연구자는 각 참가자에게 더 적은 정보를 요청하여 이 문제를 해결한다. 이 상황에서 우리는 '수정된 CQR'이라고 불리는 CQR의 변형을 추천한다(CQR-M; 제17장 참조).

3. 표본 모집하기

질적 연구는 시간과 에너지를 많이 소요하고 개인의 감정을 공개하는 것이 가능한 참가자를 요구하기 때문에 모집 과정이 어려운 편이다. 많은 사람이 질적 연구를 꺼리는 것은 그리 놀랍지 않다. 두 연구 결과는 이 주제에 대한 증거를 보여 준다. Bednar와 Shapiro(1970)는 치료자 1만 6,100명 중 1% 미만은 치료 회기를 녹음하고 그런 다음 추가로 회기를 평가하는 데 3시간을 소비하는 것과 관련된 연구에 참여하는 데 동의했다고 했다. 또 다른 예로 Vachon 등(1995)이 치료자 845명에게 한 치료 회기를 녹음한 다음 2시간 동안 그 사례를 면담하는 것과 관련한 연구에 참여하기를 요청했을 때, 단지 2%만이 동의했다. 근본적인 이유는 시간 여유가 충분하지 않았고 내담자를 녹취하는 것을 상담자가 내켜하지 않았으며, 또한 연구에 적절하다고 여겨지는 내담자들을 상담하고 있지 않았다는 것이다.

CQR을 사용하는 연구에서 참여율은 Hill 등(1996)의 4%에서 Vivino, Thompson, Hill, 그리고 Ladany(2009)의 93%까지 몹시 다양했다. 제12장에서 우리는 CQR 연구에 참여하기로 한 참가자의 이유에 의문을 제기한 질적 메타 분석 연구 10편을 보고했다. 가장 핵심적인 이유 두 가지는 주제가 흥미롭거나 중요한 문제라고 생각하고 도움을 주길 원한 것이었다. 그 밖의 다른 이유들은 연구와 관련 있는 의미 있는 경험이 있어서, 교육하고 싶거나 지식에 기여하기를 원해서, 질적 연구를 좋아해서, 동료나 자문으로 초청받아서, 참가자들의 연구에 자극이 되어서, 주제가 사생활을 침해하지 않거나 착취적이지 않아서, 그리고 면접 대상자로서의 경험을 원해서였다. 대학원을 졸업한 전문가와 대학원생의 참가 이유가 다른 것은 흥미로운 점이다(가장 일반적인 두 가지 표본). 대학원생은 그들이 돕기를 원하거나 그 현상에 대한 경험이 필요하다고 느낄 때 좀 더 참여 가능성이 있는 반면에, 전문가는 동료로 초청되거나 혹은 가르치거나 지식에 기여하기를 원할 때 참여 가능성이 좀 더 있었다. 다음에는 앞 연구 결과와 우리의 개인적 경험을 고려하면서 참여에 영향을 미칠 수 있는 요인을 다루겠다.

1) 자원 가능성이 있는 참가자에게 영향력 있는 변수

첫 번째로 연구 주제를 꼽을 수 있겠다. Gelso 등(1999)의 연구에서 치료자들은 정신분석적이고 전이에 관심이 있기 때문에 좀 더 기꺼이 참여하는 것으로 보인다(참가율=13%). 이 주제는 치료자의 마음을 촉발시키는 것처럼 보였고, 그래서 그들은 그것에 대해 기꺼이 말할 수 있었다. 반면에 교착 상태의 치료에 관한 연구에서는 치료자를 모집하는 것이 어려웠다(4% 동의함; Hill et al., 1996). 그 주제가 치료자들에게는 덜 흥미로웠기 때문인 것 같다.

연관된 주제는 잠재적인 참가자들이 그 주제에 대해 얼마나 민감하게 느끼는가다. 예를 들어, Hill 등(1996)의 연구에서(참여율 4%) 치료자들은 교착 상태로 종결된 치료 내담자들에 대해 말할 때 매우 민감할 수 있다. 이 주제는 그들의 전문가로서의 능력을 질문하는 것과 같다고 볼 수 있다. 유사하게 치료 과정 내에서의 선물에 관한 연구(Knox, Hess, Williams, & Hill, 2003)에서는 선물을 받는 것이 몇몇 이론적 오리엔테이션에서 금기시될 때 치료자가 내담자에게 받은 선물에 대해 말하는 것을 민감하게 느껴 낮은 참여율(6%)을 보였을지도 모른다. 사람들은 민감한 주제로 면담할 때 무엇이 나올지 몰라서 긴장했다고 말했다.

또 다른 연관된 주제는 잠재적인 내담자들이 얼마나 연구자를 신뢰하는가다. 특히 질적 연구에서는 참가자가 종종 힘들고 깊은 경험을 정직하게 드러내기를 기대한다는 점에서 참가자들은 연구자가 정직하고 공정하고 배려심이 있고 판단적이지 않을 것이라고 신뢰해야만 한다. 잠재적인 참가자들이 연구자에 대해 최소한으로도 알지 못한다면, 자신에 관해 깊은 부분을 노출하고 참여하는 것을 꺼릴지도 모른다. 그래서 초심 연구자는 신뢰할 만한 사람이 되기 위해 노력해야 한다(이후 '모집 절차에 대한 제안' 참조). 게다가 시간은 많은 사람에게 영향을 미치기 때문에 참가자들이 바쁘다면 당신의 연구가 아무리 멋지고 훌륭하더라도 참여하지 않을 것이다. 알아내는 것 자체가 불가능할 때가 있지만, 질문하기에 적당한 시간을 고르는 것은 중요하다. 하지만 시간과 바쁘다는 것은 반드시 관계 있지는 않다고 볼 수 있다. 우리는 매우 중요하다고 생각하는 것에는 시간을 내기도 하기 때문이다. 그래서 잠재적인 참가자에게 당신의 연구의 가치를 이해시키는 것은 꼭 필요하다.

동료나 권위자가 도움을 요청한다면, 특히 조력 전문가인 사람에게는 도움이 되고 싶다는 마음이 참여의 매우 큰 이유가 된다. 만약 누군가의 연구에 참여한다면 대학원생은 종종 연구 사명이나 생각을 언급하고, 그때 다른 사람들은 그들의 연구에 기꺼이 관대하게 참여할 것이다. 친구, 동료, 멘토나 가까운 누군가가 요청할 때 사람들은 낯선 이가 요청하는 것보다 기꺼이 반응한다.

보상은 몇몇 잠재적인 참가자에게 효과가 있다. 가령 대학생에게는 학점이나 돈을 준다면 참여할 가능성이 더 커질 수 있다. 그러나 교수의 경우 우리가 제안할 수 있는 어떤 보상도 그들의 시간을 돈으로 환산하면 부합할 수 없다(예를 들어 2시간당 10달러를 제안하는 것은 시간당 100달러를 버는 사람에게는 충분한 보상이 아니다). 한편으로는 잠재적 참가자들이 참여를 강요당한다고 느낄 수 있기 때문에 지나친 보상을 주는 것도 주의해야 한다.

모집 과정 중에 생각해 볼 만한 일반적인 원칙은 당신이 모집단에 대해서 무엇을 알고 있는지, 무엇이 특정 사람들에게 참여하도록 동기를 부여할지에 관해 창의적이고 주의 깊게 생각해 보는 것이다. 각기 다른 집단들은 모집하는 데도 다른 어려움이 있다. 치료자들은 종종 한계 규정을 제시하는 경우가 많고, 거절하는 경우도 많으며, 시간을 매우 소중하게 여긴다. 연구자를 신뢰하지 않으면 자신을 내보이는 것을 주저하기 때문에 치료자를 모집하는 것은 어려울 수 있다. 반면에 내담자들은 일반적으로 연구에 참여하는 것을 쉽게 받아들이지만 그들과 연락하는 방법을 찾기가 어렵다(내담자를 연구에 참여시키는 과정에서 주의하거나 고려할 점은 그들이 좀 더 착취에 취약하고 연구에서 요구되는 사전 동의를 잘 모를 수 있다는 것이다). 심리학 개론 수업의 대학생은 참여로 추가 점수를 준다면 모집하기가 쉽다. 하지만 그들은 연구에 참여할 기회가 종종 있기에 연구 주제가 학생들에게 설득력이 있어야 한다. 마지막으로 심리학 대학원생은 비교적 모집하기가 쉬운데, 연구자가 대학원생으로서 잠재적 참가자인 대학원생의 사명감에 호소할 수 있다면 특히 그렇다(즉, 이전의 당신 연구에서 당신을 도와 왔거나 앞으로 당신을 도울지 모를 누군가에게 갚는다. 이 생각은 만약 당신이 다른 사람을 돕는다면, 다른 이가 기꺼이 당신을 도울 가능성이 좀 더 있다는 것이다). 대학원생들이 연구를 한다는 점을 고려할 때, 그들은 같은 위치의 다른 대학원생에게 종종 호의적이다.

2) 모집 절차에 대한 제안

모집 방법은 참여율에 영향을 준다. 예를 들어, Hill 등(1996)의 연구에서는 치료자들에게 초청 편지를 보냈고, 우리는 동봉한 반송용 봉투를 사용한 응답에 흥미가 있었다. 그들에게 이를 요청했으나 오직 4%만이 이행했으며 참여에 동의했다. 우리가 이 치료자들에게 너무 많은 요구를 했고, 그들은 시간과 에너지를 쓰도록 충분히 동기화되지 않았던 것 같다. 반면에 Gelso 등(1999)은 전화로 인해 편지 참여율이 13%로 올랐던 때를 보고했다. Vivino 등(2009)의 치료자들을 대상으로 한 연구에서, 큰 도시에 살면서 큰 표본이 되어 본 적이 있는 사람들이 스스로 동정심이 있다고 평가하고 또 동정심이 있기를 요구받았을 때 93%의 회수율을 획득했다.

모집 계획은 대상 표본에 따라 다르다는 점을 감안하며 연구자가 고려할 수 있는 몇 가지 방안을 제안한다.

- 대중매체를 활용하기보다는 개별 이메일이나 편지를 보내라.
- 기억하기 쉬운 첫 번째 문장으로 초대장을 시작하라. 보는 즉시 독자의 주의를 끌어야 한다(어딘가로 던져 버리거나 '삭제' 버튼을 누르기가 얼마나 쉬운지를 기억하라). "치료에서 내담자가 주는 선물에 관한 연구의 참여에 당신을 초청하고 싶습니다."와 "최근에 내담자가 당신에게 선물을 준 적이 있고 어떻게 반응할지에 의구심이 든 적이 있습니까?"를 비교하라. 어떤 문장이 그 초대장을 어딘가로 던져 버리거나 삭제 버튼을 누르기보다 계속해서 더 읽고 싶어지게 할 것 같은가?
- 모집 편지(혹은 이메일)에 시간 약속, 연구의 본질 그리고 비밀 보장의 절차와 같은 모든 관련 정보를 제공하라. 그래서 잠재적 참가자가 충분한 정보를 바탕으로 참여 여부를 현명하게 결정할 수 있도록 하라.
- 참가자가 면담에 앞서 주제를 생각해 보는 것은 필요하다(예, 치료자는 면접관과 대화하기 전에 적대적이거나 화가 난 내담자와의 관계 경험에 대한 기억을 새롭게 하기 위해 사례 노트를 다시 보는 것이 필요할지도 모른다). 우리는 잠재적 참가자들이 면담을 준비할 수 있도록 면담 계획서 사본을 제공하는 것을 추천한다. 참가자들이 너무 많이 준비하고 사회적으로 바람직한 반응만을 보일 때는(일례로, 페미니즘에 대한 그들의 즉각적인 반응을 알기 원하고, 그들이 정치적으로 적당한 형식적인 반응을 하는 것은 바라지 않을 때) 우리는 사전에 면담 계획안을 주지 않았을 것이다. 그러나 우리는 보통 사회적으로 바람직한 응답을 얻는 것을 염려하기보다는 사람들에게 사건의 세부사항

과 사례 노트를 재검토하는 것을 생각할 기회를 주는 데 더 관심이 있다. 사전에 면담 계획서를 제공하면 잠재적 참가자들이 참여할지 말지 현명한 선택을 할 기회를 줄 수 있다. 보통 우리는 사람들이 우리에게 개방하길 요청한다. 그들은 자신이 무엇에 개입하게 될지 알 필요가 있다.

- 사람들의 참여를 위해 한 번 더 이메일이나 전화로 초청을 시작하라.
- 그들이 참여에 동의하는 것을 쉽게 알릴 수 있도록 하라. 그들이 반응하는 데 많이 자발적일 것이라고는 기대하지 마라.
- 잠재적 참가자들을 괴롭히지 마라. 만약 두세 번 초청해도 반응하지 않는다면, 그들은 이 연구에 관심이 없다고 확실하게 추정할 수 있다.

참가자에 대한 책임은 모집에서 끝나지 않는다. 우리는 참가자들을 세심히 배려하고, 그들의 자율성과 언제라도 그만둘 수 있는 권리를 존중하며, 낯선 이들과 깊은 속내를 공유하는 데 대한 조심스러움을 인정해야 한다. 참가자에게는 면담을 녹취한 것을 다시 제공할 필요가 있다. 그래야 그들이 실수를 바로잡거나 추가 정보를 제공할 수 있다. 그들에게 최종 원고 사본을 보여 주는 것도 필요하다. 그렇게 하여 그들의 신분이 적절히 감춰졌다는 것을 다시 확인시킬 수 있다.

참가자를 모집하는 과정에는 문화적이고 윤리적인 주제와 관련 있는 여러 다른 요소가 개입되어 있다는 것을 알아야 한다. 문화적 관심사는 제14장에서 깊이 있게 다룰 것이다. 연구자들이 선발된 사람들의 배경을 주의 깊게 생각하기를 제안한다. 윤리적 관심사는 제15장에서 상세하게 다루지만 여기에서도 그 주제들을 요약했다. 약자에게는 부당하게 짐을 지우지 말아야 한다(예, 단지 연구에 동원하기 쉽다는 이유만으로 죄수들을 연구에 동원하지 마라. 특히 연구 주제가 죄수의 삶에 직접 관련되지 않았을 때 말이다). 사람들에게 참여하도록 과도하게 압력을 주지 말고, 사람들이 참여할지 말지 선택할 수 있도록 적당한 정보를 제공해야 한다. 참가자가 언제라도 불이익 없이 물러날 수 있는 권리가 있음을 인정해야 한다. 좋은 연구를 하려면 문화적·윤리적 실천을 바탕으로 해야 한다. 그래서 우리는 CQR 연구에서 이를 실천해야 한다고 주장한다.

4. 결 론

표본을 모집하고 선택하는 것과 관련된 주제들을 고려하는 것이 중요하다는 점을 확실히 인식했기를 바란다. 연구에 의해 산출된 자료의 질이 표본의 질에 달렸음을 고려할 때 연구자는 이런 세부사항에 주의를 기울여야 한다. 이 장에서 표본 모집에 관한 가능한 모든 시나리오의 기준을 제공할 수는 없었지만, 표본을 선택하고 작업할 때 생각해야 할 것들을 보여 주었기를 바란다. 〈표 6-1〉에 이 장의 핵심을 요약해 놓았다.

〈표 6-1〉 합의적 질적 연구 표본 모집 시 고려사항

고려사항	권고사항
표본 선택	• 연구 문제는 명확히 한다. • 표본은 반드시 연구 문제에 적합해야 한다. • 표본에 대한 자세한 기준 구분을 한다. • 대표성을 띤 표본을 구할 수 있도록 노력한다. • 자신의 자료를 포함하지 않는다.
표본 모집	• 표본과 관련 있는 주제를 선택한다. • 취약성을 줄인다. • 신뢰성을 높인다. • 시간 약속을 중요시한다. • 도와주고자 하는 마음을 최대화한다. • 인센티브를 고려한다. • 자신의 특정한 표본에 대해 알아 둔다.

모집 과정	• 개별적으로 이메일이나 편지를 보낸다. • 독자들의 주의를 즉시 이끌어 잡아낸다. • 관련 있는 모든 정보를 제공한다. • 인터뷰 과정에 대한 정보를 제공하는 것을 고려한다. • 개별적인 초대를 통해 처음 초대를 이끌어 낸다. • 참여가 수월하도록 한다. • 잠재적 참가자를 괴롭히지 않는다.

참고문헌

Bednar, R. L., & Shapiro, J. G. (1970). Professional research commitment: A symptom of a syndrome. *Journal of Consulting and Clinical Psychology, 34,* 323-326. doi:10.1037/h0029339

Gelso, C. J., Hill, C. E., Rochlen, A., Mohr, J., & Zack, J. (1999). Describing the face of transference: Psychodynamic therapists' recollections of transference in successful long-term therapy. *Journal of Counseling Psychology, 46,* 257-267. doi:10.1037/0022-0167.46.2.257

Hess, S. A., Knox, S., Schultz, J. M., Hill, C. E., Sloan, L., Brandt, S., ······ Hoffman, M. A. (2008). Pre-doctoral interns' non-disclosure in supervision. *Psychotherapy Research, 18,* 400-411. doi:10.1080/10503300701697505

Hill, C. E., Kellems, I. S., Kolchakian, M. R., Wonnell, T. L., Davis, T. L., & Nakayama, E. Y. (2003). The therapist experience of being the target of hostile versus supected-unasserted client anger: Factors associated with resolution. *Psychotherapy Research, 13,* 475-491. doi:10.1093/ptr/kpg040

Hill, C. E., Nutt-Williams, E., Heaton, K. J., Thompson, B. J., & Rhodes, R. H. (1996). Therapist retrospective recall of impasses in long-term psychotherapy: A qualitative analysis. *Journal of Counseling Psychology, 43,* 207-217. doi:10.1037/0022-0167.43.2.207

Knox, S., Hess, S. A., Williams, E. N., & Hill, C. E. (2003). "Here's a little something for you": How therapists respond to client gifts. *Journal of Counseling Psychology, 50,* 199-210. doi:10.1037/0022-0167.50.2.199

Rhodes, R., Hill, C. E., Thompson, B. J., & Elliott, R. (1994). Client retrospective recall of resolved and unresolved misunderstanding events. *Journal of Counseling Psychology, 41,* 473-483. doi:10.1037/0022-0167.41.4.473

Vachon, D. O., Sussman, M., Wynne, M. E., Birringer, J., Olshefsky, L., & Cox, K. (1995). Reasons therapists give for refusing to participate in psychotherapy process research. *Journal of Counseling Psychology, 42,* 380-382. doi:10.1037/0022-0167.42.3.380

Vivino, B. L., Thompson, B., Hill, C. E., & Ladany, N. (2009). Compassion in psychotherapy: The perspective of psychotherapists nominated as compassionate. *Psychotherapy Research, 19,* 157-171. doi:10.1080/10503300802430681

Williams, E. N., Soeprapto, E., Like, K., Touradji, P., Hess, S., & Hill, C. E. (1998). Perceptions of serendipity: Career paths of prominent academic women in counseling psychology. *Journal of Counseling Psychology, 45,* 379-389. doi:10.1037/0022-0167.45.4.379

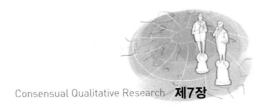

Consensual Qualitative Research **제7장**

자료 수집

Alan W. Burkard, Sarah Knox, & Clara E. Hill

합의적 질적 연구(Consensual Qualitative Research: CQR)에서 자료는 언어에 기초하며, 사건이나 사건이 아닌 것(예, 태도, 신념 등)에 초점을 맞춘다. 따라서 몇 가지 다른 형식으로 자료를 수집할 수 있다. 대부분 연구자는 직접 면담 또는 전화 면담(90개 중 66개의 CQR 연구; 제16장 참조)을 사용한다. 그러나 다른 연구자들은 학술지(예, Hill, Sullivan, Knox, & Schlosser, 2007), 서면 설문(예, Rhodes, Hill, Thompson, & Elliott, 1994), 이메일 설문과 통신문(예, Kim, Brenner, Liang, & Asay, 2003), 표적 집단(예, Hendrickson, Veach, & LeRoy, 2002)을 사용해 왔다. 이 장에서는 가장 많이 쓰이는 방법인 면대면 면담으로 자료를 수집하는 것에 초점을 맞춘다.

여기서 우리는 면담 계획안을 개발하고, 사전 면담에 대해 고려해야 할 사항을 이야기하고, 면담 과정 자체에 영향을 미치는 요소를 논의할 것이다. 마지막으로 면접 자료의 수집과 조작에 중요한 다른 고려사항을 다룬다. 자료 수집 과정 단계는 〈표 7-1〉에 요약했다.

〈표 7-1〉 자료 수집 단계

단계	권고
계획안 개발	• CQR이 연구 문제를 위한 가장 좋은 처리 방법인지 확실히 한다. • 문헌을 검토하여 문헌에 나타난 가정을 인지한다. • 개인 경험을 사용하여 문항을 개발한다. • 적어 놓은 질문 문항을 시간당 8~10개를 사용한다. • 라포를 형성하는 일반적인 질문으로 면담을 시작한다. • 감정을 유발하는 질문은 면담 계획안의 뒷부분에 배치한다. • 적어 놓지 않은 질문도 하며 참가자들이 세부 내용도 자세히 말할 수 있게 한다(면담하기 전에 가능한 문항을 생각해 놓는다). • 종결형 질문과 함께 면담이 끝나도록 한다. • 내용과 관련하여 전문가와 상의해 관련 주제들을 모두 담고 있는지 확실히 한다. • 계획안의 질을 평가하기 위해 2차례 예비 면담을 한다.
면담 준비	• 전화 면담인지 직접 면담(면대면 면담)인지 결정한다. • 면담자들에게 공감적인 경청자가 되기를 요구하고, 개방형 질문을 하도록 훈련한다. • 면담 계획안대로 진행하도록 면담자를 훈련한다. • 주제에 관한 편견과 기대를 토론하고 기록한다. • 녹음 장비를 체크해서 제대로 작동하는지 확인한다.
면담	• 통상적으로, 최소한 2명의 참가자와 면담한다. • 면담 전에 참가자에게 계획안을 보낸다. • 연구가 특별한 사건에 초점을 맞추는 것이라면 그 사건은 되도록 최근 3년 안에 일어난 것이어야 한다. • 면담 대상자와의 유대를 발전시킨다. • 면담에서는 참가자에게 초점을 맞추고 유지한다. • 면담하는 동안이나 그 후에 메모를 한다. • 연구팀이 공감적으로 경청했는지 보고하게 하고, 어려웠던 면담에 대해 자유롭게 질문하도록 훈련한다.

1. 면담 계획안의 개발

1) 면담 계획안 개발에 문헌과 임상 경험 이용하기

면담 계획안 개발에서 편향을 줄이기 위해 일부 질적 연구자는 면담 질문의 개발 이전에는 문헌 검토를 피하는 것이 중요하다고 한다(예, Charmatz, 1995). Hill과 Thompson, Williams(1997)는 이와 의견이 다르다. 이들은 CQR 연구자가 광범위한 문헌을 접하여 연구 주제에 관해 경험주의적 연구 결과에 대한 이해를 넓힐 것을 권한다. 또한 문헌을 읽고 참고하여 다른 연구자들이 한 실수를 반복하지 않기를 권한다.

우리는 선행 연구를 견실하게 이해하면 연구를 발전시킬 기초를 쌓을 수 있다고 주장한다. 즉, 연구가 사전 연구와 연결되면서도 이를 뛰어넘을 수 있고 사전 연구에서의 단점을 피할 수 있다고 생각한다. 또 문헌을 광범위하게 조사하여 주제에 관해 세울 수 있는 가정들을 인지하고 있어야 한다고 경고한다(제3장과 제5장 참조).

그러나 CQR에 관여하는 연구자는 문헌에서 도출할 수 있는 질문에만 국한될 필요가 없다. 질적 연구를 하는 심리치료 연구자들은 스스로 임상가라는 점을 고려할 때, 자신의 업무에서 오는 연구 주제와 관련해 태도, 신념, 심리치료 실무를 통찰하고 있을 것이다. 실례 하나를 들어 보자면, 임상 슈퍼바이저는 임상적으로 파악하기는 어렵지만 슈퍼비전에서 발생하는 어려운 사건들이 슈퍼바이저가 내담자와 작업하는 데 영향을 준다고 종종 이야기한다(Bernard & Goodyear, 2009). 이렇게 임상 장면에서 알게 된 것을 활용하여 슈퍼비전에서 발생하는 어려운 사건에 관한 2개의 연구를 하는 연구자들은 슈퍼바이저에게 했던 최근의 질문을 포함했다. 그 질문들은 슈퍼비전이 슈퍼바이저가 내담자와 하는 작업에 미친 어떤 영향이든지 설명해 보라는 것이었다(Burkard et al., 2006;

Barkard, Knox, Hess, & Schultz, 2009).

2) 면담 계획안

면담 계획안의 범위는 두 가지 목표로 결정된다. 이 두 가지는 중요하고 서로 연관되어 있다. 첫 번째 목표는 참가자와 라포를 형성하는 것이고, 두 번째 목표는 일관되게 정보를 모으는 것이다. 면담 계획안에는 종종 목표를 달성하기 위해 계획한 세 부분이 포함된다. 먼저 연구자는 시작 부분에서는 주제에 관해 질문하면서 참가자와 라포를 형성한다. 그 질문들은 감정은 적게 유발하지만 여전히 연구와 연관되고, 그래서 참가자들이 이야기를 풀어내도록 라포를 형성할 수 있다. 이를테면 앞에서 언급한 슈퍼비전에서 생긴 어려운 일에 관한 연구에서는 참가자에게 우선 그들의 슈퍼바이저의 슈퍼비전 스타일에 관해 물은 다음, 슈퍼비전에서 겪은 어려운 일에 관해 감정을 유발하는 주제들을 탐색했다.

면담 계획안의 두 번째 부분은 관심의 주요 주제에 초점을 맞추는 것이다. 우리는 전형적으로 계획안에 기록한 질문을 주제와 관련 있는 분야에서 개발하고 일부 경험에 대한 태도와 신념, 감정뿐만 아니라 사건의 논의를 포함하는 참가자의 일관된 정보를 확인하기 위해 사용한다. 예를 들어, 연구가 특별한 사건에 대한 질문을 포함할 때, 우리는 관심 있는 사건의 선행 사건, 사건에 영향을 준 요소, 실제 사건에 대한 기술, 참가자의 반응, 참가자와 그들의 관계의 결과를 종종 탐색한다. 참가자가 개인적 경험을 더욱 깊고 풍성하게 설명하는 것을 돕기 위해서 기록한 것 외에 추가로 질문할 수 있다. 예를 들어, 참가자들이 자신의 경험을 이야기한 후에 우리는 그들이 그 상황에서 어떻게 행동했는지, 무슨 생각을 했는지, 다른 반응에 대해 알기 위해 무엇을 했는지 등 사건에 관련된 그들의 태도나 정서를 조사해야 한다. 그렇게 정밀하게 조사함으로써 참가자들이 자기 경험을 충분히 설명할 수 있다. 연구자가 조사할 사항을 미리 기록하기도 하지만, 면담의 부가적인 구조 때문에 형식적인 정보를 얻게 될 수 있다고 말한 바 있다. 그러면 면담이 부자연스러워질 수 있다.

우리는 연구팀이 면담 전에 시행 가능한 조사에 대해 논의하고, 면담 동안 추가로 설명할 부분을 알아보는 훈련을 할 것을 추천한다. 이러한 훈련법은 참가자가 자신의 경험을 더 자세히 말하도록 돕는 조사 방법을 팀 구성원들이 활용할 수 있게 하는 데 알맞다.

면담의 마지막 부분에서는 참가자에게 주제와 관련해 더 폭넓게 이야기하도록 요청한다(예, 주제에 관한 제언; 내담자, 치료자, 슈퍼바이저에게 주제와 관련하여 할 제안들). 또한 종종 참가자에게 왜 연구에 참여했는지, 면담은 어떤 효과가 있었는지를 질문한다. 면담의 두 번째 부분에서 감정적인 정보가 될 만한 것을 개방한 후 마지막 부분에서 참가자는 강렬한 반응에서 벗어날 수 있게 되고, 연구자들은 참가자가 얼마나 감정적이 되었는지 식별할 수 있게 된다.

면담 계획안을 위해 중요한 고려사항은 계획안에 포함된 질문의 수다. Hill 등(2005)은 CQR의 연구자가 한 시간의 면담 동안 3~30개 사이의 질문(중앙값은 12, 최빈치는 15)을 사용한다는 것을 발견했다. 질문을 많이 하면 형식적인 답변이 나올 수 있고, 그런 답변은 참가자의 경험을 깊이 기술한 것이 아니라 설문지에 답변한 것과 유사할 수 있다. 질문을 너무 적게 하면 참가자에 대해 주제 영역을 일관되게 탐색하지 못할 수 있다(예, 연구자들이 같은 영역을 일관되게 조사하지 않게 된다). 참가자에 대해서 일관성 있게 균형 있는 깊이를 얻기 위해 Hill 등은 면담자가 보통 한 시간 면담 동안 계획안에 써 놓은 8~10개의 개방형 질문을 할 것을 권한다. 이 정도 수의 질문을 하면 중요한 영역을 충분히 조사할 수 있고, 참가자에 대해 일관되게 정보를 수집할 수 있다.

마지막으로, 면담 질문은 개방형 문구로 표현할 때 가장 생산적이다. 개방형 질문을 하면 종종 명확해지는 것을 촉진할 수 있다. 참가자의 태도, 사상, 감정도 탐색할 수 있다. 동시에 참가자는 면담 시행자가 자신을 판단할 것이라는 두려움 없이 사건을 정교하게 묘사할 수 있다. 이러한 질문은 의문문이 될 수도 있고(예, "당신은 슈퍼바이저와 관계가 어떤가요?"), 지시문이 될 수도 있다(예, "슈퍼바이저와의 관계가 어떤지 말해 주세요"). 참가자의 반응을 더욱 깊이 있게 조사하기 위해 연구자들이 참가자가 말하는 내용에만 예민하게 귀 기울이는 것이 아니라 말하는 태도에도 주의를 기울이기를 권한다. 이 두 가지를 통해 풍부한 추가 자료를 얻을 수 있을 것이다. 유도성 질문을 하지 않는 것도 중요하다(예, "당신의 치료자가 자기 개방을 하면 당신에게 도움이 되지 않았을까요?"). 개방형 질문을 하면 면담 시행자는 더할 나위 없이 참가자를 깊이 있게 탐색하고 그들의 경험을 상세하게 조사할 가장 좋은 기회를 얻을 수 있다(어떻게 하면 좋은 개방형 질문을 만들 수 있을지에 대해서 더 알고 싶다면 Hill, 2009의 제6장과 제7장을 참조하라).

3) 계획안에 대해 전문가들과 협의하기

최초의 계획안을 개발하면 우리는 면담이 관련 주제를 담고 있는지 확실히 하기 위해 주제 분야에 지식이 많은 연구자들과 상의한다. 그 주제의 전문가에게 면담 질문을 봐 줄 것을 요청해서 질문이 중요한 부분에 초점을 맞췄는지 점검할 때도 있다. 또한 관심을 두고 있는 현상을 경험한 사람들에게서 피드백을 받고자 할 수도 있다. 그런 사람들은 "경험을 살려냈다."라고 할 수 있고, 연구자에게 쉽사리 명확하게 틀이 잡히지 않는 계획안에 대해서 피드백을 줄 수 있다.

4) 계획안을 사전 시행하고 수정하기

우리는 면담 질문으로 실제로 데이터를 이끌어 낼 수 있는지 아닌지 평가하기 위해 추가 수단으로 적어도 2명과 계획안을 조사한다. 이들은 참가자의 기준을 충족해야 하지만 최종 표본은 아니다. 이 시범 면담을 하면서 연구자는 참가자가 질문을 이해하는지, 질문이 조사하는 특별한 분야에 관한 자료를 이끌어 낼 수 있는지, 질문이 논리적으로 흐르는지를 파악할 수 있다. 시범 면담 동안 계획안의 고질적인 부분(예, 분명하지 않은 말, 주제가 간과된 부분, 흐름이 연결되지 않는 것)에 대해서 참가자의 피드백을 적극적으로 받는다. 이 피드백과 우리의 반응을 토대로 계획안을 수정한다. 피드백에 기초해서 면담 계획안을 광범위하게 수정할 때는 시범 면담을 한 번 더 해서 질문이 실행 가능한지, 면담의 흐름이 좋은지 확실히 하기도 한다. 이러한 노력은 효과적인 계획안을 만드는 데 중요하다. CQR에 관한 경험이 얼마나 많든지 간에 효과적인 면담 계획안을 개발하기 위해서는 집중적인 작업이 필요하다.

2. 면 담

1) 전화 또는 직접 면담

Knox와 Burkard(2009)는 연구자가 전화로 면담할지 인터넷으로 또는 직접(이를테면 면대면으로) 참가자를 면담할지 결정해야 한다고 말한다. 전화나 인터넷 면담을 하면 연구자들은 지리적인 한계에서 자유로울 수 있다. 넓은 지리적 지역에서 표본을 추출하는 것은 현지인이 아닌 참가자의 시각을 얻기 위한 실제적인 방법을 원하는 연구자에게 매력적인 방법일 것이다. 게다가 정신건강 분야 전문가인 참가자들은 전화나 인터넷 면담은 실제로 경계를 지을 수 있다는 점에서 가치가 있다(이를테면 실제로 그들이 잠시 비껴날 수 있도록 시간을 분명히 차단할 수 있다는 점). 또한 전화 면담과 청취만 가능한 인터넷으로 면담을 하면 참가자는 가명을 사용해서 더욱 익명성을 보장받을 수 있다.

직접 면담(면대면 면담)을 하면 표정, 몸짓 그리고 비언어적 자료를 얻으며, 구어를 넘어서는 의사소통을 할 수 있고, 구어의 의미를 더욱 풍성하게 할 수 있다(Carr & Worth, 2001). 이 경우 연구자와 참가자 둘 다 면대면 면담에서 같은 물리적 공간을 차지하기 때문에 말로 하는 면담보다 더욱 접근하기가 쉽고 참가자가 자기 경험을 개방하는 데 꼭 필요한 라포를 형성해 전화 면담보다 좋다는 의견이 있다(Shuy, 2003).

화상통신 면담은 전화나 직접 면대면으로 하는 면담의 대안이 될 수 있다. 화상통신은 직접 면담의 장점(비구어적인 자료에 대한 접근성)과 전화 면담의 장점(낮은 비용, 이동할 필요 없음, 인터넷 접속이 가능한 참가자에게 접근할 수 있다는 점)을 결합한 것이다. 연구에 통신을 사용하기로 했다면, 통신상의 사생활 보호 방침의 한계를 검토하고, 잠재적 참가자에게 주는 사전 동의서에 비밀 유지와 관련한 문구를 넣는 것을 권한다. 면담에 통신을 사용한 CQR 연구에 대해서는 현재 출판된 책이 없지만, 전통적인 전화 통화나 직접 면담을 결합하는 데 중요한 기술 혁신이라고 볼 수 있다.

수백 번의 전화 면담에서 자신의 경험을 나누기를 망설이는 참가자는 거의 만나지 못했다(결국 그들은 실험에서 예상하는 것을 알려 달라고 요청했다). 오히려 자신의 이야기를 나누어 달라는 초청을 반겼다. 즉, 자유롭게 자신의 관점을 보여 주었고, 자신의 강렬했던 개인적 경험(Hiller & DiLuzio, 2004 참조)을 이야기하는 데 관점을 나누는 것이 도움이 되었다고 말해 주었다. 우리는 직접 면담에서 말을 아낀 몇 안 되는 사람들에 대해 이렇게 가정한다. 그들은 심지어 덜 편안했던 것으로 여겨진다. 적어도 전화는 면담 시행자와 참가자 사이에 물리적이고 생리적인 거리를 제공한다(Sturges & Hanrahan, 2004). 참가자가 비언어적 자료에 접근할 수 있게 되는 것은 반응 편향의 가능성을 높인다. 실험 참가자들은 자신이 개방했을 때 면담 시행자가 어떻게 반응하는지 '읽을 수' 있고, 그리고 나서 자신이 말할 것을 바꿀 수 있다(Marcus & Crane, 1986; Musselwhite, Cuff, McGregor, & King, 2006). 직접 하는 면담과 전화 면담 중 어떤 것이 더 좋은지에 대한 경험적인 증거는 없다. 무엇이 이상적인 방법인지는 연구에 따라 다를 것이다(Shuy, 2003).

2) 면담 시행자 선발하기

　　면담을 잘하는 면담 시행자를 선발하는 것은 꼭 필요한 일이다. 좋은 면담 시행자는 참가자에게서 부드럽고 유능하게 정보를 이끌어 내는 공감적인 경청자가 되어야 한다. 우리 연구팀에서는 보통 기본적인 상담 기술에 관한 수업을 적어도 하나 이상 들은 적이 있는 사람을 찾는다(예, 재진술, 개방형 질문, 감정 반영의 사용). 면담 시행자가 이러한 훈련 기술을 습득했으면 이런 기술의 목적과 이 기술들이 면담 시행자에게 미치는 영향 그리고 이 유형의 기술을 사용해서 모을 수 있는 정보의 유형을 이해하게 된다. 요약하자면, 훈련된 면담 시행자들은 면담 과정 동안 의도적으로 깊이 있는 정보를 끌어낼 수 있게 된다. 우리는 또한 상담 기술만 훈련받은 것이 아니라 실제 임상 경험이 있는 사람을 선발하는 것이 가장 좋다는 사실을 발견했다. 그들은 면담하는 데 더욱 숙련되어 있기 때문이다.

3) 면담 시행자의 수

　　CQR 연구자들이 결정해야 할 두 번째 사항은 면담 시행자를 얼마나 많이 쓸 것이냐다. 한 사람이 모든 면담을 수행한다면 모든 참가자의 면담이 상당히 일관되고 통일감이 있겠지만, 대신 한 사람의 편견이 반영될 것이다. 이에 대한 대안으로 다양한 면담 시행자가 면담 계획안을 준비하면 면담팀은 연구자 1명의 접근 방식이나 편견이 자료를 수집하는 데 안 좋은 영향을 끼칠 가능성을 줄일 수 있다. 단, 이 점을 알아야 한다. 면담 시행자가 많은 만큼 편견도 다양하게 반영되어 편견이 면담에 어떤 영향을 미쳤는지 이해하는 것을 더욱 어렵게 할 수 있다는 점이다. 그러나 편견의 효과는 줄어들 것이다. 편견은 면담 과정을 통해서 희미해지기 때문이다.

　　팀으로 접근하면 노동을 더욱 동등하게 분배하는 이득을 얻을 수 있다. 자료 수집을 1명이 책임지기보다는 여러 명이 분담하면 잠재적으로 연구자가 프로젝트에 참여하는 것을 더욱 매력적으로 느끼게 하고 모든 팀원에게서 강한 협조를 이끌어 낼 수 있다. 팀원 각각이 참가자와 직접 접촉하기 때문이다. 만일 연구자가 참가자를 알고 있을 경우, 다른 팀원이 면담을 수행할 수 있다(윤리에 관해서는 제15장 참조).

4) 면담 참가자당 면담의 개수

어떤 질적 방법에서는 참가자 1명당 단 한 번의 면담으로 끝나지만, 대부분의 CQR 연구에서는 여러 번 면담을 해 왔다. 참가자 1명당 면담을 한 번만 하면 중요한 정보를 놓칠 수 있다. 연구자가 이전에 한 번도 이야기해 본 적 없는 참가자와 한 번만 상호작용을 했다고 하자. 이런 경우에는 여러 번 면담했을 때 나타날 수 있는 맥락상의 자료를 얻지 못할 것이다(Mishler, 1986). 면담에서 논의한 경험이 없는 탓에 참가자가 말한 의미를 놓칠 수도 있다(Patton, 1989). 면담을 여러 번 하면 참가자가 연구자를 이전에 접해 본 적이 있기 때문에(즉, 첫 번째 면담) 적어도 기본적인 수준의 신뢰가 형성되어 감정을 불러일으키는 경험을 이야기하는 것을 더욱 편안하게 느끼고 연구자와 강한 유대 관계를 맺을 수 있다. 연구자와 참가자는 첫 번째 면담에 대한 더 깊이 있는 감정과 생각, 반응을 두 번째 만남에서 탐색할 수 있게 된다. 게다가 참가자나 면담 시행자 둘 중 1명이 첫 번째 면담의 내용에 대해 걱정스럽거나 혼란스럽게 느끼는 상태라면 이어지는 면담에서 그것을 명확하게 할 기회가 있다.

그러므로 면담은 적어도 두 번 할 것을 권한다. 면담을 두 번 하면 내용을 포착할 가능성이 커진다. 즉, 참가자의 경험의 의미를 포착하게 된다. 또한 참가자들이 면담 시행자를 편안하게 느끼게 되고, 첫 번째 면담에서 시행한 부가적인 내용을 탐색할 수 있게 된다. 참가자와 면담 시행자 양쪽 모두 첫 번째 면담에서 혼란스럽게 여긴 내용을 명확히 할 수도 있다. 이런 점에서 CQR 면담 시행자들은 두 번째 면담을 하면서 첫 번째 면담에서는 조사할 수 없었던 중요한 정보를 참가자가 개방하는 것을 발견하게 되는 경우가 있다. 두 번의 면담에서는 핵심 질문들을 나눠서 질문하는 것이 중요하다. 이는 두 번째 면담이 첫 번째 면담에서 참가자와 함께했다는 것을 확인하는 데 그치는 형식적인 절차가 되지 않게 하기 위해서다.

5) 면담의 회고적 유형

일부 CQR 연구는 참가자의 즉각적인 반응을 분명히 보여 주는 태도나 신념에 초점을 맞추지만, 다른 것들은 사건이나 특정 경험을 검토하기 때문에 회고적인 자료를 산출한다. 그다음의 상황에서 가장 중요한 고려사항은 참가자의 경험과 면담 사이의 시간에 집중하는 것이다. 다시 말해서, 회고가 어떻게 자료가 될 수 있는가? 그 자료는 어떻게 회고적이 될 수 있는가? 실질적인 경험 직후에 인터뷰를 하면 그 자료에는 즉시성과 최신성이 있다. 인간의 기억은 불완전하기 때문에(Schacter, 1999), 참가자들은 긴 시간 후에 하는 면담에서보다 사건을 회상하기가 더 수월하고 좀 더 자세한 내용을 제공할 수 있을 것이다. 그러나 Polkinghorne(2005)의 주장처럼 그러한 면담의 목적은 종종 실제로 정확한 회상을 끌어내는 것이 아니라 참가자들이 자신의 경험의 의미와 중요성을 탐색하도록 하는 것이다. 어쩔 수 없이 시간이 흐른 후에 해야 하는 면담에서는 참가자에게 특히 핵심적이거나 강력한 사건에 대해 말하도록 요청함으로써 자세한 내용의 왜곡이나 손실을 줄일 수 있다. 강력한 경험은 보통 잘 기억되기 때문이다. 회고적 면담은 시간이 지나면서 새로운 통찰을 이끌어 낼 수도 있어서 참가자가 사건 자체에 대한 관점의 변화를 설명할 수 있게 한다.

특정 경험에 대한 우리의 연구에서 참가자들은 불과 몇 주 전에 발생한 사건들과 멀게는 몇 년 전 사건들에 대해 이야기했다. 이러한 차이를 위해 혹은 시간이 지나면서 관점이 어떻게 변하는지 보기 위해 연구자들이 자료를 경험적으로 검토하지 않았다는 점에 특히 주의했음에도, 자료의 풍부함이나 질적인 면에서 의미 있는 차이를 발견하지 못했다. 우리는 참가자들이 최근이든지 예전 일이든지 자신의 경험을 상당히 강력하게 묘사할 수 있다는 것을 알았다. 가능한 한 경험 직후에 자료를 얻는 것이 더 좋지만, 연구자들은 몇 시간 전에 발생한 경험에 대한 자료 수집을 포기할 필요는 없다. 참가자들이 그들의 경험에 관한 풍부한 자료를 회상하고 나눌 수 있는 한, 면담의 목적은 충족될 것이다. 우리는 경험과 면담 사이의 경과 시간이 다소 일치하도록 유지할 것을 추천한다.

3. 면담의 수행

계획안을 만든 후 다음 단계는 면담을 수행하는 것이다. 여기서는 실시 계획안의 실제 수행과 관련된 고려사항에 관해 토론한다.

1) 면담자 훈련

좋은 임상가들이 선택되었더라도 훈련은 면담에서 일관된 특성을 보장하기 위해 매우 중요하다. CQR 경험이 없는 연구자들을 훈련하기 위해 우리는 처음엔 면담을 녹취할 것을 요청한다. 이것은 면담의 과정, 면담의 범위 그리고 면담자들이 주제를 어떻게 깊이 있게 탐색하는지에 대한 감각을 발달시킬 수 있도록 한다. 둘째로, 우리는 팀 미팅 동안 프로토콜을 사용하면서 모의 면담을 수행한다. 일반적으로 우리 연구팀 구성원은 최소 한 시간 모의 면담 CQR 모델 과정의 경험이 있다. 이 설명 후에 팀은 면담 과정을 논의하고 제기된 질문들을 다룬다.

일부 CQR팀은 면담 과정 동안 연구자의 편견을 관리하는 방법을 배우기 위해 추가 모델링 경험을 위한 국가기관 공공 라디오(National Public Radio)의 면담을 듣는다. 다음으로, 우리는 팀 미팅을 하는 동안 전형적으로 초보 연구자들의 모의 면담을 수행한다. 이러한 역할극은 그들이 숙련된 면담자들에게서 자신의 면담 기술에 대해 직접 피드백을 받고, 면담의 프로토콜에 편안해질 수 있는 기회를 제공한다. 초보 면담자들이 팀 미팅 밖에서 전화상으로 면담을 연습하는 것을 격려하기도 한다. 면담의 상당수가 전화로 진행되기 때문이다.

마지막으로 우리는 초보 면담자들이 이전에 배운 것을 강화하고 프로토콜 경험을 쌓는 실험 면담을 수행한다. 자료 수집을 시작한 후 연구팀의 좀 더 숙련된 구성원들이 연구의 첫 번째 면담을 수행하게 하고, 초보 면담자들이 최초 면담의 기록을 들음으로써 '실제' 참가자와의 면담을 듣는 기회를 얻는다. 또한 초보 연구자들이 수행한 모든 면담 후에 보고를 듣고, 면담 과정에서 발생할 수 있는 문제나 어려움을 해결할 전략을 찾도록 촉진한다.

2) 참가자와 면담자의 관계

잠시 참가자의 관점에서 질적 연구를 위한 면담을 생각해 보자. 참가자로서 당신은 태도, 신념, 또는 삶에서 중요한 사건에 대한 정보를 공유하는 데 동의했다. 많은 경우에 이러한 신념이나 경험은 가장 큰 어려움의 일부이거나 당신이 직면한 내적인 근심이나 대인 관계와 관련된 사건에 도전이 될지도 모른다. 면담자는 더 많은 세부적인 내용을 모으기 위해 정밀 조사(예, 개방형 질문)를 하고, 종종 당신의 감정, 지각 또는 이러한 상황과 관련된 경험에 대해 묻는다. 요약하면, 면담자들은 당신에게 삶의 사적인 세부사항을 개방할 것을 요청한다. 그런데 당신은 종종 면담자에 대해 아무것도 아는 것이 없다. 면담 동안 당신은 약자라고 느낄 수 있고, 고통스러운 사건을 공유하는 것에 두려울 수도 있으며, 당신을 당황하게 하는 태도, 신념 또는 주제를 탐색해야 할 수도 있다(Adler & Adler, 2002). 더욱이 당신은 마치 당신의 경험을 판단하는 것처럼 면담자에게 평가받는다고 느낄 수 있다. 마지막으로, 당신의 경험이 결국에는 출판된 형태로 나올 것이고 다른 사람들이 사적인 경험에 대한 당신의 말과 감정, 생각을 읽을 것이라는 점을(비록 익명일지라도) 알게 된다. 이러한 관점에서 면담은 확실히 위협적일 수 있고, 사생활 보호에 대한 불안과 취약성, 근심을 끌어내는 것도 무리는 아니다.

이러한 상황이 주어진다고 가정하면, 면담자는 각 참가자들과 연구 동맹을 맺고, 라포와 신뢰성, 안전감을 형성할 책임이 있다. 이러한 관계는 필수다. 면담자-참가자의 관계는 종종 질적 연구 계획을 위해 수집되는 자료의 풍부함을 결정하고(Knox & Burkard, 2009) 자료의 타당도를 강화시키기 때문이다(Adler & Adler, 2002; Kvale, 1996). 동맹은 앞으로의 참가자들과 그들의 경험에 대한 정보를 기꺼이 밝히고, 있는 그대로의 상태를 보호하도록 도울 수 있다(Thomas & Pollio, 2002).

연구 동맹을 구축하는 동안 면담자는 정보를 얻을 필요와 함께 지지 제공의 균형을 유지해야 한다. 이러한 균형을 얻는 것은 비밀을 털어놓는 것이 면담자와 참가자에게 똑같이 해당하는 일이 아니고 면담 관계에서 면담자와 참가자의 위치가 동등하지 않기 때문에 도전적인 일이다(Collins, Shattell, & Thomas, 2005). 면담자는 개인적인 정보를 거의 노출하지 않지만 참가자에게는 충분히 드러낼 것을 요구한다. 참가자에게 정보 공개를 격려하는 과정에서 면담자는 공감적이어야 한다. 그러한 태도는 참가자들이 안전감을 느끼고 그들의 경험을 충분히 묘사하는 데 면담자를 충분히 신뢰하도록 돕는다. 이러한 상황에서 면담자들은 면담 동안 종종 치료자들이 사용하는 것과 같은 기술을 사용한다(Hill, 2009 참조). 예를 들어, 재진술이나 감정 반영, 개방형 질문은 참가자의 탐색을 촉진하는 데 필수다. 그것은 종종 더 나아간 통찰로 이끌고, 결국 감정과 생각을 더 많이 드러내도록 촉진한다. 그러나 면담자는 면담의 목적이 통찰이나 치료적인 변화를 만들어 내는 것보다 자료를 모으는 데에 있다는 점을 기억하는 것이 중요하다.

가장 강조하고 싶은 점은 면담자는 호기심을 유지하면서도 평가적이지 않아야 한다는 것이다. 참가자들은 면담자가 자신을 평가한다고 느끼면 참여를 중단할 가능성이 있기 때문이다. 면담자의 과도한 자기 개방은 참가자가 반응에 편견을 갖게 할 수 있고 면담의 초점이 참가자보다는 면담자로 전환되게 할 수 있기 때문에 면담자에게는 면담 과정 동안 최소한의 자기 개방을 제안한다. 그러나 면담 과정에서 면담자가 완전히 중립적인 것은 불가능하다(그리고 아마도 바람직하지 않다)는 점도 알고 있다. 그러한 중립성은 면담에 무익하고 냉정한 분위기를 조성할 수 있기 때문이다. 참가자들이 강렬한 경험이나 꼭 붙잡고 있는 신념에 대해 다시 말하는 것은 연구자의 지각과 사건이나 태도의 해석에 영향을 줄 가능성이 있고, 이는 면담에서 그들의 상호작용에 영향을 미칠 수 있다. 우리는 연구자들이 각각의 연구 이전에 자신의 편견을 검토하고 토론하며, 자료 수집 과정 동안 흥미로운 현상에 관해 서서히 발전하는 자신의 인식에 대해 팀원들과 함께 토론하고, 면담 과정의 종결에서 자신의 편견과 인식이 자료 수집에 얼마나 영향을 미쳤는지 검토할 것을 격려한다(제5장 참조).

3) 면담 과정의 어려움에 반응하기

면담 관계의 질과 상관없이 연구자는 면담 과정 동안 피할 수 없는 어려움에 직면할 것이다. 이러한 어려움은 종종 참가자의 불안과 연약함에서 발생하며, 면담자가 다루기 어려울 수 있다. 예를 들어, 참가자는 정보를 거의 제공하지 않거나, 애매하게 말하거나, 명백하지 않은 반응을 하거나, 상담의 속도를 조절하기를 원하거나, 면담자의 자기 개방을 요구하기도 한다.

이러한 어려움에 대처하는 면담자의 연민과 인내심은 참가자가 면담 전까지 탐색하지 못한 채 남아 있었는지도 모르는 경험에 대한 자신의 생각과 감정을 인식하게 하기 때문에 매우 중요하다. 프로토콜을 미리 보내는 것은 참가자들이 질문에 대해 알도록 돕고, 면담 전에 자신과 관련된 태도, 신념, 경험에 대해 숙고할 기회를 주어 어떤 주제들에 대해 이야기할 때 놀랄 가능성을 훨씬 줄여 줄 것이다. 게다가 우리는 참가자들이 직접적으로 대답하지 않은 질문으로 돌아오고, 참가자들이 이해할 수 있는 방식으로 그것을 바꾸어 말하기를 시도한다. 예를 들어, 우리는 참가자에게 특정 사건에 관한 그들의 반응을 묻는다. 여기에 그들이 반응하지 않으면 우리는 사건을 경험하는 동안 일어난 감정이나 생각에 대해 질문을 바꾸어 묻는다. 응답되지 않은 질문이 남아 있다면, 우리는 그 점에 주의하고 첫 번째 면담이나 후속 면담에서 이 부분을 조사하려고 시도한다. 가끔 참가자들이 주제에 거의 관계없는 반응을 한다면, 참가자들을 부드럽게 중단시키고 원하는 정보를 얻기 위해 다시 초점을 맞춰야 한다. 다음에서는 면담 과정에서 확인된 몇 가지 어려움에 대해 언급할 것이다.

(1) 무응답

우리의 경험에 의하면 대인 관계에서 소외되었거나 면담 과정에서 진행을 중단시키는 참가자들은 강렬한 감정을 경험하기 때문에 이렇게 반응하는 것으로 보인다. 이러한 참가자들은 지지해 주고 안심시켜 주면 대개 면담을 계속할 수 있다. 하지만 일부 참가자들은 다시 면담에 집중하기 위해 짧은 휴식이 필요했다. 이러할 때 면담자는 즉시성의 치료 기술을 사용하여(예, 지금-여기에서의 관계에 대해 지금-여기에서 이야기하는 것; Hill, 2009) 참가자가 감정을 말하게 하는 것을 고려할 수 있다. 가령, 면담자는 면담 내용이나 관계에서 불편한 점이 있는지 물어볼 수 있고, 그리고 나서 필요하다면 접근 방식을 바꿀 수 있다.

(2) 면담을 통제하려 함

참가자가 질문하고 그 물음에 답함으로써 면담을 통제하려고 시도할 때, 면담자는 연구의 진실성이 유지되고 풍부한 자료 수집이 보장되게 하기 위해 참가자를 부드럽게 중단시킬 필요가 있다. 면담을 위한 가장 좋은 접근에 대해 참가자와 이야기하는 것도 중요하다(예, 연구자가 질문해야 하고 후속 질문을 할 여유도 있어야 한다는 점을 참가자에게 상기시킨다).

(3) 면담자에게 자기 개방을 요구

앞에서 말한 이유들로 일부 참가자는 면담자가 자기 개방을 하도록 이끄는 질문을 한다. 이러한 경우에 우리는 공유되는 경험이나 신념을 짧게 개방하지만, 이어서 우리의 감정, 신념, 의견이 참가자의 것과 유사한지를 물음으로써 참가자와 그의 경험에 초점이 유지되게 한다. 그러한 면담자의 자기 개방은 면담자와 참가자 사이의 위계를 줄이고 싶어 하는 페미니스트 연구자들에게 자주 사용된다(Edward, 1993). 우리는 연구자가 면담의 초점을 참가자에게 다시 맞추는 이 전략을 지지한다. 면담자는 면담 과정에서의 과도한 자기 개방에 대해 주의를 받는다. 실제로 참가자들이 면담자의 자기 개방에 의해 기꺼이 자신의 경험에 대한 인식에 영향을 받거나 공유할 정보를 변화시킬 수 있고, 그 결과 수집되는 정보가 바뀔 수 있기 때문이다.

(4) 허위 진술

몇몇 초보 연구자들은 참가자가 잘못 표현하거나 거짓말을 하는지, 그리고 면담자가 이 상황을 어떻게 다루어야 할지 물었다. 우리는 수백 번의 면담 경험에서 참가자들이 자신의 신념, 감정 또는 경험에 대해 의도적으로 잘못 표현하거나 거짓말을 하는지 결코 알 수 없었다. 잘못 표현하는 일이 일어날 수 있지만, 드물다고 생각한다. 연구팀이 참가자가 정직하지 않다고 의심한다면, 사례를 자세히 토론할 것을 격려한다. 참가자들이 자신의 신념이나 경험을 의도적으로 허위 진술한다고 결론이 나면, 그 사례를 종합하는 글(write-up)에서 언급된 삭제 부분과 함께 분석 과정에 포함시키지 않을 것을 추천한다.

4. 기타 고려사항

우리는 CQR을 사용하는 연구자들이 자료 수집 과정에서 다양한 결정에 직면한다는 것을 깨달았다. 후에 우리는 이 주제에 대해 간단히 언급하고 몇 가지를 제안할 것이다.

1) 참가자에게 면담 프로토콜 미리 제공하기

우리는 연구자가 면담 이전에 참가자에게 프로토콜을 보낼 것을 강력히 추천한다. 연습 단계에서 참가자들이 프로토콜을 검토하는 것은 연구가 그들의 경험이나 태도에 의존한다는 점을 알도록 돕는다. 예를 들어, 면담에서 치료자에게 주는 선물인 내담자의 경험을 탐색할 것이라는 점을 프로토콜에서 읽으면 참가자는 면담의 의도된 초점을 알게 되고, 그리하여 참여를 위한 적절성을 확인하거나 부당성을 확인한다. 더욱이 실제 면담 이전에 프로토콜을 보는 것은 참가자가 충분히 알고 동의할 수 있게 한다. 그들은 질문을 받는다는 점을 알고 면담의 본질을 알게 되며, 그리하여 자신의 참여에 대해 잘 알고 결정할 수 있다. 또한 면담 전에 자신의 경험을 되돌아보게 된다. 많은 CQR 연구는 정서적으로 환기시키는 현상을 탐색하기 때문에 참가자는 사건에 대한 자신의 생각과 감정을 주의 깊게 탐색하는 기회를 얻을 수도 있다.

일부 논문 심사위원은 면담 질문지를 미리 보내는 데 대해 비판한 바 있다. 그렇게 하는 것은 참가자들이 면담을 준비하게 하고 아마도 사회적으로 바람직한 대답만을 하게 할 수 있다고 생각하기 때문이다. 우리는 미리 프로토콜을 보는 것이 사회적으로 바람직한 대답을 촉진할 가능성을 알지만, 충분히 알고 동의하는 것에 대한 윤리적 관심이 더 우선시되어야 한다고 굳게 믿는다. 더욱이 이 시점에서 미리 면담 질문지를 보내는 것이 참가자들 응답의 사회적 바람직성에 영향을 미친다는 제안을 뒷받침할 경험적 증거가 없다는 데 주목한다. 그러나 프로토콜을 미리 보낼지에 대한 선택은 연구 질문이 과도한 자기 개방이나 기록의 확인을 요구하는지에 달렸다.

2) 녹음

정확한 필기가 불가능하기 때문에(다음 절 참조) 연구자들은 면담을 각각 녹음할 필요가 있다. 연구자들은 모든 면담 과정 전에 기록 장비를 테스트한다(장비 불량으로 면담 자료를 잃어 낙심하게 될 수도 있다). 디지털 녹음기 같은 가장 질이 좋은 오디오 장비를 사용할 것을 추천한다. 우리는 면담을 각각 녹음했고, 원본의 예비 복사본을 만들었다(우리는 면담 녹음 자료를 안전히 보유하기 위해 원본을 보관한다). 그리고 나서 축어록을 완성하는 전사자(transcriber)에게 예비 복사본을 준다. 글로 옮기는 것이 끝나면 기록자는 우리에게 예비 복사본을 돌려주고, 우리는 사전 동의에 따라 녹음을 삭제한다.

3) 전사하기

전사(Transcribing)는 CQR에서 무엇보다 중요한 부분이다. 이 과정을 통해 면담 자료가 분석 가능해지기 때문이다. 우리는 깊고 풍성한 면담을 하고 참가자들과 인상적인 상호작용을 했을지도 모르지만, 축어록을 확보하기 전까지는 사용 가능한 형태의 자료는 없다. 우리는 전사자(주로 연구 경험을 원하는 대학생 또는 대학원생)에게 전사 방법에 대한 분명한 지침을 제공한다. 구체적으로 전사자에게 면담 내용을 이야기하면 안 되고 면담 기록을 안전한 장소에 보관하는 기밀성에 관해 이야기한다. 그들에게 사람의 이름보다는 이니셜을 사용할 것과 도시, 주, 국가, 직업이나 학교 이름을 쓰지 않을 것을 요구한다. 우리가 제안하는 축어록의 형식은(〈표 7-2〉 참조) 면담자는 I로, 참가자는 P로 표기한다. 더듬는 소리나 '음'과 같은 최소한의 격려 소리, 또는 '있잖아요.'와 같은 언어 공백은 제외하더라도, 그들의 입에서 나온 모든 소리를 그대로 기록할 필요가 있다. 덧붙여 우리는 전사자에게 침묵, 한숨, 웃음이나 울음과 같은 비언어적 자료를 괄호 안에 표시해 줄 것을 요청한다. 정해진 기간 내에 축어록을

〈표 7-2〉 축어록 양식 견본

> I: 첫 번째 질문은 [참가자의 이름], 석사 과정 중에 LGB(레즈비언, 게이, 양성애자) 문제가 어떻게 언급되었는지에 대한 것입니다.
>
> P: 음, 아주 드물게 언급되었고 다문화주의의 맥락에서 언급되었어요. 저는 집단의 구성원들이 구체적으로 이야기했을 때 거의 여담이나 덧붙이는 말로 말해야만 했어요. 예를 들어서 [긴 침묵] 동급생 A는 지난번에 어떤 것을 말했어요. 우리 중에 LGB가 몇 명 있고 우리는 그 문제를 반드시 꺼내야 한다는 어느 정도의 책임감을 느껴요. 우리가 그렇게 하지 않으면, 그건 때때로 밖으로 나오지 않기 때문이에요.
>
> I: 더 말해 줄 수 있나요?
>
> P: 그럼요. (한숨) 그런 특별한 때가 2번 있었는데, 1번은 관계 상담 수업 중에서였어요. 1명은 양성애자이고 1명은 게이인 두 사람을 수업에 초대했어요. 그들은 모두 치료자였고, 레즈비언과 게이 그리고 그들의 관계에 대한 상담에서의 관점을 공유하기 위해 초대했지요.

완성해 줄 것도 요구한다(예, 2주). 축어록이 입수되자마자 우리는 정확성을 위해 의미 있는 자료가 모두 포함되었는지 확인하고, 그다음에는 다른 사람이 녹음 자료를 들으면서 축어록을 검토한다. 축어록이 확실하게 완성되었다고 생각하면 전사자에게 그의 컴퓨터에서 축어록을 삭제할 것을 요청한다.

　면담을 녹음하지 않았다거나 녹음 자료가 정확히 들리지 않는 일이 발생하기도 한다. 그러한 상황을 막기 위해 면담을 자세하게 기록하고, 이러한 기록에 근거해 축어록을 만든다. 이런 경우 우리는 또한 참가자들에게 그러한 실수를 알리고 정확성과 완성도를 기하기 위해 그들이 축어록을 주의 깊게 검토해 줄 것을 요청한다. 참가자들을 다시 면담하기도 한다. 드물게 일어나는 일이지만 이러한 상황을 피하기 위해 면담 과정 전에 녹음 장비를 점검하는 것은 매우 중요하다.

4) 면담 도중과 이후에 메모하기

마지막으로 추천하는 것은 연구자들이 면담 도중과 이후에 메모하는 것이다. 면담을 철저하게 메모하는 것은 면담자가 면담 과정에 적극적으로 머물도록 하고, 축어록을 정확하게 검토하거나 녹음 기록에서 불분명해 삭제된 단어나 어구를 채우는 데 꼭 필요한 과정이다. 간혹 녹음 자료에서 면담 내용이 들리지 않을 때 방대한 메모는 자료의 공백을 채우는 데 도움을 주었다.

우리는 면담이 끝났을 때 연구자가 자신의 면담 경험을 간단한 메모할 것을 제안한다(예, 참가자들과의 라포의 느낌, 참가자 반응의 풍부성, 참가자 또는 그의 반응에 의해 연구자에게 일어나는 반응). 그러한 기록은 분명치 않아 보이는 복잡한 면담 내용이나 정보의 맥락을 제공해 이후 자료 분석 과정에서 유용하게 쓰일 것이다. 일례로, 치료자에게 선물을 주는 내담자 경험의 연구(Knox, Hess, Williams, & Hill, 2003)에서 한 참가자의 반응은 일관적으로 짧고 정교하지 않았다. 연구자는 참가자에게서 약간 마음이 내키지 않는 느낌, 아마도 연약함까지 느꼈고, 상담이 끝난 후 작성한 메모에 이를 언급해 두었다. 그러한 정보는 후에 이 참가자의 자료를 분석했을 때 연구팀이 그 자료를 더 잘 이해하도록 도왔다. 이와 유사하게 만일 양극성 장애를 겪고 있는 한 참가자가 한 번의 면담에서는 우울증을, 다른 면담에서는 조증을 보였다면, 연구자는 이러한 차이를 기록해 두는 것이 좋다.

5. 결 론

이 장에서는 CQR에서 흔히 사용되는 면담 과정의 개요를 제공했다. 이 과정은 수십 번의 연구에서 개발되고 개선 및 실행되었으며, CQR에 숙련된 많은 연구자가 사용한 전략들을 반영한다. 이러한 지침들은 CQR 연구를 계획하는 데 중요한 정보와 풍부하고 높은 질의 면담 자료를 수집하기 위한 연구자의 면담 기술을 발전시키거나 개선시키는 기회를 제공해야 한다.

이 장을 마치면서 연구자들이 CQR 면담과 자료 수집 과정의 방법적인 특징 몇 가지를 검토할 것을 격려하고 싶다. 첫 번째, 특정 면담자의 영향을 조사해 볼 필요가 있다. 심리치료 문헌에서 치료자의 특징은 심리치료의 결과에 주요한 영향을 미치는 것으로 나타난다(Wampold & Bolt, 2007). 비슷하게 서로 다른 면담자들은 참가자들에게서 다양한 양과 질의 자료를 얻을 것이다. 후속 연구는 수집한 자료의 풍부성과 면담을 위해 사용한 방법(예, 전화, 통신, 대면)과 함께 경험을 설명한 후에 최근에 면담이 어떻게 생각되는지 사이의 관계에 관한 연구 등에서 유용하게 활용할 수 있다. 마지막으로, 이메일 질문지(예, Kim et al., 2003), 일기 쓰기(예, Hill et al., 2007), 서면 질문지(예, Rhodes et al., 1994) 그리고 포커스 집단(예, Hendrickson et al., 2002)과 같은 대안적인 자료 수집 방법의 실행 가능성은 참가자의 경험에 대한 설명의 풍성함과 깊이에 차이가 있는지를 결정하기 위해 조사할 수 있을 것이다.

참고문헌

Adler, P. A., & Adler, P. (2002). The reluctant respondent. In J. F. Gubrium & J. A. Holstein (Eds.), *Handbook of interview research: Context and method* (pp. 515-536). Thousand Oaks, CA: Sage.

Bernard, J. M., & Goodyear, R. K. (2009). *Fundamentals of clinical superviison* (4th ed.). Boston, MA: Allyn & Bacon.

Burkard, A. W., Johnson, A. J., Madson, M. B., Pruitt, N. T., Contreras-Tadych, D. A., Kozlowski, J. M., & Knox, S. (2006). Supervisor cultural responsiveness and unresponsiveness in cross-cultural supervision. *Journal of Counseling Psychology, 53,* 288-301. doi:10.1037/0022-0167.53.3.288

Burkard, A. W., Knox, S., Hess, S., & Schultz, J. (2009). Lesbian, gay, and bisexual affirmative and non-affirmative supervision. *Journal of Counseling Psychology, 56,* 176-188. doi:10.1037/0022-0167.56.1.176

Carr, E. C. J., & Worth, A. (2001). The use of the telephone interview for research. *Nursing Times Research, 6,* 511-524. doi:10.1177/136140960100600107

Charmatz, K. (1995). Grounded theory. In J. A. Smith, R., Harre, & L. Van Langenhone (Eds.), *Rethinking methods in psychology* (pp. 27-49). London, England: Sage.

Collins, M., Shattell, M., & Thomas, S. P. (2005). Problematic participant behaviors in qualitative research. *Western Journal of Nursing Research, 27,* 188-199. doi:10.1177/0193945904268068

Edwards, R. (1993). An education in interviewing: Placing the researcher in the research. In C. M. Renzetti & R. M. Lee (Eds.), *Researching sensitive topics* (pp. 107-122). Newbury Park, CA: Sage.

Hendrickson, S. M., Veach, P. M., & LeRoy, B. S. (2002). A qualitative investigation of student and supervisor perceptions of live supervision in genetic counseling. *Journal of Genetic Counseling, 11,* 25-49. doi:10.1023/A:1013868431533

Hill, C. E. (2009). *Helping skills: Facilitating exploration, insight, and action* (3rd ed.). Washington, DC: American Psychological Association.

Hill, C. E., Knox, S., Thompson, B. J., Williams, E. N., Hess, S. A., & Ladany, N. (2005). Consensual qualitative research: An update. *Journal of Counseling Psychology, 52,* 196-205. doi:10.1037/0022-0167.52.2.196

Hill, C. E., Sullivan, C., Knox, S., & Schlosser, L. Z. (2007). Becoming psychotherapists: Experiences of novice trainees in a beginning graduate class. *Psychotherapy: Theory, Research, Practice, Training, 44,* 434-449. doi:10.1037/0033-3204.44.4.434

Hill, C. E., Thompson, B. J., & Williams, E. N. (1997). A guide to conducting consensual qualitative research. *The Counseling Psychologist, 25,* 517-572. doi:10.1177/0011000097254001

Hiller, H. H., & DiLuzio, L. (2004). The interviewee and the research interview: Analysing a neglected dimension in research. *Canadian Review of Sociology and*

Anthropology/Revue Canadienne de Sociologie et d'Anthropologie, 41, 1-26. doi:10.1111/j.1755-618X.2004.tb02167.x

Kim, B. S. K., Brenner, B. R., Liang, C. T. H., & Asay, P. A. (2003). A qualitative study of adaptation experiences of 1.5-generation Asian Americans. *Cultural Diversity and Ethnic Minority Psychology, 9,* 156-170. doi:10.1037/1099-9809.9.2.156

Knox, S., & Burkard, A. W. (2009). Qualitative research interviews. *Psychotherapy Research, 19,* 566-575. doi:10.1080/10503300802702105

Knox, S., Hess, S. A., Williams, E. N., & Hill, C. E. (2003). "Here's a little something for you": How therapists respond to client gifts. *Journal of Counseling Psychology, 50,* 199-210. doi:10.1037/0022-0167.50.2.199

Kvale, S. (1996). *InterViews: An introduction to qualitative research interviewing.* Thousand Oaks, CA: Sage.

Marcus, A. C., & Crane, L. A. (1986). Telephone surveys in public health research. *Medical Care, 24,* 97-112. doi:10.1097/00005650-198602000-00002

Mishler, E. G. (1986). *Research interviewing.* Cambridge, MA: Harvard University Press.

Musselwhite, K., Cuff, L., McGregor, L., & King, K. M. (2006). The telephone interview is an effective method of data collection in clinical nursing research: A discussion paper. *International Journal of Nursing Studies, 44,* 1064-1070. doi:10.1016/j.ijnurstu.2006.05.014

Patton, M. Q. (1989). *Qualitative evaluation methods.* Beverly Hills, CA: Sage.

Polkinghorne, D. E. (2005). Language and meaning: Data collection in qualitative research. *Journal of Counseling Psychology, 52,* 137-145. doi:10.1037/0022-0167.52.2.137

Rhodes, R., Hill, C. E., Thompson, B. J., & Elliott, R. (1994). Client retrospective recall of resolved and unresolved misunderstanding events. *Journal of Counseling Psychology, 41,* 473-483. doi:10.1037/0022-0167.41.4.473

Schacter, D. L. (1999). The seven sins of memory: Insights from psychology and cognitive neuroscience. *American Psychologist, 54,* 182-203. doi:10.1037/0003-066X.54.3.182

Shuy, R. W. (2003). In-person versus telephone interviewing. In J. A. Holstein & J. F. Gubrium (Eds.), *Inside interviewing: New lenses, new concerns* (pp. 175-193). Thousand Oaks, CA: Sage.

Sturges, J. E., & Hanrahan, K. J. (2004). Comparing telephone and face-to-face qualitative interviewing: A research note. *Qualitative Research, 4,* 107-118. doi:10.1177/1468794104041110

Thomas, S. P., & Pollio, H. R. (2002). *Listening to patients: A phenomenological approach to nursing research and practice.* New York, NY: Springer.

Wampold, B. E., & Bolt, D. M. (2007). The consequences of "anchoring" in longitudinal multilevel models: Bias in the estimation of patient variability and therapist effects. *Psychotherapy Research, 17,* 509-514. doi:10.1080/10503300701250339

Consensual Qualitative Research **제8장**

자료 코딩하기-영역과 핵심 개념

Barbara J. Thompson, Barbara L. Vivino, & Clara E. Hill

제8장에서는 자료 분석의 첫 번째 단계인 영역 목록의 개발과 핵심 개념의 구성을 서술한다. '영역 목록(별개의 주제 목록)'을 개발하는 것과 이 영역에 원재료를 할당하는 작업의 목적은 참가자 각각의 경험을 이해하고 서술하기 위한 전체적인 구조를 만드는 것이다. 핵심 개념을 구성하는 목적은 각 영역에 참가자가 무엇을 말하는지를 명확하고 간결한 용어로 요약하는 것이다. 명확한 영역을 만들고 영역 안에 핵심 개념을 배치하면, 교차 분석을 하는 동안 사례를 비교하는 것이 쉬워진다(제9장 참조).

우리는 연구자들이 이 과정을 시작하기 전에 면담 사본을 준비하고 이 사본이 정확한지 확인할 것이라고 생각한다(제7장 참조). 이때 기록의 줄에 각각 차례대로 번호를 붙일 것을 추천한다. 그렇게 하면 팀원이 사본에서 구체적인 부분을 쉽게 참조할 수 있다(줄에 번호를 매기는 것은 대부분의 워드 프로세서로 하는 작업에서 유용하다). 또한 우리는 연구팀 구성원이 자신의 편견과 기대에 관해 기록하고 토론했을 것이라고 생각한다(제5장 참조). 그렇다면 팀원은 참가자가 보여 주는 경험적 세계 안에 개방적이고 유연한 마음으로 몰두할 준비가 되었을 것이다.

1. 영역 개발

1) 영역 목록 창안

첫 번째 단계는 영역 목록을 만드는 것이다. 영역 목록은 면담에서 조사한 의미 있고 독특한 주제의 분야를 목록화한 것을 말한다. 앞서 영역 목록을 개발하는 두 가지 방법을 이야기했다. 첫 번째 방법은 연구자들이 문헌이나 면담 계획안의 주요 질문에 기초하여, 시작하는 의미의 영역 목록이나 제안하는 의미의 목록을 개발한다. 자료가 상대적으로 간단하거나 연구자들이 실제 면담 자료에 익숙해짐에 따라 영역 목록을 수정할 것을 감안하는 경우에는 이 방법이 좋다. 연구자들은 이 시작 목록을 몇 개의 사본에 적용하고(다음에 설명하는 과정과 유사하다), 최초의 자료를 포함하도록 영역 목록을 수정한다. 우리는 심리치료에서 이해할 수 없는 사건을 조사할 때 이 접근법을 사용했다. 선행 사건과 해당 사건, 그리고 행동과 사건의 결과로 차례로 이루어지는 연속적인 구조가 있었기 때문이다. 그러나 우리는 자료에 기초해 영역을 수정해야 했다. 그 연구에서 우리가 만든 마지막 영역은 장기간의 배경, 즉각적인 배경, 촉진, 내담자 경험, 행동, 사건의 해결, 뒤따르는 과정이었다.

영역 목록을 개발하기 위한 두 번째 방법은 면담 사본을 다시 보면서 어떤 주제 영역이 면담 자료에서 자연적으로 생겨나는지 보는 방법이다. 이때 면담 계획안은 잠시 옆에 치워 두거나 생각하지 않는다. 이렇게 영역 목록을 개발하는 귀납적인 방법은 연구자들을 정보에 가까이 머무르게 하고 무엇이 나타나는지 볼 수 있게 한다. 동시에 참가자가 말한 것을 나타내고 연구의 주요 초점을 반영하는 주제 영역을 확인시킨다. 더욱 상세하게 각 연구자는 면담 내용을 훑어보고 대화를 구획하는데, 구획된 각 대화는 특정 주제 영역에 속해야 하고, 그 주제 영역에 대한 이름을 확인시켜 준다(이를테면 내담자 반응). 각 팀원이 영역 목록을 창출했을 때, 팀은 만나서 기록을 비교하고 자료와 연구의 초점에 가장 잘 맞는 영역 목록을 합의적으로 창출한다. 그들은 선택한 면담 사본을 보고 함께 작업하면서 그들이 자료에서 뽑아 낸 영역은 무엇이고 영역에 알맞은 자료가 무엇인지, 또한 각 영역을 나누는 이유는 무엇인지 명쾌한 토론을 통해서 그 과업을 달성한다(예, 영역의 구조가 자료와 연구의 전체적인 목적과 어떻게 어울리는지).

이 과정에서 팀원들이 자료에 심도 있게 집중하는 정도가 다르기 때문에 상당한 논쟁이 필요하다. 면담을 시행한 팀원은 보통 면담의 어조를 부가적으로 성찰할 수 있게 해 주고 면담 사본에 존재하지 않는 참가자의 비언어적 의사소통도 성찰할 수 있게끔 한다. 가령, 면담 시행자인 팀원이 면담 사본 안의 모호한 대화를 분명하게 할 수 있을 때가 있다. 그 팀은 아마도 면담 녹취를 함께 듣고 참가자의 어조를 경청할 것이다. 이는 팀원이 자료에 몰두하는 능력을 향상시킬 수 있다.

영역 목록을 개발하는 데 사용하는 방법에 상관없이, 팀은 영역 목록을 새로운 면담 사례에 적용해서 그 목록이 계속 자료에 적절한지 확인하며 영역 목록을 검증한다. 연구자는 목록이 안정될 때까지 6~7개의 면담 사례에 적용하면서 목록을 계속 변화시킨다. 연구팀은 참가자의 경험을 더욱 깊이 이해하게 되고 참가자가 더 추가되면서 면담 자료에 더욱 익숙해진다. 연구의 초점이 더 분명하게 정의됨에 따라 자연스럽게 영역 목록이 안정되는 경향이 있다. 연구자는 영역 목록을 변화시킬 때마다 그보다 우선적으로 코딩한 사례들을 다시 코딩해야 함을 기억해야 한다.

이 단계에서 생기는 걱정 중 하나는 얼마나 많은 영역을 '만들어 내야만' 하는가와 관련이 있다. 최종 영역의 개수는 자료가 얼마나 복잡하게 기능하는지와 부분적으로 관련이 있다. 그렇지만 우리가 교차 분석을 하는 동안 영역 안의 범주를 만든다는 것을 감안하여 이 단계에서는 꽤 넓은 범위로 영역을 분리할 것을 추천한다. 많은 세부 영역은 혼돈을 줄 수 있고, 분석을 더 어렵게 할 수 있다. 경력 1년 차일 때 내담자를 교체한 경험이 있는 수련생의 경험에 관한 연구에서, 우리는 맨 처음에는 20개보다 더 많은 영역을 만들었다. 그중 몇몇은 사실상 다른 영역의 하위 영역이었다. 몇 차례의 기록 작업 후에 우리는 영역 목록이 다루기 어렵고 복잡하다는 점을 깨달았다. 이 과정의 마지막에서 연구자는 상대적으로 최종판이라 할 수 있는 영역 목록을 만들어야 한다(영역 목록은 분석 과정 동안 종종 변화한다). 우리는 영역을 매우 가깝게 군집화해서 관련된 영역들은 리스트에서 서로 가까운 자리에 배치한다(예, 연구하는 사건과 관련된 영역들, 이를테면 '사건의 전, 사건이 일어나는 동안, 사건의 후'와 같은 영역은 목록에서 서로 가깝게 위치해야 한다. 반면에 '관계 요인'과 같은 영역은 그 뒤에 번호를 매겨야 한다). 보통 우리는 가장 마지막 번호를 '기타 다른 범주'를 위해 남겨 놓는다. 그리고 끝에서 두 번째 번호는 '면담에 대한 반응'을 위해 남겨 놓아야 하는데, 이것이 면담 질문으로 포함된 경우에 그렇게 한다.

이 시점에서 우리는 자문이나 검토를 하는 자문에게 영역 목록을 준다(자문 과정에 대해 더 자세한 내용을 원하면 제10장을 참조하라). 자문은 영역의 제목이 얼마나 명확하게 들어오는지에 대해 중요한 피드백을 주고, 영역의 구체화 정도가 얼마나 적절한지에 대해 의견을 내놓는다. 다음은 영역 목록의 예시 두 가지다.

오해에 관한 연구에서 만든 영역 목록(Rhodes et al., 1994)은 다음과 같다.

① 장기간의 배경
② 즉시적인 배경
③ 촉진 요인
④ 내담자 경험
⑤ 행위

⑥ 사건의 해결

⑦ 뒤따르는 과정

반면에 연민 연구에서 만들어 낸 영역 목록은 다음과 같다.

① 연민의 정의

② 연민과 관련 개념의 비교

③ 치료에서 연민의 발현

④ 연민을 느끼는 역량의 한계

⑤ 치료자가 연민을 느끼는 상태로 돌아가기 위해 사용하는 전략

⑥ 연민의 개발

⑦ 연민을 촉진하는 요소

⑧ 연민을 방해하는 요소

2) 영역에 면담 자료 코딩하기

이제 팀은 면담 자료의 '묶음' 또는 '구획'을 영역에 할당한다. 이 작업은 합의에 도달할 때까지 팀으로 함께할 수 있다. 또는 각 팀원이 개인적으로 자료를 영역화하면서 할 수도 있고, 팀으로 만나서 검토해 합의에 도달할 수도 있다.

(1) 자료의 구획

자료의 묶음이나 구획은 같은 주제 영역을 포괄하거나 생각의 단위, 문장, 문단이 될 수 있다. 자료 묶음 각각은 그 자체로 이해할 수 있어야 한다. 그래서 연구자들은 참가자가 무엇을 말하는지 독자가 이해할 수 있게 충분한 내용을 제공해야 한다(예, 면담 시행자의 질문과 코멘트를 포함). 예를 들어, 다음 자료의 구획은 '내담자에 대한 반응' 영역에 코딩해야 한다(I: 면담 시행자, P: 참가자).

I: 당신은 정말로 내담자에 대해 갈등을 느낀 것처럼 들려요.

P: 예. 제가 정말로 그를 도울 수 있었다면, 정말로 내담자를 돕기를 원했다면 도울 수 있었을까요? 저는 정말로 내담자에 대해서 그리고 우리가 하고 있던 작업에 대해서 감정이 복잡했어요.

여기서 주의해야 할 점은 면담 시행자가 아니라 참가자가 실제로 어떤 것이 영역으로 코딩되어야 하는지 말해야 한다는 것이다. 참가자가 자신만의 언어로 갈등을 묘사한 앞 예시와 달리, 다음 예시에서는 면담 시행자가 참가자의 경험에 관해서 단어를 말했다(참가자가 갈등을 느끼고 있다). 그것에 대해 참가자는 최소한으로 동의하지만 구체화하지는 않는다. 따라서 다음 자료의 구획을 '내담자에 대한 반응' 구획에 배치시키는 것은 적절하지 않다. 내담자가 스스로 이런 반응을 진술한 것이 아니기 때문이다.

P: 그 회기에서 내담자가 화를 냈을 때를 빼고는 모든 것이 꽤 순조로웠어요.

I: 당신이 내담자에 대해서 정말로 갈등을 느꼈던 것처럼 들리네요.

P: 예, 그래서 그 회기에서 내담자의 아버지에 대해 더 이야기한 후에 몇 주 동안 그 이야기는 다시 나오지 않았어요.

(2) 이중으로 코딩하기

단어의 정의에 의하면, 영역은 질적 연구의 한 측면을 나타내는 독특한 자료의 군집이라고 할 수 있다. 그런데 사람들은 가끔 그들의 경험을 독특한 군집으로 설명한다. 그런 까닭에 때때로 그 내용이나 대화는 한 가지보다 더 많은 영역에 속하는 것으로 여겨져 이중으로 코딩(같은 자료의 군집을 2개의 다른 영역에 넣는다)하는 것이 필요하다. 자료의 군집을 삼중으로 코딩하는 것이 꼭 필요한 경우도 있을 수 있다. 그러나 이중이나 삼중으로 코딩하는 것은 아주 드물게 하기를 권한다. 연구자가 많은 자료를 이중이나 삼중으로 코딩한다면 그 영역이

충분히 특별하지 못하다는 것이고, 그렇게 되면 영역들을 결합하고 수정해야
만 한다. 예를 들면, 다음에 볼 참가자의 진술은 인종적 지위와 사회적 지위라
는 이질적인 것과 관련이 있고, 2개의 영역으로 이중 코딩(double coding)한 것
이다. 그 영역은 '전이 과정에 영향을 주는 치료자 변인' '전이 과정에 영향을
주는 내담자 변인' 두 가지다.

> 나는 나와 내담자 간에 인종에 대한 관점과 사회경제적 관점이 너무 다르
> 다는 점이 초기 전이 과정을 더 어렵게 했다고 생각한다. 나는 내담자의 생활
> 양식을 이해하는 것이 너무 어려웠고, 그러한 우리의 차이 때문에 내담자가
> 나를 더 경계했다고 생각한다(Marmarosh et al., 2010).

(3) 기록하지 않는 자료

각 사본에서 우리가 '잡동사니' 자료라고 일컫는 것이 있을 수 있다. 잡동사
니 자료는 인사, 스케줄 조정, 사전 동의 검토 또는 연구와 전혀 관계없고 궁극
적으로 자료 분석에 포함시키지 않을, 확실하게 부차적인 대화를 가리킨다. 연
구자가 코딩하지 않을 자료에 대해서는 연구팀이 분명하게 정의하고 합의해야
만 한다. 연구자가 사례 합의 버전에서 코딩하지 않을 자료들은 삭제할 수 있기
때문이다.

(4) 기타 '다른' 영역

어떤 자료는 영역에 조화롭게 어울리지 않는다. 우리의 경험상 참가자는 가
끔 질문과 상관없는 옆길로 샌다. 예를 들어, 앞에서 이야기한 전이와 내담자에
관한 연구에서 참가자는 가끔 자신의 구체적인 전이 경험에 초점을 맞추는 것
이 아니라 자신이 일반적으로 내담자와 한 경험에 대해서 이야기했다. 우리의
자료가 풍부하고 복잡하다는 것을 고려할 때, 연구팀은 전이 과정 자체에 초점
을 맞춘 자료를 한정하여 분석하기로 합의했다. 전이 과정과 직접적으로 관련

이 없는 면담 자료는 기타 '다른 영역'이라고 이름을 붙인 영역에 할당했다.

자료가 잠재적으로 주제와 관련이 있거나 흥미로워 보이지만 어떠한 영역에도 맞지 않을 때도 기타 '다른 영역'에 넣을 수 있다. 가령, 한 참가자는 미래의 연구를 보장할 수 있는 연구에 관련된 중요한 정보를 자발적으로 공유할 수 있다. 앞에서 말한 전이 연구에서 그러했다. 이 연구에서는 이 질문이 면담 계획안에 없는데도 참가자들은 자신의 현재 내담자를 새로운 수련자에게 보내는 것에 대해 이야기했다. 그러므로 우리는 이 면담 부분을 '다른 영역'에 넣고 미래에 이 주제를 연구하기 위해 충분한 자료를 수집할 필요성에 대해서 논의했다. 과정을 통해 이러한 정보를 보유하는 것은 중요하다. 다른 영역을 추가로 창조하는 것을 보장하는 충분한 정보가 있을 경우 차후에 이 영역의 내용을 검토할 수 있기 때문이다.

연구팀이 면담 자료를 여러 개의 사본의 영역(적어도 4개에서 6개)에 할당하기 위해 함께 작업하게 되면, 연구자들을 둘씩 나누어 돌아가면서 사본에서 남은 자료를 영역으로 코딩하는 것이 도움이 된다(새로운 영역이 생겨나지 않고 모든 연구팀원이 개념을 이해하고 그 과정에 대해서 매우 자신감을 느끼는 경우 이에 해당한다). 더욱 작은 팀으로 나누면 시간을 절약할 수 있고 덜 지루해질 수 있다. 2명의 심사자만을 사용할 때, 다른 팀원들은 '내부' 감수자로서 사례를 검토할 수 있다. 어떤 불일치된 부분에 대해서도 합의할 때까지 토의할 수 있다. 이렇게 마지막으로 영역화하는 단계에서 주요한 새로운 영역이 생겨날 때, 모든 팀원은 자문을 구하고 이전 사례를 다시 검토해야 한다.

(5) 합의 버전

팀의 한 사람은 각 사례의 합의 버전을 만들어 내는 책임을 맡는다(다시 말하면, 모든 원자료를 자르는 과정을 거쳐 각 영역 안에 넣은 것을 포함하는 새로운 파일이다). 우리는 일반적으로 합의 버전에 대한 책임을 돌아가면서 맡게 하여 각 팀원 모두는 동일한 횟수로 사례에 관한 합의 버전을 작업한다. 팀원은 종종 자신이 면담 시행자였던 사례의 합의 버전을 작업하는 책임을 맡는다.

　합의 버전을 창조하는 데 쓰이는 두 가지 서식이 있다. 첫 번째 방법은 대화 형식이다. 사례 번호는 처음에 쓰고, 그다음에 영역의 제목을 쓰고, 그다음에 핵심 개념을 쓴다. 그리고 손대지 않은 원래의 자료를 쓴다(사례 번호와 줄 번호를 함께 쓴다). 〈표 8-1〉의 예를 보라.

〈표 8-1〉 내담자 전환에 관한 연구에서의 비공식 방법의 합의 버전: 사례 1

> **영역 1: 이전 치료자와 치료의 영향**
> 핵심 개념: P는 자신에게 전환된 내담자에게 이전 치료에서 다루지 못한 것이 많다는 것을 알아차렸다. 이전 치료자와 내담자가 함께 해결하지 못했다고 느낀 많은 문제들이 새로운 치료자인 자신에게 던져진 것처럼 느껴졌다. P는 이렇게 된 이유가 종결을 충분히 논의하는 것을 원하지 않았기 때문이고 무의식중에 공모한 이전 상담자와 내담자의 저항이라고 했다.
> 초기 자료(사례 1, 45~51째줄)
> I: 우리가 당신의 전체적인 경험에 대해서 더 많이 알게 됐으니, 수련 기관에서 당신이 다른 치료자에게서 내담자를 넘겨받은 경험에 대해서 말해 보세요.
> P: 제게 의뢰된 내담자와 함께 작업하는 과정에서 이전 상담자와 해결하지 못한 문제가 많다는 것을 알아차렸어요. 저는 그게 자연스러운 과정이라고 생각하지만, 때로는 그들이 해결하고 싶지 않았고, 또한 종결 때문에 그 문제들을 다룰 만한 충분한 시간이 없어서 그 문제를 새로운 상담자에게 던지는 것처럼 여겨져요. 그리고 그러한 문제는 종결을 충분히 논의하지 않는 것을 원한다고 암암리에 이전 치료자와 내담자가 공모해서 나오는 저항이라고 생각해요. 저는 새로운 치료자로서 그런 것을 많이 알게 됐어요. 그리고 다른 치료자에게 내담자를 의뢰할 때는 어떠한 종결도 완벽하지 않고, 제가 아무리 종결 과정을 거쳐 왔다고 생각해도 새로운 치료자와 내담자가 종결에 관해 논의해야 한다는 것을 깨달았어요.
>
> **영역 7: 참가자 경험의 중요성, 전문성의 발달**
> 핵심 개념: P는 내담자를 새로운 치료자에게 이동시킬 때는 어떤 경우에도 종결이 완벽하게 이루어질 수 없고, 이전 치료에서 종결에 관한 작업이 얼마나 이루어졌든지 간에 내담자는 새로운 치료자와 종결에 대해서 여전히 토의해야만 한다고 깨달았다.
> 초기 자료(사례 1, 53~55번째 줄)
> P: 제가 내담자를 새로운 치료자에게 의뢰할 때는 어떤 경우에도 종결이 완벽하게 이루어질 수 없고, 제가 치료에서 종결에 관한 작업이 얼마나 이루어졌다고 느끼든지 내담자는 새로운 치료자와 종결에 대해서 여전히 토의할 것이라고 깨달았어요.

두 번째 방법은 표 형식에 자료를 넣는 방법으로 쉽게 영역과 분류할 수 있다 (워드 프로세서 프로그램의 분류 기능 사용, 〈표 8-2〉 참조). 우리는 보통 면담 사본을 다섯 칸이 있는 표에 정리한다. 첫 번째 열은 사례 번호이고 이는 매 줄에 반복된다(나중에 케이스 분류를 위한 것이다). 두 번째 열은 원본에서의 줄 번호다(역시 이후에 참조하기 위한 것이다). 세 번째 열은 사본의 연속적인 부분에서 가져온 면담 원본이다. 네 번째 열은 핵심 개념이다(다음 부분에서 기술한다). 다섯 번째이자 마지막 열은 영역 번호다(범주와 하위 범주 번호를 포함하는 교차 분석을 하는 동안 수정하게 된다). 사본의 일부가 별개의 영역에 이중 또는 삼중으로 코딩된다면, 각 덩어리는 표의 고유의 열에 적당한 줄 번호와 함께 위치시켜야 한다(차후에 분류를 편하게 하기 위해서다). 자료를 이중으로 코딩했을 때, 출처를 강조하거나 표시하는 것이 도움이 된다(예를 들어, 원본의 말미에 '이중 코딩'이라고 쓴다).

우리는 보통 이 시점에서 감수자에게 합의 버전을 보내지는 않는다. 그보다는 감수자가 영역과 핵심 개념을 함께 볼 수 있도록 핵심 개념이 추가될 때까지 기다린다.

(6) 자료 코딩에 소프트웨어 프로그램 활용하기

우리는 종종 CQR 자료를 진행하는 과정에서 면담 사본에서 합의 버전으로 자료를 다듬은 후 자료를 조직화하는 이런 오랜 시간이 드는 행정적인 유형의 일을 피하기 위해 특정 소프트웨어 프로그램을 사용할 수 있는가에 관한 질문을 받는다. 우리는 아직 이런 종류의 일을 할 수 있는 소프트웨어 프로그램을 발견하거나 창안하지 못했다. 사실, 있었다고 해도 아마 사용하지 않았을 것이다. 그러는 편이 면담 자료를 가까이 하고 각 부분이 어디에 속하는지를 아는 데 장점이 있기 때문이다. 그러므로 여기에 서술한 모든 작업은 워드프로세서 프로그램으로 처리했다. 워드프로세서 프로그램과 소프트웨어가 점점 복잡해짐에 따라 CQR 연구자들은 자료를 다루는 새로운 방법을 찾아내게 될 것이다. 다음 단계 분석에서 가장 중요한 것은 다음과 같다. 자료의 모든 단위나 덩어리

⟨표 8-2⟩ 합의적 질적 연구를 시작하기 위한 권고사항 요약

사 례	라 인	면담 원본	핵심 개념	영역/범주화
1	43~51	우리가 당신의 전체적인 경험에 대해서 더 많이 알게 됐으니, 수련 기관에서 당신이 내담자를 다른 치료자에게서 넘겨받은 경험에 대해서 말해 보세요. 제게 의뢰된 내담자와 함께 작업하는 과정에서 이전 상담자와 해결하지 못한 많은 문제가 있음을 알아차렸어요. 저는 그게 자연스러운 과정이라고 생각하지만 가끔은 그들이 해결하고 싶지 않았고 또한 종결 때문에 그 문제들을 다룰 만한 충분한 시간이 없어서 그 문제들을 새로운 상담자에게 던지는 것처럼 여겨져요. 저는 그러한 문제는 암암리에 종결을 충분히 논의하지 않는 것을 원한다고 이전 치료자와 내담자가 공모하는 데에서 나오는 저항이라고 생각해요. 새로운 치료자로서 저는 그런 것을 많이 알게 됐어요.	P는 자신에게 의뢰된 내담자가 이전 치료에서 다루지 못한 많은 것이 있음을 알아차렸다. 이전 치료자와 내담자가 함께 해결하지 못했다고 느낀 많은 문제가 새로운 치료자에게 던져진 것처럼 느껴졌다. P는 이렇게 된 이유가 종결을 충분히 논의하는 것을 원하지 않았기 때문이고, 무의식중에 공모한 이전 상담자와 내담자가 가진 저항이라고 했다.	1
1	51~53	저는 제가 내담자를 새로운 치료자에게 의뢰할 때에는 어떤 경우에도 종결이 완벽하게 이루어질 수 없고, 제가 치료에서 종결에 관한 작업이 얼마나 이루어졌다고 느끼든 내담자는 새로운 치료자와 종결에 대해서 여전히 토의할 것이라고 깨달았어요.	P는 P가 내담자를 새로운 치료자에게 의뢰할 때에는 어떤 경우에도 종결이 완벽하게 이루어질 수 없고, 이전 치료에서 종결에 관한 작업이 얼마나 이루어졌든지 간에 내담자는 새로운 치료자와 종결에 대해서 여전히 토의해야만 한다고 깨달았다.	7

는 적어도 한 영역에 할당한다. 그리고 영역과 원본 자료를 합의 버전 가까이 배치한다. 원래 버전에서의 줄 번호를 합의 버전에도 가져와서 나중에 원본을 검토할 때 용이하게 한다.

2. 핵심 개념 구성

자료 분석의 다음 단계는 핵심 개념을 구성하거나 자료를 요약하는 것이다. 핵심 개념이나 자료 요약은 참가자의 이야기에서 적은 개수의 단어로 핵심을 포착하는 것이다. 핵심 개념을 구성하는 목적은 다음과 같다. 자료를 각 사례에 따라서 비교할 수 있도록 개별 참가자의 대화를 분명하고 이해 가능한 언어로 변형시키는 것이다. 핵심 개념을 구성하는 과정은 꼭 필요하다. 참가자들은 종종 혼란스러워하거나 산만하거나 모순될 수 있기 때문이다. 참가자들은 종종 그들이 언급한 것 이전의 이야기를 다시 언급해서 문맥 없이는 무엇을 이야기하는지 이해하기 어렵게 한다. 연구자들은 자료를 신중하게 검토함으로써 자료를 이해하고 사례에 따른 일관된 언어를 사용할 수 있다.

영역을 개발하고 자료를 영역에 배치시키면서 연구팀은 둘 중 한 가지 방식으로 작업할 수 있다. 연구자들은 한 팀으로 모든 작업을 함께할 수 있고 또는 독립적으로 작업한 다음에 모여서 생각을 비교하고 합의에 이를 수 있다. 우리는 적어도 처음 몇 개의 사례를 함께 작업해서 팀이 더욱 끈끈해지게 하고, 어떻게 핵심 개념에 도달하는가 하는 것에 있어서 모두가 알고 있다는 점을 확실히 하는 것이 좋다는 것을 발견했다.

핵심 개념을 구성하는 것은 단순히 면담 대화를 요약하는 과정이다. 이 단계에서는 원자료에 최대한 가깝게 하는 것이 중요하기 때문에 팀원들은 가정하거나, 참가자의 의도를 추론하거나, 특수한 심리학 용어를 사용하는 것을 피하도록 서로 돕는다. 전체 사례의 문맥 속에서 대화를 어떻게 이해했는지 이야기하면서, 팀원들은 참가자가 실제로 이야기하는 것에서 자신의 신념과 편견을 분리할 수 있다. 의미는 종종 그 사람이 다른 곳에서 말한 것을 통해 이해할 수 있기 때문에 핵심 개념을 구성할 때는 전체 사례의 맥락을 파악하고 있는 것이 중요하다.

대화 속 대명사를 합의한 명칭으로 바꾸는 것(예, '그'나 '그녀'는 'client'의 'C' 또는 'therapist'의 'T'로, '나'는 'participant'의 'P'로)과 대화를 제삼자 형식으로 바꾸는 것은 도움이 된다. 말을 망설이거나 쓸데없이 반복한 것을 삭제하고, 참가자가 말한 것을 명확하고 더욱 간결하게 만들기 위해서 노력한다.

1) 핵심 개념을 구성하는 과정

팀 미팅에 감수자가 올 때, 그들이 사전에 전체 사례를 다 읽어서 내용과 친숙해지기를 추천한다. 팀이 원한다면 처음에 사례를 위한 제목을 만들 수 있고(예, 소시지 먹는 사람), 이것은 팀에 사례의 핵심 특성을 상기시킨다. 이후 한 사람이 큰소리로 영역에서 인터뷰의 한 부분을 읽는다. 큰 소리로 읽은 사람은 참가자의 말을 요약하는 데 자신이 할 수 있는 가장 좋은 방법을 말하고, 필요에 따라 맥락을 추가하거나 대명사의 위치를 바꿀 때 되도록 자신의 일상 언어와 가장 가깝게 표현한다. 팀 구성원은 교정하는 팀원을 돕고(예, 세부사항 추가, 참가자의 다른 의미가 무엇이었는지를 그들이 어떻게 들었는지 표현하기 등), 핵심 개념의 각 단어에 대해 합의를 본다. 사례의 합의 버전을 책임지는 사람은 종이나 컴퓨터에 바로 최종 핵심 개념을 기록한다. 한 번 핵심 개념을 합의하고 난 후 합의에 이를 때까지 또 다른 팀 구성원이 큰 소리로 영역에서 인터뷰의 한 부분을 읽고, 그의 버전의 핵심 개념을 말하고, 팀원들과 함께 핵심 개념을 교정하는 과정을 반복한다.

핵심 개념 개발 단계는 앞서 언급했듯이 팀 구성원들이 인터뷰의 일부를 함께 듣고 진행을 향상시키는 과정이다. 회기를 듣는 것은 팀 구성원들이 축어록에 없는 비언어적 자료에 접근할 수 있도록 하고, 더 나아가 자료에 몰입하게 한다.

팀 구성원들은 때때로 핵심 개념에서 세밀함의 정도를 결정하는 데 대한 생각이 다르다. 핵심 개념을 개발하는 목적은 간결한 방식으로 인터뷰 자료를 찾아 내용을 수집하지만 참가자의 목적을 해석하지는 않는다. 팀 구성원들에게 덜 중요해 보이거나 불필요해 보이는 참가자의 표현이 있을 것이다. 예를 들어, 참가자가 회기에서 '10분에서 15분' 정도 되었을 때 엄청 많이 말한다. 이에 대해 팀원 중 1명은 그 '10분에서 15분' 정도가 중요하다고 느끼지만, 다른 사람들은 주제와 관련이 없다고 느껴 "이 회기는 시간이 초과되었다."라고 말한다. 이와 같이 팀은 세밀함이 어느 정도로 필요한지에 대해 합의한다. 그러나 지침에서도 말했듯이 핵심 개념은 반드시 원자료보다 간단해야 하고, 사소한 자료가 아닌 핵심 자료만 포함해야 한다.

많은 사람이 함께 핵심 개념을 검토하는 것의 장점은 한 사람이 중요한 내용을 놓쳤을 때 다른 사람이 그걸 잡아 낼 수 있다는 점이다. 연구 중에 의견 차이가 생길 때, 연구자들은 인터뷰 자료로 돌아가서 합의해야 한다. 자료로 돌아가야 하는 까닭은 사례와 줄 번호가 있어서 쉽게 검토할 수 있기 때문이다.

다음 예시는 인터뷰에서 가져온 원자료가 어떻게 핵심 개념으로 변환되는지를 보여 준다.

> 인터뷰 원자료: 저는 공감을 진짜 다른 사람의 입장이 되는 것이라고 생각하고, 그 사람과 같이 있는 것 같이 느끼는 것과 같다고 생각해요.

> 핵심 개념: P는 공감이 다른 사람의 입장이 되어 보고 그 사람이 어떻게 느끼는지를 아는 능력이라고 생각한다. 연민은 그것을 진보시키고, 행동을 수반하고, 역동적인 성격의 존재와 함께하고, C의 행동을 돕는다.

핵심 개념을 만들 때 고려해야 할 또 다른 사항은 각 핵심 개념이 말이 되어서 외부에서도 사례 내용을 이해할 수 있어야 한다는 점이다. 예를 들어, 인터뷰하는 사람이 참가자의 답변을 위한 내용을 제공하는 질문을 할 때, 이 정보는 반드시 핵심 개념을 포함해야만 한다. 앞에서 의뢰된 내담자 연구에서 제시했던 것을 다시 발췌하여 설명하면 다음과 같다(Marmarosh et al., 2010).

> I: 좋아요. 그럼 이전된 환자와 일하는 것이 도전적이었던 진료소에서의 경험에 대해 아무 얘기나 해 보는 게 어때요? 제 생각엔 환자 이전 시기에 대해 당신이 언급했던 것 같아요.
>
> P: 음……. 마지막 주에 이전된 환자들의 권리를 보기 시작했을 때는 약간 정신없이 바빴고, 모두가 지나친 스트레스를 받았어요.

이 부분의 핵심 개념은 다음과 같다. "P는 (마지막 학기 동안의) 진료소의 이관 시기가 학생들이 환자와 함께 일을 시작하는 것을 더 스트레스 받는 상황으로 만들었다고 느낀다." 이와 같이 우리는 인터뷰하는 사람의 질문에서 얻은 추가 정보('진료소'와 '시기')를 통해 참가자의 발언을 더 잘 이해할 수 있도록 돕는다.

2) 이중으로 코딩한 내용에서의 핵심 개념

이중이나 삼중으로 코딩한 내용에서 핵심 개념을 구성할 때, 핵심 개념을 특정 영역과 관련 있게 구성하는 것이 중요하다. 즉, 핵심 개념은 개개의 영역에 맞는 자료의 관련된 부분만을 포함할 수 있다. 예를 들어, "나는 내담자에 대한 나의 긍정적인 전이가 내가 그를 진정으로 좋아하게 되는 힘이 될 수도 있지만 동시에 나에게 방해가 될 수도 있다고 느낀다. 가끔은 내가 내담자의 병리적인 부분을 알아차리지 못하게 되기 때문이다."라는 부분은 '관계적 특성 촉진하기'라는 영역과 '관계적 특성 방해하기'라는 2개 영역에 이중으로 코딩하게 된다. '특성 촉진하기' 영역의 핵심 개념은 "P는 C에 대한 긍정적 전이가 P가 C를 진정으로 좋아하게 되는 데 강점이 된다고 느꼈다."가 될 수 있다. 또한 '관계적 특성 방해하기' 영역의 핵심 개념은 "P는 C에 대한 긍정적 전이가 P가 가끔 C의 병리에 대해서 알아차리지 못하게 하는 단점이 있다고 느꼈다."가 될 수 있다.

3) 과정에서의 지름길

집단이 사본 여러 개를 함께 작업하고 모두가 과정에 자신감을 갖게 되면, 좀 더 빠른 방식을 취할 수 있다. 먼저 한 사람(아마도 합의 버전을 맡은 사람)이 핵심 개념의 개요를 잡는다. 그러면 팀 전체가 그 핵심 개념을 검토하고 함께 작업한다. 이때도 팀의 모든 구성원이 자료의 본질에 가깝게 각 핵심 개념의 내용에 합의하는 것이 중요하다.

4) 자 문

영역과 핵심 개념이 들어간 각 사례의 합의 버전은 검토를 위해 자문에게 보낸다(제10장 참조). 자문이 합의 버전을 검토하면, 팀은 자문이 권고한 부분을 바꿀지에 대해 합의하기 위해 만나서 논쟁을 한다. 보통 팀은 면담 원본으로 다시 돌아간다. 그리고 원본 자료가 실제로 무엇을 말하는지 반복해서 확인하고 논쟁점을 해결한다. 모든 합의 버전이 완성되고 감수를 마치면, 팀은 교차 분석을 시작한다(제9장 참조).

3. 결 론

영역 목록을 만드는 것, 그리고 자료를 영역 안에 넣고 핵심 개념을 구성하는 것은 CQR의 자료 분석 단계에서 핵심적인 일이다(〈표 8-3〉 참조). 여기에서 세부사항에 주의 깊게 집중하면 교차 분석에서 사례를 비교하는 데 튼튼한 기초를 세울 수 있다. 초기 작업에서는 자료를 어떻게 코딩할지에 대한 분명한 과정을 개발한다. 후기 작업에서는 지엽적으로 빠지지 않으면서도 세부사항에 주의를 기울이는 일을 한다.

〈표 8-3〉 영역 개발과 핵심 개념 구성 단계

영역 개발 단계
1. 초기 목록에서 또는 귀납적인 방법으로 영역 목록을 개발하라.
2. 새로운 면담 사본과 비교하며 영역 목록을 확인하고 갱신하라.
3. 면담 자료의 묶음을 영역에 할당하라.
4. 면담 자료의 합의 버전, 그리고 각 사례의 영역에서 연관된 핵심 개념을 개발하라.

핵심 개념 구성 단계
1. 각 사례의 각 영역에서 면담 자료를 추출해서(혹은 '편집해서') 간결하고 분명한 말로 만들고 합의 버전에 그것들을 집어넣는다.
2. 합의 버전을 감수한다.
3. 감수한 것을 평가하고, 면담 원본으로 돌아가서 의견의 불일치를 조정하며 감수한 것을 수정한다.

참고문헌

Hill, C. E., Knox, S., Thompson, B. J., Williams, E. N., Hess, S. A., & Ladany, N. (2005). Consensual qualitative research: An update. *Journal of Counseling Psychology, 52,* 196-205. doi:10.1037/0022-0167.52.2.196

Hill, C. E., Thompson, B. J., & Williams, E. N. (1997). A guide to conducting consensual qualitative research. *The Counseling Psychologist, 25,* 517-572. doi:10.1177/0011000097254001

Marmarosh, C. L., Thompson, B. T., Hollman, S. N., Megivern, M. M., &Hill, C. E. (2010). *Trainee experiences of client transfer: A qualitative study.* Manuscript in preparation.

Miles, M. B., & Huberman, A. M. (1994). *Qualitative data analysis: An expanded sourcebook* (2nd ed.). Thousand Oaks, CA: Sage.

Rhodes, R., Hill, C. E., Thompson, B. J., & Elliott, R. (1994). Client retrospective recall of resolved and unresolved misunderstanding events. *Journal of Counseling Psychology, 41,* 473-483. doi:10.1037/0022-0167.41.4.473

Strauss, A., & Corbin, J. (1990). *Basics of qualitative research: Grounded theory procedures and techniques.* Newbury Park, CA: Sage.

Vivino, B. L., Thompson, B., Hill, C. E., & Ladany, N. (2009). Compassion in psychotherapy: The perspective of psychotherapists nominated as compassionate. *Psychotherapy Research, 19,* 157-171. doi:10.1080/10503300802430681

Nicholas Ladany, Barbara J. Thompson, & Clara E. Hill

합의적 질적 연구(Consensual Qualitative Research: CQR)의 중요한 요소는 교차 분석—사례에 따른 공통 주제를 확인하는 것—이다. 연구팀은 영역별로 자료를 배치하고 각 사례에 핵심 개념을 구성한 후 교차 분석을 수행한다. 교차 분석은 영역 배치나 핵심 개념 개발 같은 상대적으로 간단한 일에 비해 더욱 복잡하다. 이 장에서는 그 과정을 다루기 쉽고 이해하기 쉬운 방식으로 설명하려고 한다.

1. 교차 분석의 자료

영역과 핵심 개념을 만들 때 연구자들은 개요나 표 형식을 이용해 각 사례의 자료를 합의 버전으로 만든다(제8장 참조). 교차 분석으로 나아가기 전에 연구자들은 개별 사례에서 나온 모든 합의 자료본을 영역별로 분류한 (다시 말하면 영역 1에 각 사례에서 나온 핵심 개념, 영역 2에 각 사례에서 나온 핵심 개념 등) 하나의 큰 자료(가끔 '야수'나 '괴물 표'라고 다정하게 불리기도 한다)로 편집해야만 한다. 개요 형식을 사용할 경우, 각 사례에서 나온 자료는 각 영역에 연속적으로 적어 넣을 필요가 있다. 표 형식을 사용하는 경우에는 각 영역에서 핵심 개념들이 서로 다른 영역 옆에 위치하기 때문에 영역 번호로 자동으로 분류할 수 있다(이를 위해 워드프로세서 프로그램에서 분류 기능을 사용해라). 연구자는 이제 개요 형식과 표 형식 둘 다 초기의 면담 사본 내용을 삭제하고, 각 핵심 개념과 연관된 사례 번호와 줄 번호를 유지한다. 그렇게 해서 의견의 불일치를 명확하게 하고 해결할 필요가 있을 때 면담의 원본으로 돌아갈 수 있다.

2. 범주

1) 범주 개발하기

연구자들은 한 번에 한 영역에 대해 교차 분석을 행한다. 팀은 분석할 영역 하나를 고르는 것으로 그 과정을 시작한다. 상대적으로 작고 쉬운 영역으로 시작할 것을 권한다. 그래야 팀이 교차 분석 업무를 행하는 데 능숙해질 수 있다.

작업할 만한 영역을 확정하면 각 팀원은 그 영역의 모든 핵심 개념을 검토하고, 사례마다 공통 요소나 주제를 확인해서 유사한 핵심 개념끼리 덩어리로 묶는다. 여기에서의 목표는 영역 내에 자료를 최대한으로 포함할 수 있는 범주 구조를 만드는 것이다. 영역은 발견 지향적인 과정을 통해 결정한다. 연구자들은 자료가 어떻게 보여야 하는지에 관해 예상한 개념에서가 아니라 자료에서 범주 제목을 이끌어 내야 한다는 것을 염두에 두어야 한다.

각 팀원이 범주를 개발한 후, 팀이 모여서 이러한 예비 범주에 관해 논의한다. 그리고 어떤 범주를 포함하고 어떤 범주는 무엇으로 부를지에 관해 합의하기 위한 작업을 한다. 예를 들어, Ladany와 동료 연구자들이 수행한 성적 매력에 관한 연구(1997)(〈표 9-1〉참조)에서 '성적 매력의 출현'이라는 상대적으로 범위가 정해져 있는 영역을 생각해 보라. 이 영역에서 나올 수 있는 범주를 각자 확인하고 나서, 팀은 참가자에게 공통적이라고 여겨지는 범주 두 가지를 확인했다. 첫째는 치료 시작 후에 나타난 성적 매력이고, 둘째는 첫 대면에서 느끼는 성적 매력이다.

각 영역에서 몇 개의 범주를 개발해야 하는지에 관해 정해진 권고사항은 없다. 영역에는 주요 범주가 2개만 있기도 하고, 8~9개가 있을 수도 있다. 더 나아가 자료를 적절하게 서술하기 위해 큰 영역에는 하위 범주가 존재하는 것이 일반적이다. 〈표 9-1〉을 다시 언급해 보자면, '치료자의 성적 매력과 관련된 내담자 요인'이라는 영역에는 여러 개의 범주가 있었다. 이 범주 중 하나는(내

〈표 9-1〉 성적 매력 연구에 대한 교차 분석의 일부(Ladany et al., 1997)

영역/범주	빈 도
성적 매력의 출현	
• 치료 시작 후에 성적 매력의 출현	전형적인
• 초면에 성적 매력을 느낌	일반적이지 않은
성적 매력에 대한 치료자의 경험	
• 부정적인 느낌	전형적인
• 치료자가 일으키는 신체 반응	전형적인
• 긍정적인 느낌	일반적이지 않은
치료자가 매력을 느끼는 것과 관련된 내담자 요인	
• 내담자는 신체적인 매력이 있었다.	전형적인
• 내담자는 대인 관계에서 매력이 있었다.	일반적인
• 내담자는 치료 관계에 좋은 내담자였다.	전형적인
• 내담자가 연약하고 상처입기 쉬워 보였다.	일반적이지 않은
• 내담자가 성적으로 도발적이거나 추파를 던졌다.	일반적이지 않은
• 내담자는 매력적인 성격이었다.	일반적이지 않은
• 내담자는 치료자와 비슷했다.	일반적이지 않은
• 내담자는 치료자의 전 애인이나 현재의 애인과 비슷했다.	일반적이지 않은
• 내담자는 치료자가 매력을 느끼는 일반적인 타입이 아니었다.	일반적이지 않은

담자는 대인 관계에서 매력적이다) 더 나아가 다음 4개의 하위 범주로 나뉘었다. 내담자는 치료하기에 좋은 내담자였다. 내담자는 연약하거나 상처받기 쉬워 보였다. 내담자는 성적으로 도발적이거나 경박해 보였다. 내담자는 매력적인 성격이었다.

범주를 개발하는 과정은 창조적이다. 이 과정에서 이것이 어떻게 주제별로 함께 묶일 수 있는지 알기 위해 자료를 조직화하고 개념화하기 때문이다. 모든 사례에 깊이 몰두하고 자료에 친숙한 연구자만이 이 일을 효율적으로 할 수 있다. 자료를 영역별로 나누고 핵심을 뽑아 내는 과정을 통해서 팀원은 자료에 대한 가설을 개발한다. 바로 이때가 자료가 서로 조화로운지를 확인할 시기다.

2) 범주에 핵심 개념을 배치하기

각 핵심 개념은 개별적인 생각들로 이루어져 있다. 그래서 핵심 개념을 범주로 배치하기 이전에 연구자는 필요한 한도에서 핵심 개념들을 여러 개의 단위로 (다시 말하면, 분리된 생각들을) 분할한다. 예를 들면, 〈사례 10〉의 핵심 개념은 다음과 같다(〈표 9-2〉 참조).

치료자는 평균 체격과 평균 외모이고, 매력적이고, 지성적이고, 치료에 대해 잘 알고, 자아존중감이 낮으며, 성적 표출을 한 여성에게 끌렸다. 내담자는 강간과 근친상간의 생존자였다. 내담자는 공공연하게 성적인 행동을 하지는 않았으나, 상담자와 내담자 사이에 강렬한 전이가 존재했다.

우리는 이 핵심 개념을 다음과 같이 별개의 단위로 분리한다.

- 치료자는 매력적이고 치료에 대해서 잘 알고 있는 내담자에게 끌렸다.
- 내담자는 지성적이었다.

- 내담자는 자아존중감이 낮았다.
- 내담자는 공공연하게 성적인 행동을 하지 않았지만 성적인 표상이 존재했고, 내담자는 치료자에게서 강한 사랑/미움의 전이를 느꼈다.
- 내담자는 강간과 근친상간 생존자였다.

한 번에 한 영역을 다룬 다음에는 각 참여자의 명확한 핵심 개념을 하나 또는 더 많은 범주나 소범주에 배치한다. '성적 호감의 발생' 영역에서는 8번 사례에서 도출된 핵심 개념은 '치료 시작 후 성적 호감 발생' 범주에 배치하게 되었고, 5번 사례에서 도출된 핵심 개념은 '첫눈에 성적 호감 생김' 범주에 배치되었다(〈표 9-3〉 참조). 팀은 합의를 통해 함께 작업할 수 있고, 또는 각자 작업한 후에 만나서 합의 과정을 통해 배치에 관해 결정할 수 있다.

영역/범주 목록은 팀이 핵심 개념을 범주에 배치하는 과정에서 변할 수 있다. 어떤 변화는 범주의 이름이 바뀌는 정도의 작은 변화일 수 있다. 또 다른 큰 변화는 범주 자체를 달리 정의하거나 범주나 소범주의 수를 늘리거나 줄일 수 있고 또는 범주를 없애거나 늘릴 수도 있다. 더 나아가 핵심 개념을 범주화하는 과정에서 핵심 개념이 맥락에서 벗어나 명확하지 않다는 것을 알아차릴 수도 있다. 이 경우에 연구자는 원자료로 돌아가 합의적으로 핵심 개념이나 핵심 개념의 범주화를 수정할 수 있는데, 각 수정 작업은 사례별로 합의 버전을 통해 이루어져야 한다.

비록 연구자는 모든 자료에 맞는 범주와 소범주를 만들고자 노력하더라도 모든 범주나 소범주에 맞지 않는 핵심 개념이 불가피하게 생길 수 있다. 가끔 이러한 핵심 개념은 한 사례에서만 나온 경험일 수 있다. 어떤 경우 그런 것들은 자료의 중요한 부분을 반영하지 않기에 연구에 적합하지 않을 수 있다. 범주화가 가능하지 않은 핵심 개념은 '기타' 범주에 배치하면 된다. 또한 '기타' 범주는 다른 소범주에는 속할 수 없는 일반적인 범주 아래에 속하는 핵심 개념을 위해 사용할 수 있다. 교차분석이 끝난 후에는 팀원들은 '기타' 범주에 있는 모든 핵심 개념을 검토하고 다른 범주를 만드는 것이 필요한지를 확인한다.

　　교차 분석 과정은 각 영역마다 반복해서 완성한다(예를 들어, 범주를 만들고 핵심 개념을 각 범주에 배치하기). 그리하여 '성적 호감' 연구는 16영역과 16번의 교차 분석이 진행되었다.

〈표〉9-2〉 치료자가 매력을 느끼는 것과 관련된 내담자 요인에서 13개 중 5개 사례의 핵심 개념

〈사례 3〉
치료자는 내담자의 정서적인 강인함과 연약함—특히 그녀의 정서적 취약함과 대인 관계에서의 어려움, 그리고 어느 정도 내담자의 신체적 매력—이 혼합된 면에 매력을 느꼈다. 다음은 내담자의 신체적 매력에 주목한다. 내담자가 치료를 받는 주요한 필요와 목적은 정서적으로 친밀하면서 성적이지 않은 관계를 만드는 것이었다. 내담자는 내담자로서 매우 훌륭했기에 이는 매력을 증가시켰을 수 있다. 치료자는 처음에는 내담자에게 매력을 느낀 것에 대해 자신의 문제라기보다는 내담자의 대인 관계에서 행동에 원인이 있다고 보았다.

〈사례 6〉
내담자는 나이와 소수자적 위치에서 치료자와 유사했다. 내담자는 평균적인 외모였으나 치료자에게는 매력적이었다. 내담자는 예민했으며, 내향적이었고, 성실했다. 치료자는 내담자가 사람들과 마음을 나누고 더욱 진실해지는 방법을 찾기 위해 고군분투하는 것에 동일시했다.

〈사례 10〉
치료자는 평균 체격과 평균의 외모이고, 매력적이고, 지성적이고, 치료에 대해 잘 알고, 자아존중감이 낮으며, 성적인 표출을 한 여성에게 끌렸다. 내담자는 강간과 근친상간의 생존자였다. 내담자는 전혀 공공연하게 성적인 행동을 하지 않았으나, 상담자와 내담자 사이에 강렬한 전이가 존재했다.

〈사례 13〉
흔히 알려진 내담자의 '원형'에 꼭 맞았다. 즉, 매우 매력적이고, 나이도 치료자와 유사하고 또한 유명한 집안 출신이다. 그녀는 몸짓이 매우 도발적이고 유혹적이었다. 그리고 매우 여유가 있었고, 도움이 절실했고, 상처받기 쉬워 보였는데, 이는 작업을 어렵게 했다. 그녀는 최근에 남편과 헤어졌다. 내담자는 치료자가 경계를 유지하는 데 어려움을 느끼고 또 다른 맥락에서 그녀에게 빠져들게 될 만한 사람이었다.

〈사례 14〉

내담자는 매력적인 성격이고, 수줍어하고 예민하며, 자연에 관심이 있고, 평균 외모이며, 통찰력이 있는 사람이었다. 치료자가 매력을 느끼게 된 것은 신체적 매력보다는 성격 때문이었다. 내담자는 치료 초기에 짧은 회기에 종결되는 불안정한 관계에 말려들었다. 내담자는 보통 치료자가 매력을 느끼는 유형은 아니었다.

〈표 9-3〉 치료자가 매력을 느끼는 것과 관련된 내담자 요인에서 13개 사례 전체에 대한 교차 분석

1. 내담자는 신체적으로 매력적이었다(10개 사례).

　① 치료자는 내담자가 매력적이라고 생각했으나 내담자와 동일시한 것이 신체적인 매력보다 더욱 중요했다고 진술했다.

　② 내담자는 신체적으로 매력적이었다.

　③ 치료자는 내담자에게 매력을 느꼈고, 정도는 덜하지만 신체적으로도 매력을 느꼈다.

　④ 치료자는 신체적으로 매력적인 내담자에게 매력을 느꼈다.

　⑤ 치료자는 주로 내담자의 신체적 매력 때문에 매력을 느꼈다. 독특하고 천진난만한 귀여운 외모였는데, 치료자는 이것이 게이 사회에서 호감을 느끼는 식이라고 했다. 이는 치료자가 자주 경험한 것은 아니었다.

　⑥ 내담자는 평균 정도의 외모였으나 치료자에게는 매력적이었다.

　⑨ 내담자는 신체적으로 매력적인 내담자였다(말하자면, 짙은 색깔의 머리, 갈색 눈, 그리고 이탈리아 사람임).

　⑪ 내담자는 신체적으로 매력적이었다.

　⑬ 치료자는 내담자를 '원형'이라고 했다(다시 말하면 그의 이상적인 타입). 즉, 매우 매력적이라는 것이다.

　⑮ 내담자는 치료자에게 이전 남자친구를 떠올리게 했고, 치료자는 내담자의 외모에 강하게 끌렸다.

2. 내담자는 신체적인 것이 아닌 속성이 매력적이었다(12개 사례).

　1) 내담자는 치료에서 좋은 내담자였다(똑똑하게 말을 잘하고, 총명하고, 통찰력이 있었다)(8개 사례).

　　② 내담자는 총명하고, 똑똑하게 말을 잘하고, 지적이고, 다른 내담자들보다 많은 자질을 갖췄다.

　　③ 내담자는 내담자로서 아주 훌륭했고, 이는 매력을 더욱 강하게 느끼게 했다.

④ 치료자는 통찰력이 있고 적극적이고 친절한 내담자에게 매력을 느꼈다.

⑤ 치료자는 내담자가 지적이고 말을 잘해서 매력을 느꼈다. 내담자는 심리적인 탐구/통찰에 개방적이었다. 치료자는 내담자가 단기간 심리치료를 다른 사람들보다 더욱 효율적으로 사용할 수 있다고 느꼈다. 내담자는 생각이 깊었다.

⑥ 내담자는 감성적이고 내향적이며 성실했다.

⑨ 내담자는 YAVIS(미국의 속어로, 젊고 매력적이며 지적인 언어를 구사하여 성공한 사람을 말한다. 영어로 'young' 'attractive' 'verbal' 'intelligent' 'successful'의 앞 글자를 따왔다-역자 주)인 내담자였다.

⑩ 치료자는 매력적이고 치료에 대해 경험이 풍부한 내담자에게 매력을 느꼈다. 치료자는 지적이었다.

⑭ 내담자는 통찰력이 있었다.

2) 내담자는 불우하거나 상처받기 쉬워 보였다(5개 사례).

③ 치료자는 내담자의 정서적인 강인함과 연약함이 혼합된 면, 특히 그녀가 정서적으로 상처받기 쉽고 대인 관계에서 어려움을 겪는 점에 매력을 느꼈다. 내담자가 치료를 받는 주요한 필요와 목적은 정서적으로 친밀하면서 성적이지 않은 관계를 만드는 것이었다.

④ 치료자가 내담자를 상처받기 쉽다고 본 것은 내담자의 약혼자가 최근에 파혼을 선언했기 때문이다.

⑩ 내담자는 불우하고 자기존중감이 낮았다.

⑬ 내담자는 불우하고 상처받기 쉬웠는데, 이는 치료 작업을 어렵게 했다. 내담자는 최근에 남편과 헤어졌다.

⑭ 내담자는 치료의 초반부에 짧게 끝나는 불안정한 관계에 말려들었다.

3) 내담자는 성적으로 도발적이었고/추파를 던졌다(4개 사례).

⑩ 내담자는 공공연하게 성적인 행동은 전혀 하지 않았으나, 은연중에 성적인 표현을 했다. 그리고 내담자는 치료자에게 강한 사랑/미움의 전이를 느꼈다.

⑪ 내담자는 수줍어하며 교태를 부렸고, 성적으로 도발적이었으며, 어린애 같았고, 추파를 던졌다. 추파를 던지는 것은 내담자 성격의 일부였으며, 특별히 치료자에게만 그런 것은 아니었다.

⑬ 내담자의 몸짓언어는 무의식적으로 매우 도발적이고 유혹적이었으며 매우 여유로웠다. 이는 치료를 매우 어렵게 했다.

⑮ 내담자는 치료자에게 추파를 던졌고, 치료자는 내담자가 자신에게 매력을 느낀다고 생각했다.

4) 내담자는 매력적인 성격이었다(4개 사례).

⑧ 치료자는 처음에는 치료자 자신의 문제가 아니라 내담자의 대인 관계의 행동 방식에 매력을 느낀 원인을 두었다.

⑫ 치료자는 내담자의 성격에 매력을 느꼈다(수심에 잠기는 것, 인생 철학, 지적 추구 성향). 내담자는 사회정의에 헌신적이었다(평화봉사단). 그리고 바하이교의 회원이었다. 치료자는 내담자가 보이는 문제에 관계없이 내담자에게 매력을 느꼈을 것이다. 치료자는 처음에는 내담자가 단정한 사람이라고 생각했고, 그가 왜 애인이 없는지 의문을 가졌다.

⑭ 내담자는 매력적인 성격이었고, 수줍음 많고 예민하고, 자연에 관심이 있었으며, 평균의 외모였다. 매력을 느낀 것은 신체적 특징보다는 성격 때문이었다.

⑮ 치료자는 내담자의 성격과 내담자의 문제에 강하게 매력을 느꼈다.

3. 내담자는 치료자와 유사했다(6개 사례).

① 치료자는 내담자의 외로움에 동일시되었고 그를 가엾게 여겼다.

④ 내담자는 치료자와 연령이 비슷했다.

⑤ 치료자는 내담자의 사색적이고 사려 깊은 특성에 동일시되었다.

⑥ 내담자는 나이와 소수자적 위치에서 치료자와 유사했다. 치료자는 내담자가 사람들과 좀 더 진실하게 마음을 통하고자 고군분투하는 것에 동일시되었다.

⑫ 내담자는 남미에서 시간을 보냈다(치료자는 라틴계다).

⑬ 내담자는 치료자와 유사한 연령이다.

4. 내담자는 치료자가 평소에 매력을 느끼는 유형이 아니다(3개 사례).

④ 내담자는 치료자가 보통 신체적으로 매력을 느끼는 유형이 아니다.

⑭ 내담자는 치료자의 평소의 이상형이 아니다.

⑮ 내담자는 치료자가 평소에 매력을 느끼는 이상형이 아니다.

5. 기 타

① 내담자는 약물 남용에서 회복 중이었다.

⑨ 내담자의 성격은 치료자에게 매력적이지 않았다(다시 말하면, 미성숙하고, 장난스럽고, 어린애 같다).

⑩ 내담자는 저명한 집안 출신이다.

⑮ 내담자는 보통의 대학생 내담자보다 다소 나이가 있고 치료자보다는 어렸다. 내담자의 외모는 펑키 스타일/예술가 스타일이었다.

3) 교차 분석의 자문

교차 분석을 완료한 후, 주요 팀은 자문단에게 작업한 것을 제출한다. 자문단은 교차 분석을 검토하여 적절한지 평가하고, 주요 팀에 피드백을 준다(제10장 참조). 자문단은 특별히 '기타'라는 범주에 있는 핵심 개념에 주의를 기울여야 한다. 그럼으로써 주제들이 현존하는 범주에 맞는지 아니면 주제에 적합하게 범주 구조를 수정해야 하는지에 관한 지침을 제공할 수 있다.

보통 우리는 각 영역을 완성함에 따라 자문단에게 그 영역들을 평가해 달라고 요청한다. 또한 최종적으로 그 영역들이 서로 어울리는지 모든 영역을 한 번더 검토해 달라고 요청한다. 영역과 핵심 개념을 같은 방식으로 자문을 거치고 나면, 주요 팀은 자문단의 의견을 고려해 교차 분석을 적절히 수정한다. 주요 팀과 자문단은 교차 분석에 대한 가장 괜찮은 해결책이 나올 때까지 여러 차례 의사소통할 필요가 있다.

4) 주제의 대표성

범주화 과정은 연구에서 사용하는 표본 범주의 제목을 결정하는 데에서 절정에 이른다고 할 수 있다. 이를 위해 각 영역에 대한 빈도수의 정보가 계산되는데, 이 계산은 각 범주나 하위 범주에서 핵심 개념을 갖고 있는 참가자 숫자에 기초한다. 하나의 범주 혹은 하위 범주에서 참가자 1명당 하나 이상의 핵심 개념이 있을 것임에도 불구하고, 우리는 단지 범주 또는 하위 범주당 참가자를 한 번만 센다(예, 하나의 사례에서 특정한 하나의 범주에 맞는 핵심 개념이 5개일 수 있다. 그러나 우리는 그 범주의 빈도수를 고려할 때 그 사례를 1번이라고 계산한다).

한 범주가 모든 참가자에게서 나온 자료로 구성되었을 때, 또는 1명만을 제외한 모든 참가자로 구성되었을 때, 그 범주는 '일반적'이라고 이름을 붙인다. '일반적'에 도달하지는 못했지만 절반 이상의 참가자에게서 나온 자료로 구성된 범주는 '전형적'이다. 적어도 2명 이상의 참가자에서 절반에 이르는 참가자들에게서 나온 자료로 구성된 범주는 '일반적이지 않은'이다. 표본이 15보다 클 때, 범주가 참가자 2~3명에게서 나온 핵심 개념을 포함할 때 그 범주를 '드문'이라고 한다. '드문'이라는 범주는 더 큰 표본일 때 덧붙인다. 이 큰 표본들로 인해서 연구자들은 예외적인 것을 과하게 해석하는 위험을 줄이고, 새로운 범주를 창출할 수 있기 때문이다. 이러한 위험은 더 작은 표본이 있는 사례에서 발생할 수 있다. 우리는 이야기체로 빈도의 제목을 붙이는 것이 숫자로 확률이나 빈도를 표시하는 제목을 붙이는 것보다 질적 연구에 더 잘 맞고, 연구 간에 비교하기에도 좋으며, 연구의 결과물을 의사소통하는 데에도 의미 있는 방식을 제공한다고 믿는다. 빈도수를 세거나 확률을 계산하는 데 숫자를 사용하는 것은 양적인 정확성을 의미한다. 이는 우리가 이 방법론에서 달성할 수 있다고 믿는 것을 넘어서는 것이고 또한 연구 간의 결과 비교를 어렵게 하는 것이라고 할 수 있다.

여기에서는 '일반적인' '전형적인' '일반적이지 않은'이라는 제목이 숫자를 나타낸다는 점을 아는 것이 중요하다. 전통적으로, 질적 연구의 특징은 언어가 숫자보다 자료의 특징을 나타내는 데 유용하다는 개념이었다. 그러나 단어를 정의하는 것을 돕기 위해 숫자를 사용하는 것 또한 질적 연구자에게 받아들여지든 아니든 간에 질적 연구의 일부다. 예를 들어, 주제를 정의하는 것은 자료의 집합에 공통적으로 존재하는 주제가 있는 것의 결과다. 일반적이 된다는 것은 그것이 여러 번 발생해야 한다는 것을 의미한다. CQR 접근에서 숫자는 주제의 빈번함을 나타내기 위해서 쓰인다는 것이 명백하다. 숫자를 사용함으로써 CQR 연구자는 자료를 가지고 작업할 때 체계적이고 철저해질 수 있다.

빈도 표는 최종 도표에 배치하고, 거기에서 영역, 범주, 하위 범주는 '일반적' '전형적' '일반적이지 않은' '드문'이라는 명칭의 빈도 순서로 차례로 나열한다. 핵심 개념은 최종 도표에 반영하지 않는다. 그러나 전체 교차 분석에서는 핵심 개념들이 유지되어야 한다. 하위 범주의 핵심 개념들은 미래의 연구를 위한 중요한 방법에 아이디어를 줄 수 있기 때문이다(특히 상대적으로 적은 숫자의 표본으로 하는 연구에서 그렇다). 도표의 예시는 〈표 9-1〉을 참조한다.

3. 하위 표본을 설명하고 비교하기

가끔 연구자들은 의도적으로 자료의 하위 표본을 비교하여 설명한다. 그에 반하여 또 어떤 경우에는 연구자들이 자료를 검토하면서 하위 표본들이 나타나기도 한다. 참가자들이 의미 있고 주목할 만한 태도에서 차이를 보일 때 그리고 그 차이가 자료의 다양성을 줄이는 것을 도와준다는 것을 연구자들이 인식하고 있을 때 하위 표본을 기술하는 것은 유용하다. 예를 들어, 성적 매력에 관한 연구에서는 참가자들의 절반가량이 자신이 내담자에게 성적 매력을 느꼈다는 것을 자신의 슈퍼바이저에게 개방했고, 절반은 개방하지 않았다. 연구자들이 이런 결과를 더욱 깊이 연구하고 하위 표본들을 비교하여 슈퍼바이저에게 자신이 내담자에게 성적 매력을 느낀 것을 밝히거나 밝히지 않은 참가자의 반응에 차이가 있는지 탐구해 보는 것은 성과가 있는 것으로 여겨졌다.

우리는 여기서 하위 표본으로 나누는 일은 모든 사례에 대한 교차 분석이 완료되었을 때 시행해야 한다는 것을 강력하게 제안한다. 그러므로 범주는 전체 표본에서 개발해야 하고, 이는 하위 표본을 비교하는 것을 용이하게 한다. 반대로 표본을 처음부터 나누고 범주를 개발한다면, 다른 하위 표본을 설명할 또 다른 범주들이 나타날 수 있다. 이는 불가한 것이 아닐지라도 하위 표본에 따른 결과를 비교하는 것을 어렵게 한다.

앞에 설명한 방식은 '일반적' '전형적' '일반적이지 않은'이라는 빈도를 나타내는 표현에 적용된다. 그러나 구체적인 숫자는 각 하위 표본의 참가자 숫자를 나타내기 위해 바뀐다. 성적 매력에 관한 연구에서 '일반적이지 않은'이라는 범주는 하위 표본의 작은 크기 때문에 쓰이지 않았다. '일반적인'이라는 범주도 같은 이유에서 그것이 전체 하위 표본에 적용될 때만 사용되었다.

　표본을 비교할 때는 무엇이 '다르게' 만드는가에 대한 의문이 즉시 제시된다. 표본을 비교하는 첫 번째 논문 중 Hill 등(2005)의 연구에서 CQR 연구자들은 표본이 다르게 여겨지도록 적어도 1개의 빈도 범주에서는 차이가 있어야(전형적인 vs. 일반적이지 않은) 다르다는 기준을 사용했다. 우리는 기준을 수정했다. 인접한 2개의 빈도 범주 사이에서의 차이는 참가자 1명 정도의 작은 차이일 수 있기 때문이다. 그러므로 표본은 정말로 차이가 있다는 것을 입증하기 위해서는 적어도 2개의 빈도 범주에서 달라야만 한다고 기술했다(일반적인 vs. 일반적이지 않은, 전형적인 vs. 드문). 연구자들이 차이를 결정할 수 있는 다른 방법은 표본이 적어도 30%의 사례에서 달라야만 한다는 기준을 연역적으로 정하는 것이다. 이러한 차이가 적정하게 크고 보통은 합리적인 차이인 것으로 나타났다.

　Hill 등(2003)은 연구에서 표본 간의 차이를 검토하는 CQR 연구의 예시를 제공했다. 우리는 숙련된 치료자 13명 각각에게 두 가지의 다른 상황에 대해 질문을 했다. 첫째는 적대적인 내담자의 분노 대상이 되는 것, 둘째는 드러나지는 않지만 알아차릴 수 있는 내담자의 분노 대상이 되는 것이었다. 하나의 빈도 범주로만 구별하는 과거의 기준을 사용해서 우리는 모든 영역에서 적대적인 분노 사건과 드러나지 않는 분노 사건 사이의 차이를 발견했다. 예를 들어, 적대적인 분노가 일어난 사건은 좋은 치료 관계 그리고 호감을 주지 못하는 치료자 개입과 거의 관련이 없다. 만일 우리가 2개의 빈도 범주로 구별하는 더욱 엄격한 지금의 기준을 적용한다면, 더 적은 차이가 드러날 것이다. 구체적으로 치료자 개입에 대한 초기 내담자 반응이라는 영역에서 결과는 적대적인 사건에서 더욱 공공연하게 '적대적'으로 되고 겉으로 드러나지 않는 분노에 관한 사건에서는 더욱 자주 '직접적인 말로 하지 않는 분노'로 나타난다. 마찬가지로 적대적인 분노를 드러내는 사건에서 치료자의 목표는 종종 '내담자의 분노를 줄이거나 다루기'가 된다. 이와 비교할 때 드러나지 않는 분노에 대한 사건에서는 '적절하게 내담자의 분노를 표출하도록 돕기'가 된다.

따라서 Hill 등(2003)이 수행한 연구는 자료 분석을 시작했을 때 비교할 다른 표본을 발굴하는 것뿐 아니라 다른 표본에 관한 자료를 수집하기 시작할 수 있다는 것을 보여 준다. 여기서 주제는 동질적인 표본의 윤곽을 그리고 표본들을 비교하면서 결과를 더욱 분명하게 하는 것이다. 그러나 연구자들이 이미 수집한 자료에서 표본들을 하위로 구분할 때 표본의 크기는 주요한 문제가 된다. 대부분의 CQR 연구가 12명에서 15명의 참가자 표본으로 진행하는 것을 고려할 때, 자료를 분할하면 매우 작은 표본이 될 수 있다. 우리는 보통 연구자에게 각 하위 표본에 적어도 7명의 참가자를 둘 것을 권한다. 그렇지 않으면 작은 하위 표본 안의 큰 개별 변산성 때문에 연구자들이 의미 있는 비교를 이끌어 내기가 어려울 수 있다.

하위 표본을 비교하고 더 나아가 자료를 기술하는 또 다른 방법은 자료를 위한 통로를 밝히는 것이다. 내담자와 치료자 사이의 오해에 관한 연구(Rhodes, Hill, Thompson, & Elliott, 1994)를 예로 들 수 있다. 우리는 해결된 사건 집단, 해결되지 않은 사건 집단이라는 두 집단이 있음을 알아차리고 자료를 분석한 후 각 하위 표본에서 범주를 비교해서 나타날 것 같은 전형적인 방법을 기술하기로 했다. [그림 9-1]에서 볼 수 있듯이 우리는 영역으로 시작해서 해결된 사건과 미해결 사건을 비교해 전형적인 반응을 확인했다. 그림을 통해 두 집단의 사례가 어떻게 유사한지 분명히 볼 수 있다(양쪽 집단의 내담자는 자신 혹은 치료자에 대해 부정적인 정서를 경험했다. 그리고 양쪽 집단은 전형적으로 잠적했다). 거기에서 방법은 두 갈래로 나뉜다. 해결된 사례에서 전형적인 방법 하나(사건의 해결과 내담자의 성장 그리고 관계의 증진으로 이끄는 상호 회복의 과정) 그리고 미해결된 사례에 대해서 가능한 방법 하나(치료자는 자리를 유지하고, 계속하여 의견이 불일치하며, 사건은 해결되지 않지만, 치료는 계속된다. 치료자는 이를 알아차리지 못하거나 반응하지 않으며, 내담자는 상담을 끝내는 것에 대해서 생각하고 결국 상담을 그만둔다). 이런 방식으로 자료를 나타내는 것은 특히 연속적인 과정을 따르는 영역 구조의 일련의 과정을 기술하는 데 도움이 된다. 그러나 모든 자료가 도표화되지는 않는다는 데 주의한다(예, 도움을 청하는 태도에 관해서라면 이렇게 쉽게 갈래를 나눌 수 있는 자료가 나오지 않을 수 있다).

4. 안정성 확인하기

CQR에 관한 첫 번째 논문에서 Hill 등(1997)은 1~2개의 사례를 제외한 모든 사례를 분석하고, 교차 분석을 해서 새로운 자료가 나타나는지 또는 새로운 자료가 최종 영역/범주 목록에 맞는지 결정한 후에 1~2개의 추가 사례를 검토할 것을 연구자에게 권했다. 그러나 CQR 2005년 개정판에서는 이러한 입장을 변경했다. 사례를 보류해서 안정성을 체크하는 것을 수년간 경험한 후에 우리는 안정성 체크가 적절하게 이루어지지 않은 것을 발견했다. 우리는 새로운 정보가 진짜로 출현할지를 알기 위해 어떤 기준을 사용할지 정확히 하는 것은 어렵다는 점을 알아차렸다. 또한 긴 자료 분석 과정 후에 새로운 자료가 나타날 가능성을 연구자 쪽에서 최소화하는 경향이 있다는 것을 알아차렸다. CQR에서는 자료 분석 이전에 면담을 동시에 수행하는 것이 전형적이기 때문이다(기초 이론에서처럼 자료 분석과 섞어서 수행하는 것보다는). 같은 반구조화 면담 계획안이 따르기 어려운 것일 때, 자료 분석 후에 면담자가 추가 면담을 수행해야만 한다면 수많은 통제되지 않은 자료가 연구에 들어올 것이다. 연구팀은 자료 분석을 한 경험에 기초해서 새로운 편견을 갖게 될 것이다. 그리고 최초의 결과에 대한 지식은 면담 과정에 영향을 줄 수 있다. 게다가 우리는 동질적인 표본과 반구조화 면담 계획안을 사용하는 것은 참가자에 따라서 일관되지 않은 자료를 얻을 경향성을 줄인다고 믿는다.

이러한 이유에서 Hill 등(2005)은 완전히 안정성을 체크하는 것은 비현실적이며 아마도 무익할 것이라고 결론을 내렸다. 대신에 CQR은 다른 질적 연구 방법보다 많은 사례, 더 큰 팀, 그리고 더 많은 자문단을 포함하는 방식으로 발전해 왔다. 우리는 여기에서 자료 분석, 합의 과정 그리고 외부 자문 채용에 열성을 기울이면 종종 영역과 범주를 자료에 더 알맞게 수정하게 되고, 질적 연구의 결과에서 적절한 수준의 타당도를 얻는 데 도움이 된다고 주장한다(제13장 참조). 또한 우리는 CQR에서 적절한 신뢰를 달성하는 가장 좋은 방식은 연구에서 자료 분석 과정을 분명하게 설명하는 것이라고 믿는다. 이러한 설명은 과정에서 나타나는 변화와 결정을 알려 주고, 적절한 표본을 고르는 방법과 면담이 굉장히 다르거나 유사한 결과를 낼 수 있는 방법을 숙지하게 하고 실례를 더 많이 보여 주어서 독자가 스스로 연구 결과에 대한 타당도를 확신하게 한다. 우리가 '일반적인' 그리고 '전형적인' 범주를 표본이나 하위 표본에서 찾아낸다면, 대표성 있는 자료를 얻었음을 더욱 확신하게 된다. 반면에 단지 '일반적이지 않은'이라는 범주만을 찾아낸 경우, 전집에서 적절하게 표집했거나 표본이 동질적이라는 것에 대해 덜 확신하게 된다.

5. 문제의 조정

교차 분석 과정에서 연구자들은 범주 체계가 나오는 것에 대해 예리하게 주시한다. 특히 연구자들은 모두가 '일반적' 혹은 '전형적'인 범주가 되거나 아무것도 '일반적' 혹은 '전형적'인 범주가 되지 않을 범주 체계를 찾는다. 이러한 사례 중 둘 중 하나는 교차 분석이 자료를 적절하게 대표하지 못할 수 있다. 주되게 '일반적이지 않은'이나 '드문'이라는 범주를 포함하는 교차 분석은 표본이 너무 이질적임을 의미한다. 이런 경우에는 자료를 더 수집하는 것이 필수적이다.

형편없는 범주 체계는 형편없는 면담에서 나올 수 있다(예, 면담이 계획안을 따르지 않은 것, 조사하고 참가자들이 발언을 정교화하고 분명히 하도록 요청하는 데 실패하는 것, 또는 내담자를 너무 재촉하는 것 등). 문제가 있는 면담 계획안도 원인

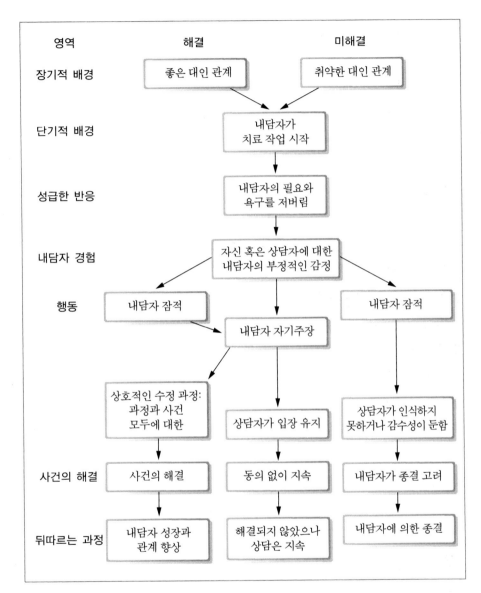

영역	해결	미해결

[그림 9-1] 과정 중심의 자료를 위한 통로를 밝히는 예

이해받지 못했던 사건의 해결과 미해결을 회상한 내담자의 경로. "Client Retrospective Recall of Resolved and Unresolved Misunderstanding Events"에서 재인용. R. Rhodes, C. E. Hill, B. J. Thompson, and R. Elliott, 1994, Jounal of Counseling Psychology, 41, p. 480, Copyright 1994 by the American Psychological Association.

이 될 수 있다(너무 광범위하거나 범위가 너무 좁을 수 있는 질문이 많은 것). 연구자들이 연구와 자료 분석에 상당한 시간을 투자한다는 점을 감안했을 때 이러한 결과는 좌절할 만하다. 우리의 연구 중 어떤 것은 문제가 있는 표집 그리고/또는 면담의 결함 때문에 발표되지 않았음을 공공연하게 인정한다.

6. 교차 분석의 대표 사례

교차 분석에 대해 초기에 기술한 것에서 상대적으로 교차 분석의 결과에 대한 단순한 사례를 제공했다(예, '성적 매력의 출현'). 교차 분석의 과정을 더욱 깊이 있게 예증하기 위해 다시 Ladany 등(1997)의 성적 매력 연구를 볼 것인데, 이제는 실제적인 핵심 개념을 사용하는 정보를 제공한다. 〈표 9-2〉에서는 '치료자가 매력을 느끼는 것과 관련된 내담자 요인' 영역에서 13개 사례 중 5개의 핵심 주제를 제공한다(공간의 한계로 모든 사례의 자료를 제공하지 않는다). 〈표 9-2〉에서 볼 수 있듯이 한 영역에서 각 참가자에 대한 핵심 개념은 많은 단위를 포함한다. 즉, 연구자들은 핵심 주제를 각 주제를 나타나는 개별적인 핵심 주제로 나눈다(〈표 9-3〉을 보면 개별적인 참가자에 대한 각 핵심 주제 단위는 해당 범주에 위치해 있다).

7. 두 팀이 교차 분석 비교하기

우리가 최초로 CQR을 개발한 이래로 완벽히 분리된 두 집단이 완전히 똑같은 자료에 CQR을 적용했을 때 유사한 결과를 산출하는지 호기심이 있었다. 우리는 슈퍼비전에서 슈퍼바이저가 교정적 관계 체험을 한 것을 보고한 최근의 연구(Ladany et al., 출판 중)에서 이 질문을 검증했다. 이 연구에서는 대학원생 면담자 한 집단이 다른 대학원생들이 슈퍼비전을 받는 데서 교정적 관계를 체험한 것에 대해 면담했다. 2개의 완전히 분리된 연구팀—각각 연구자 3명과 자문 2명으로 구성된—이 꾸려졌다(이들 모두 이 책에 공헌했고, CQR을 수행하는 데 경험이 매우 많다). 〈표 9-4〉를 보면 2개의 교차 분석 결과를 나란히 볼 수 있다.

〈표 9-4〉 2개의 다른 팀이 행한 교차 분석 결과

팀 1 영역/범주	사례 번호	팀 2 병렬적 영역/범주	사례 번호
1. 사건 전의 슈퍼바이저와의 관계		7. 슈퍼바이저의 접근	
1a. 관계의 질			
1ai. 좋은 관계	13		
1aii. 슈퍼바이저의 접근 방식의 어떤 면은 좋아하지 않음	12	7e. 슈퍼바이저의 접근이 부정적임	8
1b. 슈퍼바이저의 접근 방식			
1bi. 선생님 같은, 지시적, 위계적	11		
1bii. 협동적, 지지적, 평등주의적, 인본주의적	10	7b. 지지적, 개방적	13
1bviii. 자기 개방적	3		
1biv. 자문	5	7c. 멘토, 각자가 평등한 동료 같은, 힘 차이의 감소	10
1bvii. 멘토	3		
1bviii. 유연성 있는	5	7f. 유연성 있는	3
1bv. 정신역동적인, 역전이에 중점을 둔	5	7d. 대인 관계적인, 과정 중심적인	9
1bvi. 다문화에 중점을 둔	4		
2. 선행 사건		1. 사건	
2a. 슈퍼비전이나 슈퍼비전 관계가 어려움	10	1a. 수련생은 슈퍼비전이나 슈퍼바이저에 대해 염려함	6
2b. 어렵고 도전적인 내담자 상황을 다룸	7	1b. 수련생은 임상적인 고민에 대해 논의함	4
2c. 자신과 관련된 감정을 다룸	5	1c. 수련생은 임상 문제에 관해 자신에게 화가 나고 의문을 느낌, 자신 있어야 한다는 압박을 받음	3

		1f. 수련생은 슈퍼비전 외의 어려움에 맞닥뜨림		2
		1d. 수련생은 슈퍼바이저에게 동료로 대우를 받음		3
3. 사건		3. 슈퍼바이저의 개입		
3a. 슈퍼바이저가 슈퍼바이지를 지지함	13	3a. 지지적이고 동맹에 중점을 둠		11
3f. 슈퍼바이저가 행동에 대해 슈퍼바이지에게 피드백을 줌	5	3b. 표준적이거나 정당성이 입증된		10
		2bi. 표준적이고 정당성이 입증된 슈퍼바이저 또는 수련생이 내담자와 작업하거나 어려움을 겪는 것을 지지함		8
3b. 슈퍼바이저가 자신을 개방함	10	3a. 지지적이고 동맹에 중점을 둠		11
		3f. 슈퍼바이저의 자기 개방		4
3c. 슈퍼바이저와 슈퍼바이지가 슈퍼비전 관계를 진행함	10	3a. 지지적이고 동맹에 중점을 둠		5
		3g. 슈퍼비전의 진행		11
		3h. 병렬적 과정을 논의함		
	9	2biii. 슈퍼비전 과정에 대해 논의함		5
3d. 슈퍼바이저와 슈퍼바이지가 통찰을 위해 탐색하고 함께 작업함		3c. 감정을 탐색함		7
	8	3d. 치료 과정에 중점을 둠		5
3e. 슈퍼바이지는 문제를 공유하고, 개방하고, 또한 상처받기 쉬웠음	3	2biv. 수련생이 더욱 개방적이 되고 진실하거나 진정성을 갖게 됨		4
3g. 슈퍼바이저가 슈퍼바이지에게 특정한 행동에 대한 아이디어를 제공함	3	3i. 수련생이 자신의 본능을 신뢰하고 자신만의 답을 찾도록 격려를 받음		3
3h. 슈퍼바이저가 슈퍼바이지를 전문가나 동료처럼 대우함		6a. 슈퍼비전에서 치료를 병행하는 과정이 치료의 기술/자각을 증진시킴		9
		6b. CRE는 위안과 신뢰를 높이는 것을 돕고 슈퍼비전에서 치료라는 관계를 강화함		4

	6c. 슈퍼비전에서 병행하는 과정에 대해 명시적으로 논의함	3
	2bii. 슈퍼바이저는 수련생이 기대한 것과 다르게 반응함	6
	2bv. 슈퍼바이저와 부정적인 경험을 함	3

4. CRE의 결과

4a. 슈퍼비전에서의 향상

4ai. 동맹의 향상 또는 지지받았다고 느낌	15
4aii. 슈퍼비전 작업의 질을 향상시키고 공적인 형식을 덜 갖춤	14
4aiii. 슈퍼바이저는 더욱 도움이 되고, 반응적이거나 동료처럼 동등해짐	7
4aiv. 슈퍼비전 관계에 대해 더욱 의논할 수 있게 됨	5

4b. 슈퍼바이저의 향상

4bi. 전문성에서 이득	14

4c. 슈퍼바이저는 슈퍼바이지를 더욱 긍정적으로 평가하게 됨	13

5. 다르게 했다면 좋았겠다고 슈퍼바이저가 희망한 것

5a. 슈퍼바이저에게 희망하는 것	7
5ai. 없음	5
5aii. 슈퍼바이저의 필요에 좀 더 민감했으면 함	3
5aiii. 설명을 좀 더 해 주었으면 함	

5b. 슈퍼바이지에게 희망한 것

5bi. 좀 더 개방하고, 고집이 있	9

5. 결과물

5a. 슈퍼비전 관계가 강화되고 변화됨	15
5b. 슈퍼비전에서 문제를 개방하는 것에 편안함이 강화됨	13
5d. CRE가 긍정적임	12
5e. 슈퍼바이저에 대한 수련생의 인식이나 기대가 바뀌거나 향상됨	12

5g. 내담자와 작업하는 것에 긍정적인 영향을 줌	9
5f. 수련생의 전문가로서의 자기효능감과 자신감이 향상됨	11

5c. 수련생에 대한 슈퍼바이저의 평가나 추천에 관한 인식이 향상됨	13

4. 바라는 것

4a. 변화를 원치 않음	9

4c. 슈퍼바이저와 좀 더 함께 존재하	3

고, 주도적이었다면 함		고 좀 더 개방을 했다면 함	
5bii. 없음	7	4a. 변화를 원치 않음	
		4b. 걱정은 이전에 다뤄졌음	7
6. 면담에 대한 응답		8. 연구에 대한 응답	
6a. 좀 더 깊이 생각하게 됨. CRE와 슈퍼비전 경험을 통합하고, 진행하고, 굳건하게 하는 것을 도움	9	8a. CRE와 슈퍼비전에 대한 생각이 자극받음	13
6b. 면담은 흥미로웠음. 동정적인 반응이 있었음	3		

주요한 영역에서 상당히 중복됨에도 불구하고(선행 사건, 해당 사건, 사건의 결과) 교차 분석에서 놀라울 정도로 두 갈래로 갈라지는 것이 보였다. 의심할 여지없이 연구자 두 팀은 모두 동등하게 CQR에 능숙하도록 훈련을 받았고 많은 연구에서 함께 작업한 적이 있는 사람들인데, 자료를 완전히 같은 방식으로 바라보지는 않았다. 한 팀은 병행 과정에 초점을 맞춘 반면에 한 팀은 그러지 않았다. 아마도 첫 번째 팀의 팀원 중 하나가 특별히 병행 과정에 관심이 있었을 것이다. 대조적으로, 두 번째 팀은 슈퍼비전 관계를 진행하는 것에 관해 범주를 둔 반면에 첫 번째 팀은 그러지 않았다. 이것은 아마도 두 번째 팀이 즉시성에 관심이 있었기 때문일 것이다. 이러한 결과물은 두 팀이 다른 방식으로 진행할 수 있으며, 그 결과물이 팀을 반영함을 매우 명백하게 보여 준다. 이러한 자료는 CQR이 정말로 주관적인 접근이며 팀이 자료에서 도출되는 결론에 중요하다는 것을 강하게 암시한다.

8. 결론

교차 분석 과정(〈표 9-5〉 참조)에서는 창의적인 사고와 세부사항에 대해 집중하고 반복하고 개정해야 한다. 주요 팀과 자문단은 매 단계에서 면담 원본을 다시 찾아볼 필요가 있다. 비록 지루한 시간일지라도 부지런함과 꼼꼼함은 양질의 질적 연구와 일관성 없고 가까이에 있는 자료를 중요하게 여기지 않는 연구의 차이를 만든다. 질적 연구를 하는 연구자들이 해야 할 선택은 명백하다. 엄격함은 사후 경직을 막는다.

〈표 9-5〉 교차 분석 단계

1. 영역 번호를 매김으로써 모든 참가자의 통합된 자료를 조직화한다.
2. 하나의 영역에서 시작한다.
3. 팀원들은 그 영역의 사례에서 일반적인 주제나 범주들을 독립적으로 확인한다.
4. 팀은 영역의 범주 목록에 합의적으로 동의한다.
5. 모든 영역에서 앞 단계를 반복한다.
6. 교차 분석 자료를 외부 자문단에게 보내고 결과를 통합한다.
7. 각 범주에 빈도를 기입한다(일반적, 전형적, 일반적이지 않은, 드문).
8. 적절하거나 바람직하다면 더 넓은 비교를 위해 표본을 나눈다.
9. 최종 감수를 위해 감수자에게 보낸다.

참고문헌

Hill, C. E., Kellems, I. S., Kolchakian, M. R., Wonnell, T. L., Davis, T. L., & Nakayama, E. Y. (2003). The therapist experience of being the target of hostile versus suspected-unasserted client anger: Factors associated with resolution. *Psychotherapy Research, 13,* 475-491. doi:10.1093/ptr/kpg040

Hill, C. E., Knox, S., Thompson, B. J., Williams, E. N., Hess, S. A., & Ladany, N. (2005). Consensual qualitative research: An update. *Journal of Counseling Psychology, 52,* 196-205. doi:10.1037/0022-0167.52.2.196

Hill, C. E., Thompson, B. J., & Williams, E. N. (1997). A guide to conducting consensual qualitative research. *The Counseling Psychologist, 25,* 517-572.

doi:10.1177/0011000097254001

Ladany, N., Inman, A. G., Hill, C. E., Knox, S., Crook-Lyon, R., Thompson, B. J., Burkard, A., & Walker, J. A. (in press). Corrective relational experiences in supervision. In L. G. Castonguay & C. E. Hill (Eds.), *Transformation in psychotherapy: Corrective experiences across cognitive-behavioral, humanistic, and psychodynamic approaches.* Washington, DC: American Psychological Association.

Ladany, N., O'Brien, K. M., Hill, C. E., Melincoff, D. S., Knox, S., & Petersen, D. A. (1997). Sexual attraction toward clients, use of supervision, and prior training: A qualitative study of predoctoral psychology interns. *Journal of Counseling Psychology, 44,* 413-424. doi:10.1037/0022-0167.44.4.413

Mahrer, A. R. (1988). Discovery-oriented psychotherapy research. *American Psychologist, 43,* 694-702. doi:10.1037/0003-066X.43.9.694

Rhodes, R., Hill, C. E., Thompson, B. J., & Elliott, R. (1994). Client retrospective recall of resolved and unresolved misunderstanding events. *Journal of Counseling Psychology, 41,* 473-483. doi:10.1037/0022-0167.41.4.473

Lewis Z. Schlosser, J. Jane H. Dewey, & Clara E. Hill

합의적 질적 연구(Consensual Qualitative Research: CQR)에서 자문은 연구의 질과 완성을 결정하는 중요한 역할을 맡는다. 좋은 편집자처럼 거시적인 결과뿐만 아니라 세부사항에도 관심을 기울이고, 좋은 상담사처럼 연구팀의 이전 결과를 확인하고 확장해 나간다. 또 좋은 평론가처럼 새롭고 대안적인 방식으로 자료를 검토하기 위해 연구팀의 의견에 동의하지 않고 이견을 제시한다. 연구 진행과 분석의 핵심에 대한 자문의 피드백은 연구팀에 견제와 균형을 이룰 수 있게 하는 매우 유용한 체계를 제공하며, 연구 결과의 신뢰성과 질을 희망적으로 향상시킨다.

자문의 역할은 이렇듯 중요하다. 따라서 많은 질문을 통해 주의 깊게 고려해야 한다. 왜 자문이 있어야 하는가? 누가 자문이 되는가? 얼마나 많은 자문이 필요한가? 연구의 개념화에서 자문이 어떻게 관여해야 하는가? 자문이 하는 일은 정확히 무엇인가? 이러한 질문에 대한 대답과 다른 질문을 이 장에서 논의할 것이다.

1. 철학적 토대

자문의 본질적인 역할은 Hans-Georg Gadamer의 철학적인 해석학에 역사적인 근거를 둔다. 요약하자면, 해석학은 의미를 만드는 연구이며, 텍스트와 예술 작품을 해석하는 과정의 이론적인 틀이다. Gadamer와 그의 멘토(조언자) Martin Heidegger는 우리 자신의 선입견과 세계관이 텍스트 분석에 미칠 수 있는 영향을 강조했다. 대체로 사회과학은 이 철학적인 가정에 의식적이든 무의식적이든 큰 영향을 받아 왔다(Butler, 1998).

'이해에 대한 해석학적 틀' 안에 변증법적 방법에 내재해 있다는 Gadamer의 개념이 자문의 역할에 핵심 요소다(예, 텍스트와 해석자 양쪽의 개인적이고 맥락적인 상호작용은 순환적인 방식으로 서로에게 영향을 미친다. Gademer, 1975). Butler (1998)는 "사회 현상에 대한 해석은 결코 한 방향으로 나아가는 활동이 아니며, 모호함과 갈등이 해석의 특징이다."라고 설명했다. Gadamer에 따르면, 이해 (이질적인 세계관과 살아 온 경험의 생산물)에 있어서 모호함과 갈등을 해결하는 유일한 합리적인 방법은 추론적인 변증법적 방식을 받아들이는 것이다(Butler, 1998; Gadamer, 1975).

변증법이라는 단어의 어원은 '대화의 기술'이라는 그리스어다(Butler, 1998, p. 290). CQR에서 변증법에는 시종일관 과정의 각 단계에 특유의 대화 층이 존재한다. 첫 번째는 면담자와 참가자의 대화다. 다음은 연구팀의 구성원과 자문의 내적인 대화다. 그들은 텍스트에서 개인적인 의미를 도출해 내기 때문이다 (예, 문맥과 독자 간의 내적인 대화). 이 단계 후에 대인 관계 변증법이 시작되며, 연구팀 사이에 도출한 의미를 통해 팀 활동을 시작한다. 마지막으로, 연구팀의 종합적인 추측에 대한 자문의 내적인 이해를 그려 봄으로써 분석의 깊이를 더하고 자료의 마지막 해석에서 집단 사고의 영향을 줄일 수 있다.

Gadamer의 철학적 해석학에 덧붙여, 자문 과정은 인류학자 Gregory Bateson

의 업적에도 이론적으로 근거한다(Bateson, 1972, 1980). Brack, Jones, Smith, White와 Brack의 기술에 따르면, Bateson은 같은 자료에 대한 다른 관점을 지도화(mapping)하는 이점에 대한 주장으로 유명하다(p. 619). Bateson은 둘 혹은 그 이상의 관점을 합하는 것은 본질적으로 각 요소가 기여하는 것보다 커진다고 보았다. 자문은 연구팀의 진행 과정 외부에 존재하므로, 연구팀의 복잡한 과정에 영향을 받지 않은 누군가의 추가적인 관점에서 제공된 분석을 얻는 특별한 이점을 줄 수 있다.

2. 왜 자문이 있어야 하는가

우리의 경험으로 볼 때, 적어도 1명의 자문을 두는 것은 CQR의 성공에 꼭 필요하다. 연구팀이 정기적으로 만나 토론하고 논쟁하며 궁극적으로는 자료의 배치와 의미에 관한 합의에 도달하는 동안 자문은 합의 과정 바깥에 위치하며 분석 내내 설정 값에서 '연구팀을 위한 확인'과 같은 활동을 한다(Hill, Thompson, Williams, 1997, p. 548). 연구팀은 물론 객관성을 유지하기 위해 모든 노력을 다하겠지만, 자문은 그 과정의 밖에 있는 사람으로서 신선한 관점을 빌려 주며, 연구팀의 결과에 미칠 집단 사고의 잠재적 영향을 감소시키는 능력이 있다(Hill et al., 2005, p. 196).

왜 이러한 추가적인 관점이 매우 중요할까? Hill(1997)의 언급에 따르면, "언어를 통한 작업은 극히 어렵고, 다양한 관점은 자료의 핵심을 파악하는 데 결정적이다." 이를 위해 연구팀의 구성원을 늘리는 것보다는 1명 혹은 그 이상의 자문을 과정에 초대하는 것이 낫다. 자문은 종종 이전에 CQR 연구를 했던 전문가와 개인들로 구성된다(Hill et al., 2005). 각 자문은 연구팀 및 다른 자문과 기능적으로 분리되어 있다는 이점 위에서 직접적으로는 자료만 다룬다. 이러한 독립적인 피드백은 팀의 앞선 대화에 영향을 받지 않은 새로운 관점을 연구팀에 제공한다.

연구팀 안에서 합의를 이끌어 내는 과정은 혁신적인 방식이다. 자료의 의미에 관한 팀 구성원의 최초의 이해는 의미 있는 방식으로 다른 구성원들과 다르다. 유사한 방식으로 자문은 연구팀이 자료에 대해 더 나은 이해를 할 수 있도록 도울 수 있다. 다양한 관점을 통한 접근은 "더 나은 결정을 이끌어 내고 개인의 편견을 감소시킬 잠재력이 있다"(Hill et al., 1997, p. 524).

추가로 자문은 분석의 객관성에 영향을 줄 수도 있는 집단 수준 편견의 영향을 줄이는 중요한 역할을 맡는다. 자료를 더 잘 설명해 주는 영역 제목으로 세심히 수정하거나 자료를 적절히 요약하지 못했다면 보강을 요구하는 등 그러한 자문의 추가적인 관점은 철저하고 과학적인 과정을 유지하는 데 중요하다.

3. 자문의 성패를 좌우하는 특성

이상적인 자문은 CQR에 전문성이 있고 익숙하며 개방적인 사람이라는 것이 우리의 경험이다. 앞서 말했듯, 자문으로서의 성공과 실패에 연관되는 명확한 개인적 특성이 있을까? 우리의 경험으로는 다음과 같은 특징이 자문에게 유용하다.

- 자신감 있으며 자기 확신이 있는
- 세부사항을 다루는 훌륭한 집중력이 있는
- 독립적으로 작업할 수 있는
- 철저한
- 기한을 엄수하는
- 개방적이고 융통성 있는

사실 적절한 피드백은 연구 내용에 대한 연구팀의 생각이 진부해지는 것을 막아 준다(이것은 연구팀의 숙고와 그들이 특정 자문을 받은 시기 사이에 긴 시간이 지났을 때 발생한다). 반대로 유용하지 않은 피드백은 다음과 같은 자문에게서 나온다.

- 소심하고 제한된 피드백을 하거나 아예 피드백을 하지 않는
- 연구팀의 작업과 깊은 관련이 없는 의견을 제공하는
- 연구한 내용의 핵심 세부사항을 간과하는
- 연구한 내용의 '큰 그림'을 간과하는

자문이 자신감이 부족할 때, 혼자서 작업하는 것에 어려움을 느낄 때, 혹은 피드백을 시기에 맞지 않게 제공할 때, 연구팀은 낙담하게 되고 연구의 완성도 지연된다(대개 다른 주의, 간혹 다른 국가들의). 다양한 기관에서 매우 많은 CQR 팀이 공동 작업에 관여하기 때문에 첨단 기기나 전화 회의, 피드백과 수정 사항을 보여 주기 위한 소프트웨어를 능숙하게 사용하는 것 역시 자문에게 필수 사항이다(예, 방향의 변화를 추적하는 것). 나아가 자문은 프로젝트에 충분한 투자를 해야 한다. 또한 논문을 발표한 이력이나 연구팀 구성원의 친구라는 이유로 팀에 합류해서는 안 되며, 연구를 통해 CQR과 주제에 진심으로 관심을 갖고 전문 지식이 있어야 한다. 이런 점이 결여되면 자문의 질이 떨어질 것이다. 능숙함을 넘어서 무엇이 훌륭한 자문을 만들까? 부적절한 자문과 적절한 자문은 다음과 같은 점을 통해 구분된다.

- CQR 분석의 세부사항에 주의를 기울이는 능력과 동시에 그 자료를 분석한 조각들이 어떻게 큰 그림에 맞는지 보는 것, 연구 중인 현상에 대한 전반적인 개념화
- 연구팀이 자료 분석을 거쳐 증명한 것에 대해 과정 중에 의견을 제시하는 능력

- 특정한 연구에서 문제의 해결책을 찾아내는 창조적 능력과 CQR에 대한 전문 지식

우리는 이러한 특성이 고급 기술이며, 선천적인 능력의 산물이기도 하고, 수 많은 CQR 프로젝트에서 연구팀 구성원과 자문으로 작업함으로써 학습되는 경 험이라고 여긴다.

4. 자문의 선택

CQR 연구자는 프로젝트의 한 부분으로서 얼마나 많은 자문이 필요한지, 그 자문이 팀의 내부에서 작업할지 외부에서 작업할지(주요 연구팀과 자문의 역할을 겸임할지 합의 과정 외부에서 단지 자문 역할만 할지)를 고려해야 한다. CQR을 사 용한 첫 번째 연구에서는 단지 1명의 외부 자문을 두었다. 2005년의 연구 이후 로 CQR은 진보했다. 일부 연구자들은 2명의 자문을 사용하기 시작했다. 다른 이들은 또 주요 연구팀 구성원(보통 적어도 6명의 큰 팀에 포함된다)으로도 활동하 며 역할을 교대하는 자문을 두었다. Hill(2005)은 외부 자문이 집단 사고의 영향 을 줄일 수 있다는 이유로 1명의 자문을 두는 것을 제안했다. 외부에서 작업하 는 것은 자문이 주요 연구팀의 영향에서 독립적으로 자신의 결론과 피드백을 운용할 수 있도록 한다. 많은 사람이 데이터에 대한 견해를 제공하기 때문에 다 수의 자문단을 둘 경우 그 자문 위원들이 내부적으로 작업하는지 외부적으로 작업하는지의 중요성은 낮아진다. 큰 규모의 CQR팀은 집단 사고의 영향을 줄 일 수 있다.

자문의 수에 관해서 우리는 1명의 자문이 매우 성실하거나 경험이 많은 경우 가 아니라면 2명을 둘 것을 제안한다. 추가 자문은 일반적으로 다른 자문과 다 른 내용을 제공할 수 있다는 이점이 있다. 자문의 피드백이 내포하는 다양성은

환경과 경험, 편견, 기대의 차이점이 조합된 것이다. 그러므로 관점과 성격, 환경, 세계관이 다른 다양한 자문을 둘 것을 권한다.

앞에 언급한 대로 우리는 경험을 통해 최고의 자문은 전에 CQR팀과 함께 일해 왔고 연구할 현상에 대해 전문지식을 갖춘 사람이라고 여긴다. Hill(2005)은 연구 주제에 대한 지식과 덧붙여 방법론에 대한 친숙함이 중요하다고 강조했다. 우리는 그 평가에 동의하며, 방법적인 지식이 없는 전문가가 아닌 CQR에 조예가 깊은 자문을 선택할 것이다. 주요 연구팀의 작업을 평가하는 자로서 자문은 CQR 방법에 능숙하기 때문에 자문에게 요구하는 지시와 사례에 관하여 주요 연구팀에게 의존할 필요는 없다. CQR 경험이 없는 자문은 연구팀이 '더 잘 알고 있다.'라는 가정을 기초로 너무 연구팀의 의견을 따르기도 한다. 그런 경우, 연구팀이 자문에게 CQR에 대해 교육하기 위해 자신의 연구를 사례로 사용하면서 무의식적으로 자문에게 편견을 심어 줄 수 있다.

마지막으로 연구자는 그들이 친숙하고 편안하게 느끼고 믿고 존경할 수 있는 자문을 선택하는 것이 현명하다. CQR 프로젝트에 착수하기 전에 상호 간의 확고한 신뢰를 형성하는 과정에서 자문이 종종 연구팀과 거리를 두는 것이 중요하다.

5. 자문의 역할과 기능

자문은 CQR 프로젝트의 시작에서부터 끝까지 다양한 임무를 수행한다. 비록 면담을 수행하는 일은 드물지만, 자문은 일반적으로 자료 수집 전과 자료 분석 동안 연구 과정에 참여한다. 자료 수집 전에 자문은 그 연구의 개념화에 대해 연구팀에게 도움을 줄 수 있으며, 특히 면담 계획안의 발달과 개선에 참여해야 한다. 최소한의 자문은 면담 계획안과 모든 수정된 계획안을 재고한다. 주요 연구팀이 가진 개념과 편견을 구분한다. 자료 분석 기간에 자문은 각 주요 단계에서 연구팀의 작업을 검토한다. 우리는 현재 훨씬 많은 세부사항에 대해 이러한 각 작업을 조사한다.

자문은 면담 계획안을 검토할 때, 숫자와 순서, 명확성, 질문의 적절성을 확인한다. 자신이 그 질문을 받는다면 어떤 느낌이 들지 상상해 보기도 한다.

영역 목록에 대해 자문은 영역의 제목을 검토한다. 또한 영역과 자료의 적합성, 영역 간의 중복, 너무 광범위하거나 복잡한 영역을 찾아내는 작업 등을 한다.

핵심 개념을 검토할 때, 자문은 핵심 개념이 신선하고, 간결하며, 잘 연결되었는지, 장황하지는 않은지, 영역에 적절한지 그리고 단어들이 서로 밀접한지를 확인한다. 핵심 개념들을 검토하며 모든 원자료를 확인하고, 연구팀에 의해 완성된 핵심 개념을 읽어 보고 누락된 점이나 핵심 개념들이 더 나은 방식으로 구성될 수 있는지 결정한다. 자문은 자료 안으로 완전히 몰입하여 본질적으로 독립적인 자료 분석을 실시한다. 핵심 개념에 대한 자문을 할 때는 가능한 한 까다로워져야 하고(심지어 구체적인 단어 선택에서도), 주요 연구팀이 프로젝트가 무엇에 관한 것인지 거시적인 관점으로 보도록 돕는다.

교차 분석의 검토에서 자문은 중복되거나 미완성된 영역을 확인하기 위해 연구팀에 의해 완성된 영역 하나하나를(즉, 모든 영역을 한 번에) 검토하고 총체적인 교차 분석을 검사한다. 범주와 자료가 일치하는지 결정하고, 핵심 개념들이 적합한 범주에 위치하는지 평가한다.

전체 교차 분석 검사에서 자문은 자료의 계층 구조의 간결한 정확성을 확인한다. 그들은 다시 세분화할 수 있는 너무 많은 일반적 목록이 있는지, 그리고 다른 목록과 병합할 수 있는 너무 작고 빈약한 목록이 있는지 확인한다. 분석을 통해서 자문은 자료가 '다른' 영역 안에 있는지와 범주가 다른 곳으로 가거나 새로운 범주를 만들 수 있을지 확인한다.

자문을 2명 두었을 때, 자료를 동시에 2명의 자문에게 보낼 수도 있고, 1명이 첫 번째 피드백을 하고 난 후에 다른 1명에게 보낼 수도 있다. 그 경우 교정 이후에 완전히 새로운 자문 내용을 얻게 된다. 두 번째 자문이 합의된 결론을 검토할 때 2명의 자문이 최대한의 내용을 제공하기 때문에 최근에는 좀 더 자주 순차적으로 피드백을 얻는 방식을 활용한다.

자문의 피드백은 일반적으로 글로 표현한다. 자문은 줄 바꾸기 등의 방식으로 직접적으로 문서에 변화를 줄 수도 있고, 조심스럽게 이메일에 페이지와 줄 번호 등을 기록하여 변동 사항을 요약할 수도 있고, 문서 사본에 직접 의견을 적을 수도 있다.

마지막으로 자문은 원고를 읽고 연구팀에게 피드백을 주어야 한다. 이런 방식으로 중요한 외부 검토자의 의견을 제공하는 동시에 연구를 통해 학습한 지식에 대해 친밀성을 가져야 한다.

6. 피드백 방식

1) 일반적인 연구팀(이론 혹은 논문 작성을 위한 팀이 아닌 경우)

의견에 동의하지 않거나 궁극적으로 무시함으로써 자문의 능력을 확인하는 것은 연구팀의 권리다(석사 및 박사 논문을 제외하고; 다음 내용 참조). 관습적으로 대개 연구팀은 몇몇 자문의 의견을 수용하고 주기적인 피드백 과정을 통해 다른 의견을 반박한다. 처음에 팀은 피드백의 타당성을 인정하기 전에 그 피드백을 다시 고려하고, 원자료를 다시 검토한다.

이 단계에서 팀과 자문 사이에 상당한 불일치가 발생한다. 팀은 의견을 얻기 위해 자문에게 원자료를 다시 검토하도록 하고, 피드백에 동의할지 또는 거부할지의 결정을 숙고한다. 이후 합의가 이루어질 때까지 전체 과정을 계속할 수 있다.

이론상 연구팀은 모든 자문의 피드백을 기각하고 그들의 자료 분석을 유지할 수 있다. 그러나 Hill(1997)은 이렇게 말한다.

자문이 말하는 모든 것을 무시하거나 자문이 아무 제안을 하지 못하는 경우, 그 과정에 대해 몇 가지 관련된 원칙이 있다. 이런 경우 팀은 자문을 만나서 불일치나 오해를 풀고 생각을 명확히 해야 한다(pp. 548-549).

연구팀이 자문의 의견을 무시하는 결정을 하게 되는 논의는 철저하고 사려 깊게 이루어져야 하며, 그 결정을 내리는 근본적인 이유 역시 명확하고 불가항력인 것이어야 한다.

2) 학생 연구(보고서, 석사나 박사 논문)

석사나 박사 논문에 처음으로 CQR을 사용하는 학생에게는 다소 다른 지침이 적용된다. 우리는 학생이 방법론을 배우는 동안 불필요한 혼란을 막아 주고 학생에게 과정의 모든 단계에서 연관된 지침을 줄 수 있는 조언자가 바로 자문이라는 점을 알았다. 우리는 출판된 CQR 논문에서 명확성을 확인했다. 초보 CQR 연구자들은 종종 혼란스러워하고 각 단계에서 도움을 필요로 한다. 따라서 자문은 작업 과정을 위해 팀이 어떻게 기능하는지 주의해 주고, 간혹 분쟁이 발생할 때면 면담을 하기도 한다.

연구팀과 밀접한 접촉은 (특히 팀이 방법론을 배우기 시작했을 때) 주요한 문제를 예방하는 이점이 있다. Hill은 자신이 작업의 올바른 진행 방법에 대해 조언을 해 준 논문 지도 학생이 팀 내에서 몇 차례의 합의가 이루어지기 전까지는 Hill에게 팀의 작업을 보여 주지 않았던 고통스러운 시간을 회상했다. 그들은 부적절하게 작업을 완료했고, 결국 팀은 모든 작업을 새로 해야만 했다.

7. 연구팀과 자문 사이의 협의 관계

존중과 평등주의는 성공적인 CQR 분석의 전제 조건이다. 그러나 필연적으로 두 가지 면 모두에서 문제가 발생한다. 연구팀은 그들이 힘들게 한 모든 작업을 자문이 '묵살'한다고 느낄 수 있다. 반대로 자문은 당연히 주요 연구팀이 피드백을 받아들이는 것에 관해 마지막으로 했던 반응을 이해하기 위해 노력할 것이다. 만약 피드백을 교환하는 방식이 완성되고 연구팀 혹은 자문이 지속적으로 아이디어에 강한 느낌을 갖는다면 더 많은 대화를 제안해야 한다. 이 단계에서 전화 회담이나 실제 회의는 이견을 해결하는 데 도움이 된다.

이런 대화를 요구하기 전에 모든 관련 당사자는 자신의 반응에 대해 숙고하는 시간을 가져야 한다. 정당한 관련이 있어서 연구팀이나 자문이 부적절한 것을(자문이 자신의 인식만 중시한다는 팀의 편견, 연구팀의 구성원 1명이 군림하려는 형세, 집단 사고의 영향을 지각한 경우 등) 제거했다면, 이 회의는 정당하다. 그 반응이 개인적인 문제(자문의 거절 때문에 어려움을 겪거나 업신여김을 느끼는 등)에서 나온 것이라면, 이 만남의 필요를 다시 고려해 봐야 한다. 경험이 많은 자문과 작업하는 또 다른 이점은 그가 연구팀의 구성원으로 활동할 때 다른 자문의 피드백을 받아들이고 거절하는 경험을 겪었다는 것이다. 이런 경험을 회상하는 것은 자문이 현재 팀의 결정을 덜 개인적으로 받아들이는 데 유용하다.

8. 결 론

분석의 질을 보장한다는 측면에서 자문의 역할은 중요하다. 아이를 키우기 위해 하나의 마을이 필요한 것처럼 질적 자료의 복잡성과 다양함을 이해하고 분석에 생명력을 불어넣기 위해서는 하나의 공동체가 필요하다. 자료를 보는 데는 많은 관점이 있다. 우리는 자료에 대한 초기 피드백을 얻는 기회이며 그들이 관련된 결론의 타당성을 향상시킬 기회를 위해 자문의 역할을 받아들이도록 CQR 연구자에게 권하고 싶다.

참고문헌

Bateson, G. (1972). *Steps to an ecology of mind.* New York, NY: Ballantine Books.

Bateson, G. (1980). *Mind and nature.* New York, NY: Bantam Books.

Brack, G., Jones, E. G., Smith, R. M., White, J., & Brack, C. (1993). A primer on consultation theory: Building a flexible worldview. *Journal of Counseling and Development, 71,* 619-628.

Butler, T. (1998). Towards a hermeneutic method for interpretive research in information systems. *Journal of Information Technology, 13,* 285-300. doi:10.1057/jit.1998.7

Gadamer, H. G. (1975). *Truth and method.* New York, NY: Seabury Press.

Hill, C. E., Thompson, B. J., & Williams, E. N. (1997). A guide to conducting consensual qualitative research. *The Counseling Psychologist, 25,* 517-572. doi:10.1177/0011000097254001

Hill, C. E., Knox, S., Thompson, B. J., Williams, E. N., Hess, S. A., & Ladany, N. (2005). Consensual qualitative research: An update. *Journal of Counseling Psychology, 52,* 196-205. doi:10.1037/0022-0167.52.2.196

Consensual Qualitative Research **제11장**

원고 쓰기

Sarah Knox, Lewis Z. Schlosser, & Clara E. Hill

합의적 질적 연구(Consensual Qualitative Research: CQR)의 논문 작성에서 저자는 결과와 논의뿐만 아니라 방법 부분에서 소개하는 데 몇몇 어려운 결정에 직면한다. 이 장에서는 첫 번째로 이러한 과제들을 기술하고, 다음으로 추천 사항을 제공할 것이다. 그러나 앞서 이야기한 것처럼 원고를 작성하는 데 믿을 수 있는 '규칙'은 없으며, 주제마다 서로 다른 발표 형식이 필요하다. 이 장에서 우리의 목적은 CQR 자료와 연관된 원고를 준비할 때 반드시 준비해야만 하는 많은 중요한 결정에 대해 도움을 주는 것이다. 원고의 해당 부분에 따라 이 장을 세부적으로 나누었고, 결론에는 저자에게 주는 몇 가지 권고사항을 포함했다.

1. 개 관

질적 방법론의 도입 부분에서 가장 중요한 것은 그 연구 분야가 중요한 이유가 무엇인지를 밝히고, 관련된 문헌을 간단하게 개관하며, 연구의 독특한 측면을 알리고, 목적과 연구 문제를 기술하는 것이다. CQR 저자는 CQR을 사용하기로 한 이유를 제시하고, 그렇게 함으로써 독자가 연구의 전제를 확실히 인식하고 양적 패러다임이나 다른 질적 접근을 통해 연구를 평가하지 않도록 해야 한다.

CQR이 학술지 편집자들 사이에서 엄격한 질적 연구 방법으로 인정받음에 따라 이러한 과제들을 달성하는 과정은 변화하고 있다. CQR 연구를 게재하기 위한 우리의 첫 번째 시도는 여러 수준의 비관주의에 직면했다. 학술지 편집자들의 CQR에 대한 망설임은 다른 질적 접근들(예, 근거 이론)보다 CQR 선택의 정당성에 대한 설명을 요구했다. 이후 CQR이 더 광범위하게 수용되면서 이런 요구는 감소하고 있다. 저자들이 직면하는 도전은 CQR을 선택한 이유의 타당성을 어느 정도 설명해야 할지 결정하는 부분에서도 나타나고 있다. 이에 대한 우리의 권고사항은 보편적인 질적 접근, 특히 CQR을 선택한 명확한 이유를 제공하는 것이다. 이는 다른 질적 방법과 비교했을 때 CQR의 장점을 강조할 수 있다(예, 합의에 도달하기까지 다양한 연구자들, 외부 자문).

2. 방법 부분

앞에서 설명한 것처럼 CQR 방법론의 한 가지 중요한 과제는 저자가 CQR 자체를 설명하는 수준을 결정하는 것이다. 우리는 CQR의 네 가지 주요 단계(예, 면담, 영역, 핵심 개념, 교차 분석)를 강조하는 내용과 중요한 CQR 논문 작성 방법을 간단히 설명하는 문단을 포함할 것을 권유한다(이 책; Hill et al., 2005; Hill, Thompson Williams, 1997). 만약 이러한 자료가 CQR 설명에서 벗어난다면, 연구자는 그 변화에 대한 추가 설명과 정당성을 제시해야 한다.

언급해야 할 또 다른 문제는 전후 맥락과 편견이다. 특히 CQR 연구자는 독자가 결과에 영향을 미칠 수 있는 전후 맥락을 이해할 수 있도록 하기 위해 방법 부분에서 그들 자신(연구의 주제와 관련된 나이, 성, 인종, 경험)과 자신의 편견과 기대를 설명한다. 예를 들어, CQR팀이(Knox, Catlin, Casper Schlosser가 2005년에 연구한 것처럼) 심리치료에서 종교와 영성을 포함한 것에 관해 설명한다면, 연구팀 구성원들의 종교적이고 영성적인 자아의식, 그들의 편견과 기대 전후에 관한 설명을 제공한다. 연구자의 배경을 독자에게 알려 자료의 수집과 분석에 미치는 연구자의 잠재적인 영향을 명확히 한다. 그러므로 우리는 관련된 문화적 정체성과 편견 및 기대를 연구팀에 대한 설명에 포함할 것을 권유한다(전형적으로 방법 부분에서 참가자를 다룰 때 면담자와 피면담자에 관해 설명한다).

3. 결론 부분

다음은 독자들과 연구에 대한 발견을 공유하는 결론 부분이다. 결론에서도 마찬가지로 저자는 작업을 어떻게 가장 잘 표현할지와 관련된 중요한 결정을 해야 한다.

1) 어떤 결과를 보고할 것인지에 대한 도전

CQR을 사용하는 연구자는 빠듯하게 제한된 학술지 지면 안에 적절하게 표현할 수 있는 것보다 많은 자료를 수집하고 분석한다. 따라서 연구 문제에 대해 어떤 결과물을 보고할 것인가와 어떤 것이 덜 중요한 부분이며 원고에서 생략될 수 있는가를 결정해야만 한다. 연구에서 이런 작업은 쉽지도 즐겁지도 않지만 꼭 필요한 결정이다.

저자를 가장 잘 가이드해 줄 질문은 "어떤 결과물이 그 프로젝트의 기초가 된 연구 문제를 가장 직접적으로 드러내는가?"다. 원고에는 이 질문에 답하는 결과물을 명확히 포함시켜야 한다. 연구 문제들과 덜 직접적으로 연결된 것은 쉽게 배제할 수 있다. 예를 들어, CQR을 사용하는 많은 연구자는 자료 수집 면담 시에 피면담자가 주요 질문에 대해 편안하게 느낄 수 있도록 부드러운 기초 질문들로 시작한다. 일례로, 임신중절수술 치료 경험이 있는 연구 조사 내담자에게 "이 치료에 대한 당신의 경험을 말해 보세요." 혹은 슈퍼바이저의 자기 개방 경험에 대한 연구에서 "당신의 개인적인 슈퍼비전 경험에 대해 이야기해 보세요." 등과 같은 것이다(Knox, Edwards, Hess, & Hill, in press). 이런 질문들에 의해 도출된 자료는 실제로는 연구의 주요 질문과 연관성이 없다. 따라서 연구자는 이런 결과는 보고하지 않기로 결정할 수 있다. 더욱이 연구자는 면담을 마무리하면서 목적성과 친숙성은 있지만 기본적인 질문과 밀접한 연관은 없는 질문을 하기도 한다(예, "이 면담이 당신에게 어떤 영향을 주지요?" "당신은 왜 이 면담에 참가하기로 했나요?"). 그런 질문에 대한 답변은 연구자에게는 중요하지만, 전체 연구를 뒷받침하는 연구 문제들에 대한 답변은 아니며 따라서 자주 원고에서 생략할 수 있다. 더욱이 겉보기에 중요한 자료라도 원고 안에 포함할 방법을 찾을 수 없기도 하다.

'상담자에게 선물을 준 경험'이 있는 한 내담자에 대한 최근 연구(Knox, Dubois, Smith, Hess, & Hill, 2009)에서 치료자에게 선물을 준 경험과 치료와 상관없이 선물을 주고받은 경험을 비교하는 질문을 참가자에게 했다. 이 질문은 참가자 중 일부에게서만 도출되었다. 더 중요한 점은 그 자료는 연구자들이 선물을 주고받았던 하나의 특정한 사건에 대해 질문했기 때문에 주제와 관련하여 이미 얻은 결과를 넘어서는 데 실패했다는 것이다. 그래서 그 자료는 게재된 원고에 쓰이지 않았다.

어떤 자료를 보고할지 결정하는 도전적인 과제의 또 다른 예를 들면, 상담자의 자기 개방에 대한 연구(Knox, Hess, Petersen, & Hill, 1997)에서 저자들은 원고의 사전 검토자들의 논평에 근거하여 무의미한 개방에 대한 자료를 보고할지를 결정했다. 회상해 보면, 저자들은 그런 자료가 사실 중요하기 때문에 생략하면 안 된다고 여겼다. 비록 모든 참가자가 무의미한 개방을 기억해 낼 수는 없었지만 그 자료는 논문의 이해를 돕는 것이었다. 게다가 참가자의 몇 사례가 자기개방이 도움되지 않는다는 것은 문헌에 중요한 기여를 했을지도 모른다.

결과물의 '참신함'도 어떤 결과물을 포함할지에 대한 결정에 영향을 준다(비록 그러한 '참신함'을 추구하는 탓에 연구자들이 계획에 대해 지나치게 강조하게 되기도 하지만). 상당한 이론적 혹은 실용적 중요성이 있고, 새롭고 흥미로우며 이전 연구에 의문을 제기하는 결과를 원고에 포함시키는 것은 매우 가치 있을 것이다(Landrum, 2008). 예를 들어, 선물에 관한 인용된 연구(Knox, Dubois et al., 2009)에서는 비록 표본에서 예외적인 사례이긴 했지만 여러 번 선물을 한 하나의 사례에 대한 자료를 분리해서 논문에 실었다. 그것이 선물을 하는 상황에서 발생할 수 있는 중요한 문제를 보여 주기 때문이었다.

우리는 저자가 결과 부분의 중요한 지면을 사용할 때는 연구를 이끄는 연구문제에 대해 직접적으로 설명하는 결과물에 집중할 것을 권한다. 그 권유를 넘는 경우는 결과물이 실용적이거나 이론적 함축을 담고 있거나 기존의 아이디어에 대한 도전을 포함할 때다. 마지막으로, 우리는 저자들이 독자에게 보고하지 않기로 선택한 결과물과 그 이유를 간단히 제시할 것을 권한다.

2) 논문 구조에 관한 도전

저자가 직면하게 되는 또 다른 결정은 결과뿐만 아니라 논의 부분의 구조와 정리를 포함한다. CQR을 주요한 자료 수집 방법으로 사용한 논문 중 일부는 결론과 논의 부분을 통합해서 작성했다. 그러나 대부분의 저자는 두 부분을 구분해서 작성한다. 이 방식이 확실히 더 전통적이며, 특히 CQR이나 질적 연구 같은 새로운 방식에서 독자에게 더 편안하고 친숙함을 줄 수 있다. 이 구조는 또한 각 부분에서 설명할 내용을 명확하게 규정해 준다. 그래서 저자에게도 더 간단하다. 그러므로 결과 부분의 목적은 오직 그 연구의 결과물을 설명하는 것이다. 앞서 제시한 방법 부분(우리가 무엇을 공부하고 그것을 어떻게 공부하는지)에 근거하여 그 저자들은 '여기에서 우리가 무엇을 찾았고 그것의 증거는 무엇인지'에 관해서만 기술한다. 결과와 관련하여 결과물의 의미와 중요성, 영향을 밝히는 저자들의 논쟁은 논의 부분에 남겨 둔다.

그러나 일부 저자들(예, Knox, Burkard, Jackson, Schaack, & Hess, 2006)은 각 부분 간에 중복이나 반복이 많은 것을 원하지 않기 때문에 결과와 논의를 통합한다. 그렇게 함으로써 양쪽 부분이 괄시받을 필요가 없고, 즉시 그 결과물이 무엇인지뿐만 아니라 연구자가 그것들을 연구한 의미가 무엇인지를 알 수 있기 때문에 전체 논문이 더 명확해진다. 독자로서 자료에 대한 저자의 이해와 해석을 보는 것은 꽤 만족스러울 것이다. 그 결과물을 어떻게 가장 잘 나타내고 설명할지를 결정하는 시점에서 통합 구성에 의한 상당한 직접성과 통합성은 확실히 고려할 만한 가치가 있다. 우리는 저자가 결과와 논의 부분에 무엇을 구성하는 것이 결과물과 그 의미를 가장 주목받게 할 수 있는지 주의 깊게 고려하라고 권한다. 특히 저자가 결과와 논의 간에 반복을 발견했을 때 그 둘을 통합할 것을 권유한다(예, 결과가 너무 복잡하고 길어서 논의 부분에서 그것을 상기해야만 할 때). 지금까지는 학술지 논평자들과 편집자들이 만들어진 구성 중 통합하는 방식을 지속적으로 선호하지는 않고 있다.

3) 핵심 개념과 인용문을 어디에 포함시켜야 할까

CQR에 기초한 원고에서 일부 저자는 핵심 개념이나 참가자의 인용문을 결론에 포함시킨다. 원고 맨 끝의 목록에 포함하는 이들도 있다. 그런 내용은 어디에 포함시킬지를 떠나서 꼭 필요하다. 이는 실제 면담 내용에 대한 연구자의 요약을 활용(핵심 개념)하거나 연구자의 발견을 입증하기 위해 참가자 자신의 말을 인용문 형식으로 더 직접적으로 활용하는 것이 원고에 생명력을 부여하기 때문이다. 저자의 선호도와 핵심 개념 및 인용문 자체의 본질은 그러한 각 요소를 어디에 위치시킬지 결정하게 하는 근거가 된다.

앞서 설명한 것처럼 어떤 저자는 결론 부분이 건조하고 지루해질 것을 우려하여 이런 내용을 결론 본문에 포함시키는 것을 선호한다. 우리가 대학원에 입학한 초심 상담자들의 경험에 대한 연구에서 활용한 것처럼 이러한 접근은 독자가 원고의 한 중요 부분에서 완성된 결과물(영역, 범주, 핵심 개념, 인용문)을 접할 수 있게 하기 때문이다(Hill, Sullivan, Knox, & Schlosser, 2007).

결론 본문에 연구 결과의 영역과 범주를 개괄하여 기술하고 원고의 마지막에 표로 독자에게 직접적으로 설명하는 것을 선호하는 저자도 있다. 이 방식은 빠듯한 원고 분량 내에서 결과물을 더 효과적으로 보여 줄 수 있다. 이 접근에서 도표는 슈퍼바이저의 자기 개방에 관한 연구처럼 앞서 설명한 방식과 같은 내용(영역, 범주, 핵심 개념, 인용문)을 포함하지만, 한 페이지 전체를 활용하는 데에서 생겨나는 시각적인 효과를 얻으며 그 내용을 설명한다(Knox, Edwards et al., in press).

설명 내용을 어디에 위치시킬지 결정하는 데 중요한 고려사항은 핵심 개념과 인용문 자체의 특성이다. 결과물을 생생하고 명확하게 설명하기 위해 더 긴 인용문이 필요한 경우, 결과의 본문에서 이를 가장 잘 설명할 수 있다. 반면에 결과물을 핵심 개념과 인용문들로 비교적 간단하게 설명할 수 있다면 도표로 설명하는 것이 효율적이다. 그러므로 저자에게 핵심 개념과 인용문을 원고에 가장 강력하게 기여할 수 있는 곳에 포함시킬 것을 권한다.

우리가 설명한 일반적인 핵심 개념과 인용문 외에도, 일부 저자는 연구의 주요 결과물을 통합하고 논의를 위한 도약대로 활용하기 위해서 결과 부분에 전체 사례를 기재한다. 예를 들어, 슈퍼바이저의 자기 개방 경험에 관한 최근 연구(Knox, Edwards et al., in press)에서 우리는 두 가지 사례를 기재했다. 한 가지는 슈퍼바이저의 자기 개방에 대한 슈퍼바이저의 긍정적인 경험이었고, 다른 하나는 슈퍼바이저의 문제적인 자기 개방 경험이었다. 각 사례는 해당 유형의 사건의 지배적인 결과를 기반으로 합성한 것이었으며, 참가자의 경험의 본질을 생생하게 보여 주었다. 그러한 혼합된 사례에 대해 대안적이면서 유사한 효과가 있는 접근은 한 가지 사례에서 얻은 실제 결과를 활용하는 것이다(적절하게 익명을 유지할 것. 예, 별칭, 인구학적 정보만 제공). 혼합된 경우든 하나의 사례를 기반으로 했든 간에 그 내용은 설명한 결과를 통합하고 강조하기 위해 자주 결과의 끝 부분에 실린다. 그러나 결과 시작 부분에 싣는 것도 독자가 특정한 결과를 받아들이기 전에 그 현상에 대한 감각을 제공하는 데 유용하다고 증명되었다. 두 가지 접근 방식 모두 성공적이다. 우리는 독자에게 연구 결과물을 가장 효과적으로 발표할 수 있는 유형을 선택할 것을 조언한다.

　마지막으로, 연구자들은 결과를 생생하게 설명하기 위해 도표를 보여 주기도 한다(예, Rhodes, Hill Thompson, & Elliott, 1994, ⟨표 9-1⟩에 이 연구자들의 표를 다시 제시했다). 도표를 이용해 설명하는 것은 비록 모든 연구에서 활용되지는 않지만, 결과를 통합하는 방법으로 유용하게 쓰일 수 있다.

4. 논의 부분

　저자는 CQR에 기초한 원고의 논의 부분에서도 중요한 결정에 대해 고심해야 한다. 이 결정은 연구자의 결과물이 말해 주는 '이야기'의 질과 흥미에 직접적인 영향을 미친다.

1) 이야기를 어떻게 가장 설득력 있게 전달하는가

　논의 부분에 어떻게 단순한 결과물의 반복이 아닌 주목할 만한 이야기로 결과물을 담아낼 것인가는 CQR 연구자에게 지속적으로 따라다니는 과제다. 효과적인 연구 결과는 연구를 통해 밝혀낸 것(연구 문제에 대한 답)을 명료하게 설명해 준다. 논의 부분에서는 그러한 결론의 '나무' 너머로 나아가 그 나무들이 만든 '숲'에 대해 이야기해야 하는데, 그것은 쉬운 일이 아니다.

우리는 Landrum(2008)이 '빅뱅'이라고 부른 전략을 사용했다. 원고에서 배우기를 희망하는, '가지고 가야 하는' 본질적인 메시지 3~5개를 식별하는 것이다(p. 118). 몇 개월의 노력과 방대한 자료를 흥미진진한 정보 3~5개로 줄이는 것은 압박적인 과제다. 그러나 또한 연구자가 자신의 결과물을 증류하여 가장 핵심적인 본질을 얻도록 하는 방법이다. 그 본질은 물론 연구 문제와 현존하는 문헌과 연관된다. 일단 확인되면 논의 부분의 핵심에서 도출된 기본적인 덩어리는 모든 논의 내용을 직·간접적으로 이런 아이디어로 이끌어 간다. 예를 들어, 자기 개방에 대한 슈퍼바이저의 경험을 다룬 논문(Knox, Edwards et al., in press)에서, 그러한 슈퍼비전 관계에서 자기 개방이 긍정적일지 문제적일지에 가장 영향을 미치는 것으로 나타난 요소는 슈퍼바이지의 필요와 관심에 대한 슈퍼바이저의 민감성, 그리고 자기 개방의 적절하고 명료한 목적이었다. 그래서 논의 부분에서는 이러한 요소들의 의미를 논하고 기존의 문헌에 내용이 통합되도록 구성했다. 이러한 접근은 논의 부분의 특징을 생생한 전체상으로 발전시킨다는 것이 성공적으로 증명되었다. 우리가 활용한 또 다른 접근 방식은 논의 부분을 결론에 담은 전체 사례를 둘러싸는 구조로 만드는 것이다.

우리는 '나무에 초점을 두고' 설명한 사례에서 '숲'을 설명하는 논의를 위해 기존의 문헌에 적절하게 통합되는 더 광범위한 수준의 개념화로 나아간다. 그러므로 논의 부분에서 슈퍼바이저의 자기 개방 전의 다양한 선행 사건이나 자기 개방의 다양한 유형과 같은 세부사항에 집중하는 대신에 특정한 선행 사건이 나타나는 양식이나 자기 개방의 지배적인 유형은 없다는 발견에 관해서 다룰 수 있었다. 사실 슈퍼바이저는 개방을 결정할 때 슈퍼바이지의 요구의 범위를 확인하고 반응한다는 것과 그들이 임상적이고 개인적인 정보 양쪽을 드러낸다는 점이 밝혀졌다(예, Knox, Edwards et al., in press).

세 번째 접근 방식은 기존 문헌을 논의 부분의 틀을 분명하게 잡고 현재 자료를 이해하는 지식 기반으로 활용하는 것이다. 예를 들어, Schlosser, Knox,

Moskovitz, 그리고 Hill(2003)은 그들의 조언 관계에 대한 석사생들의 관점을 조사했다. 이 연구는 결과에 관한 논의의 틀을 잡기 위해 연구 교육 환경(즉, 교육과 대인 관계 요소 등)에 관한 Gelso(1979, 1993)의 이론에서 도출된 두 가지 측면을 활용했다. 모든 자료가 이 두 가지 측면 중 하나에 깔끔하게 맞지는 않았다. 그러한 나머지 자료는 독립적으로 논의했다. 뒤따르는 특정한 접근에 관계없이 그 결과를 현재의 이론과 연구 안에 배치하는 것은 저자가 그들의 어떤 결과물이 이전의 연구들과 유사하거나 다른지를 이해하게 도와주고, 존재하는 지식의 더 큰 문맥에서 전후 사항과 연관되는지 알 수 있게 한다.

2) 제한 부분

CQR 저자는 독자가 연구의 잠재적 결점을 고려할 수 있도록 제한점을 밝혀야 한다. 그렇게 하여 결과가 변화할 수 있도록 해야 한다. 예를 들어, 우리는 저자가 표본의 일반적이지 않은 부분은 무엇이든 밝힐 것을 추천한다. 특히 표본이 몇 가지 측면(예, 연구의 주제와 관련된 나이, 성, 인종, 경험)에서 이질적이거나 변칙적이라면 더 그러하다. 그리고 독자에게 더 광범위하고 명확한 집단의 결과물을 보편화하도록 주의를 주어야 한다. 게다가 저자는 이 방법론에서는 적은 표본이 표준이라는 것을 독자에게 상기시켜 부당한 비판을 막을 수 있다.

저자는 또한 그 연구팀이나 참여한 표본의 특정한 특징(예, 최소한의 인종-민족 다양성)을 다루고 그러한 차이의 영향을 가정할 필요가 있다. 그 자료의 이해와 분석에 그들의 독자성, 경험, 편견 그리고 기대가 미칠 수 있는 잠재적인 영향에 대해 밝혀야 한다. 다른 특징이 있는 다른 연구팀은 약간 다른 결과를 낼 수도 있다. 예를 들어, 조언자의 긍정적이며 문제적인 논문 경험에 관한 최근 연구(Knox, Burkard 등)에서 우리는 주요 연구팀의 교수진은 당시 논문에 대한 조언자로서 상대적으로 경험이 적었으며, 학생들은 그들의 논문을 준비하거나 몰두했다고 기술했다. 더욱이 교수진 중 1명만 한결같이 긍정적인 논문 경험이 있었고 다른 교수들은 복합적인 경험을 했다. 우리는 이러한 경험이 자료의 해석을 편향되게 할 수 있다는 점을 알았으며, 외부 자문이 명백한 오인의 가능성을 줄이기를 희망했다. 그러므로 CQR 원고의 저자들에게 자료를 이해하는 데 자신의 배경과 경험의 잠재적인 영향에 관한 자기성찰을 포함시킬 것을 강하게 제안한다.

3) 함축적 의미 부분

여기서 저자는 이론, 임상 그리고 연구의 측면에서 결과물의 큰 중요성과 의미를 짧게 언급한다. 많은 독자가 질적 분석이나 CQR에 친숙하지 않다는 점을 고려해 볼 때, 그들의 결과물이 연구된 현상에 대한 우리의 이해력을 어떻게 높여 줄지를 저자가 명확히 주장하는 것이 중요하다. 예를 들어, 치료자에 대한 내담자의 선물에 관한 연구(Knox, Dubois et al., 2009)에서 첫 연구는 이 경험에 대한 내담자의 관점을 밀접하게 조사했다. 이 장에서 저자는 참가자와 그들의 상담에서 이러한 주고받음이 미치는 영향뿐만 아니라 그들의 상담자에게 선물을 주는 경험이 참가자 중 다수에게 얼마나 강력했는지를 논했다. 그리고 이러한 상호작용은 상담 과정에 잠재적 영향을 줄 수 있으며 매우 세심하게 처리되어야 한다고 제안했다. 또한 저자는 선물을 요구하는 상담자와의 불편한 경험을 한 참가자의 경우를 예로 들어 상기시키면서 이러한 상호작용의 경우에 특히 관심을 요한다고 하였다.

저자는 향후 연구를 위해 가능한 방안을 반영하기 위해 이 부분을 결론내야만 한다. 어느 연구도 모든 질문에 대답할 수는 없다는 점과 실로 일상적으로 추가 질문이 생긴다는 점을 고려할 때, 이 부분에서는 저자에게 더 많은 탐구에서 다른 연구자들의 상상력에 불을 붙일 것을 희망하면서 다양한 향후 방향을 설명하도록 한다.

5. 일반적 고려사항

CQR 연구자는 원고를 준비하고 꾸준히 발전시키는 과정에서 또 다른 결정에 맞닥뜨리게 된다. 이 결정은 앞서 언급한 것과 똑같이 중요하다.

1) 집필과 연구팀

많은 중요한 결정이 CQR 연구팀을 조직할 때 이루어져야 한다(제4장 참조). 그러나 이 장에서는 원고 작성에 영향을 주는 것에 대해서만 다루고자 한다. 원고 작성 책임에 대한 팀 구성원 사이의 암묵적 가정은 규범화되는 경향이 있다. 이러한 암묵적 가정은 주 저자가 원고를 쓰고 다른 팀원이 출판 계획안에 대한 피드백을 제공하는 것이다. 하지만 때때로 다른 저자들도 논문 일부(예, 방법 부분)를 작성한다.

비록 원고의 대부분을 쓴 주저자가 공동 작업의 기준이지만, 우리는 연구팀에 프로젝트의 시초부터 최종 원고의 어떤 부분을 누가 쓸 것인지를 포함하는 역할과 책임감에 대해 모든 팀원이 함께 논의하고 명확히 하라고 충고한다. 팀 구성원 사이의 지정된 작성 순서를 포함시키는 이러한 논의는 자신이 투자하는 작업량에 관해 생각하면서 고통스러운 감정이 발생할 가능성을 줄여 준다. 그 목적을 달성하기 위해 전형적으로 선임 연구자가 주저자이고, 저자 순서에서 주요 팀의 구성원이 그다음이며, 마지막이 자문이다. 만약 저자 순서에 공헌도가 적절하게 반영되지 않았다면, 우리는 저자 주석 부분에서 팀 구성원의 상대적인 공헌을 자주 언급한다. 예를 들어, (주요 팀원 3명 중에서) 주저자가 원고를 주로 작성했다면 "두 번째, 세 번째 저자는 이 프로젝트에 동등하게 헌신했다." 라고 언급한다. 이러한 설명은 주요 팀의 개입 수준이 상당했으며 첫 번째 저자와 주요 팀 구성원 사이에 동등한 개입이 있었음을 인정하는 것이다.

원고를 쓰는 것에 관하여 어떻게 결정하든지 간에 팀 구성원이 원고 일부를 작성하는 것에 비해 주저자가 전체적인 원고를 작성하는 것의 긍정적인 영향과 부정적인 영향을 고려해야 한다. 주저자가 전체적인 원고를 작성하는 모델을 이용한다면 논문의 저술 방식과 어조가 명확해진다. 그러나 그것은 주저자에게 커다란 짐이 될 수 있으며, 개인적이고 특이한 설명으로 결과물에 영향을 줄 수도 있다. 그럴 때는 논문 원고에 대한 팀 구성원의 반응을 통해 조화를 이룰 수 있다. 집필을 나누어 하는 대안적인 접근은 이상적으로는 팀 구성원의 장점과 흥미를 기반으로 작업이 팀 구성원들에게 더 균등하게 분배되는 이점이 있다. 하지만 결국 주저자가 팀원들의 다양한 공헌을 일관된 목소리로 원고 내에 통합해야만 한다.

2) 외부 독자의 활용

외부 독자를 활용할 때는 추가로 고려할 점이 있다. 우리는 출판을 위해 원고를 제출하기 전에 적어도 외부 독자 1명에게 검토를 의뢰한다. 외부 독자는 연구팀의 구성원도, 그 논문의 저자여서도 안 된다. 독립적인 '외부인'으로서의 이 역할은 논문이 학술지의 검토자보다 공정하고 비판적인 반응을 받을 수 있게 한다. 외부 독자를 활용할지를 결정할 때 주요한 고려사항은 (외부 독자에 앞서 원고의 계획안을 검토할) 팀 구성원의 경험 수준이다. 특히 주저자가 교수나 슈퍼바이저일 때는 초보 대학원 동료 저자들에게서 원고의 중요한 피드백을 얻기 어려운 경우가 있다. 그럴 때는 외부 검토자의 중요한 논평을 통해 학술지 제출 전에 주목이 필요한 부분을 강조할 수 있다. 외부 독자로는 현존하는 분야의 전문가이면서 솔직하고 가능하면 CQR에 친숙한 사람을 선택해야만 한다. 그리고 원고의 감사함을 표현하는 부분에 그러한 외부 독자들의 이름을 명시해야 한다.

3) 학회에서 CQR 연구 발표하기

마지막으로, 출판되기 전에 적절한 전문적인 만남에서 CQR 연구를 보여 주는 것은 큰 장점이 있을 수 있다. 저자가 연구에 관한 일반적인 내용에 더하여 회의에서 CQR 자료를 보여 주는 것은 청중이 연구의 가장 주목할 만한 중요한 결과에 집중하도록 한다. 또한 새로운 생각과 시각에 대한 피드백을 받는 추가적인 이점이 있다. 도움이 되는 피드백을 받는 기회뿐만 아니라 가장 주요하고 주목받는 결과물에 집중하려는 노력 모두가 CQR 원고를 더 강력하게 할 것이다.

6. 결 론

많은 사람이 효과적인 CQR을 바탕으로 한 원고를 쓰고자 한다. 이런 과제에 직면하면서 우리는 연구자 그리고 저자로서 확실하게 배우고 성장했다. 다른 이들도 똑같을 것이라고 확신한다. 이 길을 따라가기를 희망하는 사람에게 도움이 되는 증명을 제공했기를 희망한다. 〈표 11-1〉에서 이 책의 곳곳에서 제시한 권고를 요약해 놓았다.

〈표 11-1〉 원고 작성

단 계	권고사항
개 관	• 보편적으로 질적 연구 방법을 선택하는 명확한 연관성을 제공. 특별히 CQR을 선택한 이유도 제공(예, CQR의 강점 강조하기)
방 법	• CQR의 네 가지 핵심 단계(면담, 영역, 핵심 개념, 교차 분석)에 대한 강조를 브리핑 단락에 포함

결 과	• 연구가 제안하는 연구 질문에 대해 답하는 결과에 집중 • 임상 혹은 이론적 영향을 줄 수 있거나 기존의 생각에 도전하는 새로운 결과를 포함 • 독자에게 결과가 보고하지 않는 부분과 그 이유를 제공 • 결과와 논의 부분을 분리할지 조합할지를 결정하여 결과와 의미를 가장 인상적으로 설명 • 핵심 개념, 인용, 가장 강력하게 영향을 주는 전체 사례 설명을 포함 • 가능한 반영된 특징을 포함
논 의	• 어떻게 가장 인상적인 이야기를 드러낼 것인가와 문헌에서 그 이야기를 연결지을 것인가를 결정(예, 3~5개의 핵심 문구에 집중, 전체 사례를 둘러싼 논의 구조를 설명하는 예시, 확장된 문헌을 둘러싼 명백한 논의 틀) • 사례나 연구자에 관한 특이한 모든 것과 그 영향을 밝힐 것 • 보편화에 대해 독자에게 경고 • CQR에서는 작은 표본이 기준이라는 점을 언급 • 연구 결과가 연구한 현상에 대한 이해를 어떻게 향상시키는지 명백히 설명 • 이론, 임상, 연구, 교육, 슈퍼비전에 대한 적절한 영향을 제안
집필과 팀	• 저자 순서와 책임을 사전에 논의
외부 독자	• 원고에 대해 외부 독자의 활용을 고려
학회 발표	• 결과를 전파하고 핵심 결과에 집중하며 피드백을 받기 위해 학회에서 발표할 것을 고려

참고문헌

Gelso, C. J. (1979). Research in counseling: Methodological and professional issues. *The Counseling Psychologist, 8*, 7-36. doi:10.1177/001100007900800303

Gelso, C. J. (1993). On the making of a scientist-practitioner: A theory of research training in professional psychology. *Professional Psychology, Research and Practice, 24*, 468-476. doi:10.1037/0735-7028.24.4.468

Hill, C. E., Knox, S., Thompson, B. J., Williams, E. N., Hess, S. A., & Ladany, N. (2005). Consensual qualitative research: An update. *Journal of Counseling Psychology, 52,* 196-205. doi:10.1037/0022-0167.52.2.196

Hill, C. E., Sullivan, C., Knox, S., & Schlosser, L. Z. (2007). Becoming psychotherapists: Experiences of novice trainees in a beginning graduate class. *Psychotherapy: Theory, Research, Practice, Training, 44,* 434-449. doi:10.1037/0033-3204.44.4.434

Hill, C. E., Thompson, B. J., & Williams, E. N. (1997). A guide to conducting consensual qualitative research. *The Counseling Psychologist, 25,* 517-572. doi:10.1177/0011000097254001

Knox, S., Adrians, N., Everson, E., Hess, S. A., Crook-Lyon, R., & Hill, C. E. (in press). Clients' experiences of termination in psychotherapy. *Psychotherapy Research.*

Knox, S., Burkard, A. W., Jackson, J. A., Schaack, A., & Hess, S. A. (2006). Therapists-in-training who experience a client suicide: Implications for supervision. *Professional Psychology: Research and Practice, 37,* 547-557. doi:10.1037/0735-7028.37.5.547

Knox, S., Burkard, A. W., Janecek, J., Pruitt, N. T., Fuller, S., & Hill, C. E. (in press). Positive and problematic dissertation experiences: The faculty perspective. *Counseling Psychology Quarterly.*

Knox, S., Catlin, L., Casper, M., & Schlosser, L. Z. (2005). Addressing religion and spirituality in psychotherapy: Clients' perspectives. *Psychotherapy Research, 15,* 287-303. doi:10.1080/10503300500090894

Knox, S., Dubois, R., Smith, J., Hess, S. A., & Hill, C. E. (2009). Clients' experiences giving gifts to therapists. *Psychotherapy: Theory, Research, Practice, Training, 46,* 350-361. doi:10.1037/a0017001

Knox, S., Edwards, L. M., Hess, S. A., & Hill, C. E. (in press). Supervisees' experiences of supervisor self-disclosure. *Psychotherapy: Theory, Research, Practice, Training.*

Knox, S., Hess, S., Petersen, D., & Hill, C. E. (1997). A qualitative analysis of client perceptions of the effects of helpful therapist self-disclosure in long-term therapy. *Journal of Counseling Psychology, 44,* 274-283. doi:10.1037/0022-0167.44.3.274

Landrum, R. E. (2008). *Undergraduate writing in psychology: Learning to tell the scientific story.* Washington, DC: American Psychological Association.

Rhodes, R., Hill, C. E., Thompson, B. J., & Elliott, R. (1994). Client retrospective recall of resolved and unresolved misunderstanding events. *Journal of Counseling Psychology, 41,* 473-483. doi:10.1037/0022-0167.41.4.473

Schlosser, L. Z., Knox, S., Moskovitz, A. R., & Hill, C. E. (2003). A qualitative examination of graduate advising relationships: The advisee perspective. *Journal of Counseling Psychology, 50,* 178-188. doi:10.1037/0022-0167.50.2.178

Consensual Qualitative Research 제12장

합의적 질적 연구의 질적 메타 분석

Clara E. Hill, Sarah Knox, & Shirley A. Hess

합의적 질적 연구(Consensual Qualitative Research: CQR)는 어떠한 것이든 유익하고 중요하다. 예를 들어, 필리핀계 미국인의 정체성 발달에 대해 좀 더 배우는 것(Tuason, Taylor, Rollings, Harris, & Martin, 2007), 1.5세대 아시안계 미국인의 경험을 적용하는 것(Kim, Brenner, & Liang Asay, 2003), 혹은 치료자의 도덕적 가치(Jennings, Sovereign, Bottoroff, & Mussell Vye, 2005)는 대단히 흥미로우며, 이런 현상을 더 잘 이해하도록 돕는다. 하지만 개별 연구들의 잠재적인 공헌에도 불구하고, 우리는 특정한 샘플을 넘어서는 결과의 대표성에 대한 질문을 간과할 수 없다. 혹시 그 샘플은 드물고 알려지지 않은 방법이었는가? 면담자는 충분한 정보를 얻었는가? 연구팀의 편견이 자료 분석에 과도하게 영향을 주지는 않았는가? 이러한 질문들을 고려해 보면 유사한 현상을 조사한 일련의 연구 결과물을 참조할 기회를 얻게 되고, 이를 통해 더욱 신뢰할 만한 결과를 산출해 내게 될 것으로 보인다. 유사하게 CQR을 설명하는 영향력이 큰 글에서 Hill, Thompson, Williams(1997)는 몇 번의 연구에 걸쳐 결과물의 모사(replications)가 있다면 결과

는 더 강력하고 믿을 수 있다고 적었다. 안타깝게도 당시에는 그러한 비교를 위한 방법이 없었다.

다행히 1997년 이래로 질적 연구의 종합적인 결과가 만들어져 왔다. 특히 Timulak(2009)은 "같은 연구 주제를 조사한 질적 연구에서의 정확하고 포괄적인 결과상"(p. 591)으로 정의한 질적 메타 분석(Qualitative Meta-Analyses: QMA)을 수행하기 위한 가이드 라인을 제시했다. 양적 메타 분석처럼(Berkeljon, Balndwin, 2007 참조) 처음에는 전반적인 효과를 보고(예, 심리치료에 전반적인 효과가 있는가?), 그다음에 부표본들의 자세한 특징을 조사한다(예, 치료 접근 또는 내담자 진단에 의해 효과의 크기가 다른가?). Timulak은 QMA의 목표가 전체적인 결과를 요약한 다음 표본 사이의 가능한 차이점을 조사하는 것이라고 적었다.

CQR 연구에서 QMA를 수행하는 첫 번째 목적은 같은 현상을 조사하는 연구에서의 종합적인 결과를 포함시키는 것이다. 여기에서 연구자는 일련의 연구들을 분석하고, 동일하고 유사한 결과물을 얼마나 보고할지 결정한다. CQR에서 결과가 참가자 전체 또는 1명을 제외한 모든 참가자를 대표한다면 우리는 결과에 '일반적(general)'으로, 만약 그들이 일반적인 것에서 절반보다 많이 적용되었다면 '전형적(typical)'으로, 둘 혹은 셋에 적용된다면 '드문(variant)'으로 표시한다는 것을 상기해 보자. 그러므로 20개의 가상 연구에서 15개가 특정 범주에서 '전형적'으로 보고되고(예, 통찰은 치료에 도움이 되는 부분이었다), 3개는 이 범주에서 '드문'으로 보고되며, 2개는 연관된 범주가 없다면, 우리는 매우 드문으로 같은 범주로 보고되는 20개의 연구 중 18개는 이 범주가 연구 중에 그 현상을 설명하는 것에 대해 신뢰할 만한 강한 지지를 제공한다고 제안한다. 이와 대조적으로 동일한 20개의 가상 연구에서 오직 2개만 특정 범주에서 '전형적'으로 보고되고, 3개는 이 범주에서 '드문'으로 보고되며, 15개는 관련된 범주가 없다면, 우리는 연구 중에 이 범주가 그 현상을 설명한다고 확신하지 못할 것이다. 우리는 그 범주가 연구 중인 현상을 대표하는 것으로 간주되려면 다수의 연구가(위의 예에서 20개의 연구 중 11개) 매우 드문으로 보고될 필요가 있다고 제안한다.

우리의 두 번째 목적은 표본(예, 치료자 vs. 내담자 참가자들) 또는 자료 수집(예, 면대면 면담 vs. 전화 면담)의 특정 측면의 효과를 평가하기 위해 표본 사이의 차이점을 분석하는 것이다. 이 두 번째 목적에서 연구자는 표본 간의 그러한 차이가 종합적인 결과에 영향을 주는지 결정하려고 한다. 예를 들어, 우리는 치료자와 내담자의 관점으로부터의 현상을 분석하는 연구의 결과를 비교하여 결과에 영향을 주는 관점을 결정할 수 있다. 그리하여 치료자의 관점으로 10개의 가상 연구 중 8개에서 '통찰은 치료에 도움이 되었다.'의 범주가 전형적으로 또는 드물게 발생했다는 것이 나타난 반면에 내담자의 시각으로 10개의 가상 연구 중 오직 1개에서 이 범주가 전형적으로 또는 드물게 발생했다고 밝혀졌다면, 우리는 통찰이 내담자보다 치료자에게 더욱 중요할 수 있다는 초기 증거를 얻게 된다.

이 장에서는 먼저 QMA의 예를 제시한다. 그리고 나서 연구자들이 QMA를 수행하는 데 뒤따르는 특정 단계들을 보여 줄 것이다.

1. 질적 메타 분석의 예

이 부분에서 우리는 연구 참가자에게 프로젝트에 참가하기로 한 이유를 물어본 10개의 연구 결과물을 분석하여 CQR 자료의 QMA를 보여 준다. 이러한 자료는 학술지의 지면이 제한되고 결과가 연구의 주요 관심 질문과 직접적으로 연결되지 않기 때문에 결코 출판되지 않는다. 연구에서 질문의 유사성을 고려할 때, 그것들은 CQR 자료의 QMA를 위한 첫 번째 시도로서는 이상적이었다.

우리는 모든 교차 분석(cross-analyses)에서 핵심 개념을 평가했고, 이 장의 세 저자는 범주 라벨들과 10개의 모든 연구에 대한 각각의 범주를 위한 핵심 개념들을 꼼꼼히 읽었다. 우리는 범주에 대한 코딩을 연구로부터 일관되게 하지 않았고, 각 범주가 의미하는 것에 대해 약간 불분명함을 느꼈다는 점에 재빨리 주목했다. 더 분명해지도록 본래의 범주 라벨들과 그 각각의 근본적인 핵심 개념들을 재분석한 후, 참가자들이 연구에 참여하기로 선택한 이유와 관련한 연구 결과를 담고 있는 6개의 넓은 범주로 발달시켰다. 다음으로 우리는 각각의 개별 연구로 돌아가서 새로운 6개 범주 각각의 핵심 개념이 적합하다고 결정했다(다시 말해, 연구자에 의해 배치되었던 원래의 범주와 관계없이). 뚜렷한 코딩을 기반으로 우리는 전체적으로 본래의 범주를 6개의 새로운 범주 중 하나로 바꿨다(다시 연구 작성자들에 의해 주어진 원래의 라벨과 관계없이). 한 예로, 원래의 범주가 참가자의 핵심 개념 30개에 의해 지지되었고, 그 핵심 개념 중 20개는 새로운 범주 A에 가장 적합하고 7개는 새로운 범주 B에, 그리고 3개는 새로운 범주 C에 가장 적합하다고 해 보자. 원래 범주의 핵심 개념 대부분이 새로운 범주 A에 적합하기 때문에 원래의 범주 전체와 그것의 핵심 개념 30개는 새로운 범주 A 아래에 놓였다. 이 작업에 기초하여 우리는 각각의 연구에서(원래의 라벨을 사용한) 본래의 범주 각각이 6개의 새로운 QMA 범주에 적합한 위치를 보여 주는 표를 만들었다(〈표 12-1〉 참조).

이 QMA에서 첫 번째 목적은 10개의 연구 중 얼마나 많은 연구가 참가자들이 프로젝트에 참여한 이유를 설명하는 유사한 범주들을 찾았는지 결정하는 것이었다. 인용된 이유는 다음과 같이 다양했다.

- 참가자들의 참여 이유 중 가장 자주 인용된 것은 도움을 주고자 하는 것이다. 연구의 90%에서 나온, 참가자들이 참여에 동의하는 가장 큰 이유는 이타적인 혹은 도움이 되고 싶은 욕구다.
- 두 번째로 가장 흔한 연구 참여 이유는 참가자에게 흥미롭거나 중요한 주제였다(연구 중 80%에서 매우 드문이 나왔다).
- 더 적게 언급된 다른 이유들은 훈련을 받고 싶거나 연구에 기여하고 싶어서(연구의 50%에서 매우 드문), 질적 연구를 좋아해서(연구의 30%에서 매우 드

문) 그리고 동료나 조언자의 요청을 받아서(연구의 30%에서 매우 드문) 의미 있는 관련된 경험을 하는 것이었다(연구의 50%에 매우 드문).

- 다음의 세 가지 이유(참가자 자신의 연구를 가능하게 하기 위해서, 주제가 간섭하거나 착취적이지 않아서, 참가자가 피면담자로서의 경험을 원했기 때문)는 단일 연구들에서 언급되었지만 어떤 다른 연구에서는 반복되지 않았다.

이 QMA의 결과에 근거하여 연구자들은 면담자를 모집하려는 노력으로 도움이 되고자 하는 바람과 중요하고 흥미로운 주제에 참여하게 된다는 것에 호소하는 방법을 고려할 만하다.

이 QMA의 두 번째 목적은 결과물의 몇 가지 차이를 설명할 수 있는 표본 간에 어떤 변함없는 구별점이 있는지 결정하는 것이었다. 다양한 연구의 세부사항에 대한 조사에서(예, 참가자에 대한 인구통계학적 자료, 방법론적인 특징) 표본 간에 오직 하나의 주목할 만한 차이가 드러났다. 대학원 학생이 참가자로서 4개의 연구에 참여했고, 현역으로 활동 중인 석사 전문가들이 3개의 연구에 참여했으며, 내담자들이 3개의 연구에 참여했다. 그러나 내담자들이 참여하는 3개의 연구에는 수련 중인 치료자와 현재 활동하고 있는 치료자 모두가 참가자로 포함되기 때문에 우리는 비교할 때 이 3개의 연구를 포함시키지 않았다. 그러므로 우리는 다음에서 대학원생이 포함된 4개의 연구와 석사 전문가가 포함된 3개의 연구를 비교했다.

우리는 두 가지 표본이 여러 연구에서 최소한 30% 다르다면 중요한 두 표본 사이에 차이가 있다고 간주할 수 있다는 것을 선험적으로 결정했다(큰 차이가 우연히 발생할 가능성은 없는 것 같기 때문이다). 또한 그 범주가 최소한 드물게(즉, 드물게, 전형적으로, 또는 일반적으로) 일어나야 한다고 결정했다. 4개의 범주에서 차이가 발견되었다.

- 전문가는 동료에 의해 초대되었기 때문에 대학원생에 비해 더 자주 참여했

다고 언급되었다(전문가의 66%가 매우 드문 vs. 대학원생은 0%).

- 전문가는 논문에 기여하거나 교육하는 것에 대한 욕구가 있기 때문에 대학원생에 비해 더 많이 참여했다고 언급되었다(전문가의 100%가 매우 드문 vs. 대학원생은 50%).

- 대학원생은 관련된 의미 있는 경험이 있기 때문에 전문가보다 많이 참여했다고 언급되었다(대학원생의 50%가 매우 드문 vs. 전문가는 0%).

- 대학원생은 도움을 주기를 원했기 때문에 전문가보다 자주 참여했다고 언급되었다(대학원생의 100%가 매우 드문 vs. 전문가는 66%).

　이러한 QMA 결과에 근거하여 연구자는 관련된 의미 있는 경험이 있고 도움을 주기를 원하는 대학원생의 모집을 고려할 수 있고(운명적인 연구 참여), 석사 전문가를 모집할 때는 지식에 기여하고자 하는 그들의 욕구에 호소하고 동료에게는 개인적으로 요청할 것이다.

〈표 12-1〉 10개의 합의적 질적 연구에 참가한 이유 비교

연구	참가자	이유						
		돕고 싶은 욕구	주제가 흥미롭거나 중요함	이미 있는 관련 경험이 있음	교육이나 연구에 기여하고 싶은 욕구	질적 연구를 좋아함	조언자/연구자가 참여하기를 요청	그 밖의 다양한 이유
Knox, Brukard, Jackson, Schaack 그리고 Hess(2006)	대학원생	연구를 지원하기 위해(전형적)	중요한/인상적인 주제(드문)		미래의 지도자들을 교육하기 위해(전형적)			
Hess 등 (2008)	대학원생	도움이 되고 싶어서(전형적)	주제에 관심이 있음					
Burkard 등(2009)	대학원생	연구 경험을 쌓기/연구자들을 도우려고(전형적)		LGB 문제에 대해 작업함(드문)	LGB 연구를 발전시킴(전형적)			
Knox, Edwards, Hess, 그리고 Hill, 발간 중	대학원생	지식을 향상시키기 위해/연구에 기여하거나 돕기 위해(전형적)	흥미로운 주제/관련된 경험이 있음(전형적)	흥미로운 주제/관련된 경험이 있음(전형적)		CQR이나 질적 연구를 좋아하거나 끝냈음(드문)		
Knox, Schlosser, Pruitt와 Hill (2006)	박사 후 전문가	연구/연구자를 지원하기 위해(전형적)	주제가 중요함/흥미로움(전형적)		지식/주제에 대한 기술 증진(전형적)			참가자 자신의 연구를 용이하게 함(드문)
Knox, Burkard, Edwards, Smith, 그리고 Schlosser (2008)	박사 후 전문가	돕기 위해(드문)			주제에 관심이 있음/주제가 중요하다고 생각함(전형적)		연구자들과 친분이 있음(전형적)	

연구	졸업생 전문가		흥미로운 주제(전형적)		그 주제에 논문이 없음(드문)	동료를 돕기 위해(전형적)	간섭하거나 자취적이지 않은 주제(드문)
Knox, Burkard 등, 발간 중							
Knox, Dubois, Smith, Hess와 Hill(2009)	내담자	돕기 위해 (전형적)	주제에 관심이 있음(드문)	의미 있는 경험이 있음(드문)			
Knox, Hess, Hill, Burkard와 Crook-Lyon, 발간 중	내담자	연구 경험 쌓기(드문) 이타적인 마음/연구자에게 도움이 되기 때문에(드문)	자극적인/흥미로운 주제(전형적)	공유하기에 흥미로운/강력한 CRE(드문)	질적 연구를 많음/하고 있음/하길 원함(드문)	조언자/연구자가 참여를 요청함(드문)	면담 경험을 하길 원함(드문)
Knox 등(2011)	내담자	연구에 기여하거나 돕기 위해/연구 경험 쌓기(일반적)	흥미로운 주제/관련된 종결 경험이 있음(드문) 연구에 기여하거나 돕기 위해/연구 경험 쌓기(일반적)	흥미로운 주제/관련된 종결 경험이 있음(드문)	CQR을 좋아함/믿었음(드문)		

요약

	돕기 위해	흥미로운 주제	이미 있는 경험	그 주제에 논문이 없음	CQR을 좋아함	동료를 돕기 위해
전체 표본(N=10)	90%	80%	50%	50%	30%	30%
대학원생(n=4)	100%	75%	50%	50%	25%	0%
전문가(n=3)	66%	66%	0%	100%	0%	66%

2. 합의적 질적 연구 자료의 질적 메타 분석 수행 단계

이제 특정 예에서 한 걸음 떨어져서 CQR 자료를 바탕으로 QMA를 수행하기 위한 지침을 제공할 것이다. 이러한 지침은 존재하는 CQR 자료에 QMA를 적용하는 우리의 경험(앞에 설명된)을 기반으로 수정한 Timulak(2009)의 QMA에 대한 서술을 기초로 했다. 〈표 12-2〉는 이러한 지침을 요약한다.

〈표 12-2〉 합의적 질적 연구 자료의 질적 메타 분석 수행을 위한 단계 요약

단 계	권고사항
팀 선택하기	• 3~4명의 숙련된 CQR 연구자 선택
연구 선택하기	• 같은 주제의 연구를 선택 • 연구 기준에 포함시키고 제외시킬 것을 결정 • 논문을 철저히 조사
증거 선택하기	• 범주들과 뒷받침하는 핵심 개념 또는 인용문 조사
연구 간 범주 비교하기	• 자료에 근거한 범주의 동등성 결정
결과 요약하기	• 연구 간 범주들의 빈도 언급 • 매우 드물게 또는 전형적으로 발생한 백분율 요약 • 표본의 절반 이상이라면 중요한 것으로 간주함 • 만약 사용한 것이라면 자문에게 보냄
표본 간의 차이 조사하기	• 연구의 관련 있는 특징에 주목 • 표본 간 차이에 대한 기준을 세움

1) 팀 선택하기

다양한 의견을 얻기 위해 QMA 연구팀을 3~4명으로 구성할 것을 권한다. 충분한 수의 구성원이 연구팀에 포함되었다면 절대적으로 필요하지는 않을 수 있지만, 팀의 분석에 대한 피드백을 제공하기 위해 자문을 1~2명 두는 것도 유용

하다. 팀과 자문의 자격에 관해서는 연구하는 주제에 대한 전문 지식과 함께 CQR에 대한 경험이 가장 중요하다.

2) 연구 선택하기

연구 간의 공정한 비교를 용이하게 하려면 연구자는 같거나 비슷한 주제의 연구를 선택해야 한다(즉, 각 연구가 적어도 몇 부분은 같은 주제를 말해야만 한다). 예를 들어, 선택된 모든 연구가 연구의 유익한 면을 말하거나 선택된 연구의 몇몇 부분에 참가자들이 왜 연구에 참여하기로 동의했는지 언급되는 것이다.

연구자들은 그들이 진행할 연구의 종류 그리고 검토에 포함시킬 내용을 구분하는 포함 기준과 제외 기준을 결정할 필요가 있다. 예를 들어, 뒷받침하는 연구나 범주를 분명히 보여 주는 핵심 개념만 포함시키기로 할 수도 있다(그러한 지지하는 정보 없이 범주가 의미하는 것을 결정하기는 매우 어려울 것이기 때문이다). 그리고 나서 연구자는 자신의 기준에 맞는 모든 연구를 확실히 포함시키기 위해 논문을 철저히 조사할 것이다. 모든 연구의 개요에 CQR이라는 용어가 포함되지는 않는다는 점을 고려할 때, 이 조사 과정에서는 그 주제에 대한 연구가 대개 끝났고 출판된 연구보다 학술지의 복사본을 더 많이 조사할 것이다.

이렇게 QMA를 위해 필요한 많은 연구에 관한 결정은 QMA를 수행하는 이유에 달렸다. 그 의도가 특정 분야의 결과물에 대한 자신감을 느끼기 위한 것이라면 많은 연구를 조사해야 한다(Patterson, Thorne, Canam, & Jullings, 2001은 적어도 12개의 연구를 추천한다). 결과의 안정성은 다양한 표본이 조사되었을 때만 나타나기 때문이다. 이와 유사하게 의도가 연구 작업의 특징을 조사하는 것이라면(예, 표본의 유형), 조사한 연구 간의 잠재적인 차이점이 안정되게 나오게 하기 위해서 많은 연구를 조사해야 한다. 그러나 의도가 연구물이 거의 없는 분야의 연구들의 결과를 최초로 비교하는 것이라면, QMA에 2개의 연구 정도만 포함시켜도 된다. 2개의 연구는 표본 결과의 안정성에 최초의 증거를 제공할 수 있기 때문이다. 현재 같은 주제를 조사하는 CQR 연구가 부족하다는 것을 고려할 때, 우리는 이상적인 초기 단계의 QMA보다 적은 CQR 연구에 의존할 필요가 있다.

3) 증거 선택하기

일반적으로 연구자는 대개 범주 라벨과 대표적인 핵심 개념이나 각 범주를 위한 인용문 또는 하위 범주로 이루어져 있는 출판된 증거만을 이용할 것이다. 적어도 각각의 연구 안에 있는 범주 이름이 의미하는 것에 대한 명확한 이해를 포함하는 모범적인 핵심 개념이나 인용문을 가지는 것은 매우 중요하다. 이상적인 상황에서 연구자는 각 범주의 핵심 개념들을 실제로 보기 위해서 각연구의 교차 분석을 이용하겠지만, 우리는 QMA 연구자가 그러한 자료를 항상 이용하지 않을 수도 있다는 것을 안다. 만약 교차 분석이 그 연구 중 몇 개를 이용하고 나머지는 이용하지 않는다면, QMA 연구자는 자료의 동등하지 않은 수준을 포함시킬지 말지를 결정해야만 한다(예, 몇몇 연구에 대한 범주 이름과 핵심 개념 vs. 다른 연구들의 전체적인 교차 분석). 모범적인 핵심 개념들과 인용문을 조사하면서 범주의 이름이 명확하고 개별적인 것 같다면, 연구자는 반드시 모든 핵심 개념이 이용 가능한 것이 아니라는 점을 연구에 포함시킬 수도 있다. 반면에 연구자들이 범주 라벨이 실제로 의미하는 것에 대해 확신하지 못한다면, 아마도 QMA에서 그러한 연구를 포함시키지 않는 것이 더 현명할 것이다(그리고 그 점을 논문에 기록한다).

4) 연구 간 범주 비교하기

이 단계에서는 주요 팀(예, 자문을 제외한 모두)은 연구들에서 비슷한 범위의 범주들을 검토하고 유사성이 있는지를 결정한다. 특히 범주의 이름과 모범 인용문과 핵심 개념(그리고 만약 교차 분석이 가능하면 모든 핵심 개념)을 보고 연구

간 범주들이 개념을 나타내는 범주의 이름과 상관없을 만큼 충분히 유사한 의미를 전달하는지 결정한다. 예를 들어, 그러한 증거를 분석하여(즉, 범주 이름, 모범적인 핵심 개념) 팀은 참가자들이 연구에 참여하는 이유를 포착하는 영역을 결정한다. 한 연구의 '도움이 되고 싶어서'라는 범주는 다른 연구의 '동료를 돕기 위해'라는 범주와 동등하지만, 모두 '시간이 있었다.'라는 범주와는 다르다 (앞 예 참조). 범주 사이의 동등함에 대한 결정은 상당한 논의와 모든 이용 가능한 자료를 조사한 것을 기반으로 연구팀 구성원 사이의 합의에 의해 내려진다.

5) 결과 요약하기

일단 같은 개념을 나타내는 범주들이 결정되었다면, 다음 결정은 그 결과를 어떻게 요약하는가다. 여기에서 우리는 연구자가 연구에서 일반적으로, 전형적으로, 드물게 발생한 범주들을 보여 줄 것을 제안한다. 예를 들어, 연구자가 심리치료에 도움이 되는 요소에 대한 10개의 연구의 가상적인 QMA에서 '통찰력' 범주가 4개의 연구에서 일반적이고 3개의 연구에서 전형적이고, 1개의 연구에서는 드물었으며 2개의 연구에서는 전혀 나타나지 않았다는 것을 보여 주는 반면, '실행 아이디어'의 범주는 어떤 연구에서는 일반적이지 않았고 1개의 연구에서는 전형적이었고, 3개의 연구에서는 드물었으며, 6개의 연구에서는 찾아볼 수 없었다고 가정해 보자. 그리고 나서 그들은 이러한 결과를 요약하면서 '통찰력'은 연구의 80%에서 매우 드물게 나타났지만 '실행 아이디어'는 오직 40%에서 매우 드물게 나타났다고 말할 수 있다. 연구자는 적어도 표본의 절반에서 나온 결과를 대표하기 위해서는 최소한 전형적으로 발생한 범주만을 고려하는 것이 좀 더 설득력 있을 수 있다. 따라서 우리의 가상적인 예에서 '통찰력'은 연구의 70%에서 매우 전형적으로 나타난 반면 '실행 아이디어'는 10%만 매우 전형적으로 나타났다.

다음 결정은 각 범주가 얼마나 자주 발생하는지에 관해 앞 결과를 어떻게 생각할 것인가다. 그런 다음에 우리는 여기에서 범주가 그 현상의 핵심 요소로 간주되기 위해 얼마나 자주 발생해야 하는지를 결정할 필요가 있다. 우리는 현상의 대표로 간주되는 범주를 위해서 연구의 절반 이상이 매우 드물게로 선택된 범주를 포함시켜야 한다고 시험적으로 제안한다(또는 연구자들이 더욱 엄격하기를 원한다면, 그 범주는 매우 전형적으로 발생해야 한다). 그러므로 10개의 연구 중 6개에서 치료에 도움이 되는 요소로 '통찰 달성'이 매우 드물게 발견되었다면, 우리는 통찰력이 실제로 도움이 된다는 것을 확신할 수 있을 것이다. 반대로 10개의 연구 중 2개에서만 도움이 되는 것으로 '실행 아이디어 내기'가 매우 드물게 발견되었다면, 우리는 이것이 치료의 가치 있는 요소인지에 대해 덜 확신할 것이다.

자문을 두었다면 이제 결과를 그들에게 보낼 것이다. 자문은 결과에 대한 모든 증거와 의견을 검토한다. 그런 다음에 주요 연구팀은 자문의 의견을 고려하고 조정할 필요가 있다.

6) 표본 간의 차이 조사하기

전체적인 효과에 대한 주요 분석의 후속편으로 연구자는 표본의 결과들이 다른지를 결정하기 위해 그들의 분석을 더 깊이 있게 계속할지를 결정할 것이다(그들이 충분한 수의 연구를 가지고 있다면). 표본의 특성에 기초한 차이점이 전체적인 결과를 흐리게 했을 수도 있으므로, 더욱 정밀한 분석 단계는 '드물게'가 표본과 관련된 어떤 것 때문이었는지를 명확하게 해 줄 수 있다. 예를 들어, 표본이 치료자의 이론적 성향에 따라 다르다면 연구에서 최소한의 일관성이 발견될 수 있다. 또 표본 사이의 그러한 차이점을 식별할 수 있다면, 그리고 각 하위 집단에 충분한 연구가 있다면, 우리는 연구에서의 '드물게'를 설명할 수 있을 것이다. 이전 회기에서의 가상적인 예로 돌아가면, 정신역동치료를 포함하는 연구에서의 내담자들은 종종 도움이 되는 요소로 '통찰 달성'을 말한 반면에, 인지행동치료를 포함하는 연구의 내담자들은 종종 '실행 아이디어 내기'가 도움이 된다고 말했다. 우리는 이것을 '중요한' 차이로 생각할 수 있다(우리는 유의성에 대한 통계적인 실험을 하지 않았기 때문에 그것을 '유의미한' 차이라고 부를 수 없다는 데 주의하자).

연구의 다양한 특징이 획득된 결과에 주는 영향을 알아보기 위해 연구자들은 우선 선택된 연구들의 관련된 특징에 주목해야 한다. 예를 들어, 연구자는 일정한 이론적인 성향, 연구팀의 일정한 기대와 편견, 표본의 크기와 특성, 자료를 수집하고 분석하는 절차, CQR 표준 절차에서 벗어난 것, 그리고 자료와 자료 분석의 신뢰성에 대한 염려를 기록한다. 분석 과정에서 치료자의 경험 수준과 관련된 결과가 상당히 드물게 있었다고 나타났다면, 연구자는 참가자로서 대학원생 치료자들을 모집한 표본과 수련 중인 치료자들을 모집한 표본에 주목할 것이다. 만일 연구자가 저자들과 더 상세하게 접촉하지 않는다면, 당연히 연구자는 출판된 기록에서 연구에 대해 이용 가능한 것에 의해 제한된다.

연구자가 관심사의 하위 그룹 각각에 대한 충분한 연구를 갖고 있다고 가정하면(우리는 각 하위 그룹에서 최소한 3개의 연구를 제안한다), 다른 하위 그룹에서 다른 결과가 발생했는지를 연구할 수 있다. 예를 들어, 연구자들은 자료가 어떻게 수집되었는지에 따라 결과가 다른지와(예, 면대면 면담, 전화 면담, 설문지) 표본에 다른 문화적 배경(예, 중국 vs. 미국) 또는 경험 수준(예, 참가자로 박사과정 학생 vs. 숙련된 치료자)이 반영되었는지에 대해 연구할 수 있다. 또 다른 예로, 연구자들은 10개의 연구 중 2개에서 내담자들과 전화 면담했을 때 꿈에서의 성적 환상에 대한 범주에서 매우 전형적이라는 결과가 보고된 것과 면대면 면담을 사용했을 때는 10개의 연구 중 8개에서 이 범주의 결과가 '전형적' 또는 '드문'으로 보고된 것을 비교하여 발견할 수 있다.

그런 다음에 연구자들은 다른 응답이 나온 표본들을 고려하기 위해서 얼마나 많은 차이가 있어야 하는지를 결정해야 한다. 우리는 부표본 간에 적어도 30%의 차이가 있을 것을 추천한다(예, 10개의 연구 중 8개 vs. 10개의 연구 중 5개에서 30%의 차이가 있을 수 있다). 30%의 기준은 확실히 임의적이지만 상당히 큰 비중이어서 부표본 간의 실제 차이를 반영할 가능성이 있다(우리가 일부 자료만을 분석했지만 과하게 제한적이지 않을 때 의미 있는 차이를 반영하는 것으로 보인다). 우리는 연구자들이 자료 분석 이전에 중요한 차이에 대한 기준을 세우고 그것들을 원고에 명확하게 기술하기를 권한다(그렇지 않으면 연구자들은 그들의 편견을 기반으로 기준을 세울 가능성이 있다). 따라서 연구자들은 치료에 도움이 되는 양상에 대해 말할 때, 대학원생 치료자들을 대상으로 하는 10개의 가상 연구 중 8개에서 증거로 나온 '통찰력' 범주가 일반적 또는 전형적으로 포함되는 결과를 토대로 대학원생 치료자들의 내담자들이 수련 중인 치료자들의 내담자들보다 자주 '통찰력' 범주가 산출되었고, 반면에 수련 중인 치료자들을 대상으로 한 10개의 가상 연구에서는 2개에서만 '통찰력' 범주가 일반적 또는 전형적으로 산출됐다고 결정할 것이다(60%의 차이는 선험적으로 중요하다고 고려되는 차이로 잡은 기준 30%를 명백히 초과한다).

3. 결 론

QMA를 수행하기 위한 접근법을 명확히 설명함으로써 우리는 연구자들에게 이러한 분석에 참여할 것을 권하고 싶다. QMA를 추가로 수행하기 위한 충분한 자료를 위해 연구자들에게 모사 연구(replicate studies)를 할 것을 권한다. 우리는 그러한 노력의 결과가 연구의 결과물에 더 큰 자신감을 제공하기를 희망한다. 이와 반대로, 만약 연구의 다른 특징이 설명되고 있는데도 연구 간에 유사성이 발견되지 않는다면 연구자들은 QMA의 유용성에 대한 확신을 포기하고 접근법을 수정해야 한다. QMA 절차는 매우 새로운 것이다. 우리는 연구자들이 이 방법과 함께 더 많은 경험을 할 때 변하게 될 방법에 대해 기대가 크다. 확장된 방법을 간절히 기다린다.

참고문헌

Berkeljon, A., & Baldwin, S. A. (2009). An introduction to meta-analysis for psychotherapy outcome research. *Psychotherapy Research, 19,* 511-518. doi:10.1080/10503300802621172

Hess, S., Knox, S., Schultz, J. M., Hill, C. E., Sloan, L., Brandt, S., & Hoffman, M. A. (2008). Predoctoral interns' nondisclosure in supervision. *Psychotherapy Research, 18,* 400-411. doi:10.1080/10503300701697505

Hill, C. E., Thompson, B. J., & Williams, E. N. (1997). A guide to conducting consensual qualitative research. *The Counseling Psychologist, 25,* 517-572. doi:10.1177/0011000097254001

Jennings, L., Sovereign, A., Bottorff, N., Mussell, M., & Vye, C. (2005). Nine ethical values of master therapists. *Journal of Mental Health Counseling, 27*(1), 32-47.

Kim, B. S. K., Brenner, B. R., Liang, C. T. H., & Asay, P. A. (2003). A qualitative study of adaptation experiences of 1.5-generation Asian Americans. *Cultural Diversity & Ethnic Minority Psychology, 9,* 156-170. doi:10.1037/1099-9809.9.2.156

Knox, S., Adrians, N., Everson, E., Hess, S. A., Hill, C. E., & Crook-Lyon, R. (2011). Clients' perspective on therapy termination. *Psychotherapy Research, 21,* 154-167. doi:10.1080/10503307.2010.534509

Knox, S., Burkard, A. W., Jackson, J. A., Schaack, A., & Hess, S. A. (2006). Therapists-in-training who experience a client suicide: Implications for supervision. *Professional Psychology: Research and Practice, 37,* 547-557.

Knox, S., Burkard, A. W., Edwards, L., Smith, J., & Schlosser, L. Z. (2008). Supervisors' reports of the effects of supervisor self-disclosure on supervisees. *Psychotherapy Research, 18,* 543-559. doi:10.1080/10503300801982781

Knox, S., Burkard, A. W., Janecek, J., Pruitt, N. T., Fuller, S., & Hill, C. E. (in press). Positive and problematic dissertation experiences: The faculty perspective. *Counselling Psychology Quarterly.*

Knox, S,. Dubois, R., Smith, J., Hess, S. A., & Hill, C. E. (2009). Clients' experiences giving gifts to therapists. *Psychotherapy: Theory, Research, PReading, Training, 46,* 350-361. doi:10.1037/a0017001

Knox, S., Edwards, L. M., Hess, S. A., & Hill, C. E. (in press). Supervisees' experiences of supervisor self-disclosure. *Psychotherapy: Theory, Research, Practice, Training.*

Knox, S., Hess, S. A., Hill, C. E., Burkard, A. W., & Crook-Lyon, R. E. (in press). Corrective relational experiences of therapists or therapists-in-training. In L. G. Castonguay & C. E. Hill (Eds.), *Transformation in psychotherapy: Corrective experiences across cognitive behavioral, humanistic, and psychodynamic approaches.* Washington, DC: American Psychological Association.

Knox, S., Schlosser, L. Z., Pruitt, N. T., & Hill, C. E. (2006). A qualitative examination of graduate advising relationships: The advisor perspective. *The Counseling Psychologist, 34,* 489-518. doi:10.1177/0011000006290249

Patterson, B. L., Thorne, S. E., Canam, C., & Jillings, C. (2001). *Meta-study of qualitative health research: A practical guide to meta-analysis and meta-synthesis.* Thousand Oaks, CA: Sage.

Timulak, L. (2009). Meta-analysis of qualitative studies: A tool for reviewing qualitative research findings in psychotherapy. *Psychotherapy Research, 19,* 591-600. doi:10.1080/10503300802477989

Tuason, M. T. G., Taylor, A. R., Rollings, L., Harris, T., & Martin, C. (2007). On both sides of the hyphen: Exploring the Filipino-American identity. *Journal of Counseling Psychology, 54,* 362-372. doi:10.1037/0022-0167.54.4.362

제3부

총체적 고려사항

제13장   합의적 질적 연구의 신뢰성 구축
제14장   합의적 질적 연구의 문화적 고려
제15장   합의적 질적 연구의 윤리적 고려사항
제16장   합의적 질적 연구를 사용한 주석이 달린 참고문헌 연구

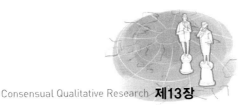

Consensual Qualitative Research **제13장**

합의적 질적 연구의 신뢰성 구축

Elizabeth Nutt Williams & Clara E. Hill

어떠한 경험적 연구든 타당도를 구축하는 것은 매우 중대한 일이다(Choudhuri, Glauser, & Peregoy, 2004; Stiles, 1993). 질적 연구에서 '타당도'의 의미와 조직화를 결정짓는 것은 심리학에서 우위에 있던 양적 연구에서보다 어려웠다. 먼저, 질적 연구자들은 p값, 연구자 간 신뢰도 측정 그리고 신뢰할 수 있는 오차 분산과 같은 '약칭'을 공유하지 않는다(Williams & Morrow, 2009). 그러므로 타당도의 구성에 대해 평가하는 것은 어려운 일이다. 둘째, 질적 연구자들은 양적 연구의 용어와 접근을 그대로 적용하는 것을 반대한다(Arminio & Hultgren, 2002). 2개의 다른 종류의 연구는 근본적으로 다른 패러다임을 기본으로 하기에 양적 연구의 기준을 그대로 적용하는 것(예, kappa 통계의 사용)은 맞지 않다고 본다(제2장 참조).

일부 질적 연구자들은 타당도 대신 신뢰성을 사용하기 시작했고(예, Elliott, Fischer, & Rennie, 1999), 더 타당하고 적절하며 통제 가능한 방법을 사용하기 위해 그리고 연구 결과를 정확하게 기록하기 위해 연구자들의 의견을 반영하고 있다. 1981년에 Guba가 질적 연구자들에게 신뢰성을 평가하기 위해 반드시 신뢰성, 이동성, 의존성 그리고 확증성을 사용할 것을 주장했다. 더불어 많은 연구자가 질적 연구에서 엄격한 방법론적인 적용으로 이끄는 이러한 기준을 적용해 오고 있다(Holy & Bhati, 2007). 신뢰성을 더 강화하는 기준들을 사용하는 연구자들(예, Morrow, 2005)도 있다. 이 장에서는 Morrow(2005)가 제시하고, Williams와 Morrow(2009)가 재정립한 세 가지 기준을 중심으로 소개할 것이다.

- 자료의 진실성 구축
- 주관성과 반영성 사이의 균형 잡기
- 연구 결과, 그리고 연구와 실행에서 그것의 적용 가능성을 명확히 전달하기

이 장에서는 이 세 가지 기준을 살펴보고, 특히 질적 연구자들이 자료의 신뢰성을 구축하는 데 사용할 수 있다고 동의한 구체적인 계획에 주목한다.

1. 자료의 진실성

연구자들은 자료의 진실성을 입증하기 위한 몇 가지 계획을 사용할 수 있다. 이 계획들은 연구 방법에 관한 세부사항을 제공하고, 방법을 삼각 측량하고, 포화 상태를 찾고, 일반화 가능성에 대해 생각할 수 있게 해 준다.

1) 방법에 대한 세부사항 제시

자료의 진실성이나 의존성(Patton, 2002)은 방법과 결과를 명확히 설명한다(예, 결과가 연구의 질문에 답하는가? 그리고 충분한 정보를 제공하는가?). 자료의 진

실성을 구축하기 위한 첫 번째 중요한 단계는 연구 절차의 반복 검증을 위해 연구 보고서에서 충분한 방법론적 세부사항을 제시하는 것이다(비록 이것이 꼭 결과가 아닐지라도). CQR에서 저자는 반드시 다음 사항을 설명해야 한다.

- 연구팀원에 대한 세부사항
- 연구팀의 편향과 기대
- 표본의 타당성에 대한 증거
- 면담 계획안(그리고 보고서의 부록 사본을 제공할 것을 고려)
- 모집 시 사용한 전략(그리고 그 전략의 성공 확률)
- 상담 과정 그 자체에 대하여(누구와, 어디에서, 어떻게, 얼마나 녹음했는지)
- 상담 기록 과정
- 자료 분석에서 이루어진 모든 상세한 과정(그리고 특히 CQR 접근 방식에 따라 얼마나 정확한 절차를 따랐는지에 대해)
- 자료의 안정성을 구축하기 위한 시도(예, 새로운 사례는 결과에 의미 있는 새로운 범주를 추가하지 않음)
- 연구의 어떤 세부사항은 다른 연구자들이 그 연구에 대해 알고자 할 때 필요하다.

이러한 요소들이 잘 기술되어 있는 CQR 연구의 가장 훌륭한 예는 Knox, Burkard, Edwards, Smith 그리고 Schlosser다(2008). 이들은 부록에서 연구팀의 편향에 관한 모든 것을 설명한다. 부록에는 면담 계획안, 면담 과정 자체에 대한(계획안의 실험을 포함한) 많은 정보, 표본 모집 시 사용된 전략 등을 함께 정리해 두었다.

2) 삼각 측량 방법

Williams와 Morrow(2009)는 질적 연구의 진실성 확립을 위한 전략으로 삼각 측량을 사용했다. 삼각 측량은 자료를 모으기 위한 다중(혼합)법이며(예, 조사, 면담, 생리적 측정에 대한 기록), 다른 참가자들의 관점을 모아 놓은 것이다(예, 내담자와 치료자에게 회기에 대한 같은 면담 질문을 해서 얻은 답변). 만약 결과가 일치하지 않는다면, 연구자는 그 모순이 방법 때문인지 아니면 관점 때문인지 알아내기 위해 더 많은 연구를 수행할 필요가 있다. CQR 연구의 예로 Williams, Judge, Hill 그리고 Hoffman(1997)은 상담 회기에서 초보 수련생들이 자신의 반응을 다루기 위한 시도에 대해 연구했다. 초보 수련생들은 내담자, 치료자 자신 그리고 치료자의 슈퍼바이저에게서 자료를 수집했다. 그들은 또한 양적 연구(예, 불안과 자기 옹호의 평가)와 문서 그리고 개방형 질문의 면담 방법을 사용했다. 삼각 측량 같은 방법은 대학원에서 예비 실습 과정을 통해 치료자의 전략을 더 완벽하게 표현하도록 해 준다. 방법과 관점 사이에서 결과가 일관된다면 연구자들은 그 자료에 더욱 자신감을 얻을 것이다.

3) 포화 상태 확인

Williams와 Morrow(2009)는 신뢰성을 구축하기 위해 이론적 포화 현상의 사용을 추천했다. Glaser와 Strauss(1967)는 "연구자들이 경험적으로 점점 자신감을 가지게 된다."(p. 65)며 이어서 이론적 포화 상태의 중요한 부분으로 연구에서 더 이상 새로운 자료가 나타나지 않는다는 것을 설명했다. 그러므로 포화 상태를 이루기 위해 그들의 자료에 나타난 것, 그리고 연구 질문과 이론적 뒷받침이 연결되어 있는 자료 분야와 범주의 안정성을 보장하기 위해 연구자들이 충분한 자료를 모으는 것이 필요하다. CQR에서 이러한 포화 상태는 보통 연구 결과의 안정성으로 언급된다(Hill, Thompson, & Williams, 1997, p. 552). CQR 연구자들은 안정성을 구축하기 위해 가끔 교차 분석에서 사례 1~2개를 제외하는데, 그 사례들이 분석에 포함되었을 때 연구자들은 '상당한 변화'인지 아닌지 결정하기 위해 확인할 수 있다(Hill 등에 의해 규정, 1997, 다양성 범주에서 전형적 범주로 이동하는 경우처럼 범주를 바꾸게 되는 변화를 말한다). 비록 안정성을 구축하기 위한 절차가 가치 있더라도 특별히 CQR 연구에는 도움이 되지 않는 경우가 대부분이다. CQR 연구에서는 일관된 교차 분석을 보장하기 위하여 면담 자료가 자료 분석 이전에 수집되어서 분석의 결과가 안정적이지 않은 것으로 나타난다면 보통 연구자들이 새로운 자료를 수집하는 것이 실현 불가능하다. 그러므로 안정성으로 간주하는 것에 대한 명확한 기준은 없다. '보유한 사례 중에 얼마나 많은 사례가 불안정한 것으로 여겨지는 결과를 위해 추가될 필요가 있는지'라는 사항을 고려하여 Hill 등(2005)은 연구자들이 더 이상 이런 방법으로 안정성을 체크하지 않을 것을 제안했다.

연구자들은 진실성을 높이기 위해 안정성 체크가 아닌 다른 방법을 사용할 수 있다. 첫째로 비교적 큰 규모의 표본(약 13~15명의 참가자들)을 포함시키려 할 수 있고, 이를 통해 일관된 연구 결과를 얻을 가능성이 크다(제6장 참조). 둘째로 각각의 결과를 교차 분석에 의해 결정된 매우 중요한 범주와 연결하기 위해 노력해야 한다. 이 일은 보통 자료로부터 중요한 부분이나 인용 문구 사용과 같은 전형을 제시하여 이루어졌다. Hayes 등이 치료자의 역전이에 대해 연구한 자료에서 좋은 예를 찾을 수 있다. 저자는 교차 분석에서 발견된 범주들의 빈도에 대해 사례 정보를 설명했고, 결과에 많은 인용문을 포함시켰으며, 사례 8개의 요약을 제공했다. 전체적인 연구 결과에서 각 사례의 연관성은 도출된 범주들의 매우 긍정적인 적용 가능성을 보여 주었고, 더불어 자료의 진실성을 얻게 했다.

4) 연구 결과의 일반화 가능성 결정

CQR 연구자는 종종 질적 연구에서 일반화 가능성이 신뢰성으로 적용될 수 있는지를 고민한다. CQR 연구가 모집단을 완벽하게 대변한다고 할 수 없고 유익하고 기술적인 자료가 필요한 작은 표본을 사용한다는 점을 고려할 때, 참가자들과 연구자들의 특정한 표본 중에서 결과를 일반화하는 것은 어려운 일이다. 실제로 일부 질적 연구자들은 일반화 가능성 대신 대체 가능성을 사용한다. 대체 가능성은 연구자들이 참가자나 연구 과정에 대한 자세한 정보를 제공할 때 높아지기 때문에 독자는 연구 결과가 다른 조건들로 바뀔 수 있는지 판단할 수 있다. 대체 가능성을 추구할 때 우리는 윤곽이 뚜렷하고 상당히 단일한 모집단에서 참가자들을 무작위로 선택하고자 하며, (다른 질적 접근법과 비교하여) 비교적 큰 표본을 사용한다. 우리는 CQR 연구를 위한 참가자들이 통계적 개입의 대표적인 필요조건을 만족시키고 이에 따른 일반화 가능성을 충족시켜서가 아니라, 우리가 조사하는 경험에 대해 그들이 상세한 이야기를 해 줄 수 있기 때문에 선택했다는 점을 기억해야 한다(Polkinghorne, 2005). 또한 자료의 외견적인 모순을 해결하고 참가자 각각에게 모든 자료를 설명하고, 연구 결과를 설명하기 위해 예를 제공하며, 자료 안의 연구 결과 중 질문에 적절한 대답을 한다. 더불어 질적 연구의 강점은 표본의 크기보다는 선택된 사례의 정보가 더 충분하고 연구자의 실제적이고 분석적인 능력과 연관이 있기 때문이다(Patton, 1990).

게다가 비록 질적 접근에서 더욱 엄격한 일반화 가능성이 표본의 연구 결과를 모집단에 일반화하는 것과 관련이 있다 할지라도, CQR 연구자들은 연구에서 연구 결과의 특징을 구축하는 것이 중요하다는 것을 알았다. 우리는 어떤 범주가 나타나는지와 더불어 연구에서 나타나는 빈도를 통해 특징을 입증하며, 빈도는 일반적(전부 또는 표본의 한 사례를 제외한 전부 적용), 전형적(사례들의 반 이상 적용) 그리고 변형적(사례들의 반 이하 적용)이라는 세 범주로 나눈다. CQR 연구에서 변형적 범주만 있는 연구의 신뢰성을 지키는 것은 어려울 것이다. 이러한 범주는 특정한 연구에서 표본으로 사용된 것조차 반영하지 못하기 때문이다. 표본에서 가끔 오직 변형적 범주만 가변성을 반영하는 것을 고려할 때, 연구자들은 표본을 나누고(그만큼 충분히 크다면) 더 일반적이거나 전형적인 결과가 나타나는지 볼 것이다. 연구에서 일반적인 범주를 발견하지 못했을 지라도, 전형적 범주가 존재한다는 것은 어느 정도 이론적 포화 상태에 대한 지지를 제공한다고 볼 수 있다.

2. 반응성과 주관성

자료의 진실성이 구축되면, CQR 연구자는 참가자들이 어떻게 말하는지와 연구자들이 그들의 반응을 어떻게 해석하는지 사이에 긴장의 균형을 잡는 것에 관심을 돌렸다. 질적 연구와 더불어 어떤 연구든 애초에 주관적이다(즉, 절대 객관적일 수 없다). 주관성은 우리가 물어보기로 한(또는 하지 않기로 한) 질문과 참가자의 관점을 정확히 대변하기 위한 시도에서 시작된다. 선천적인 주관성 때문에 CQR 연구자는 분석하는 데 조심해야 하고, 그들의 편견과 기대를 잘 관리해야 한다(제5장 참조). Rennie(2004)는 분석하고 편견과 기대를 관리하는 이 과정을 '반응성' 또는 '자기 지각'으로 분류했다. 연구자들은 자신의 편견, 해석하는 관점 그리고 기대하는 상태에 대해 알아차리고, 참가자들이 실제로 '의미'하는 바와 연구자들이 인식한 정보를 구별해야 한다. 이 과정은 내담자가 무엇을 가지고 상담 장면에 왔는지 그리고 참가자가 자신의 주제로 무엇을 '가지고' 왔는지에 대해 명확한 관점을 유지하기 위한 치료자들의 시도와 유사한 과정이다.

CQR 연구자는 참가자들의 말을 정확하게 대변하는 우리의 능력을 위협하는 이러한 위험을 관리하기 위해서 일반적으로 그들의 편향과 기대를 범주화(또는 지각하거나 별도화하는)하는 전략을 사용한다(Hill et al., 2005). CQR 연구자들이 주관성과 반응성 사이에서 어떻게 균형을 이루고자 하는지에 대한 예로, Knox, Hess, Williams, Hill(2003)은 참가자들의 비밀 보장(연구 논문에 얼마나 구체적으로 제시해야 하는지에 대한 균형을 위해)과 특정 선물과 치료자 반응에 대한 연구팀의 과잉 반응을 고려한 치료자들이 내담자의 선물을 어떻게 이해하는가의 복합성을 해결하고자 했다. 이 연구를 통해 얻은 많은 양의 자료는 내담자의 선물에 대한 치료자들의 다양한 느낌과 인식에 대해 연구팀의 명확하고 역동적인 탐구를 필요로 한다. 일부 선물은 꽤 크고 때로는 놀라운 것이기 때문에 연구팀은 내담자에게 받은 선물들에 대한 치료자들의 인식에서 그들의 반응(그 선물이 '지나치게' 크거나 비싼 것은 아닌지, 그 선물이 '부적절'하거나 '별난' 것은 아닌지)을 분리하고 확실히 하기 위해 노력했다. 연구자들은 논란의 여지가 있는 주제와 함께 그에 대한 책임감 때문에 그들의 주관적인 반응을 확인하고 참가자들의 음성, 의미 그리고 해석에 충실해야 할 필요성을 발견했다.

CQR 연구자가 반응성과 주관성의 균형을 다루기 위한 한 가지 방법은 팀 구성원을 다양하게 구성하고 자문을 두는 것이다. CQR은 참가자가 의미하는 바를 진실하게 표현하는 데 다양한 관점이 도움이 될 것이라는 생각과 합의의 개념을 바탕으로 한다. Hill과 동료들은 "다양한 관점은 '진실'에 가까워지게 하고 연구자의 편견이 덜 반영되게 한다고 가정할 수 있다."(p. 523. 또한 Marshall & Rossman, 1989)라고 말했다. 주요 연구팀의 구성원은 각 개인이 자료에 대한 인식과 재해석을 구별하는 것을 도와줄 뿐만 아니라 부가적인 측면의 견해를 제공하는 외부 자문을 두게 해 준다. 연구팀이 집단순응사고를 발달시켜 가는 상황은(Janis, 1982) 연구의 일부 측면과 연관이 있고, 자문들은 연구자들이 그 주제를 발전시키고 분석할 때 확실히 또 정확하게 참가자들의 음성을 대변하는지에 대해 다시 고려하도록 연구팀에 물어볼 수 있다.

3. 연구 결과 명확히 전달하기

Williams 그리고 Morrow(2009)는 연구자가 반드시 목적과 함께 결과와 그 의미를 명확하게 제시할 것을 강조한다. 명확성은 집필의 엄격한 문법 수준 이상이다(비록 명확성이 매우 중요함에도 불구하고). 명확성을 포함한 연구 결과의 전달은 무엇이 발견되었고 더 넓은 이론상의 문제들, 과거의 연구 그리고 연구 결과에 영향을 미치는 것과 어떤 관계가 있는지에 대해 충분히 알 만큼의 정보를 가지고 있는지 확신을 주는 것을 포함한다.

연구자가 그들의 연구 결과에 영향을 미치는 것을 명확하게 제시하는 방법은 연구를 수행하는 목적과 그들의 결과를 명쾌하게 엮는 것이다. Williams와 Morrow(2009)는 질적 연구자들이 심리치료에서 특히 강조한 구체적인 목적 몇 가지에 주목했다.

첫째, 연구자들은 심리치료, 교육 실습 그리고 슈퍼비전 과정을 포함한 심리치료 과정이나 결과를 향상시키기 위해 그들의 연구 결과를 어떻게 이용할 수 있는지에 대해 설명할 수 있다. 예를 들어, Hill, Sullivan, Knox와 Schlosser(2007)는 심리치료자가 되기 위한 수련자들의 수련 과정에서 그들의 발전 경험을 조사했다. 그 연구를 하는 이유와 얻은 결과는 임상적 슈퍼비전과 수련의 향상을 위한 아이디어를 제공하고자 하는 데 있다. 연구팀의 연구 결과를 바탕으로 연구팀은 수련을 위한 네 가지를 제안한다. ① 실습 과목의 학습 초기 이후에 조력 기술을 계속 수련하는 데 초점을 둔다. ② 집중적인 슈퍼비전의 사용을 지속한다. ③ 특정한 수련과 경험적 훈련을 포함하여 그들의 내부 과정(불안 그리고 자기 대화 같은)을 관리하고 초보 치료 수련생의 학습을 돕는다. ④ 치료 수련생의 과정 중 치료 과정에서 정서적 반응을 돕기 위한 특정한 기술을 수련한다.

둘째, CQR 연구자는 특정한 치료법이나 방법론적 접근의 제한을 구축할 수 있다. 예를 들어, Ladany 등은 (신문을 통해) 두 팀이 같은 자료를 가지고 수행하는 것이 같은 결과를 가져올지 아닐지를 테스트했다. 구체적으로 말하자면 그들은 슈퍼비전에서 '감정 표현을 수정하는 것에 대한 슈퍼비전'이라는 주제를 연구했다. 테스트 결과(제9장에서 더 자세히 다룬다), 두 팀의 연구 결과에서 모두 고려할 만한 공통 부분과 차이점이 나타났다. 이 결과는 CQR이 매우 주관적인 과정이고, 두 팀이 다른 방법으로 견해가 매우 다르다는 점을 말해 주었다. 이

두 팀이 모두 함께 수련을 받았고 매우 비슷한 배경을 공유한다는 점을 고려할 때(즉, 모두 백인이고 미국인), 우리는 팀원들의 문화와 세계관이 다른 연구팀 사이에는 아주 큰 차이가 있을 것이라고 예측할 수 있다.

셋째, 연구 결과는 연구자나 현역에 있는 사람에게 더 많은 논의를 가능하게 해 준다. 예를 들어, Castonguay 등(2010)은 실행연구네트워크(Practic Research Network: PRN)의 활용에 대해 설명했다. 그들은 연구자들과 참가자들이 서로에게서 무엇을 배우게 되었는지를 알기 위해 네트워크의 참가자들을 면담했다. 이를 통해 심리치료자들이 연구에 참가했을 때의 (시간과 노력을 들이는 것과 같은) 어려움뿐만 아니라 (새로운 지식을 얻고, 임상 수련을 위한 연구 결과의 유용성 그리고 공동 작업과 결과를 이루는 데 공헌한 것에 대한 기쁜 마음 같은) 유익한 것에 대해 확인할 수 있었다. 이 연구가 매우 흥미로운 점은 아마도 이 중요한 논의를 할 수 있는 장소를 제공했다는 것, 그리고 미래에 실행연구네트워크 연구를 수행할 연구자들에게 심리치료자들이 조언을 해 줄 곳을 제공했다는 것이다.

넷째, 연구는 새로운 과정의 활동(연구 절차 또는 심리치료 방법을 바꾸는 것과 같은)을 제시한다. 예를 들어, Tuason, Taylor, Rollings, Harris와 Martin(2007)은 대체 그룹인 필리핀계 미국인을 분석하기 위해 CQR 방법론을 사용했다. 그들은 미국으로 이민 온 필리핀 사람들과 미국에서 태어난 필리핀계 미국인의 각기 다른 경험에 대해 조사했다. 그들은 다음 같이 결과를 요약했다. "이 연구의 타당도는 필리핀계 미국인에 대한 이해에 힘을 실어 주는 데 있다. 이러한 민족 정체성의 정의는 그들을 위해서가 아니라 그들에 의해서 만들어진다(p. 370)". 개별적 정체성에 대한 구성주의적 접근은 다른 문화 집단에 대한 이해를 돕고, 참가자의 연구 결과는 광범위하게 이끌고 이루어 나가는 문화적 중점에 대한 연구를 수행할 수 있도록 연구자를 도와준다.

연구의 목적이 무엇이든지 간에 우리는 CQR 연구자가 그들의 연구 결과를 이론과 (가능하다면) 이전 연구들과 명확하게 연관 지을 수 있도록 한다. 특히 CQR 연구자는 그들의 연구 결과에 대한 정보(특정한 강점 그리고 표본, 설정, 연구자들, 절차의 제약)를 전달해야 한다. 정보의 해석이 연구 결과의 복잡성을 이해하는 데 중요한 요소이듯 질적 연구는 전체적이고 자세한 개개인의 관점을 바탕으로 하기 때문이다. 해석은 질적 연구에서 주로 발견되고, 연구의 신뢰성의 명확한 확립에 의한 '심층 기술'을 통한 것이다.

4. 결 론

CQR 자료의 신뢰성 구축은 독자를 이해시키는 데 중요하다. 연구자는 단호하고 훌륭하게 자료를 수집, 분석 그리고 기록한다. 독자들이 연구자의 어깨 너머로 과정의 각 단계를 지켜볼 수 없다는 점을 고려할 때, 독자들은 연구자가 타당하고 적절했다는 것을 믿을 필요가 있다.

신뢰성에 대해서는 더 많은 논의를 권한다. 신뢰성을 입증하기 위한 혁신적인 방법을 찾는 것은 과학적인 부분에서 CQR의 신뢰성을 발전시킬 수 있다. 예를 들어, 교차 연구를 통해 결과를 요약할 수 있도록 해 주는 질적 메타 분석과 같은(제12장 참조) 새로운 방법은 각 연구의 신뢰성을 구축하는 데 도움을 줄 수 있다. 교차 연구에서 일관된 결과가 발견된다면, 각 연구가 믿을 수 있는 상태에서 수행되었다는 확신을 가질 수 있다. 반면에 결과가 일관되지 않다면 제시된 연구가 믿을 수 있는 상태에서 수행되지 않았거나 표본의 특성이나 다양한 교차 연구의 자료 수집이 적절한지 의심할 것이다. 만약 믿을 수 없는 결과를 이끄는 특정한 실습을 찾는다면, 우리는 방법의 불분명한 측면을 명확하게 할 수 있다.

참고문헌

Arminio, J. L., & Hultgren, F. H. (2002). Breaking out of the shadow: The question of criteria in qualitative research. *Journal of College Student Development, 43,* 446-460.

Castonguay, L. G., Nelson, D. L., Boutselis, M. A., Chiswick, N. R., Damer, D. D., Hemmelstein, N. A., & Borkovec, T. D. (2010). Psychotherapists, researchers, or both? A qualitative analysis of psychotherapists' experiences in a practice research network. *Psychotherapy: Theory, Research, Practice, Training, 47,* 345-354. doi:10.1037/a0021165

Choudhuri, D., Glauser, A., & Peregoy, J. (2004). Guidelines for writing a qualitative manuscript for the *Journal of Counseling & Development. Journal of Counseling and Development, 82,* 443-446.

Elliott, R., Fischer, C. T., & Rennie, D. L. (1999). Evolving guidelines for publication of qualitative research studies in psychology and related fields. *British Journal of Clinical Psychology, 38,* 215-229. doi:10.1348/014466599162782

Fischer, C. T. (2006). *Qualitative research methods for psychologists: Introduction through empirical case studies.* San Diego, CA: Academic Press.

Glaser, B., & Strauss, A. L. (1967). *The discovery of grounded theory: Strategies for qualitative research.* Hawthorne, NY: Aldine de Gruyter.

Guba, E. (1981). Criteria for assessing the trustworthiness of naturalistic inquiries. *Educational Communication and Technology Journal, 29,* 75-91. doi:10.1007/BF02766777

Hayes, J. A., McCracken, J. E., McClanahan, M. K., Hill, C. E., Harp, J. S., & Carozzoni, P. (1998). Therapist perspectives on countertransference: Qualitative data in search of a theory. *Journal of Counseling Psychology, 45,* 468-482. doi:10.1037/0022-0167.45.4.468

Hill, C. E., Knox, S., Thompson, B. J., Williams, E. N., Hess, S. A., & Ladany, N. (2005). Consensual Qualitative Research: An update. *Journal of Counseling Psychology,*

52, 196-205. doi:10.1037/0022-0167.52.2.196

Hill, C. E., Sullivan, C., Knox, S., & Schlosser, L. Z. (2007). Becoming psychotherapists: Experiences of novice trainees in a beginning graduate class. *Psychotherapy: Theory, Research, Practice, Training, 44,* 434-449. doi:10.1037/0033-3204.44.4.434

Hill, C. E., Thompson, B. J., & Williams, E. N. (1997). A guide to conducting consensual qualitative research. *The Counseling Psychologist, 25,* 517-572. doi:10.1177/0011000097254001

Hoyt, W. T., & Bhati, K. S. (2007). Principles and practices: An empirical examination of qualitative research in the *Journal of Counseling Psychology. Journal of Counseling Psychology, 54,* 201-210. doi:10.1037/0022-0167.54.2.201

Janis, I. L. (1982). *Groupthink* (2nd ed.). Boston, MA: Houghton-Mifflin.

Knox, S., Burkard, A. W., Edwards, L., Smith, J., & Schlosser, L. Z. (2008). Supervisors' reports of the effects of supervisor self-disclosure on supervisees. *Psychotherapy Research, 18,* 543-559. doi:10.1080/10503300801982781

Knox, S., Hess, S. A., Williams, E. N., & Hill, C. E. (2003). "Here's a little something for you": How therapists respond to client gifts. *Journal of Counseling Psychology, 50,* 199-210. doi:10.1037/0022-0167.50.2.199

Ladany, N., Inman, A., Burkard, A. W., Crook-Lyon, R., Hess, S. A., Hill, C. E., & Williams, E. N. (in press). Corrective relational experiences in supervision: Tests of differences between research teams. In L. G. Castonguay & C. E. Hill (Eds.), *Transformation in psychotherapy: Corrective experiences across cognitive behavioral, humanistic, and psychodynamic approaches.* Washington, DC: American Psychological Association.

Morrow, S. L. (2005). Quality and trustworthiness in qualitative research in counseling psychology. *Journal of Counseling Psychology, 52,* 250-260. doi:10.1037/0022-0167.52.2.250

Patton, M. Q. (1990). *Qualitative evaluation and research methods* (2nd ed.). Thousand Oaks, CA: Sage.

Patton, M. Q. (2002). *Qualitative evaluation and research methods* (3d ed.). Thousand

Oaks, CA: Sage.

Polkinghorne, D. E. (2005). Language and meaning: Data collection in qualitative research. *Journal of Counseling Psychology, 52,* 137-145. doi:10.1037/0022-0167.52.2.137

Ponterotto, J. G., & Grieger, I. (2007). Effectively communicating qualitative research. *The Counseling Psychologist, 35,* 404-430. doi:10.1177/0011000006287443

Rennie, D. L. (2004). Reflexivity and person-centered counseling. *Journal of Humanistic Psychology, 44,* 182-203. doi:10.1177/0022167804263066

Stiles, W. B. (1993). Quality control in qualitative research. *Clinical Psychology Review, 13,* 593-618. doi:10.1016/0272-7358(93)90048-Q

Tuason, M. T. G., Taylor, A. R., Rollings, L., Harris, T., & Martin, C. (2007). On both sides of he hyphen: Exploring the Filipino-American identity. *Journal of Counseling Psychology, 54,* 362-372. doi:10.1037/0022-0167.54.4.362

Williams, E. N., Judge, A. B., Hill, C. E., & Hoffman, M. A. (1997). Experiences of novice therapists in prepracticum: Trainees', clients', and supervisors' perceptions of therapists' personal reactions and management strategies. *Journal of Counseling Psychology, 44,* 390-399. doi:10.1037/0022-0167.44.4.390

Williams, E. N., & Morrow, S. L. (2009). Achieving trustworthiness in qualitative research: A pan-paradigmatic perspective. *Psychotherapy Research, 19,* 576-582. doi:10.1080/10503300802702113

Consensual Qualitative Research **제14장**

합의적 질적 연구의 문화적 고려

Arpana G. Inman, Erin E. Howard, & Clara E. Hill

질적 연구에서 언어화된 자료(Polkinghorne, 2005)와 합의적 질적 연구 (Consensual Qualitative Research: CQR)의 구성주의적 주안점(CQR; Hill et al., 2005)에 초점을 맞출 때, 개별 참가자와 연구자의 문화는 CQR에 의해 산출된 자료를 이해하는 데 중요하다. 이 장의 주요 목표는 문화적 관점을 통한 지금까지의 CQR 연구, 특히 문화적 이슈를 고려하여 CQR을 시행하기 위한 몇 가지 고려사항을 제안하는 것이다. 우리는 먼저 문화적 맥락에서 연구를 고려하는 것의 중요성을 강조한다. 그리고 연구팀의 구성과 기능, 연구 문제, 표본 추출 과 자료 수집 및 자료의 타당성과 신뢰성 발달에 관련된 문화적 문제를 다룬다.

1. 맥 락

문화 보편주의적인(예, 법칙 정립적) 또는 문화 상대주의적인(예, 개별 기술적)

체계의 선택은 일반적으로 연구자의 세상에 대한 신념, 특정 분야의 연구, 참가자의 선택, 자료 분석의 방법 그리고 연구에서 쓰이는 해석과 연관되어 이루어진다(Denzin & Lincoln, 2000; Ponterotto, 2005). 문화 보편주의의 관점은 하나의 외면적인 객관적 실재가 존재한다는 견해를 가진 보편적인 행동을 강조하는 반면, 문화 상대주의의 관점은 특유의 개별 문화적 접근을 강조한다. 그러므로 문화 보편주의적 접근은 양적 접근과 연관이 있는 반면, 문화 상대주의의 관점은 질적 연구와 관련이 있다. 그러나 우리는 연구자들이 문화 보편주의의 관점으로 연구를 시작할지라도 사실 모든 연구는 문화가 연구의 중심에 있는 문화적 또는 문화 상대주의적 맥락(Inman, 2008)을 바탕으로 이루어진다고 주장할 수 있다. 문화는 개인적인 경험과 현실에 대한 이해를 지향하고 구조화한다(Ani, 1994). 우리의 문화적 경험을 통해 점진적으로 발달한 추측과 가치관은 의사소통에 영향을 준다(Hardy & Laszloffy, 1992).

이러한 관점에서 추측할 수 있는 중요한 한 가지는 "사람들은 그들만의 현실을 구성하며, 이들의 다양하고 동등한 가치가 모여 사회적으로 구축된 '진실'이 존재한다."라는 것이다(Hill et al., 2005, p. 197). 구성주의 패러다임의 독특한 특징은 연구자들이 자료 분석 과정에 내재한 하나의 부분이고, 자료에서 나온 의미가 연구자와 참가자 사이에서 변증법적 상호작용 기능을 한다는 것이다(Ponterotto, 2005). 본질적으로 연구자와 참가자는 문화 상대주의의 관점과 개별 기술적인 시각을 통해 경험을 함께 만들고 해석해 나간다(Ponterotto, 2005).

자신의 개인적 경험(예, 편견) 그리고 개념적이고 이론적인 추측과 신념(예, 기대)이 연구의 주제와 질문, 참가자 선택, 자료의 해석 그리고 차후 이론의 발전(Hill et al., 2005; LeCompte & Preissle, 2003)에 어떻게 영향을 주는지 알아내는 것은 CQR에서 아주 중요한 부분이다. 이를 고려한 문화적 자기 성찰 또는 자기 인식(예, 그 사람의 성별을 반영한, 민족적 그리고 다른 문화적 정체성에 관해 자신이 놓인 상황)의 실행은 연구자 자신의 문화, 개인적인 관심 그리고 맹점이 어떻게 연구 문제가 발달, 제시, 조사되는 과정에 영향을 주는지에 대한 인식을 높일

수 있다. 그러므로 문화 현상을 연구하든 일반 연구를 하든, 자료 분석을 통해
결과를 얻고자 하는 연구팀은 이러한 맥락의 영향을 인식할 필요가 있다(〈표
14-1〉 참조).

〈표 14-1〉 문화를 고려한 합의적 질적 연구를 위한 권고사항

단 계	권고사항
맥 락	• 문화적 맥락을 포함한 연구의 틀을 구성한다. • 참가자와 연구자들에게서 나타나는 다양하고 동등한 사회적-구성적 실재에 대해 인정한다. • 다양한 문화적 축에 놓임으로써 문화적 자기 반영 또는 자기 인식을 실천한다. • 연구자의 문화, 개인적 관심사 그리고 맹점에 의해 어떻게 연구 문제가 발달되고 제시되며 조사가 이루어지는지에 대한 인식을 입증한다.
연구팀	• 다양한 교육적·방법론적 경험 그리고 문화적 배경의 구성원들을 포함한다. • 팀원을 문화적으로 구성하는 것이 여러 과정에서 어떤 영향을 미치는지에 관해 장점과 제한점(challenge)을 확인한다. • 문화와 관련된 힘의 역동에 주의한다.
연구 문제	• 연구 문제가 어떻게 공동체 연구에 반영되었는지 확인한다. • 생각(연구 문제)의 문화적 적용 여부를 결정하기 위해 참가자 표본들과 함께 연구 문제를 시험한다.
표본 추출	• 목적 의식이 있고 이론상으로 가능하게 한다. • 공동체에 침투적으로 영향을 줄 수도 있는 문화적 가치와 규범을 고려한다.
자료 수집	• 참가자와 함께 임상 계획을 분명히 한다. • 침묵을 허용하거나 탐색할 때 어조 변화에 적절히 대응한다.
자료 해석	• 정확하게 해석된 자료를 생성한다. • 언어가 자료의 분석에 어떻게 영향을 주는지를 고려한다. • 언어에서 단어의 다양한 의미를 인식한다.
신뢰성	• 참가자와의 관계에서 윤리적 책임감을 확인한다. • 참가자의 문화에 몰입해 라포를 형성한다. • 참가자에게 불분명한 이슈나 사항이 있을 경우 깊이 탐색한다. • 참가자나 참가자의 사회가 자료의 신뢰성을 가늠하는 데 어떻게 포함되는지 명확히 한다. • 참가자의 말을 사용하여 자료에 접근한다.

2. 연구팀의 구성과 기능

CQR에서 연구팀의 기능만큼 중요한 측면이 선택이다. 특히 CQR은 다양한 연구자와 자문이 필요하다. 다양한 팀원이 있는 팀은 일반적인 견해와 소수의 견해를 모두 반영하는 데 도움이 되고(Miller, 1989), 이를 통해 더 나은 결정을 하는 것을 기대한다(michaelsen, Watson, & Black, 1989; Sundstrom, Busby, & Bobrow, 1997). 더불어 다양한 관점에서 자료를 보게 되는 점은 자료의 미묘한 의미, 복잡한 문제, 애매한 사항을 중요한 위치로 이끌어 올 수 있다(Hill et al., 2005). 이렇듯 CQR 연구에서는 다양한 교육 수준과 방법론적 경험의 구성원들이 함께 연구하는 것의 잠재성이 주목받아 왔다(Hill et al., 2005). 이에 비해 연구팀의 문화적 구성이 연구 과정에 미치는 영향에 대해서는 최소한의 주의만 있었을 뿐이다.

최근 문화 현상을 조사하는 CQR 연구는 연구팀의 문화적 인구 통계가 연구의 다양한 과정에 어떤 영향을 미치는지 질문할 필요가 있다는 점을 강조한다(예, Inman, Howard, Beaumont, & Walker, 2007). 이러한 고민은 팀원의 문화적 정체성이 팀 전체에 어떤 영향을 미치는지, 분석 과정에 어떤 영향을 미치는지, 연구 주제와 관련된 개인의 친숙함이나 정체성이 어떤 이득을 주는지, 그리고 문화가 연구의 예상과 편향에 어떤 영향을 주는지에 대한 궁금증에서 출발했다. 문화적으로 다양한 구성원이 포함된 팀의 한 팀원이 참가자의 문화나 연구의 문화 현상을 발견했을 때 존재하는 힘의 역동에서의 차이를 고려하는 것은 매우 중요하다. 특히 연구되고 있는 것과 관련하여 팀원의 '전문가적 견해'에 대한 추측이 형성되었을 때 더욱 중요하다.

주제 혹은 연구 단체에서 문화적으로 어느 정도 밀집된 팀원들은 "자신을 연구의 수단으로 사용하라."라는 것을 장려한다(McCracken, 1988, p. 32). 연구에 속한 문화 속에서 살았던 것은 주제에 익숙함을 제공하며, 연구자들이 주제와 관련된 지식에 친숙하다는 이점을 만들고, 연구자들이 이슈나 문헌으로 연구되지 않은 개념들을 연구하도록 이끈다(McCracken, 1988). 예를 들어, 연구에서 아시아계 미국인의 9·11 이후의 경험을 조사할 때(Inman, Yeh, Madan-Bahel, & Nath, 2007; Yeh, Inman, Kim, & Okubo, 2006), 아시아계 미국인 이슈에 관한 영역뿐만 아니라 아시아계 미국인 사회의 차이점을 설명하는 팀을 구성할 수 있다. 이런 설명은 문화적 관점뿐만 아니라 세대 간 차이에 따른 아시아계 미국인의 경험에 대한 정확한 논의를 가능하게 한다.

문화 배경이 대조적으로 다른 구성원들로 팀을 구성하면 모든 연구자의 문화 배경이 같을 때보다 잠재적인 편향과 맹점이 더 많이 드러나며, 지식이 늘어나고 건설적인 대화로 이끌어 줄 것이다. 예를 들어, 인도인 이민자 부모의 민족 정체성 전파에 대한 Inman, Howard 등의 연구(2007)에서 성인이 되어 미국으로 이민 온 여성 인도인 1명과 아일랜드인과 아일랜드계 독일인 계통의 미국 출생 백인 여성 2명을 포함했다. 이 팀의 이질적인 특성은 인도인 연구자가 그들의 문화적 편향과 이해를 더 적극적으로 조사하도록 한다. 또한 이 팀은 참가자들의 억양에 익숙해지고, 더욱 정확한 축어록을 만들며, 우회적으로 표현하는 경향을 이해하고, 참가자들이 사용하는 독특하고 문화적인 언어의 의미[예, pujas(힌두교 예배, 제사) 또는 예배: stotras(경전) 또는 기도인, 찬송가를 학습할 수 있도록 비인도인 2명을 팀원으로 포함할 것을 요청했다. 더불어 면담하거나 연구를 진행하는 데 성별의 영향(이 팀의 팀원이 모두 여자였다는 점을 고려할 때) 역시 논의의 주안점이 되었다. 이렇게 다른 관점을 통해 분석하는 접근은 팀원 간에 초기의 자료 해석이 다양할 수 있음을 의미하며, 이는 정상적으로 불일치에 도달하게 하는 것과 충분한 합의 과정을 이끌어 내는 데 공헌한다. 이러한 관점의 다양성은 각 팀원의 문화적 가치와 인도인 문화와 성별 문제에 관한 익숙함의 차이가 자료를 해석하는 데 어떻게 영향을 미치는지, 그리고 합의 과정에서 힘의 역동이 어떻게 자리 잡는지에 관한 계속되는 토론을 요구한다.

CQR 연구에서 합의 과정의 중요성을 고려할 때, 힘의 역동을 조절하는 것은 훌륭한 연구팀을 만들어 나가는 데 중요한 요소다. 힘의 문제를 다루기 위해 팀원이 돌아가면서 회의를 하고 합의적 분석 과정에 대한 인식을 이야기하는 시간을 가지는 것이 도움이 된다(제4장 참조). 이뿐만 아니라 문화적 이질성이 있는 팀은 참가자의 문화 혹은 연구에서의 문화적 현상을 확인하는 팀원이 있을 때 힘의 역동에서의 차이가 팀의 합의 형성 과정에서 어떤 영향을 미치는지 고려하는 것이 중요하다. 팀원이 다양한 힘의 위치에 고정되어 있을 때(교수 vs. 대학원생, 권위의 차이에 대해 전통적으로 문화적 배경이 다른 사람들 또는 개인주의 vs. 집단주의에서 중심 문화가 다른 사람들), 실제로 평등한 합의 형성 과정이 자연스럽게 이루어지지는 않을 것이다. 더 정확히 말하자면, 팀원의 전문적 지위에 따라 어떤 가정이 존재할 것이며 이는 분석 과정에 영향을 미치고 최종적으로 자료의 해석에 영향을 줄 것이다.

요컨대, 문화적 쟁점은 연구팀의 기능에 영향을 줄 것이다. 따라서 연구 주제에 상관없이 연구자는 문화적 추정에서 발생할 수 있는 의견이나 방해 요인에 대해 지각해야 한다(Juntunen et al., 2001).

3. 연구 문제 만들기

연구 대상이 그 공동체의 경험을 반영하고 있는지 확인하기 위해 연구 질문은 그들에게 문화적인 적용이 가능한지 평가해야 한다(Yeh & Inman, 2007). Inman과 동료들은 인도인 이민자 1세대와 2세대의 인종차별 경험을 조사하는 연구를 구성했고, 면담자들은 두 세대 모두 조사했다. 여기서 특별한 점은 인종차별의 사회화와 관련된 질문이 연구되었다는 것이다. 연구자들은 1세대와 2세대 인도인 이민자들이 가정에서 아이들을 양육할 때 인종차별을 어떻게 다루었는지에 흥미를 가졌다. 면담을 통해 집필자는 이민 1세대 참가자들이 인도에서 자랐기 때문에 질문에 대한 대답이 제한적이라는 것을 깨달았다. 피드백을 바탕으로 두 그룹을 대상으로 인도에서 자라는 동안과 이민 후의 그들 가족에 대해 연구했다. 그 집필자가 이전 면담에 포함하지 않았고 피드백으로 받지 않아 잊고 있었던 중요한 동세대 구별은 다음 논의의 중심이 되었다.

마찬가지로, 조언 관계 형성에서 지도받는 외국 학생들의 관점에 관한 Inman과 동료들의 연구에서는 질문의 문화적 타당성을 평가하기 위한 반구조화된 면담이 시행되었다. 조사된 표본에는 캐나다에서 온 학생 1명과 인도에서 온 학생 1명이 있었다. 두 학생 모두 외국 학생으로 구별됨에도 불구하고, 캐나다와 미국의 문화적 유사성과 인도와 미국의 다른 점이 두 학생의 사회화와 적응 과정에서의 중요한 차이점으로 강조되었다. 특히 캐나다에서 온 외국 학생은 인도에서 온 학생과 비교했을 때 교육 시스템의 친숙함 때문에 어려움을 더 적게 나타냈다. 이러한 문화적 요인은 연구팀이 연구에서 질문으로 사용하는 문장뿐만 아니라 표본 선택의 기준을 정의하고 재평가할 수 있도록 도와준다.

4. 표본과 자료 수집

CQR 연구에서 표본의 선택은 이론적(즉, 개념적으로 연관 있는 구성을 바탕으로; Strauss & Corbin, 1990)일 뿐만 아니라 목표 지향적(즉, 연구되는 특정의 모집단)이어야만 한다. 그러나 문화적으로 동일한 연구를 수행할 때 고용, 비밀 보장 그리고 익명성과 관련된 사항 또한 매우 중요하다. 질적 연구에서 면접자와 참가자 사이에 발전된 관계는 매우 중요하고, 실제 임상에서의 협력 관계와 다르지 않다(Heppner, Kivlighan, & Wampold, 1999; Yeh & Inman, 2007). 우리는 최소한의 공동체에서 참가자를 선발하는 것은 반드시 참가자와의 감정적 연결이 발달되는 것을 전제로 해야 한다는 것을 알게 되었다. 예를 들어, 남아시아 공동체의 9·11 사건에 대한 연구에서(예, Inman, Yeh et al., 2007), 인도인의 문화적 규범은 민감한 정보를 채용 과정과 관련 있는 다른 사람과 나누는 데 동의하지 않았다. 특히 돌봐 주는 사람들, 서비스 제공자들 그리고 문화에 익숙하지 않거나 문화적인 것들에 너무 능한 연구자들은 문화적 규범에 둔감하다고 여겨진다. 예를 들어, 한 참가자는 여전히 젊고 재혼을 할 수 있을 것이라고 이야기한 돌봐 주는 사람의 무신경함에 대해 이야기하였다. 애도 과정에서 너무 일찍 이와 같은 이야기를 한 것이 그 문화권에서는 무신경하고 무책임한 행동이다. 재혼에 관한 것은 인도인 사회에서는 쉽게 이야기할 수 없는 것이다. 이러한 문화적인 미묘한 차이를 알아차리지 못하는 것은 이 참가자가 추가 도움을 요청하는 것을 꺼리거나 인도인이 아닌 사람과 솔직한 대화를 하지 않게 한다. 따라서 문화적 가치를 이해하는 것, 연구를 수행하거나 서비스를 수행하기에 앞서 관계를 발전시키는 것이 신뢰를 쌓고 공동체에 접근하기 위해 중요하다. 이러한 문화 규범을 이해하는 것은 고용과 연구를 지속하는 데 중요한 부분이다.

전화로 면담을 수행할 때도 마찬가지로 면담자와 피면담자의 관계가 중요하다(Heppner et al., 1999). 비언어적 정보에 접근할 수 없기 때문에 문화적 차이로 잘못 이해할 가능성이 더 커질 수 있다. 9·11 연구를 위해 참가자들을 면담할 때(Inman, Yeh et al., 2007)를 예로 들어 보자. 이때는 미국에서 대륙을 가로질러 전화 면담을 진행했다. 면담 실행 계획에 대해 명확히 한 부분을 제외하고(예, 얼마 동안 할 것인지, 면접자와 연결이 안 되면 어떻게 할 것인지), 사전 동의나 오디오 녹음(예, 녹음이 시작될 때와 끝날 때 하는 표현)과 관련된 잠재적으로 불편한 문제나 주제의 특성이 주는 민감함을 관리하는 것은 참가자의 적응과 참가자가 잘못 이해할 가능성을 없애는 데 매우 중요하다. 그뿐만 아니라 말의 양이나 속도는 비언어적 단서가 없거나 비언어적 단서에 쉽게 접근할 수 없을 때 아주 중요한 고려사항인데, 특히 감정적으로 고조되거나 문화적 특성이 포함되는 주제에 관해서는 더욱 중요하다. 준언어(유사 언어)와 같은 것에 초점을 맞추는 것은 침묵을 사용하거나 허용할 때 그리고 면담 과정을 설명할 때 많은 도움이 된다.

마지막 고려사항은 참가자의 모국어로 면담을 하는 것이다. 본인의 생각을 본인의 언어로 표현할 수 있는 것은 참가자를 더 활력 있고 의미 있게 할 수 있다. 면담의 언어가 참가자의 제2외국어일 때는 새로운 언어를 사용하는 데 따르는 문법적 오류, 의도하고자 했던 의미를 전달하기에 부족한 어휘력이 참가자에게뿐만 아니라 나중에 자료를 분석할 때에도 문제를 만들 수 있다. 그럴 경우, 두 가지 언어를 모두 사용할 수 있고 면담에 사용된 언어를 번역할 수 있는 팀원과 함께 하는 것은 매우 중요하다. 이는 참가자와 연구자 사이가 감정적으로 끈끈하게 연결되도록 해 줄 뿐 아니라 깊이 있게 다가가고 참가자를 정확히 관찰할 수 있게 이끈다. 그래서 의사소통의 명확성과 "참가자와 연구자 사이의 관계적 소통은 더 정확하게 해석된 이해와 관점을 공유할 수 있게 한다."(Yeh & Inman, 2007, p. 318)

5. 자료의 이해

　　문화적 맥락은 사람들이 어떻게 그들의 경험을 감지하고 내면화하고 계획하는지를 보여 준다. 특히 경험의 표현은 의사소통 양식(예, 직접적 또는 간접적)과 언어(예, 단어 선택, 관용구)와 복잡하게 얽혀 있기 때문에 문화적 내용이 포함된 자료를 분석할 때 중요한 고려사항이 된다(Denzin & Lincoln, 2000; Yeh & Inman, 2007). 예를 들어, 아시아인과 남아시아인이 9·11 사건에 어떻게 대처하는지(Inman, Yeh et al., 2007; Yeh et al., 2006) 그리고 인도인이 그들의 문화적 가치나 정체성 등을 자녀에게 어떻게 전승하는지(Inman, Howard et al., 2007)에 대한 연구에서 참가자들은 자신의 반응을 돌려 표현하거나 문화적 은유와 이야기를 통해 그들의 생각을 공유하고자 하는 경향이 있다. 인도인의 민족 정체성의 문화적 계승에 대한 Inman과 Howard 등의 연구(2007)에서 참가자에게 그들의 민족 정체성의 의미를 구성하는 요인을 설명해 줄 것을 요청했다. 많은 참가자는 그들의 민족 정체성에서 채식주의 문화가 얼마나 중요한 가치인가를 전달하기 위

해 음식에 관한 특정한 경험이나 이야기(예, 처음 치즈를 먹어 본 때, 인도 음식을
파는 식료품점을 찾은 일)를 했다. 나중에 이야기를 함축하고 그들의 중요한 의미
를 발췌할 때 연구자들은 이야기 전체의 의미를 고려할 뿐만 아니라 자료의 행
간을 세밀히 검토해야 했다.

　더 나아가 문화적 특정 언어를 정확하게 해석하는 것은 자료 분석에서 매우
중요한 부분이다. 예를 들어, Yeh 등(2007)의 남아시아인의 9·11 사건 경험에
대한 연구에서 참가자 중 1명은 Mann이라는 단어를 사용했다. 힌두어로 Mann
은 마음, 가슴, 영혼 그리고/또는 의식으로 풀이될 수 있다. 따라서 "Mann nahi
Karta."라는 문장은 "슬픔 때문에 내 심장은 지금 내게 없어요." "나는 이에 관
심이 없기 때문에 이렇게 느끼지 않아요." 또는 "나는 지금 아무것도 하지 않고
있어서 지루해요."라는 의미로 해석될 수 있다(Yeh & Inman, 2007, p. 380). 이 예
들을 통해 분명한 것은 "언어는 개인적이고 정치적인 암시를 표현하는 현실을
분명히 하거나 숨길 수 있다."(Hoshmand, 2005, p. 184)라는 것이다. 더불어 해
석하거나 설명하는 과정에서 중요한 문제를 제기한다. 적어도 1명이라도 해당
언어를 자유롭게 구사하는 팀원이 있다면 관용구의 의미를 파악할 수 있고, 인
터뷰하는 동안 명확히 하도록 요청하는 것은 참가자와 연계하고 자료의 맥락적
본질을 파악하는 결정적 요인들이다.

　특히 다른 언어의 단어들을 영어로 바로 해석할 수 없을 경우에 문화적 영향
을 바탕으로 하는 자료를 해석하는 것의 중요성이 드러난다. 예를 들어, 인도인
의 민족 정체성의 문화적 계승에 관한 연구에서(Inman, Howard et al., 2007) 한
참가자는 종교적 관습을 의미하는 'madi'라는 용어를 사용했다. 이 용어에 대
해서는 참가자의 경험을 모두 반영할 만한 영어 단어가 없다. 간단히 말하면,
칸나다어(Kannada language) 'madi'는 집의 가장 어른이 목욕할 때를 제외하고
는 부엌에 몸의 어느 부분이라도 들어가는 것을 허락하지 않는 것을 의미한다.
이 개념은 또한 월경 중인 여성이 종교적인 공간에 들어가는 것을 금지하고, 월
경 기간 중 성적 관계를 가지지 않고, 특정한 종류의 음식을 먹어야 한다는 의

미로 확대하여 해석할 수 있다. 이러한 함축된 의미들이 과학적 연구보다 오랫동안 이어져 온 문화적 신념과 일화에서 기인한 것일지라도 madi에 관한 연구팀의 이해와 madi에 담긴 다양한 암시는 그 의미에 관한 팀 내부의 관점을 규정하는 데 중요하다. 더불어 그들의 언어로부터 단어나 은유법을 해석하는 것(예, 3루에서 홈런을 날렸다)은 관용구 자체의 의미를 감소시킨다. 이러한 맥락에서 언어는 그저 의사소통 방식이 아닌 문화적 신념과 감정 그리고 참가자의 경험을 바탕으로 하여 깊은 의미를 표현할 수 있는 중요한 전달 매개체다(Santiago-Rivera & Altarriba, 2002). 따라서 연구자들은 본래의 언어를 유지하며 명확하게 해석할 것인지 아니면 자료의 중요한 의미만을 골라 표현할 것인지를 고민할 것이다. 두 언어를 사용할 수 있는 팀원은 알맞은 의미로 이끌어 타당성을 구축할 수 있을 뿐 아니라 해석을 하고 반대로 다시 해석할 수 있기 때문에(Brislin, 1980) 연구가 내포하는 문화적인 미묘한 차이를 해결하는 데 중요하다(Yeh & Inman, 2007).

6. 타당도와 신뢰도

신뢰성, 대표성 그리고 일관성에 관한 사안은 특히 질적 연구와 관련된다. 제13장에서 CQR 연구에서 타당도와 신뢰도를 보장하는 방법들을 설명했으므로 여기에서는 문화적 맥락에 따른 신뢰성, 자료의 배열 그리고 결과의 타당도에 초점을 맞춘다.

CQR을 포함한 질적 연구에서 가장 타당성 있고 방법론적으로 믿을 만한 연구는 참가자의 경험을 깊이 있게 탐색하고, 빈틈없이 정확히 해석하고, 잘 기록하며, 참가자에 의해 입증되는 것에서 나온다. 연구자가 참가자의 현상학적인 경험을 묘사하고 정보를 얻는 것은 특히 문화적인 특정 현상에 초점이 맞춰진 경우에는 꽤 어려운 일이다.

면담자와 참가자 사이의 라포 형성은 믿을 만한 정보를 얻는 데 매우 중요하다. 참가자들은 면담자와 편안한 느낌을 나누는 사이가 아니면 속 깊은 생각이나 개인적인 문제(특히 문화적인 상황이나 정체성과 관련된 것)를 공유하고 싶어 하지 않기 때문이다. 그래서 우리는 연구자가 첫 만남에서부터 라포를 고려하도록 권한다. 연구의 주제와 관련된 좀 더 직접적인 질문을 하기 위해 처음을 제외한 각각의 면담에서 적어도 2개의 워밍업 질문을 하고, 알려지고 정확하게 구축된 타당한 자료를 위해 어느 정도의 문화적 집중이 필요하다는 것을 제안한다. 친밀감 등은 조사 기간에 걸쳐 발전할 수 있고, 활발한 참가자와 함께할 때 역시 발전한다.

면담하는 동안 면담자는 참가자의 말 속에 숨겨져 있는 의미를 명확히 하고자 노력한다. 특히 애매하게 표현하거나 매우 미묘한 차이가 있는 경험의 경우에 더욱 그러하다. 면담자는 의미를 더 파악할 수 있도록 참가자에게 물어보거나 연구팀이 정확히 코딩하거나 자료를 정리하기 위해 '왜곡'(예, 추측하거나 해석하는)하는 일이 없도록 그들이 무엇을 의미하는지에 대해 "좀 더 말해 주세요."라고 묻는다.

이와 더불어 참가자들이 내포하는 의미를 연구자가 정확하게 이해하고 해석하여 전달하기 위해 구성원 통합의 관련성(Hill, Thompson, & Williams, 1997; Lincoln & Guba, 1985)을 강조한다. 따라서 우리는 참가자의 단어들을 정확히 듣고 따라 적은 것인지 확인하기 위해서뿐만 아니라, 참가자들이 면담한 내용을 되돌아보고 미묘한 문화적 차이를 정확히 하기 위한 기회를 가지고 자료 해석 및 면담 내용을 다시 확인하도록 주기적으로 참가자들과 만난다. 그뿐만 아니라 우리는 연구되고 있는 공동체의 표적 집단(관심 집단)과 전문가의 설명을 통해 피드백을 받는 것을 추천한다. 다양한 독자를 위해 제시된 자료를 바탕으로 연구팀은 그들이 이해한 것을 확인하기 위해 더 깊이 있게 자료를 살펴보고 참가자의 증언을 반영한다.

이와 관련하여 자료에 충실하게(Hill et al., 1997, p. 197) 머물고 참가자의 증언을 보여 주기 위해 축어록의 인용구를 통합해야 한다는 Hill과 동료들(1997)의 초기 제안에 전적으로 동의한다. 문화적으로 특정한 단어들을 유지하는 것은 매우 중요하다. 예를 들어, 인도인 민족 정체성의 문화적 계승에 대한 연구에서 'stotras'라는 단어를 그대로 사용하는 것은(Inman, Howard et al., 2007) 우리가 참가자의 말을 왜곡하지 않도록 해 준다. 이와 마찬가지로, 관용구를 강조하고 참가자들의 말을 그대로 인용하는 것(예, "나는 내 운명을 탓하고 있었어요.……(중략) …… 스물일곱 살에 과부가 되는 것은 나이에 맞지 않아요."; Inman, Yeh et al., 2007, p. 106)은 참가자의 감정의 깊이를 묘사할 뿐만 아니라, 빠뜨렸을 수도 있는 자료의 중요한 부분을 강조하게 된다.

문화 현상을 고려할 때는 결과의 타당도 개념과 관련이 있다. 결과 타당도는 연구가 사회 변화와 정치 활동을 위한 기폭제가 될 수 있는지의 정도를 가늠하는 타당성의 기준이다(Denzin & Lincoln, 2000, p. 181). 예를 들어, 9·11과 관련된 연구에서(Inman, Yeh et al., 2007; Yeh et al., 2006), 우리는 9·11 사건에 대한 가족들의 경험을 강조할 뿐만 아니라 문화적으로 관련 있는 정신건강에 대해서도 지지했고, 기자회견을 통해서 이민 정책을 변화시켰다. CQR에 내재한 측면인 구성주의 연구는 결과 타당도에 초점을 맞추고 협력하거나 참여하는 연구의 본질을 포함하며, 참가자와 연구자 사이의 윤리적 관계로써 타당성을 제시했다(Lincoln & Guba, 2000).

7. 결 론

모든 의사소통(언어적 또는 비언어적, 직접적 또는 간접적)은 문화적 성격을 띠므로, 문화적 관점을 통해 연구를 이해하는 것은 말과 감정, 생각 그리고 행동 뒤에 감춰진 의미를 밝히는 데 중요하다. 우리는 관찰 과정에서 연구 방법 자체에 내재한 단계들을 명심하는 동안 연구자들이 연구팀과 참가자 사이에 상호적인 문화적 역동성을 인식할 수 있도록 이끌었다. 문화적인 정보는 팀 구성원들이 이야기하지 않은 경험이나 인식하지 못한 것 그리고 당연하다고 믿는 것에 깊이 뿌리를 두고 있을 수 있다. CQR 연구에서 이러한 역동을 연구하기 위한 방법을 알아내는 것은 연구자에게 새롭고 흥미로운 도전이 된다.

참고문헌

Ani, M. (1994). *Yurugu: An African centered critique of European cultural thought and behavior.* Trenton, NJ: African World Press.

Brislin, R. W. (1980). Translation and content analysis of oral and written materials. In H. Triandis & J. W. Berry (Eds.), *Handbook of cross-cultural psychology* (Vol. 2, pp. 389-444). Boston, MA: Allyn & Bacon.

Denzin, N. K., & Lincoln, Y. S. (2000). Introduction: The discipline and practice of qualitative research. In N. K. Denzin & Y. S. Lincoln (Eds.), *Handbook of qualitative research* (2nd ed., pp. 1-28). Thousand Oaks, CA: Sage.

Hardy, K., & Laszloffy, T. A. (1992). Training racially sensitive family therapists: Context, content, and contact. *Families in Society, 73,* 364-370. doi:10.1606/1044-3894.1711

Heppner, P. P., Kivlighan, D. M., & Wampold, B. E. (1999). *Research design in counseling* (2nd ed.). Belmont, CA: Wadsworth.

Hill, C. E., Knox, S., Thompson, B. J., Williams, E. N., Hess, S. A., & Ladany, N. (2005). Consensual qualitative research: An update. *Journal of Counseling Psychology, 52,* 196-205. doi:10.1037/0022-0167.52.2.196

Hill, C. E., Thompson, B. J., & Williams, E. N. (1997). A guide to conducting consensual qualitative research. *The Counseling Psychologist, 25,* 517-572. doi:10.1177/0011000097254001

Hoshmand, L. T. (2005). Narratology, cultural psychology, and counseling research.

Journal of Counseling Psychology, 52, 178-186. doi:10.1037/0022-0167.52.2.178

Inman, A. G. (2008). Cross-cultural counseling: Etic-emic distinctions. In F. T. Leong (Ed.), *Encyclopedia of counseling* (Vol. 4, pp. 1144-1147). Thousand Oaks, CA: Sage.

Inman, A., Howard, E., Beaumont, R., & Walker, J. (2007). Cultural transmission: Influence of contextual factors in Asian Indian immigrant parents' experiences. *Journal of Counseling Psychology, 54*(1), 93-100. doi:10.1037/0022-0167.54.1.93

Inman, A., Yeh, C., Madan-Bahel, A., & Nath, S. (2007). Bereavement and coping of South Asian families post 9/11. *Journal of Multicultural Counseling and Development, 35*(2), 101-115.

Juntunen, C. L., Barraclough, D. J., Broneck, C. L., Seibel, G. A., Winrow, S. A., & Morin, P. M. (2001). American Indian perspectives on the career journey. *Journal of Counseling Psychology, 48,* 274-285. doi:10.1037/0022-0167.48.3.274

LeCompte, M. D., & Preissle, J. (2003). *Ethnography and qualitative design in educational research* (2nd ed.). New York, NY: Academic Press.

Lincoln, Y., & Guba, E. (1985). *Naturalistic inquiry.* New York, NY: Sage.

Lincoln, Y. S., & Guba, E. G. (2000). Paradigmatic controversies, contradictions, and emerging confluences. In N. K. Denzin & Y. S. Lincoln (Eds.), *Handbook of qualitative research* (2nd ed., pp. 163-188). Thousand Oaks, CA: Sage.

McCracken, G. (1988). *The long interview: Quantitative research methods* (Vol. 13). New Delhi, India: Sage.

Michaelsen, L. K., Watson, W. E., & Black, R. H. (1989). A realistic test of individual versus group consensus decision making. *Journal of Applied Psychology, 74,* 834-839. doi:10.1037/0021-9010.74.5.834

Miller, C. E. (1989). The social psychological effects of group decision rules. In P. Paulus (Ed.), *Psychology of group influence* (2nd ed., pp. 327-355). Hillsdale, NJ: Erlbaum.

Polkinghorne, D. E. (2005). Language and meaning: Data collection in qualitative research. *Journal of Counseling Psychology, 52,* 137-145. doi:10.1037/0022-0167.52.2.137

Ponterotto, J. G. (2005). Qualitative research in counseling psychology: A primer on research paradigms and philosophy of science. *Journal of Counseling Psychology, 52,* 126-136. doi:10.1037/0022-0167.52.2.126

Santiago-Rivera, A. L., & Altarriba, J. (2002). The role of language in therapy with the Spanish-English bilingual client. *Professional Psychology: Research and Practice, 33,* 30-38. doi:10.1037/0735-7028.33.1.30

Strauss, A., & Corbin, J. (1990). *Basics of qualitative research: Grounded theory procedures and techniques.* Newbury Park, CA: Sage.

Sundstrom, E. Busby, P. L., & Bobrow, W. S. (1997). Group porcess and performance: Interpersonal behaviors and decision quality in group problem solving by consensus. *Group Dynamics, 1,* 241-253. doi:10.1037/1089-2699.1.3.241

Yeh, C. J., & Inman, A. G. (2007). Qualitative data analysis and interpretations in counseling psychology: Strategies for best practices. *The Counseling Psychologist, 35,* 369-403. doi:10.1177/0011000006292596

Yeh, C. J., Inman, A., Kim, A. B., & Okubo, Y. (2006). Asian American families' collectivistic coping strategies in response to 9/11. *Cultural Diversity & Ethnic Minority Psychology, 12,* 134-148. doi:10.1037/1099-9809.12.1.134

Consensual Qualitative Research **제15장**

합의적 질적 연구의 윤리적 고려사항

Alan W. Burkard, Sarah Knox, & Clara E. Hill

미국심리학회(APA)에서 정한 심리치료자의 윤리 원칙과 행동강령(APA, 2010)은 심리치료 연구자들에게 윤리적 연구와 의사결정의 기반을 제공한다. 이러한 윤리 강령은 전문가들이 윤리적 이상을 유지하고 대중을 보호하기 위해 사용하는 다섯 가지 기본 원칙을 바탕으로(즉, 자선과 무해성, 신의와 책임감, 진실성, 정당성 그리고 인간의 권리와 존엄성에 대한 존경) 한다. 더불어 임상시험심사위원회(Institutional Review Boards: IRBs)는 연구에 대한 윤리적 가이드라인과 연구자들이 IRB와 윤리 교육을 마치기 위해 현재 가장 필요한 것을 관리하고 있다. 비록 APA 윤리강령과 IRBs가 연구자에게 구체적인 가이드라인을 제공할지라도, CQR 연구에서는 종종 윤리와 관련된 중요한 문제가 추가로 발생한다. 따라서 CQR 연구와 관련된 윤리적 고려사항을 논의하는 것은 적절할 것이다.

CQR 연구의 특성은 연구자들에게 다른 연구 방법에서는 많이 발생하지 않을 윤리적 고려사항에 익숙해지도록 요구한다. 우리도 연구를 통해 이 문제를 지속적으로 알아 가고 있다. 가령, 그들이 논의했던 다른 비밀뿐만 아니라 참가자의 비밀을 보호하는 데는 참가자에 의해 드러난 친숙한 경험과 세부사항에 주어진 새로운 의미도 포함된다. 이 장에서는 연구, 연구팀, 자료 수집 그리고 연구 결과를 발표하기 위해 CQR 연구자가 대면하고 있는 윤리적 고려사항 몇 가지에 대해 다시 알아본다. 이러한 고려사항을 어떻게 이끌어 나갈 것인지에 대한 실질적 제안도 제시한다.

1. 연구의 초점

정의에 따른 몇 가지 주제는 윤리적 고려사항이 발생할 가능성이 있고(예, 내담자의 과거 학대에 관한 이야기, 슈퍼바이저나 심리치료자가 관여하는 침해의 경계선에 대한 논의) 반면에 다른 주제들은 그들을 그러한 상황으로 이끌기는 하지만 윤리적 사안에 덜 취약해 보인다(예, 치료 과정에서 내담자가 선물을 주는 경우; 학생들의 논문 경험). 예를 들어, 박사과정 학생들의 논문에 나타난 그들의 관점에서(Burkard et al., 2010) 한 참가자가 논문 자문에게 성추행 당한 사실을 기록하였다. 우리는 문제를 논의했고, APA 윤리위원회에 문의했다. 비록 개인적인 상황의 문제였다는 것을 알게 되었지만, 우리는 그 참가자가 이 상황을 어떻게 다룰지를 선택할 권리가 있다고 생각했다. 그래서 그 참가자가 APA에 윤리적 문제를 제기하는 데 힘을 실어 주었다. 더불어 내담자가 치료자에게 선물을 준 경험에 대해 최근 발표된 조사에서(Knox, Dubois, Smith, Hess, & Hill, 2009) 한 참가자(즉, 치료 내담자)는 치료자에게 수백 수천 달러 상당의 선물을 준 것을 떠올렸다. 그밖에 치료자에게 선물을 한 내담자 중 일부는 치료자가 선물을 원한다는 느낌을 받았고, 대부분 치료자는 내담자의 요청에도 되돌려 주지 않았다. 마찬가지로 우리는 팀을 통해 이 문제를 의논했고, 우리 대학의 IRB와 APA의 윤리위원회에도 문의했다. 또한 우리가 내담자를 위해 개입할 수 있는 위치가 아니라는 점을 다시금 깨닫게 되었다.

아마도 몇몇 연구 주제는 참가자가 그들의 전문 활동에 대해 면담할 때 그들에게 문제가 될 수도 있다. 슈퍼바이저의 성적 매력에 대한 연구에서(Ladany et al., 1997), 어떤 참가자(면담 참가자+내담자)가 비윤리적인 행동을 드러냈다면 연구자는 개입했어야 한다. 비록 그런 행동에 대해 아직 아무런 보고가 없지만, 연구자와 끌림에 대한 이야기를 하는 것은 그들 사이에 불편한 일이다. 그들은 아마도 연구자들이 중재의 근거 가능성 같은 내담자들과의 타협에 대한 그들의 처우를 고려한다는 것을 걱정할 것이다. 마찬가지로 대학원생들이 치료자가 되는 경험에 대한 연구에서(Hill, Sullivan, Knox, & Schlosser, 2007), 참가자들은 모두 같은 박사과정 출신이었고, 참가 대학원생은 첫 학기 치료의 기본 과정에 대한 훈련 과정에 대해 자세히 설명했다. 그 과정에서 참가자들은 일부 연구자들이(즉, 같은 박사과정에서 온) 그들을 알아봄에 따라 익명성을 보장받지 못했다. 그뿐만 아니라 그들이 좋아하지 않았거나 효과적이지 못하다고 여긴 수련 과정의 요소에 대해 이야기를 나눌 때, 조력 기술 수업을 가르친 교수진이 연구자로 있었다. 그래서 그들은 교수진과 함께하는 학업에 영향을 받을 것에 대한 두려움이 있었을 것이다. 비록 연구에서 학생의 참여에 기인한 별다른 문제가 생기지는 않았지만, 위험성은 제시되었고, 연구팀은 이러한 부분에 대해 조심스럽게 고려할 필요가 있었다.

윤리적 고려사항을 이끌어 낼 수 있는 연구 주제의 이런 전형적인 경우를 고려할 때, 우리는 연구자가 이러한 주제를 피하기만 하지 말고 오히려 문제 발생의 잠재성을 어떻게 최소화할지 계획하고, 불가피한 일이 일어났을 때 어떻게 반응할지 신중하게 고려하도록 권한다.

연구팀은 연구 과정 초기에 어떤 윤리적 문제점이 발생할 수 있는지, 그것을 어떻게 이끌어 나갈 것인지에 대해 논의해야 한다. 더불어 문제가 발생했을 때, 우리는 연구자들이 적절한 지원(예, 그들의 IRB, APA, 변호인)과 이러한 사항에 대한 문서를 통해 상의하기를 권한다.

2. 연구팀의 고려사항

연구자는 CQR팀을 형성하고 발전시켜 나가는 과정에서 윤리적인 부분을 고려해야 한다. 이번 절에서는 이와 관련한 몇 가지 고려사항을 다룬다.

1) 연구자 숙련도

멘토링이나 훈련 없이 CQR을 배우기란 어려운 일이다. 그래서 CQR 연구 숙련도를 발전시키는 것은(APA 윤리사항, 2.01. 숙련도의 경계 참조) 아마도 어려운 일일 것이다. CQR을 배우는 과정에서 우리는 CQR 연구에 실제로 관여되었을 때만 그 과정을 이해했다는 점을 알게 되었다. 더불어 초보 연구자들이 숙련된 CQR 연구자가 되기 위해서는 질적 연구를 기본으로 하는 개념화 작업, 면담 계획안의 전개, 곤란하거나 고통스러운 환자와 면담할 때 어떻게 반응해야 하는가에 대한 학습, 자료의 분석과 이해 그리고 보고서 작성 등과 같이 반드시 배워야 하는 기술이 몇 가지 있다. 이러한 영역을 모두 다룰 수는 없기에, CQR 연구와 관련된 윤리적인 부분을 논의하기 위해 가장 중요한 질적 면담과 자료 분석에 초점을 맞춘다.

2) 면담 숙련도

참가자와 연구자 사이의 폐쇄적인 관계에서의 접촉과 참가자에게 상처가 될 수 있는 잠재적인 문제들 때문에 면담 과정은 몇 가지 난관에 부딪힌다. 예를 들어, 내담자 자살에 대한 실습생들의 경험에 대한 연구에서(Knox, Burkard, Jackson, Schaack, & Hess, 2006) 한 참가자는 면담하는 동안 불안감을 보였고, 면담 질문에 대답하는 것에 너무 치중했으며, 면담을 진행하는 사람이 이해를 명확히 하기 위해 추가 질문을 하는 시간을 허락하지 않았다. 적절한 훈련을 받지 않은 면담자는 참가자에게 참견하려 하거나, 참가자와 대립하려 하거나, 적절한 면담의 경계를 유지하기보다는 치료적 면담 스타일로 변경하는 등 다양한 문제를 발생시킬 수 있다. 이러한 상황에 적절히 대응하기 위한 숙련도를 발전시키는 것이 얼마나 중요한지는 예들을 통해 알 수 있다.

면담자는 면담 주제에 초점을 맞춰 이를 유지하고, 이후의 면담에서 그러한 부분에 대한 더 깊은 탐색과 조사를 위해 계속 주의를 기울이며, 참가자에 대해 인내하는 것이 필요하다. CQR 면담의 잠재적인 윤리적 문제점에 대한 또 다른 실례로, 참가자가 문제를 드러내고 임상적 슈퍼바이저에게서 어려운 슈퍼비전을 경험한 경우가 있다(Burkard, Knox, Hess, & Schultz, 2009). 논의하는 동안 안면이 있는 면담자가 슈퍼바이저라는 사실을 인지하게 되고 이에 따라 이중 관계가 이루어지게 된다. 여기서 면담자가 면담을 멈추고 이 관계에 대해 알리고, 참가자와 면담자는 이 면담을 계속 진행하는 것의 타당성을 논의해야 한다. 이러한 상황에서는 면담 과정에서의 변화되는 상황을 수용하는 데 대인 관계의 유연성이 필요하다.

면담의 난관을 고려하여 우리는 주의 깊게 면담 기술에 자신감이 있는 재능 있는 면담자를 가려낸다. 이 과정은 보통 상담자를 주의 깊게 훈련시킬 때나 슈퍼바이저의 훌륭한 평가로 이루어진다. 우리는 가능성 있는 연구자들이 우리 팀에 합류하기에 앞서 거쳐야 하는 최소한의 훈련 수준을 정하지는 않았다. 그러면서 경험 많은 연구자는 경험이 부족한 면담자에게는 적당하지 않은 몇 가지 주제를 선택할 것이라는 점을 알게 되었다. 예를 들어, 최근의 연구 중 레즈비언, 게이, 양성애자임을 깨닫거나 또는 성정체성에 대해 고민하는 청소년에 대한 연구에서(LGBQ; Burkard, Reynolds, Wurl, & Schultz, 2011), 고참 연구자 2명은 참가자의 삶의 경험에 대한 예민함과 민감성 그리고 그들이 혹시 겪었을지 모를 잠재적인 차별 때문에 면담자들에게 LGBQ를 인정한 청소년과 함께한 특별한 임상 경험이 있는 것이 중요할 것이라고 확신했다. 마찬가지로, 연구팀의 선임 연구자는 그들의 주제나 흥미로운 집단이 경험이 부족한 면담자에게 적당한지 고려하기 바란다.

우리는 윤리적 문제를 최소화하는 면담 기술을 발전시키기 위해 다양한 훈련 방법을 사용한다(제7장 참조). 팀을 통해 슈퍼비전을 하고, 경험이 더 많은 면담자의 녹음 파일을 듣고, 실제 면담 후에 보고를 들으며 연구 계획안을 재검토하고, 면담의 목적에 대해 논의하고 역할 연기를 통해 면담 과정을 연습하고, 이를 수행하고 면담을 추진한다(추가 자료를 위해 Fassinger, 2005를 참조하라). 우리는 몇 가지 면담의 잠재적 정서를 예측하고, 팀을 통해 참가자들이 보일 가능성 있는 반응에 대해 논의하고, 이러한 반응이나 감정에 어떻게 반응할 것인지에 대해 역할 연기를 하면서 면담을 끌고 나가는 동안 문제점이 생겼을 때 초보 연구자들이 어떻게 주요한 전문가가 될 수 있을지를 확인한다. 그리고 마침내 훈련 단계를 통해 실제 참가자와의 면담을 위해 준비가 되어 있고 참가자들과 의사소통하는 능력이 있는지 평가한다. 평가는 반드시 연구 면담에 초점을 맞추고(심리치료적 면담과 비교하여), 참가자의 감정과 경험에 공감하고, 괴로운 감정을 처리해 주며 면담의 마지막에 (필요하다면) 적절한 시설을 소개해 주는 능력에 초점을 맞춰야 한다. 훈련 후에 숙련도가 입증되지 않은 팀 구성원은 추가 훈련을 받게 하거나 면담에서 제외한다.

3) 자료 분석 능력

초보 연구자들은 종종 CQR 단계들을 배우며 지도받을 필요가 있다(영역, 핵심 개념 그리고 교차 분석). 이 단계에서 보통 겪는 어려운 경험을 예로 들면, 초보 연구자는 종종 자료를 바탕으로 근거 없는 정보를 만들어 참가자의 경험을 잘못 표현한다. 윤리적으로 연구자들은 참가자가 말한 사건들과 참가자의 경험을 어떻게 정확하게 묘사하여 의미 있는 결과로 만드는지를 배울 필요가 있다(제8장, 제9장 참조). 예를 들어, 임상 슈퍼바이저의 자기 개방에 대한 슈퍼바이저의 관점에 대한 연구(Knox, Edwards, Hess, & Hill, in press)에서 팀은 권위주의적이고 테크닉이나 사례 관리에만 초점을 맞춘 슈퍼비전 스타일을 부정적인 편견으로 보거나 협동적이고 지지적이며 자율적인 성향의 슈퍼비전 스타일을 긍정적인 편견으로 보는 것을 피하기 위해 노력했다. 참가자 경험을 부정적인 또는 긍정적인 가치로 평가하는 것은 잠재적으로 참가자의 슈퍼비전 경험을 잘못 해석하는 것일 수 있다.

이러한 어려움을 줄이기 위해 우리는 영역, 핵심 개념, 범주 제목 그리고 교차 분석을 발달시키기 전의 개념을 교훈적으로 다시 검토하고, 이러한 과정을 교육한다. 예를 들어, 핵심 개념을 개발하는 과정에서 참가자가 하는 말을 있는 그대로 잘 이해하고, 참가자 경험의 의미를 방해하지 않고 각각의 개념이 의미하는 것을 잘 전달하는 것에 대한 중요성을 논의한다. 또한 우리만의 사례를 가지고 첫 번째 핵심 개념을 발전시켜 초보 연구자들을 위한 전략을 만들고, 그다음 그룹의 재검토와 핵심 개념을 마무리하기 위한 합의 과정을 이끈다. 이와 관련하여 초보 연구자들이 첫 번째 사례를 위해 핵심 개념들을 발전시킬 때 종종 명확하고 포괄적인 핵심 개념들을 어떻게 만들어 낼 것인지 입증하기 위해 팀 미팅을 하는 동안 특정 분야의 핵심 개념들을 활용한다. 이러한 훈련과 모델링 방법은 초보 연구자들이 과장하거나 축소하거나 참가자의 내적 경험을 잘못 표현하지 않고 원자료에서 영역 제목, 핵심 개념, 범주 제목을 도출하도록 자신감을 심어 준다.

4) 팀 내에서 영향력의 관리

질적 연구 방법으로서 CQR은 개인적으로 어려운 일도 편안하게 이야기할 수 있고 신뢰를 바탕으로 하는 팀 구성원 간의 협동심이 필요하다(제4장 참조). 긍정적인 집단 과정은 연구를 성공적으로 완성하기 위해 꼭 필요하다. 이 집단 과정의 중요성은 아마도 팀 구성원들이 그 분야의 자료를 활발하게 분석하고 핵심 개념들과 교차 분석 범주들을 발전시켜 나갈 때, 그리고 자료 분석 단계에서 가장 눈에 띌 것이다. 연구팀이 대부분 학생과 교수진 또는 종신 교수진, 임시직 교수진으로 구성되는 점을 고려할 때, 거기에는 보이지 않는 힘의 불균형이 존재한다고 볼 수 있다. 이러한 힘의 격차는 자료 분석에 부정적인 영향을 미칠 수 있다. 학생들이나 임시 교수진이 그들의 선임 앞에서 앞으로 받게 될 피드백에 대한 두려움으로 다른 맥락에서 부정적인 영향을 미칠 수 있기 때문이다. 윤리적으로 말하면, 연구팀의 힘 있는 선임 연구자(예, 교수, 종신 교수진)들은 아마 이중 관계를 인정하고 이러한 이중 역할에 대해 이야기를 나누고 힘의 관리와 관련된 우려에 대해 논의하고 자료 분석에 잠재적으로 영향을 줄 수 있는 것들을 어떻게 운영할 것인지 팀으로 논의하고자 할 것이다(제4장과 제7장 참조).

CQR 프로젝트가 진행되는 동안 개방된 의사소통을 가능하게 하고 힘과 이중 관계의 영향을 줄이기 위해서 우리는 연구 과정 초반에 구성원들 사이에 라포를 형성하고 집단의 화합을 발달시키기 위해 활발히 활동했다. 일례로 선임 교수진으로서 우리는 자기 개방을 통해 연구와 관련된 우리의 경험을 이야기했다. 또한 자료에 대해 논의하는 과정에서 동등하게 인정받는 것의 중요성을 이야기하고, 학생들과 새로운 연구자들에게 그들의 연구 기술을 발달시키기 위해 긍정적인 지원을 제공했다. 이러한 피드백은 종종 초보 연구자들이 자신감을 얻고 피드백을 편하게 받아들이는 데 도움이 된다. 예를 들어, 자살을 시도한 내담자를 경험한 슈퍼바이저에 대한 연구에서(Knox et al., 2006), 선임 연구자 중 1명은 내담자의 자살 시도에 대한 그의 경험, 생각 그리고 감정을 공유했다. 이러한 개방은 경험이 적은 팀원의 반응을 정상화해 주고, 구성원들은 자신의 반응을 공유하는 것에 대해 덜 불안해하게 된다. 우리는 집단 역동성을 다루기도 하는데, 모든 구성원이 연구에 기여할 수 있다는 것을 확실히 하기 위해 때때로 회의 마지막에 보고를 받는다. 팀 구성원이 기대만큼 기여하지 못한다는 것을 알아차리면, 회의하는 동안 문제점에 대해 이야기를 나누고, 집단 과정에서 어려운 점을 해결하는 데 시간을 들인다. 마지막으로 연구 회의를 하는 동안 농담을 나누며 심각하고 긴장된 분위기를 깨고자 노력한다. 이러한 전략은 팀 구성원들에게 결속력이 형성되게 하고 힘을 북돋아 주는 데 효과적이며, 연구팀에서의 이중 관계를 잘 다루게 해 준다. 권력의 잠재적인 영향력을 줄이는 데도 도움이 된다.

3. 참가자와 자료 수집

어떤 자료 수집에서든 연구자는 참가자가 강제로 참여한다고 느끼지 않도록 해야 한다. 참가자의 강제성을 피하는 것을 넘어, CQR 연구자는 자료 수집 과정에서 참가자의 윤리적 대우를 고려할 필요가 있다.

1) 지속적인 정보 제공에 대한 동의의 특성

질적 연구자는 참가자의 친숙한 생각, 느낌 그리고 경험에 대해 자세하게 연구하고 탐구함에 따라 그들의 세계에 들어가게 된다(Stacey, 1988). 그러므로 참가자는 연구에 참여하기를 원하는지 아닌지를 선택할 자율성을 가질 필요가 있다. 연구 참여를 위해 참가자에게 간략한 정보를 얻는 것에 대한 동의는 CQR 연구를 포함한 어떠한 연구에서도 가장 기본적인 윤리 원칙이다. 하지만 CQR 의 잠재적인 침해 가능성을 고려할 때, 연구하는 동안 정보의 동의라는 주제를 다루는 것은 아주 중요한 일이다. 더 복잡해질 수도 있는 문제로 참가자는 면담하는 동안이나 어떤 주제에 대해 이야기할 때 그들이 경험했을 감정의 강렬함을 이야기하는 동안 자기 개방이 필요하다는 것에 대해 완전히는 예상하지 못할 수 있다는 것이다. 예를 들어, 학생들의 논문 경험에 대한 최근 연구에서 몇몇 참가자는 지도교수와의 관계의 어려움에 대한 이야기를 했고, 이어서 논문 경험을 토론할 때는 그들의 취약함에 대한 감정과 느낌의 강렬함에 놀라움을 표현했다(Burkard et al., 2010). 면담하는 동안 그러한 참가자들은 비밀 보장에 대해 질문했고, 지도교수가 그들의 이야기에 대해 알게 되는지 궁금해했다.

연구하는 동안 지속적으로 정보 제공에 대한 동의가 필요하기 때문에, 참가자의 권리에 대한 통지를 지키기 위해 우리는 몇 가지 전략을 사용한다. 연구의 초기 개방 단계에서 우리는 그들에게 어떤 질문을 할지 미리 살펴볼 수 있도록 사전에 보내 준 사항(예, 면담 질문)을 참가자에게 다시 제공한다. 또한 그들의 경험에 대해 논의할 때, 참가자가 경험할 수 있는 강렬한 감정에 대한 동의서의 사항을 전달하고 안내문을 보낸다. 각각의 면담을 개방하는 동안 정보 제공 동의 과정을 검토하고, 연구나 면담 과정에 대해 어떠한 질문이든 하는 기회를 제공한다. 면담하면서 강한 감정 동요가 있을 때, 우리는 참가자의 고통에 반응하고 그와 관련하여 지원이나 도움 받을 곳을 소개하며 프로젝트를 계속 진행할 수 있는지에 대한 그들의 뜻을 재평가한다. 마지막으로, 면담 마지막에서 참가자의 반응에 대해 상세하게 질문한다. 참가자들이 보통 면담 과정을 즐겼고 그들의 경험을 반영할 기회에 대해 의견을 남겼다는 것을 고려할 때, 이러한 과정은 영향이 있었던 것으로 보인다.

2) 확인되지 않은 면담과 기록지

면담 과정에서 면담자는 아마 참가자의 이름을 언급했을 것이고, 참가자는 그들의 경험과 관련되어 있는 다른 사람의 이름이나 직위 등을 언급했을 것이다. 마찬가지로 참가자들은 아마도 환경, 위치 그리고 다른 속성을 구분할 것이다. 예를 들어, 고등학교 때 차별받으며 청소년기에 홀대당한 경험에 대한 최근 연구에서(Burkard et al., 2011), 한 참가자는 자신이 몇 년 전에 언론에 실린 적이 있다는 것과 그 보도의 자세한 경로를 포함해 자신의 경험에 대해 이야기했다. 이 면담 자료를 본 다른 사람들은 그들의 힘든 경험에 영향을 미친 학교 행정가의 이름을 알아차릴 수 있었다.

우리는 참가자의 신분이나 그들이 면담 동안에 언급한 사람들을 보호하기 위해 간단한 단계를 거친다. 첫째, 각 사례에 코드 번호를 부여한다. 연구하는 동안 참가자의 이름과 제1저자만이 접근하여 열어 볼 수 있게끔 컴퓨터 파일을 암호화하여 코드 번호를 유지한다. 연구가 완성되는 순간 이 코드 리스트를 삭제한다.

둘째, 어떤 자료든 분석하기에 앞서 이름, 지리적인 언급 또는 다른 개인적으로 알아차릴 수 있는 정보를 제거하여 모든 녹취록을 식별할 수 없도록 한다. 이러한 이유로 자료 분석의 어떤 단계에서도 특정한 사례와 관련된 이름은 없다. 만약 참가자가 연구팀의 어떤 구성원을 안다면 면담은 다른 연구자에 의해 이루어질 것이고, 이 자료는 팀에서 그 자료를 알아볼 수 없는 상태가 될 때까지는 검토하지 않는다.

셋째, 참가자에게 그들이 이야기한 것과 그들의 경험이 그대로 반영된 녹취록이 괜찮다는 것을 확인한 후, 그들에게 면담 녹취록을 보내 적절한지 확인하는 것은 좋은 생각이다. 이 '팀원으로서 확인하기'는 참가자들이 과정에 대한 통제감을 느끼게 해 준다. 우리의 경험에 비춰 볼 때 참가자들은 거의 수정을 요구하지 않지만, 녹취록을 다시 볼 기회를 누림으로써 존중받고 있다는 것을 느낄 것이다.

3) 준비된 참가자 또는 공개하는 것이 불편한 참가자

CQR 연구자는 대개 참가자가 준비가 되어 있는지, 그리고 자신을 드러내는 데 불편감이 있는지 평가하고 대응한다. 면담자는 보통 그들이 생각하기에 참가자가 정보를 공개하는 것에 대해 불편해하거나 괴로워한다고 여기면 면담을 밀어붙이지 않는다. 앞서 논문 심사관에게 성희롱을 당한 경험에 대해 이야기한 참가자의 예를 떠올려 보자(Burkard et al., 2010). 만약 면담자가 참가자의 불편해하는 태도를 알아차리지 못하고(즉, 그 참가자가 질문에 대한 대답을 주저한다 거나 답변이 모호하거나 별 관련이 없다거나 논문 심사관의 행동의 타당성에 의문을 가진다던가) 면담을 밀어붙였다면 그 면담 경험은 그 자체로 트라우마가 될 수 있다. 어떤 경험에 대해 이야기하는 것은 사건이나 당황스러움이나 두려움이나 불안을 자극하는 감정을 다시 드러내게 됨으로써 참가자의 상처받기 쉬운 마음 을 건드릴 수 있다(Birch & Miller, 2000; Sinding & Aronson, 2003).

면담하는 동안 강한 정서를 끌어낼 때, 그 면담 경험 자체는 아마도 면담자가 자신을 평가하고 있다는 참가자의 두려움을 악화시킬지도 모른다(Adler & Adler, 2002). 예를 들어, 앞서 언급한 논문 연구 예시에서 참가자는 논문 지도자에게 당한 성희롱을 개방한 것에 대해 면담자가 보이는 즉각적인 반응에 의문을 제 기했고, 면담자가 자신을 비정상일 것으로 생각하는 것이 틀림없다고 응답했 다. 이러한 정서 상태는 아마도 면담하는 동안 개방에 대해 괜찮다고 여기던 참 가자에게 직접적으로 영향을 줄 것이며, 면담을 계속 진행하는 것은 잠재적으 로 참가자를 착취하는 것이고 윤리적인 사항을 저버리는 것이라 할 수 있다.

우리의 권고사항은 대부분(예, 정보 제공 동의 과정, 고통에 대한 지지적 반응, 휴 식 제공, 정서적 면담 마지막에 참가자의 보고) 이러한 염려를 잘 해결할 수 있도록 영향을 주는 전략이다. 우리는 면담이 끝나기 전에 참가자들이 좋은 감정을 갖 고 있는지 연구자가 확실히 할 것을 권고했다. 지금까지 참가자에게서 연구에 서 빠지겠다는 요청을 받아 본 적은 없지만, 앞 권고사항의 필요성은 강하게 느 끼고 있다. 이 상황에서 우리의 주된 목적은 참가자들을 위해 그들 스스로 가능 한 최고의 선택을 하도록 돕고, 그들의 고민을 존중하고, 연구자로서 우리가 그 들의 진실성과 존엄성을 유지할 수 있도록 하는 것이다.

4. 결과 작성과 논의사항

1) 참가자의 신원을 드러내지 않고 이야기 전개하기

많은 CQR 연구에서 저자는 삶에 결과를 가져오기 위해 핵심 개념들 그리고/또는 확실히 보여 줄 수 있는 예들을 원고에 포함한다(제11장 참조). 이렇게 함으로써 가장 설득력 있는 방법으로 연구의 결과를 이야기하고자 한다. 그러나 그들은 이러한 노력이 기밀성을 저버리는 것이 아니라는 점을 반드시 보장해야 한다.

실습은 종종 핵심 개념이나 결론 부분이나 표와 관련된 것에서 실례를 통해 참가자를 인용한다. 핵심 개념은 기밀성에 관한 염려가 적다. 오직 범주를 설명하기 위해 그것들을 짧고 간결하게 포함하기 때문이다. 그러나 실례들은 참가자나 다른 사람들의 신원이 드러나지 않도록 조심스럽게 사용해야 한다. 우리는 마지막에 나이나 성별, 지리적 위치 등과 같은 인구학적인 자료를 수정하는데, 이때 특히 연구 결과의 의미나 진실성이 왜곡되지 않도록 주의한다. 내담자의 선물에 관한 연구(Knox et al., 2009)를 예로 들면, 실례는 알아차리지 못하도록 하기 위해서 참가자가 이야기한 것과 비슷하지만 정확히 똑같지는 않게 했다. 치료자의 자기 개방에 대한 연구에서도(Knox, Hess, Petersen, & Hill, 1997) 비록 그들의 일반적인 배경은 유지하지만 실제로 개방한 것과는 조금 다르게 했다. 그 밖의 예방책에 따라 모든 참가자에게 원고의 최종안을 보냈고, 그들의 기밀성 보장에 대해 확실히 하고자 그들에게 물어보았다.

5. 결 론

　CQR 연구는 복잡한 배경 때문에 윤리적인 고려사항에 특별히 주의하게 된다. 우리는 CQR 연구자들이 반드시 해결해야 하는 공통의 주제들을 리뷰할 것을 권한다. 이 장에서 제시된 것들과 〈표 15-1〉에 요약된 권고사항은 참가자의 권리를 존중하고, 그들을 피해로부터 보호하는 동시에 초보 연구자들의 훈련 과정이 더 발전하도록 도움을 주는 실질적인 해결책을 제공한다. 좋은 연구 실습은 윤리적으로 좋은 실습에서 시작된다. CQR 프로젝트를 계획하는 연구자는 윤리적인 부분을 외부 규칙이나 규제로 생각하는 것이 아니라 정상적인 연구를 수행하기 위한 중요한 방법으로 여겨야 한다.

〈표 15-1〉 합의적 질적 연구에서의 윤리사항

단 계	권고사항
연구 계획을 세우는 단계	• 면담에 앞서 잠재적인 윤리 문제와 참가자의 위험성에 대한 고려와 해결 • 어려운 문제나 위험 요소가 발생했을 경우, 학교 내 임상시험심사위원회 그리고/또는 미국심리학회의 윤리위원회와 상의, 문서를 통한 협의와 논의
연구팀	• 연구팀에 대한 라포 형성과 화합에 노력 • 주제에 대해 팀원들이 각자의 견해와 기대를 터놓고 이야기할 수 있도록 격려 • 어떻게 CQR을 할 것인지에 대한 팀원들의 훈련
면담자의 능숙함	• 적절한 면담 기술과 주제와 관련된 분야의 지식이 있는 면담자 선택 • 적절한 면담 훈련 제공 • 면담에서 어려운 상황을 어떻게 해결할 것인지에 대한 논의 • 모든 팀원을 위한 면담 코스 제공에 대한 고려(예, 기본 상담 기술)
참가자 접촉	• 면담 전에 참가자에게 면담 과정 계획안을 제공 • 참가자에게 면담하는 동안 강한 감정이 유발될 가능성에 대한 정보 제공

	• 연구 과정에 대한 질문을 할 수 있도록 참가자에게 요청 • 참가자의 경험이 괴로운 것이라면 지지적으로 반응하고, 다른 곳에 의뢰를 요청. 필요하다면 면담 중단
자료 분석	• 녹취록과 등록된 코드 번호를 확인하지 말 것 • 팀 회의 동안 영역, 핵심 개념 그리고 교차 분석의 초기 발달 과정 만들기 • 힘의 역동성과 교수진과의 개방된 의사소통에 대한 논의 • 리뷰하고, 명확히 하고, 논평하기 위해 참가자에게 녹취록 송부
원 고	• 리뷰하고, 명확히 하고, 논평하기 위해 참가자에게 원고 송부

참고문헌

Adler, P. A., & Adler, P. (2002). The reluctant respondent. In J. F. Gubrium & J. A. Holstein (Eds.), *Handbook of interview research: Context and method* (pp. 515-536). Thousand Oaks, CA: Sage.

American Psychological Association. (2010). *Ethical principles of psychologists and code of conduct (2002, Amended June 1, 2010).* Retrieved from http://www.apa.org/ethics/code/index.aspx

Birch, M., & Miller, T. (2000). Inviting intimacy: The interview as therapeutic opportunity. *International Journal of Social Research Methodology, 3,* 189-202. doi:10.1080/13645570050083689

Burkard, A. W., Knox, S., DeWalt, T., Downs, J., Fuller, S., Hill, C. E., & Schlosser, L. Z. (2010). *Dissertation experiences of doctoral graduates from professional psychology programs.* Manuscript submitted for publication.

Burkard, A. W., Knox, S., Hess, S., & Schultz, J. (2009). Lesbian, gay, and bisexual affirmative and non-affirmative supervision. *Journal of Counseling Psychology, 56,* 176-188. doi:10.1037/0022-0167.56.1.176

Burkard, A. W., Reynolds, A. R., Wurl, A., & Schultz, J. (2011). *Perceptions of lesbian, gay, and bisexual affirming and hostile high school experiences.* Manuscript in preparation.

Fassinger, R. E. (2005). Paradigms, praxis, problems, and promise: Grounded theory in counseling psychology research. *Journal of Counseling Psychology, 52,* 156-166. doi:10.1037/0022-0167.52.2.156

Hill, C. E., Sullivan, C., Knox, S., & Schlosser, L. Z. (2007). Becoming psychotherapists: Experiences of novice trainees in a beginning graduate class. *Psychotherapy: Theory, Research, Practice, Training, 44,* 434-449. doi:10.1037/0033-3204.44.4.434

Knox, S., Burkard, A. W., Jackson, J. A., Schaack, A. M., & Hess, S. A. (2006). Therapists-in-training who experience a client suicide: Implications for supervision. *Professional Psychology: Research and Practice, 37,* 547-557. doi:10.1037/0735-7028.37.5.547

Knox, S., Dubois, R., Smith, J., Hess, S. A., & Hill, C. E. (2009). Clients' experiences giving gifts to therapists. *Psychotherapy: Theory, Research, Practice, Training, 46,* 350-361. doi:10.1037/a0017001

Knox, S., Edwards, L. M., Hess, S. A., & Hill, C. A. (in press). Supervisees' experiences of supervisor self-disclosure. *Psychotherapy: Theory, Research, Practice, Training.*

Knox, S., Hess, S., Petersen, D., & Hill, C. E. (1997). A qualitative analysis of client perceptions of the effects of helpful therapist self-disclosure in long-term therapy. *Journal of Counseling Psychology, 44,* 274-283. doi:10.1037/0022-0167.44.3.274

Ladany, N., O'Brien, K. M., Hill, C. E., Melincoff, D. S., Knox, S., & Petersen, D. A. (1997). Sexual attraction toward clients, use of supervision, and prior training: A qualitative study of predoctoral psychology interns. *Journal of Counseling Psychology, 44,* 413-424. doi:10.1037/0022-0167.44.4.413

Sinding, C., & Aronson, J. (2003). Exposing failures, unsettling accommodations: Tensions in interview practice. *Qualitative Research, 3,* 95-117. doi:10.1177/1468794103003001770

Stacey, J. (1988). Can there be a feminist ethnography? *Women's Studies International Forum, 11,* 21-27. doi:10.1016/0277-5395(88)90004-0

Consensual Qualitative Research **제16장**

합의적 질적 연구를 사용한 주석이 달린 참고문헌 연구

Harold T. Chui, John L. Jackson, Jingqing Liu, & Clara E. Hill

이 장에서 우리는 합의적 질적 연구(Consensual Qualitative Research: CQR)를 사용한 연구들의 주석 달린 참고문헌(〈표 16-1〉 참조)을 제공하고, 논의된 주제, 표본의 종류, 팀의 구성, 자료 수집 방법 그리고 결과를 얻은 개념에 대한 간단한 설명을 제시할 것이다. 또한 이 참고문헌이 네트워크 기능을 하여 연구자들이 비슷한 연구를 한 다른 연구자들을 알아갈 수 있도록 할 것이다.

이 연구 모음을 결정하기 위해서 우리는 우리가 알고 있는 연구뿐만 아니라, CQR로 진행된 27개의 연구(Hill et al., 2005)를 검토했다. 그런 다음 PsycINFO에서 CQR과 관련된 자료를 찾았다. 그렇게 해서 우리는 2010년 1월 전에 상호 검토된 저널들에서 출간된 120개의 연구를 발견했다.

우리는 CQR 연구 방법에 대한 정확도와 관련하여 이 연구들을 재검토하였다. 연구들은 이 장에 나오는 모든 저자의 동의를 거쳐 결정했고, 이 중 다른 질적 연구 방법들과 섞어 사용했거나 CQR 연구 방법의 모든 단계를 정확하게 따르지 않은 연구는 제외했다. 이 과정을 통해 결국 99개의 연구가 이에 부합하였다. 연구자들이 CQR 방법을 사용했더라도 이를 초록에서 언급하지 않은 것 (PsycINFO에서 찾을 수 있는)을 고려할 때, 이 조사가 완벽하다고 할 수는 없어도 CQR 사용에 대한 몇 가지 초기 개념들을 제공해 줄 수 있을 것이다.

이 리뷰를 수행한 4명의 저자 중 3명(남성 2명, 여성 1명; 아시아인 2명, 백인 1명) 은 상담심리학 박사학위 과정 학생(28~29세)이고 다른 1명은 61세의 백인 여성 으로 매릴랜드 대학교의 상담심리 교수로 재직 중이다. 모든 저자는 CQR을 이 용한 연구 경험이 있으며, 그 방법은 연구자들이 흥미를 가진 현상에 대해 더 깊은 이해를 얻을 수 있도록 해 준다고 믿는다. 더불어 모든 저자는 양적 연구 방법을 이용한 연구를 한 적이 있으며, 질적 연구와 양적 연구 방법 모두 어떤 연구 문제냐에 따라 유용하게 쓰일 수 있다고 느꼈다.

우리는 기사에서 가장 주목받은 7개의 주제에 따라 이 참고문헌을 엮었다. 심리치료, 심리치료자/상담자 트레이닝 또는 슈퍼비전, 다문화주의, 경력 개 발, 트라우마, 의학과 건강 관련 주제들, 동성 관계 등이 그 주제다. 각각의 주 제 안에서 CQR 연구 방법, 즉 전통적 CQR, 합의적 질적 연구−수정본(CQR-M), 합의적 질적 연구−사례 연구(CQR-C) 중 사용한 방식에 따라 그룹화했다. 기사 들은 주제와 CQR 방식 내에서 연대적으로, 그리고 알파벳순으로 정리했다. 각 각의 기사를 위해 주제, 방법, 표본, 팀, 자료 수집 그리고 결과에 대한 간략한 설명을 정보로 제공할 것이다. 다음에서 각각의 범주에서의 최신 경향을 간략 히 요약할 것이다.

1. 합의적 질적 연구 자료의 경향 요약

우리는 이 99개 연구의 저자, 발표 경로, 연구 주제, 사용된 CQR 방식, 표본, 연구팀의 구성 그리고 자료 수집 방식의 일관성을 찾기 위해 검토했다. [그림 16-1]은 CQR 연구가 시작된 이후 지금까지 CQR 연구 방법을 사용하여 발표된

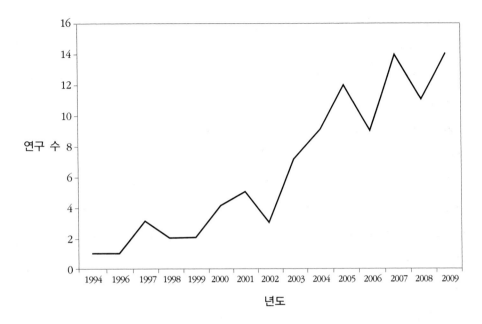

[그림 16-1]　연도별 발표된 합의적 질적 연구의 개수(1994년부터 2009년까지)

논문이 꾸준히 증가하고 있다는 것을 보여 준다.

1) 저자와 관련 기관

저자와 관련 기관의 경향을 조사하기 위해서는 저자-기관의 기여에 따른 기여도 분배에 대해 Buboltz, Miller 그리고 Williams가 사용한 방법을 따랐다. 단독 저자(그리고 그들의 기관들)는 연구에 대한 모든 기여도를 받는다. 저자가 2명이라면, 제1저자와 제2저자(그리고 기관들)는 각각 0.6과 0.4 포인트를 받는다. 3명의 저자와 기관들은 각각 0.47, 0.32 그리고 0.21포인트를 받는다. 4명의 저자와 기관들은 각각 0.42, 0.28, 0.18 그리고 0.12포인트를 받고, 5명의 저자와 기관들을 각각 0.38, 0.26, 0.17, 0.11, 0.08포인트를 그리고 6명의 저자와 기관들은 각각 0.37, 0.24, 0.16, 0.11, 0.07 그리고 0.05포인트를 받는다. 6번째 이후의 저자와 기관들은 기여도가 없다. 각 기사의 포인트 총 합계는 1.0이다.

이 분석에 따르면 논문을 가장 많이 쓴 CQR 저자들은 Clara E. Hill(6.59; 28개의 연구), Sarah Knox(5.21; 16개의 연구), Rachel Cinamon(2.20; 4개의 연구), Elizabeth Nutt Williams(2.01; 6개의 연구), Nicholas Ladany(1.83, 7개의 연구), Madonna Constantine(1.78, 5개의 연구), Shirley A. Hess(1.71, 9개의 연구) 그리고 Alan W. Burkard(1.69, 5개의 연구)다. 내림차순으로 정리된 이 저자들의 관련 기관들은 University of Maryland, College Park(19.62; 30개의 연구); Marquette University, Milwaukee, Wisconsin(8.36; 13개의 연구); Columbia University, New York, New York(5.63; 9개의 연구); Lehigh University, Bethlehem, Pennsylvania(4.43; 9개의 연구); 그리고 Shippensburg University, Shippensburge, Pennsylvania(0.99; 6개의 연구)다.

CQR 연구를 만들어 낸 사람들이나 이를 퇴고한 사람들이 꽤 많은 연구를 발표한 것은 놀라운 일이 아니다. 그러나 CQR을 사용해 온 연구자들은 이 저자들과 관련되어 있는 기관들조차도 조금의 관계도 없다는 점, 이 중 대부분이 저자들에 의해 CQR 연구에 대해 훈련을 받지 않았다는 점은 놀랍고도 흥미로운 일이다. 연구자들은 출판된 자료를 읽는 것만으로도 배워 나갈 수 있을 것으로 보인다(Hill, Thompson, & Williams, 1997; Hill et al., 2005). CQR을 배우고 사용하는 것에 대한 사람들의 능력은 CQR의 유용성에 대해 말해 준다.

2) 출판 경로

CQR 연구가 발표된 저널들은 *Journal of Counseling Psychology*(34개의 연구), *Psychotherapy Research*(10개의 연구), *Cultural Diversity and Ethnic Minority Psychology*(6개의 연구), *The Counseling Psychologist*(5개의 연구) 그리고 *Psychotherapy: Theory, Research, Practice, Training*(5개의 연구)이다.

3) 연구 주제들

주제에 관해 34개의 연구가 심리치료에 대해 조사하였고, 20개는 심리치료 훈련과 슈퍼비전과 관련이 있고, 14개는 다문화주의와 이민과 관련된 주제이며, 14개는 발달 과정에 대한 것이고, 7개는 트라우마, 6개는 의학과 건강 관련 주제였고, 4개는 동성 관계에 초점을 맞췄다. CQR 연구는 심리치료 관련 연구 방법으로 시작하여 점차 주제가 다양해지고 있다.

4) 사용된 합의적 질적 연구 방식

검토된 99개의 연구 중에서 90개는 CQR의 전통적인 면담을 기본으로 한 방식을 사용했고, 6개는 CQR-C를, 3개는 CQR-M 방식을 사용했다. 다른 방법을 사용한 일부 연구는 CAR의 전통적인 방식으로 처음 발전하고 최근 2개의 수정된 형태로 발달하면서 CQR의 발달 과정을 반영하고 있다.

5) 표 본

총 2,074명(남성 1,084명, 여성 940명, 명시되지 않은 50명; 백인 1,105명, 아프리카인/미국 흑인 194명, 아시아인/아시아계 미국인 194명, 라틴계 남성/여성 113명, 북미 원주민 31명, 이스라엘인 42명 그리고 다른 인종 또는 인종이 명시되지 않은 사람 395명)의 사람(9세부터 88세까지)이 각각 CQR을 이용한 연구의 자료를 구성했다. 전통적인 CQR 연구에서 표본의 크기는 3부터 97까지 포괄한다(중앙값=15.7, 표준편차=11.5). CQR-M에서 표본의 크기는 22에서 547까지 포함한다(중앙값=206.0, 표준편차=295.6). CQR-C에서 표본의 크기는 2에서 16까지 포함한다(중앙값=6.7, 표준편차=6.5). 99개 연구의 표본 구성을 살펴보면 7개는 오직 남성 참가자들에게서 자료를 수집했고, 15개의 연구는 오직 여성 지원자들에게서 그리고 76개는 남성과 여성 참가자들에게서, 그리고 1개는 성별을 표시하지 않은 참가자들에게서 자료를 수집했다. 인종에 대해서는 대부분(55) 혼합된 표본이 관련되었으나, 오직 한 그룹에 초점을 맞춘 연구도 많았다(백인=19, 아프리카인/미국 흑인=4, 아시아인/아시아계 미국인=9, 라틴계 남성/여성=1, 북미 원주민/아메리카 인디언=1, 이스라엘인=3). 4개는 지원자의 인종을 나타내지 않았다. 지원자의 나이와 관련해서는 대부분(53) 연령대가 섞여 있었지만, 많은 연구가 좁은 연령대에 초점을 맞췄다(18세 미만의 아동과 청소년 표본의 수=4, 청장년 18세부터 29세까지 표본의 수=11, 30세 이상의 성인 표본의 개수=24). 7개의 연구는 지원자의 나이를 명시하지 않았다. 이러한 표본들은 CQR이 생애 걸쳐 같은 민족 또는 더 다양한 인구 등 넓은 방면에서 연구를 수행할 수 있다는 것을 보여 준다.

6) 연구팀 구성

구성원의 범위에서 교육 수준에 따른 분류는 중요하다. 연구에 포함된 395명의 연구자(일부는 하나 이상의 연구에 포함되어 있기 때문에 중복되어 있음) 중 33명(8.4%)은 학부생이고(9개 연구에서), 1~2명(3.0%)은 석사과정 학생(7개의 연구에서), 168명(42.5%)은 박사학위 학생(67개 연구에서)이고, 33명(8.4%)의 대학원생은 정확히 명시되지 않았고(10개 연구), 117명(29.6%)은 박사학위 소지자 연구자(70개 연구), 8명(2.0%)은 연구 분야에서 일하고 있는 교수들(사회복지사 4명, 교도관 2명, 유전 상담자 1명 그리고 시니어 임상 슈퍼바이저 1명), 그리고 24명(6.1%)은 교육 수준이 명시되지 않았다.

자문은 더 숙련되고 교육 수준이 더 높은 경향이 있다. 121명의 자문단은(역시 이 중 몇 명은 하나 이상의 연구를 감독하므로 중복된다) 학부생은 없고(0.0%), 1명(0.8%)의 석사과정 학생, 28명(23.1%)의 박사과정 학생, 6명(5.0%)의 정확히 명시되지 않은 대학원생(4개 연구에서), 74명(61.2%)의 박사(61개 연구에서), 3명(2.5%)의 교육 수준이 명확하지 않은 상담자들(2개 연구에서) 그리고 교육 수준이 명확히 명시되지 않은 9명(7.4%)으로 이루어져 있다.

7) 자료 수집 방법

전통적인 CQR 자료는 다양한 방법으로 수집된다. 그 방법에는 직접 면담(34개 연구; 전통적 CQR 연구 중 37.8%에 해당), 전화 면담(29개 연구; 32.2%), 면대면 포커스 그룹(4개 연구; 4.4%), 지필 설문지(3개 연구; 3.3%), 비디오 녹화 설문지(2개 연구; 2.2%), 온라인 포커스 그룹(1개 연구; 1.1%), 이메일 설문지(1개 연구; 1.1%), 저널 기입(1개 연구; 1.1%), 발표된 사례 연구(1개 연구; 1.1%) 그리고 혼합된 방법들(14개 연구; 15.6%; 예, 직접 면담과 온라인 면담)이 있다. CQR-M 연구는 지필 설문지(2개 연구; CQR-M 연구의 66.6%)와 온라인 설문지를 통해(1개 연구; 33.3%) 자료를 모았고, CQR-C 연구는 비디오 녹화(3개 연구; CQR-C 연구의 50%에 해당)나 자료 분석을 위한 심리치료 회기의 오디오 녹음(3개 연구; 50%)을 사용했다. 자료 수집의 다양한 방법은 CQR이 질적 연구를 수행하기 위한 유연성 있는 접근 방법이라는 것을 의미한다.

2. 요 약

우리는 넓은 범위의 주제, 다양한 참가자 그리고 연관된 많은 연구자를 통해 많은 CQR 연구를 살펴보았다. 중요하고도 흥미로운 수많은 연구 결과는 CQR 방법을 사용하는 것이 유용한 연구 도구로서 가능성이 있음을 증명한다. 우리는 이 방법을 사용하여 그들의 경험을 알 수 있도록 한다.

(표 16-1) 합리적 질적 연구를 사용한 발표 연구 요약

연구	주제	표본	팀	자료 수집	간략한 결과
			심리 치료		
Rhodes, Hill, Thompson과 Elliot(1994)	치료에서 해결 되었거나 해결 되지 않은 잘 못 이해한 사 건에 대한 내 담자의 관점	19명(여성 16명, 남성 3명; 모두 백인)이 내담자들(연 령: 남성=33.10, 표준편차 =6.91, 대부분 장기(25회기) 이상) 치료 치료자나 훈련 중인 치료자	박사학위 연구 자 3명; 박사학 위 검수자 1명	설문지별	문제의 해결은 전형적으로 좋은 치료 관계, 내담자의 부 정적 감정을 주장하는 의지 그리고 유년성과 수용성을 바탕 으로 한 치료자의 치료 추구와 관련이 있었다. 미해결된 과 제들은 완만하지 못한 치료 관계, 사건에 대해 논의하고 자 하는 의지가 없는 치료자, 치료자의 수용성 부족 그리고 내담자의 부정적 감정에 대한 알아차림의 부족 등이다.
Hill, Nutt-Williams, Heaton, Thompson과 Rhodes(1996)	장기 치료 내 담자들과의 종 료로 인한 교 착 상태에 대 한 치료자들의 관점	12명(여성 8명, 남성 4명); 모 두 백인; 박사 11명 또는 교 육학 박사, 사회복지사 1명) 이 치료자들(39~67세). 이 중 4명은 연구의 일부 인터 뷰를 완료하지 못함	박사과정 학생 2명, 박사학위 연구자 1명; 박 사학위 검수자 2명	설문지별 그 리고 추가로 질 문은 전화 면 담(시간은 정 확하지 않음)	변수들은 내담자의 개인적 문제의 내력을 포함하였고, 치 료자와 내담자 사이의 목표와 치료의 목적에 대한 함의의 부재, 다른 사람들, 전이, 치료자의 실수 그리고 치료자의 개인적인 문제로 인한 치료의 방해와 관련이 있었다. 1명 을 제외한 모든 치료자는 내담자가 통찰력을 가지고 치료 에 참여할 수 있도록 돕고자 내담자와 그 교착 상황을 해결 하기 위해 노력하였다.
Ladany 등 (1997)	심리학 박사학 위 소지 예정 인턴들의 내담 자의 성적 매력 인식, 수퍼비 전, 그리고 사 전 트레이닝의 활용	13명(여성 8명, 남성 5명; 백인 10명, 라틴계 2명, 중 동인 1명)의 심리학 박사학 위 예정 인턴(17~39세)	박사과정 학생 3명, 박사학위 연구자 3명	전화 면담 2회 (첫 번째: 30~45분; 두 번째: 10~15분)	신체적 그리고 개인 내적 측면 모두를 포함한 내담자의 성 적 매력, 치료자들은 내담자에게 성적으로 매력을 느꼈을 때 매우 한신적이고 배려심이 깊을 뿐만 아니라 거리감을 느끼고, 산만하고 덜 객관적이다. 오직 치료자의 반이 그룹 의 성적 매력에 대해 수퍼바이저에게 털어 놓았고 성적 매 력에 대해 논의하는 수퍼바이저는 드물었다. 치료자들은 수퍼바이저들이 성적 매력을 정상적이다 여기고 수퍼비전 과정에서 이에 대한 분석을 하는 것이 도움이 된다는 것을 알게 되었다. 트레이닝 과정은 성적 매력을 충분히 다루지 않는다.

(계속)

연구	관점	내담자/치료자	연구팀	면담	요약
Knox, Hess, Petersen과 Hill(1997)	장기 치료에서 도움이 되는 치료자의 자기 개방에 대한 내담자의 관점	13명(여성 9명, 남성 4명; 모두 백인)의 내담자들 (26~50세) 장기 치료	박사과정 학생 3명, 박사학위 소지 연구자 1명; 박사학위 소지 감수자 1명	전화 면담 2회(첫 번째: 25~60분; 두 번째: 10~40분)	치료자의 자기 개방은 내담자들이 자신의 개인적인 문제를 이야기할 때 도움이 되고, 내담자를 안심시키고, 내담자에 대한 치료적 관계에 대한 치료자의 감정과는 상관없는 개인적인 정보를 드러내는 것으로 여기게 된다. 도움이 되는 치료자의 자기 개방은 내담자를 안심시켜 주고 내담자의 통찰력을 증진시키며, 치료적 관계를 성장시킨다.
Hayes 등 (1998)	역전이에 대한 치료자의 관점	8명(여성 4명, 남성 4명; 백인 6명, 미국 흑인 2명)의 치료자들(34~78세; 5~42년의 박사학위 후 경력)	박사과정 학생 2명, 박사학위 연구자 3명; 박사학위 소지 감수자 1명	짧은 기간의 각 회기가 끝난 후 직접 면담(12~20회기) 심리치료	치료자 역전이는 세 부분으로 구분된다. 근원, 촉발 그리고 징후다. 이러한 패턴은 영역을 통한 카테고리를 통해서 관찰된다(예, 내담자의 촉발에 대한 부정적인 관점은 불안, 양육, 내담자와의 거리 그리고 치료에 대한 생각과 연관이 있다.)
Gelso, Hill, Rochlen, Mohr와 Zack (1999)	성공한 장기 심리치료에서의 전이에 대한 치료자들의 기억	11명(남성 6명, 여성 5명; 모두 백인) 심리역동치료 (33~64세; 3~23년의 박사 후 경력)	박사과정 학생 3명, 박사학위 소지 연구자 2명	전화 면담 2회(첫 번째: 60분, 두 번째: 15분)	전이는 이것의 근원, 관행, 내용 그리고 치료 과정을 통한 발달 단계와 관련하여 다양한 방법으로 일어난다. 역동적인 치료자들은 전이를 다루기 위해 분석적이면서도 분석적이지 않은 기술들을 사용한다. 강력한 작업 동맹, 강한 실제 관계, 내담자의 정서적 통찰 그리고 역전이 관리는 해결과 관련이 있다.
Knox, Goldberg, Woodhouse와 Hill(1999)	치료자에 대한 내담자의 내적 표현	13명(여성 7명, 남성 6명; 백인 10명, 아시아계 미국인 2명, 미국 흑인 1명)의 장기 치료 과정의 내담자들 (25~54세)	박사과정 연구자 3명; 박사학위 소지 감수자 1명	전화 면담 2회(첫 번째: 50분, 두 번째: 15분)	내적 표현은 전형적으로 좋은 치료적 관계에서 발생하고, 청각적, 시각적 그리고 운동감각적(즉, 치료자의 '존재'를 '느낌') 정보를 결합한다. 표현은 내담자가 회기에 대해 생각하거나 과도로워할 때 발생한다. 그것들은 다양한 시간, 기간 그리고 강도 부분에서 발생한다. 치료 과정이 증가하고 치료와 치료적 관계에 유용하지만 치료에서 거의 다뤄지지 않는다.

(계속)

Hill 등 (2000)	내담자의 문제가 되는 침묵과 최근의 상실에 대해, 치료 과정에서 꿈이나 상실에 대해 초점을 맞추는 내담자의 관점	14명(여성 8명, 남성 6명; 백인 12명, 미국계 흑인 1명, 이란계 미국인 1명)의 내담자들. 모두 감수자가 순환하는 최근이나 최근의 상실이 있고, 심리적인 고통을 겪고 있음	1명과의 직접 면담(60분) 그리고 1회 전화 면담(15분, 치료 1일 후) 치료 1회일 후	스스로 통찰을 얻은 내담자와 변화를 만들어 낸 내담자 모두 치료에 만족한다. 꿈의 문제를 가지고 있는 내담자는 치료자들에게 비밀을 넘기고, 치료의 구조를 좋아하며, 그들의 꿈에 대해 더 잘 이해한다. 상실감을 가지고 있는 내담자는 과거의 영향에서 더 많은 통찰을 하게 되고, 치료자들의 안내를 좋아한다.
Fuertes, Muller, Chauhan, Walker와 Ladany (2002)	아프리카계 미국인 내담자에 대한 유럽계 미국인 치료자의 접근	9명(여성 6명, 남성 3명; 모두 백인)의 치료자들(나이 중앙값=40, 표준편차=9년; 박사 후 경험 중앙값=9, 표준편차=8년)	전화 면담 1회 (시간은 정함하지 않음) 그리고 개방형 형식의 추가 질문(우편을 통해 받음)	치료자는 치료 중 처음 두 회기에서 직접적으로 그리고 솔직하게 인종이 다르다는 것에 주의한다. 치료자는 인종을 중요한 요점으로 보고, 강한 작업 동맹을 이루고 유지하기 위해 로저스 접근 방식을 사용한다. 인종과 관련된 이들은 전형적으로 내담자의 다른 문제들과도 연관이 있다(예, 경미한 우울, 대인 관계 문제). 치료자는 자신과 내담자의 인종 정체성을 치료를 통해 발전시키는 데 집중한다.
Hill 등 (2003)	치료자가 알아차리지 못한 내담자의 분노와 내담자의 분노와 대조적인 상대적인 경험과 분노의 결과와 관련된 요소들	13명(여성 9명, 남성 4명; 백인 12명, 라틴계 여성 1명)의 개인 상담을 하는 치료자들(나이 중앙값=51.62, 표준편차=박사 후 경험 중앙값=4.21년; 박사 후 경험 중앙값=15.54, 표준편차=7.31년)	전화 면담 2회 (첫 번째: 60분, 두 번째: 20분)	모든 분노의 경험은 치료자의 환영받지 못하는 행동이나 무배제에 의해 시작된다. 치료자들은 분노 사건의 적대적인 대처가 이심되는 미세기 사건보다 다루기 어렵다고 한다. 적대적인 사건의 해결책은 부정적인 감정에 대한 치료자의 경험과 관련이 있고 내담자와의 연결 목표 그리고 개인적인 경험보다 치료적 관계에서 내담자의 분노를 문제로 보는 것과 관련이 있다. 이문스러운 분노의 해결책은 분노와 통찰의 이심의 관계에서 치료적 관계에 대한 치료자의 내담자에 대한 관과 연관이 있다.

(계속)

Knox, Burkard, Jhnson, Suzuki와 Ponterotto (2003)	미국 혹인과 유럽계 미국인 치료자와 혼혈 치료자의 심리치료에서 인종에 대한 경험	12명(여성 6명, 남성 6명; 미국계 혹인 5명, 유럽계 미국인 7명)이 심리치료자 등록자들(2~26년의 치료 경력)	박사과정 학생 1명, 박사학위 연구자 2명, 감수자 2명 전화 면담 2회 (첫번째: 30~60분, 두 번째: 5~15분)	미국계 혹인 치료자들은 근본적으로 내담자의 인종을 다룬 반면, 유럽계 미국인 치료자들은 오직 내담자에게 이슈가 될 경우에만 다루었다. 미국계 혹인 치료자들은 유럽계 미국인 치료자들보다 인종에 대해 더 자주 다루었다. 어느 내담자의 불편에 대한 지각 때문이든 자주 다루는 것이다. 유럽계 미국인 치료자들은 내담자와 인종에 대해 다루는 것이 불편한 느낌이라고 보고했다. 모든 치료자가 긍정적으로 인종이 논의에 대해 평가했다.
Knox, Hess, Williams와 Hill(2003)	내담자의 선물에 대한 치료자의 반응	12명(남성 7명, 여성 5명; 모두 백인) 치료자들(7~29년의 치료 경력)	박사학위 소지 연구자 3명; 박사학위 감수자 1명 전화 면담 2회 (첫번째: 40~60분, 두 번째: 5~20분)	모든 참가자는 선물을 받았었고 보통 저렴한 수준이었다. 문제를 일으키는 선물은 보통 치료 중간에 주어지거나 중요한 때, 치료 초반 또는 치료자에게 특별한 일(결혼, 출산 추가에서 돌아옴)이 있을 때 준 것이다. 참가자들은 문제가 되지 않는 선물에 대해서는 내담자와 이론하지만, 문제가 되는 선물은 내담자가 아닌 다른 사람들과 이론한다.
DiGiorgio, Amkoff, Glass, Lyfus와 Walter(2004)	치료자의 눈 운동 민감 소실 및 재처리 과정(EMDR)의 다른 접근에의 통합	경험이 있는 백인 남성 치료자 3명(심리 역동 1명, 인지행동 1명, 인본주의 1명) 57~71세)	박사과정 학생 3명, 박사학위 연구자 1명; 박사학위 감수자 1명 개별 또는 전화 면담 1회 (50~72분)	모든 참가자는 EMDR의 기존 방식에서 벗어나 이론적인 것을 바탕으로 수정했다. 내담자의 요구는 치료자들이 EMDR을 치료에 결합시키는 것을 고려하는 데 주된 이유였다.
Ladany, Hill, Thompson과 O'Brien (2004)	심리치료 과정에서 침묵을 사용하는 것에 대한 치료자의 관점	12명(남성 7명, 여성 5명; 모두 백인)의 심리치료자들(37~56세; 10~25년의 치료 경력)	박사학위 연구자 3명; 박사학위 감수자 1명 전화 면담 1회(60분)	치료자들은 내담자에게 공감, 존중 또는 지지를 하기 위해 침묵을 사용한다고 보고했다. 개입하기 위한 준비를 하는 동안 생각을 모아 정리하기 위해서 그리고 내담자들이 반응할 수 있는 시간과 감정을 표현할 수 있는 공간을 주기 위해서다. 치료자들은 언제 침묵을 사용하는 지에 대한 규칙은 정해져 있지 않지만, 그들이 좋은 치료적 동맹 관계인 경우에만 사용한다고 말한다. 치료자들은 내담자로서 그리고 슈퍼비전을 통해서 침묵을 사용해야 하는지 배운다.

(계속)

저자	주제	참가자	연구자	면담 방법	결과
Knox, Catlin, Casper와 Schlosser (2005)	심리치료에서 어떻게 종교와 영성을 다루는지에 대한 내담자의 관점	12명(여성 11명, 남성 1명; 모두 백인)의 내담자들 (21~56세)	박사과정 학생 2명, 박사학위 연구자 1명; 박사과정 감수자 1명	전화 면담 2회 (첫 번째: 40~60분, 두 번째: 5~20분)	모든 참가자가 종교적-영성적(RS) 활동은 그들의 삶에서 중요한 부분이라고 말한다. 치료 과정에서 RS에 대해 논의하는 것은 보통 존재에 초점에 맞춰져 있다. 참가자들은 그룹을 치료자들이 개방적이고, 수용적이고, RS에 대한 논의가 가능하다고 여긴다. 이것은 치료자가 그 논의, 판단의 부재 또는 개인적 믿음이 개입하는 것을 시작한 경우에는 도움이 되지 않는다.
Whiston, Lindeman, Rahardja와 Reed(2005)	전문 직업에서 심리치료자나 심리치료에서의 직업 상담 사례에 대한 통찰된 주제와 요소들	10명(여성 5명, 남성 5명; 백인 4명, 미국계 흑인 2명, 라틴계 1명, 중국인 1명, 유대인 1명, 러시아인 1명)의 직업 상담 내담자들(22~42세), 각자는 전문가 또는 심리치료자 전문가 집단으로부터 논의됨	석사학위 학생 3명, 박사학위 학생 1명, 박사학위 연구자 1명; 박사학위 감수자 1명	Niles, Goodman 그리고 Pope의 사례 연구집	모든 치료자는 개인적인 반역-사회 치료에서 같은 헬핑 스킬을 사용하는데, 이는 그들이 치료적 기본에서 어느 개념을 바탕으로 하고, 공식적이고, 비공식적인 평가의 사용을 만들고, 상담에서 사회맥락적 요소들을 다루고 정책 결정에 영향을 주는 가족이 근원에 대해 탐구한다.
Burkard, Knox, Groen, Perez와 Hess(2006)	비교문화 상담에서 유럽계 미국인 치료자들의 자기 개방	11명(여성 6명, 남성 5명; 모두 백인)의 치료자들 (33~53세; 1.5~29년의 치료 경력)	박사과정 학생 2명, 박사학위 연구자 2명; 박사학위 감수자 1명	전화 면담 2회 (첫번째: 45~60분, 두 번째: 5~15분)	치료자들은 종종 내담자의 인종차별 또는 경험에 대한 그들의 반응을 내담자들에게 정함에 보여 준다. 치료자의 자기 개방은 상담 관계를 개선시켜 주고 내담자가 중요한 사건을 탐색하는 데 힘을 북돋아 준다.
Fitzpatrick, Janzen, Chamodraka와 Park(2006)	치료적 동맹 관계 발전 초기의 중요한 사건들	20명(여성 16명, 남성 4명; 백인 15명, 혼혈 3명, 아시아인 1명, 카리브인 1명)의 내담자들(20~54세)	석사과정 학생 1명, 박사과정 학생 1명, 박사학위 연구자 1명; 박사학위 감수자 1명	직접 면담 (30분)	치료자 개입은 관계 초반에는 상당히 다르다. 내담자들은 치료자의 개입은 사건이 일어나고, 동맹 관계의 발전에 매우 중요하다고 말한다. 저자는 내담자를 탐구하기 위한 솔직함 그리고 동맹 관계 발달에서의 치료자의 개입에 대한 긍정적인 반응이 정서-탐구로 빠져든다는 사실을 인정했다.

(계속)

	동기와 경험	참가자	연구자	방법	결과
King 등 (2006)	직접적인 만남 또는 전화 면담을 넘어 온라인 면담을 하는 사람들의 동기와 경험	호주에서 온라인 상담을 하고 있는 참가자를 39명 (나이, 성별 또는 인종은 명시되지 않음)	대학원생 연구자 2명; 박사학위 감수자 2명	온라인 포커스 그룹 (120분)	온라인 상담을 선택한 사람은 이것이 개인적인 접촉이 적어 일반 상담이나 전화 상담보다 덜 마주치기 때문이다. 참가자들은 일반적으로 온라인 상담을 하는 동안의 긴 기다림과 잘못 이해하는 것을 우려했다.
Baird, Szymanski와 Ruebelt(2007)	남성 치료자들의 페미니스트 정체성 발달	12명(박사학위 또는 교육학 박사 8명, 석사 레벨 4명) 자신이 스스로 페미니스트라 생각하는 백인 남성 치료자들(27~61세)	박사과정 학생 1명, 박사학위 연구자 2명, 감수자 1명(교육 수준은 불명확)	개별 면담 또는 전화 면담 (60분)	개인적 또는 전문적 관계 그리고 특히 페미니스트 여성과의 전문적 트레이닝은 치료자들의 페미니즘의 중요성을 드러내고, 그들의 전통적인 성 역할 수용에 이의를 제기한다. 참가자들은 고립감이 아니라, 다른 사람과 관계를 맺는 것에 어려움을 얻는 성격에 대한 느낌을 설명했다.
Johnson, Hayes와 Wade(2007)	종교적인 문제를 가지는 내담자들과의 상담과 경험이 있는 치료자들	13명(여성 8명, 남성 5명; 백인 10명, 라티네 1명, 케이슨 1명, 불분명한 인종 1명; 박사 수준 8명, 석사 수준 5명)의 치료자들	박사과정 학생 2명, 박사학위 연구자 1명; 박사학위 사회학자 1명	개별 면담 1회 (45~60분); 전화 면담 1회 (15~30분)	치료자들은 심리학적 그리고 관계적인 문제와 얽힌 내담자의 영성 그리고 개념화된 영성 주제를 해결하기 위해 다원주의적 접근을 사용했다. 치료자들은 명료하게 종교적 관행과 치료 과정을 통해 내담자가 경험한 긍정적 · 영적 변화에 개입했다.
Chang과 Berk(2009)	내담자의 다민족적 치료의 경험	16명(여성 8명, 남성 8명; 미국에 죽인 6명, 타민계 5명, 아시아인 3명, 2명 혼합; 연령 19~50세, 중앙값=33.5, 표준편차=8.8) 다민족적 치료에서 내담자들은 백인 치료자와 한 팀이 되었고, 8명이 치료와 한 팀이 되었고, 8명은 만족했고, 8명은 만족하지 않았다.	박사과정 학생 5명; 박사학위 사회학 소지 감수자 1명	직접 면담 1회 (60~180분)	내담자는 관계에서 효과적인 개입과 상담자가 이끌어 있으면 해심 요구 그리고 치료 목적의 성취를 향한 신념을 평가한다. 관계는 치료자의 자기 개방과 치료 만족도 사이에서 보여졌고, 자기 개방이 다민족적 치료의 힘의 거리를 형성 한다. 대부분의 내담자는 그룹의 치료자들로부터 직접적인 지도를 기대하거나 구체적인 문화에 대한 지식을 보여주는 치료자들을 칭찬했다.

(계속)

Fitzpatrick, Janzen, Chamodraka, Gamberg 그리고 Blake(2009)	치료 초기 치료자와 내담자의 관계 발생	15명(여성 12명, 남성 3명; 백인 11명, 아시아인 2명, 중동인 1명, 1명은 알려지지 않음)의 우울한 내담자들(20~61세)	박사과정 연구자 3명, 박사과정 학생 1명, 박사학위 감수자 1명	직접 면담 1회 (40~55분)	내담자들이 치료자들과 업무적인 관계에 속하는 사건에 대해 설명할 때, 그들은 치료자들이 새로운 방식으로 생각하거나 행동하는 것을 도와주었고 좋은 업무상의 관계를 위한 참석자로서 치료자들과 함께 그들의 개방성을 확인하도록 해 주었다고 회상했다. 긍정적인 정서적 관계적 사건들은 내담자 안에 긍정적인 정서적 수준과 연관이 있다.
Knox, Dubois, Smith, Hess와 Hill(2009)	내담자가 치료자에게 선물을 주는 경험	9명(여성 8명, 남성 1명; 모두 백인)의 내담자들(26~61세)	박사과정 학생 2명, 박사학위 연구자 1명, 박사학위 소지 감수자 2명	전화 면담 2회 (첫 번째: 45분, 두 번째: 10분)	내담자가 준 선물을 치료자가 받아주는 일에서, 내담자들은 좋은 치료적 관계를 이야기했고 선물을 주는 것이 좋은 결과를 가져 왔다고 인지했다. 선물은 비교적 저렴했고 중요하지 않은 시기 중에 전달되었다. 선물에 대한 논의는 간략하게 이루어졌고 깊은 의미로 받아들여지지 않았다.
Santiago-Rivera, Altamira, Poll, Gonzalez-Miller와 Cragun(2009)	스페인어와 영어 2개의 언어로 말하는 내담자와 함께 해 나가는 치료자들의 관점	9명(여성 6명, 남성 3명; 히스패닉 6명, 유럽계 미국인 3명)의 2개의 언어를 사용하는 치료자들(4~28년의 경력)	박사과정 학생 2명, 박사학위 소지 연구자 2명, 박사과정 감수자 1명	전화 면담 1회 (시간은 명시되지 않음)	치료자들은 내담자와의 관계를 형성하고 자신을 드러내기 위해 사용하는 언어를 영어에서 스페인어로 바꾸었다. 내담자들은 감정을 포함한 경험을 이야기할 때 영어에서 스페인어로 바꾸어 말했다. 내담자들은 그들이 어떤 언어를 사용하느냐에 따라서 스스로를 다르게 내보였다.
Spangler, Hill, Mettus, Guo와 Heymsfield (2009)	그들의 내담자들에 대해 치료자가 꾸는 꿈	8명(여성 4명, 남성 4명; 모두 백인; 박사 수준 4명, 석사 수준 4명)의 치료자들(40~71세)	박사과정 학생 1명, 하위 과정 연구자 11명, 박사학위 소지 감수자 1명	전화 면담 2회 (첫 번째: 65분, 두 번째: 45분)	꿈은 내담자들과의 어려움, 개인적인 걱정 그리고 부정적·매우 관계적 개입에 대한 것들이었다. 치료자들은 꿈의 분석을 바탕으로 한 통찰력이 있었다. 그들은 그들의 개인적인 삶에서 역전이를 시험하기 위해 인지적 자료들을 사용했고, 치료를 향상시키기 위해 변화를 주었다.

(계속)

Vivino, Thompson, Hill과 Ladany (2009)	인정 많은 상담으로 추천된 치료자들에 의한 심리치료에서 동정심에 대한 관점	14명(여성 11명, 남성 3명; 아시아계 미국인 2명)의 심리치료자 (35~65세; 치료를 제공한 년도 중앙값=18,14, 표준편차=6,20)	박사학위 연구자 3명; 박사학위 감수자 1명	전화 면담 2회 (첫 번째: 60분, 두 번째: 시간이 명시되지 않음)	치료자들은 전문적인 동료들에 의해 특히 인정이 많은 것으로 추천되었다(즉, 내담자들이 고통과 연결되어 있고 내담자의 변화를 촉진시켜 줌). 치료자들은 동정은 공감보다 깊고 더 강한 것이라고 말했다. 그리고 이는 고통받고 인간함을 쓰고 있는 내담자의 상황에 몰두하도록 한다고 말한다. 동정은 내담자를 좋아하고, 좋은 치료적 관계에 있고 치료에 몰해 있는 내담자와의 공감에 의해 가능하다. 동정은 속해 있는 내담자들이 경계선을 위협하거나 저항하거나 공격적일 때, 그리고 치료자들이 개인적인 문제들로 간섭받거나 무능하다고 느끼거나 내담자들을 싫어할 때 방해받는다.
Wonnell과 Hill(2000)[a]	꿈의 해석에서 행동의 영향	22명(여성 15명, 남성 7명; 아시아계 미국인 4명, 아이가 있는 1명)의 치료자(24~40세; 1~6년의 치료 경험)	박사과정 연구자 3명	평담 설문지 1회	치료자들은 꿈 작업의 실행 단계에서 내담자 요소(동기, 개념, 심리 상태), 꿈의 요소(최근의 꿈), 치료자적 요소(경험, 자신감, 안정) 그리고 탐색과 통찰 단계에서 목표의 성과가 시행을 용이하게 한다고 본다.
Gazzola와 Stalikas (2004)[b]	다른 치료적 양상에서의 치료자의 해석과 치료자 과정	12명의 치료자-내담자(치료자에는 Carl Rogers, Fritz perls, Albert Ellis 포함)	학부 연구생 6명; 박사학위 소지 감수자 2명	개인적인 회기의 12개 녹화본 (내담자 중심 4개, 게슈탈트 4개, 합리적 정서 행동치료 4개)	치료자들 사이에서 매단, 목적 그리고 해석의 유행은 다르지만, 그들의 이론적 지향점은 일관되었다. 내담자들은 해석을 거의 가치 가절하지 않았지만, 그들은 해석 이후에 생각과 느낌에 대해 탐구했다.

(계속)

연구	주제	참여자	연구팀	꿈/회기 자료	연구결과
Hill 등(2007)[b]	Hill의 꿈 모형에서 통찰의 성과와 통찰의 성과(Hill, 1996, 2004)	29살의 백인 여성 치료자 수련생과 23살의 아랍 계열의 여성 내담자	학부 학생 2명, 박사학위 연구자 2명; 박사학위 감수자 2명	1회 꿈 회기 관련 오디오 관련 테이프(75분)	통찰에서 이득은 내담자의 꿈, 치료적 관계 그리고 내담자의 준비 상태 그리고 개입의 측면에서의 정서-자극과 관련이 있다. Hill의 꿈 모델에서 치료자의 성실함과 능숙함은 내담자의 개입을 향상시킨다. 통찰에 대한 치료자의 탐색과 감정의 반영은 즉각적인 내담자 통찰과 연관되어 있다.
Kasper, Hill과 Kivlighan (2008)	짧은 심리치료에서 치료자의 즉시성	51세의 백인 남성 치료자와 24세의 이민 1세대 여성 내담자	박사과정 학생 1명, 박사학위 연구자 1명	12개의 녹화된 심리치료 회기(각 50분)	치료자의 즉시성은 치료 관계와 외부 관계, 즉각적 감정의 표현 촉진, 종료 과정, 슬픔의 표현 그리고 내담자 반응의 명료화 초기성 사이에서의 조정을 맞췄다. 즉시성은 치료자에 대한 내담자의 즉각적인 감정을 표현하고 내담자에 대해 가깝게 느끼는 감정 그리고 점점 덜 방어적으로 되는 것을 도와주는 것처럼 보이지만, 이에 대해 내담자는 약간 애석하고 강양적으로 느꼈다.
Hill 등(2008)[b]	짧은 심리치료에서 치료자의 즉시성	55세의 백인 남성 치료자와 25세의 여성 혹인 미국인 내담자	박사과정 학생 4명, 박사학위 연구자 1명	17개의 녹화된 심리치료 회기(각 50분)	치료자의 즉시성은 내담자의 회기 중 행동에 대한 증가, 공동 작업에 대한 내담자의 존재, 치료에 대한 내담자의 반응에 대한 초기심 그리고 치료자에게 동의하거나 않아도 된다는 것에 대해 내담자에게 다시 상기시키는 것의 조정을 맞췄다. 즉시성은 치료자와 내담자가 관계를 타협하는 것을 가능하게 하고, 내담자가 즉각적인 감정을 치료자에게 표현하는 것을 도와주고 깊게 탐구하는 것과 교정적·상보적 경험을 내담자에게 제공해 주었다.
Knox, Hill, Hess와 Crook-Lyon (2008)[b]	꿈 회기들에서 통찰의 성과	2개의 사례: 하나의 통찰 성공(25세의 백인 여성 치료자와 19세의 백인 여성 내담자) 그리고 하나의 성공하지 못한 통찰(24세의 백인 여성 치료자 수련생과 22세의 미국계 수련생 혹인 여성 내담자)	박사학위 소지 연구자 4명 그리고 감수자; 사례들 사이에서 서로 역할을 바꿔서 함	2회의 녹음된 꿈 회기 (각 80분)	하나의 꿈 회기에서 통찰의 성공한 내담자를 통찰의 성공하지 못한 내담자와 비교해 봤을 때 더 믿음을 보였고, 덜 저항적이고 감정적으로 덜 나은 내담자 통찰을 일으킨 꿈 모델에 더 일치되어 능숙함을 보였고, 비생산적인 역전이를 잘 다루었다.

(계속)

연구	참여자	자료 수집	결과
Sim 등(2010)[b] 동아시아 이민 1세대에 대한 2세대 여성들의 반응과 참조점에 대한 수련생, 내담자, 내담자 그리고 슈퍼바이저 관점	이민 1세대 아시아 여성 내담자 7명(지난 6년 동안 미국으로 왔음) 그리고 이민 2세대 아시아 여성 내담자들(모두 18~23세)	1회의 녹음 된 팀 회기 (90분)	1세대와 2세대 아시아 여성들 모두 대인 관계적 그리고 직업적 문제들에 대해 논의를 나누었다. 1세대 이민 여성들은 이민/적응/문화 그리고 신체적 고통에 대해 더 많은 고민을 털어놓았고, 2세대 여성들보다 생각과 느낌에 더 많은 변화를 보였다.

심리치료자/상담자 트레이닝과 슈퍼비전

연구	참여자	자료 수집	결과
E. N. Williams, Judge, Hill과 Hoffman (1997) 수련 과정 학생의 반응과 자각 조절에 대한 수련생, 내담 자 그리고 슈퍼 바이저 관점	7명(여성 6명, 남성 1명; 베테 랑 6명, 미국 혹인 1명)의 수련생들(22~44세)	말담식 개방 형 질문지	수련생들은 회기에서 불안, 산만, 자동 조절, 좌절, 분노, 부주의 그리고 공감을 경험했다. 이러한 반응은 때때로 효과적인 상담을 제공하는 능력을 방해한다. 수련생들은 내담자, 자기 인식 그리고 그들이 느낌을 숨기는 것에 초점을 맞춤으로써 그들의 반응을 관리했다.
Ladany, Constantine, Miller, Erickson과 Muse-Burke (2000) 슈퍼바이저의 박사학위 이전 인턴들과의 역 심리치료사 슈퍼바이저들의 전이	11명(여성 8명, 남성 3명; 베테랑 10명, 미주 혹인 1명) 의 심리치료 슈퍼 바이저들 (31~59세; 4~20년의 슈퍼 비전 경력)	전화 면담 1회(60분)	슈퍼바이저의 역전이는 정서적(예, 감정적 목표), 인지적 (예, 자신의 능숙도에 대한 질문) 그리고 행동적(자아) 구성 요소에 의해 드러날 수 있다. 역전이의 근원은 인턴의 대인 관계와 관련된 유형과 슈퍼바이저의 해결되지 않은 문제를 포함한다.
Gray, Ladany, Walker와 Ancis(2001) 슈퍼비전에서의 수련생들의 역 효과를 낳는 사건	13명(여성 10명, 남성 3명; 베테랑 12명, 유색인 1명)의 심리상담 분야의 박사과정 학생들(23~29세)	전화 면담 1회 (30~45분)	슈퍼비전에서 역효과를 낳는 사건들은 수련생의 생각 또는 감정을 슈퍼바이저가 묵살해 버리는 것을 포함한다. 수련생들은 그들의 슈퍼바이저들과 부정적인 상호작용, 쉬약한 슈퍼비전적 관계 그리고 역효과를 낳는 사건의 결과로 그들이 내담자와 함께 경험했었다. 슈퍼바이저가 가장 생각하지 않은 것은 그 사건들이 역효과를 낳는다는 것을 알아차리지 못한 것이다. 수련생들은 그들의 슈퍼바이저와 함께한 역효과를 낳는 일들에 대해 밝히지 않았다.

(계속)

저자(연도)	주제/관점	참여자	자료수집 방법	결과
Hendrickson, Veach와 LeRoy(2002)	학생과 슈퍼바이저 이지의 유전 상담에서 생생한 슈퍼비전에 대한 인식	15명(여성 14명, 남성 1명) 유전 상담의 석사과정 학생과 11명의 여성 유전 상담의 임상 슈퍼바이저(1~12년의 슈퍼비전 경험); 박사과정 학생 1명, 박사학위 소지 연구자 1명; 감수자로서 정신건강 상담자 1명	포커스 그룹 (40~90분; 3개의 학생 그룹 그리고 3개의 슈퍼바이저 그룹)	생생한 슈퍼비전은 유전 상담 학생들의 트레이닝에 필수적이고 성공적인 방법이다. 학생들과 슈퍼바이저들은 모두 필기를 하고 수정해 주고 정보를 추가해 주고 그 회기에서 학생들이 주요 상담자가 되도록 하는 슈퍼바이저의 행동의 진가를 인정했다. 생생한 슈퍼비전의 한계에 대한 인식은 달랐다. 학생들은 실시간 슈퍼비전의 문제적 영향과 피드백 문제의 부정적인 경험에 대해 조점을 맞추는 반면, 슈퍼바이저들은 방어적인 문제 학생 행동에 조점을 맞췄다.
Schlosser, Knox, Moskovitz와 Hill(2003)	어드바이징 관계 방침에 대한 지도를 받는 학생의 관점	16명(여성 14명, 남성 2명; 백인 14명, 혼혈 2명)의 상담심리 박사과정 3년차 학생들(24~50세)	전화 면담 2회 (첫 번째: 60분, 두 번째: 10분)	만족하는 학생들은 불만족하는 학생들보다 지도교수를 선택하는 것이 더 가능했고, 그들의 지도교수들과 더 자주 만났고, 더 많은 이득을 얻었고, 그들의 어드바이징 관계와 관련된 비용이 더 적었고, 감동을 더 잘 다루었다. 만족하는 학생들은 그들의 어드바이징 관계가 지남수록 더 긍정적이었다고 보고하는 반면, 불만족하는 학생들은 그들의 어드바이징 관계가 시간이 갈수록 더 나빠졌다고 보고했다.
E. N. Williams, Polster, Grizzard, Rockenbaugh와 Judge(2003)	초보 치료자의 집중을 방해하는 자기 인식 그리고 그 강점 관리	6명(남성 3명, 여성 3명; 백인 4명, 혼혈 2명)의 박사과정 1학년 학생(22~42세); 6명(남성 3명, 여성 3명; 모두 백인)의 경험이 있는 치료자(35~60세; 적어도 3년 이상의 박사 후 과정)	전화 면담 1회 (60분)	초보 치료자들은 경험이 있는 치료자들에 비해 더 많은 불안과 비판적 자기 대화를 경험했고, 더 적은 외부 문제, 그리고 따뜻함을 덜 경험했다. 관리 면에서는 두 그룹 모두 내담자들과 자기 교정에 다시 초점을 맞췄다. 초보들은 더 자주 자기 개방을 한 반면, 경험이 있는 치료자들은 생각-멈춤 기술을 이용했다.

(계속)

연구	주제	참가자	연구진	자료수집 방법	결과
Dillon 등 (2004)	레즈비언/게이/양성애자(LGB)의 긍정상담을 위한 상담자의 준비	정신건강 상담자에서 10명(남성 8명, 여성 2명; 백인 8명, 라틴계 남자 1명, 태평양 제도민 1명)의 대학원생(나이는 명시되지 않음)	박사과정 학생 연구자 4명; 사과정 감수자 2명	4개의 개방형 질문에 대한 팀답형 질문지	참가자들은 성상자 수준에서 그룹의 성적 정체성 발달에 대한 자기 반성과 LGB 개개인에 대한 태도를 역설했다. 몇몇은 개인적으로, 그리고 전문적인 삶에서 더 LGB 긍정 행동을 약속하는 미래에 대해 이야기하기도 했다.
Hoffman, Hill, Holmes과 Freitas(2005)	슈퍼바이지에 의해 피드백을 쉽게 하게 어렵게 또는 어렵게 주거나 주지 않는 것에 대한 슈퍼바이저의 관점들	15명(여성 10명, 남성 5명; 백인 12명, 미국계 흑인 3명)의 상담센터 슈퍼바이저(나이 중앙값= 43.73, 표준편차=5.02; 10.8년의 박사 후 슈퍼비전 경력)	박사과정 학생 2명, 박사학위 연구자2명; 소지 연구자 없음 감수자 없음	전화 면담 2회 (첫 번째: 60분, 두 번째: 20분)	쉬운 피드백은 대부분 임상 문제에 대한 것(예, 임상 기술의 사용, 내담자의 복지)이고, 어려운 피드백은 임상적이지 않은 것들에 대한 주제(예, 수련생의 개인적인 문제 또는 전문적 주제)다. 슈퍼바이저들은 수련생의 개인적인 문제들과 연관이 있거나 슈퍼비전 전과 심리치료 사이의 경계를 넘었을 경우 그리고 수련생들이 피드백에 대해 개방적이지 않은 경우 어려운 피드백을 주는 것을 싫어한다.
Jennings, Sovereign, Bottorff, Mussell과 Vye(2005)	치료 전문가의 윤리적 가치	10명(여성 7명, 남성 3명; 모두 백인; 박사학위 보유 6명, 석사 수준의 사회복지사 3명, 의학박사 1명)	박사과정 학생 2명, 박사학위 연구자 1명; 박사급 감수자 1명	이전 연구로부터 면담 데이터를 제연구: Jennings 그리고 Skovholt (1999)	전문 치료자들은 개인적 인맥을 쌓고 유지하는 것과 전문성을 쌓고 유지하는 것이 그들의 임상 활동에서 가장 중요한 윤리적 가치라고 밝혔다. 치료자들은 그들이 소중한 윤리적 가치로서 내담자, 동료, 가족, 친구 그리고 사회 구성원들과 상관적 연관성이 있다고 밝혔다.
Burkard, Johnson 등 (2006)	다문화적 슈퍼 비전에서 슈퍼바이저의 문화적 반응과 두 반응에 대한 반응	26명(모두 여성; 유럽계 미국인 13명, 미국계 흑인 6명, 라틴 아시아계 미국인 6명, 라틴 계 여성 1명)의 슈퍼바이지(24~48세)	박사과정 학생 5명, 박사학위 소지 연구자 2명; 박사학위 소지 감수자 2명	전화 면담 2회 (첫 번째: 45~60분, 두 번째: 15~30분)	슈퍼바이저들은 그들이 문화적으로 민감한 반응을 보일 때, 문화적 이슈에 탐구하는 것을 지지해 준다고 느꼈다. 문화적으로 무반응적인 슈퍼바이저들은 문화적 이슈에 대해 무시하고 대단치 않게 생각하거나 무심해 버렸다. 유럽계 미국인 슈퍼바이저들보다 유색 인종 슈퍼바이저들이 더 문화적으로 무반응적인 슈퍼비전을 보고했다.

(계속)

Knox, Schlosser, Pruitt와 Hill(2006)	어드바이징과 관계 측면에 대한 어드바이저들의 관점	APA 승인인 심리상담 박사과정 19명(남성 11명, 여성 8명; 백인 12명, 미국계 흑인 2명, 라틴계 남성/여성 3명, 2명 다른 계통)의 어드바이저(33~69세)	박사과정 학생 2명, 박사학위 연구자 1명; 박사학위 감수자 1명	전화 면담 2회 (첫 번째: 30~60분, 두 번째: 5~20분)	어떻게 어드바이스하는지에 대해 어드바이저와 어드바이지들로부터 배운 어드바이지들은 수련생들에 대한 어드바이징 역할을 지지라고 했다. 어드바이징의 이점은 개인적 만족인 반면 시간이 소요된다. 좋은 어드바이징 관계는 수련생이 긍정적인 개인적/전문가적 특징이 있고, 상호 간에 존중하고, 개방된 의사소통이 이루어지고, 어드바이저와 수련생 사이에 경력의 유사점이 있고, 감등이 적다. 어려운 어드바이징 관계에서는 수련생이 부정적인 개인적/전문가적 특징을 보이고, 존중이 부족하고, 연구에 대한 고군분투하고, 의사소통에 문제점이 있고, 수련생과 함께 일을 해 나감에 있어서 비효율적으로 느끼고, 관계가 두절되거나 분열되고 감동을 회피한다.
De Stefano 등(2007)	수련생이 경험한 상담에서의 교착 상태와 그 결과에 대한 그룹 슈퍼비전의 효과	8명(여성 5명, 남성 3명; 모두 백인)의 석사 1학년 과정 학생들(23~28세)	대학원생 2명, 박사학위 연구자 1명; 감수자 1명(교육 수준 명시되지 않음)	전화 면담 2회 (시간은 명시되지 않음)	수련생들은 실패로써 교착을 경험했고 부정적인 감정을 반응했다. 교착 상태를 경험한 이후, 수련생은 지지/확인을 추구했고 슈퍼바이저로부터 교착 상태에 대한 새로운 관점을 가지게 되었다. 더불어 수련생들은 자기 인식이 그룹 슈퍼비전 이후에 더 증가했다고 보고했다.
Gazzola와 Thériault (2007)	슈퍼비전에서 수련생의 경험	10명(여성 9명, 남성 1명; 인종은 명시되지 않음)의 석사 수준의 대학원생들(24~47세)	대학원생 연구자 4명; 감수자 연구 경험 있는 상담자 2명	전화 면담 1회 (60분)	수련생들은 그들이 느끼는 한 단계 낮은, 동등하지 않은 지도적 관계로부터의 자유를 보고하였다. 그들은 더 긍정적인 영향, 창의성 그리고 그룹 동투주의로 인식된 관계에서의 공동 작업을 이야기하였다. 수련생들은 또한 슈퍼바이저들이 지지와 함께 도전을 제시한 배우 더 긍정적인 영향과 창의성을 보고하였다.

(계속)

연구	주제	참여자	연구자	자료수집	결과
Hill, Sullivan, Knox와 Schlosser (2007)	초보 심리치료 수련생의 경험	상담심리 박사과정 학생 5명(여성 3명, 남성 2명; 백인 4명, 혼혈인 1명)의 상담의 기술 훈련 1학기 과정 학생들	박사과정 학생 1명, 박사하위 연구자 1명; 박사하위 사회위 감수자 2명	주간 저널, 연구자들이 매주 피드백을 보내 주고 학생들은 피드백에 대해 다음 저널시 에 답함	수련생들은 심리치료자가 되기 위한 몇 가지 도전 과제(예, 자기 비판, 상담 기술 활용의 어려움 그리고 내담자와 지내면서 그들이 보이는 부정적인 반응)를 알아냈다. 수련생들은 초 회기에서 긍정적인 자기 대화를 통해 불안을 통제하고 회기 부에서는 저널을 작성하며 이를 관리한다. 수련생들은 슈퍼비전을 통해 이득뿐만 아니라 몇 가지 부정적인 경 험도 가지게 되었다.
Lloyd, King과 Ryan(2007)	정신건강 분야에서 일하는 것의 도전에 대한 인식-자료와 관련 작업을 가진 최근 졸업자들을 중심으로	정신건강 분야에서 2년 미만의 졸업 후 임상 경험이 있는 15명(여성 14명, 남성 1명)의 치료사와 관련된 직업을 가진 사람들(22~42세)	연구자 3명: 감수자 1명(교육 수준은 명시되지 않음)	직접 인터뷰 1회(60분)	새로운 졸업생들은 내담자와 상담할 때 명확한 평가, 상담, 경계 설정을 힘듦을 합듦어 했고 스트레스와 책임감을 많이 경험 했다.
Hess 등 (2008)	슈퍼비전 관계에서 박사 전 인턴들의 불의 비공개	대학교 상담센터에 근무하는 14명(여성 11명, 남성 3명; 백인 10명, 미국계 혹인 2명, 아시아계 미국인 2명)의 박사 전 인턴(27~38세)	박사과정 학생 4명, 박사하위 연구자 2명; 박사하위 사회위 감수자 2명	전화 면담 1회 (45~60분)	좋은 슈퍼비전 관계에서 비공개는 내담자들에 대한 개인 적인 반응을 포함한다. 문제적 관계에서 비공개는 슈퍼비 전 관계에 대한 전반적인 불만족을 포함한다. 인턴들은 비 공개를 평가에 대한 염려와 부정적인 감정 때문이라고 본 다. 더불어 문제적인 슈퍼비전을 경험한 인턴들은 임의 역 동성, 인구통계적 변수들의 역제 그리고 슈퍼바이저와의 이론적 지향성 때문에 밝히지 않았다. 인턴들은 스스로의 대한 그리고 내담자와 그들의 관계에 비공개가 부정적인 영향에 대해 보고하였다. 더불어 문제적 관계에 있는 인턴들은 슈퍼비전 관계에서의 부정적인 영향도 이야기하였다.

(계속)

연구	주제	표본	연구자	면담	결과
Knox, Burkard, Edward, Smith와 Schlosser (2008)	슈퍼바이저가 보고한 슈퍼바이지에 대한 슈퍼바이저의 자기 개방의 영향	16명(남성 9명, 여성 7명; 백인 15명, 아시아인 1명)의 슈퍼바이저(30~67세)	박사과정 학생 1명, 박사학위 연구자 3명; 박사학위 감수자 1명	전화 면담 2회 (첫 번째: 50~60분, 두 번째: 5~20분)	슈퍼바이저들은 슈퍼바이지들의 발달을 높이고 슈퍼바이지들의 경험을 정상화하기 위해 자기 개방을 사용하였다. 자기 개방은 슈퍼바이지, 슈퍼비전 관계 그리고 다른 사람들의 슈퍼비전에 대해 긍정적인 영향을 미쳤다.
Burkard, Knox, Schultz와 Hess(2009)	LGB 슈퍼바이지들의 LGB-차별적·차별적인 슈퍼비전 경험	17명(레즈비언 6명, 게이 8명, 양성애자 남성 2명, 양성애자 여성 1명; 백인 16명, 북미 원주민 1명)의 박사과정 학생(24~49세; 상담심리 10명, 임상심리 6명, 교육 상담자 1명)	박사학위 연구자 3명; 박사학위 감수자 1명	전화 면담 2회 (첫 번째: 45~60분, 두 번째: 10~20분)	슈퍼바이지들은 그들이 과거 슈퍼비전에서의 비차별적인 그리고 차별적인 경험에 대해 설명하였다. 모든 비차별적인 사건은 슈퍼비전 관계, 내담자의 결과 그리고 슈퍼바이지 자체에게 긍정적인 영향을 미쳤다. 차별적인 상황에서는 슈퍼바이지들의 편견을 인식하고 억압적이었으며 이때 한 일들은 슈퍼비전 관계, 내담자의 결과 그리고 슈퍼바이지 스스로의 결과에 부정적인 영향을 미쳤다.
Hernández, Taylor와 McDowell (2009)	소수민족 집단 결혼 그리고 가정 치료사들의 슈퍼바이지로서의 경험을 통한 반성	10명(여성 9명, 남성 1명)의 소수민족 집단 슈퍼바이저(36~42세; 4~20년의 슈퍼비전 경험)	석사과정 학생 3명, 박사학위 연구자 2명	개별 전화 또는 인터뷰 1회 (40~75분)	슈퍼바이지로서 소수민족 집단 슈퍼바이저들의 경험은 ① 사회적 위치와 다양성 규모의 부재, ② 슈퍼바이저들에의 한 힘의 잘못된 사용 그리고 ③ 직업에서의 멘토십의 부재로 특징지어질 수 있다.
Stahl 등 (2009)	인턴 수준 수련생들의 내담자료부터의 인지 지원 학습	12명(여성 9명, 남성 3명; 백인 7명, 미국계 흑인 2명, 혼혈 1명, 아시아계 미국인 1명, 중동인 1명)의 인턴 수준 수련생(나이 중앙값=34.0, 표준편차=7.11세)	박사과정 학생 1명, 학사 후 과정 3명, 학부생 연구자 1명; 박사학위 감수자 1명	전화 면담 2회 (첫 번째: 60~90분, 두 번째: 15~30분)	참가자들은 내담자들과 함께 작업해 나감으로써 치료하는 것, 내담자의 역동성, 인간 본성, 치료 관계 그리고 슈퍼비전의 유용성에 대해 배웠다. 또한 참가자들은 상담자 그룹이 이 무엇을 배웠는지를 알기 위한 자기 반성의 중요성에 대해 나타내었다.

(계속)

다문화주의

Friedlander 등(2000)	해외로 입양된 아이들과 그 부모들의 두 문화에서의 인지와 경험	12명(여성 7명, 남성 5명)의 한국 또는 라틴아메리카 민족 부모들의 아이(6~16세) 그리고 그 아이들의 부모(부모의 나이는 명시되지 않음)	연구자 8명(교육 수준은 명시되지 않음; 박사후 감수자 1명)　개별 부모 면담 1회; 개별 아동면담 1회(5~90분)	부모들은 그들의 가족을 다문화 가족으로 정의하였고, 그들이 자녀들의 민족적 자부심을 고취시켰다. 자녀들이 다양한 인종에 대해 교육하는 부모들의 방식은 흥미로웠다. 아이들은 심리적으로 건강한 적응력을 보여 주었으나 그들이 다르다는 것, 슬픔과 상실의 감정을 경험하는 것에 대한 어려움을 나타내기도 하였다.
Kim, Brennaer, Liang과 Asay (2003)	1.5세대 아시아계 미국인의 입양 경험	10명(남성 7명, 여성 3명)의 아시아계 미국인 동거 학생들(18~23세; 9~18년간 미국 생활)	박사과정 학생 2명, 박사과정 연구자 1명; 박사과정 학생 감수자 1명　참가자들은 10개의 질문에 대해 1장 분량의 답변을 이메일로 보내주었다. 필요시 추가 질문도 보냄	대부분의 참가자는 미국, 아시아 문화와 관련이 있었다. 몇몇은 인종차별을 경험도 있었다. 대부분은 문화가 다른 사람들과 어려움을 느끼긴 않았지만, 실제로 한국과 친구가 되는 데 어려움을 느끼는 친구는 자신과 배경이 비슷한 사람이었다. 그들은 심리학자 또는 상담자 대신 그들을 가족 그리고 종교 집단으로부터 지지를 구하였다.
Constantine, Anderson, Berkel, Caldwell과 Utsey(2005)	아프리카 국제 학생들의 문화적 적응 경험	12명(남성 8명, 여성 4명)의 아프리카 국제 아프리카 학부 학생(20~31세)	박사학위 연구자 5명, 박사과정 학생과정 학생자 1명　전화 면담 1회 (50~90분)	아프리카 국제 학생들의 문화 적응과 관련된 주제에는 체류 전 미국에 대한 인식, 체류 후 미국에 대한 인식, 문화 적응의 문제점, 불리하거나 차별 대우에 대한 반응, 가족, 친구 관계, 문화적 문제를 해결하는 강점 그리고 상담자를 찾는 비에 대한 개방성이 포함되었다.
Yeh 등(2005)	한국 이민 청소년들의 문화적 합의	13명(여성 10명, 남성 3명)의 한국인 이민 청소년(11~17세)	대학원생 연구자 6명(대학원 감수자 학생 2명)　직접 면담 1회(60분)	한국 청소년들은 다른 사람의 기대에 부응하기 위해 자신의 정체성을 타협하고 전환시키도록 기대받는다. 그들은 또한 한국인과 미국의 가치와 규범 사이에서 균형을 맞추는 일을 어려워했다. 친구들과 가족들이 사회에 적응하는 스트레스를 줄이는 데 도움을 주었다.

(계속)

Inman, Howard, Beaumont와 Walker(2007)	아시아계 인디언 이민 부모의 관계적 요소의 영향	16명(남성 8명, 여성 8명)의 아시아계 인디언인 이민 1세대 부모	박사과정 학생 2명, 박사학위 연구자 1명; 박사학위 감수자 1명	전화 면담 1회 (90~180분)	민족 정체성 유지는 문화적 기념 행사 참여, 전통 계승, 가족 관계, 사회화 지지 그리고 서구 가치의 거부에 의해 영향을 받는다. 그들의 자녀들에게 민족 정체성을 전승하기 위해 특별한 강점과 도전이 발전되었다.
Rich와 Cinamon (2007)	이스라엘 아랍인과 유대인 청소년기 사이의 영성	36명(여성 21명, 남성 15명; 유대인 18명, 아랍 18명)의 청소년	박사 2명, 대학원 학생 연구자 2명; 박사 1명, 박사과정 감수자 1명	직접 면담 1회 (시간은 명시되지 않음)	대부분의 부모는 자신을 종교적으로 보았다. 어떤 사람들은 조월적이고 신과 정서적으로 연결되어 있다고(종교적 영성) 나타낸 반면, 어떤 사람들은 초월적인 느낌은 신과 연결되어 있지 않다고(인간중심 영성) 설명하였다. 부모들은 두 종류의 영성 모두 행복성의 결과로 보고 있다. 대부분 종교 활동에 상관없이 영성의 본질은 조월적이라고 믿었다.
Tuason, Taylor, Rollings, Harris와 Martin(2007)	필리핀계 미국인의 정체성 연구	30명(여성 20명, 남성 10명; 16명은 필리핀에서 출생, 14명은 미국에서 출생)의 참가자(18~63세)	학부생 3명, 박사 사회학 연구자 1명; 대학원생 감수자 1명	개별 모든 전화 면담 1회 (45~60분)	미국에서 태어난 필리핀계 미국인은 그들의 정체성의 향태를 구분하는 것으로 미국인의 라이프스타일을 고려한다. 반면, 필리핀에서 태어난 필리핀계 미국인은 가족 관계의 가치의 중요성을 설명하였다. 그것은 따뜻하고 애의 바트고 존경스러운, 신체에 대한 믿음을 가지고 있는 것 그리고 타강으로를 말하는 것이었다.
Ali, Mahmood, Moel, Hudson와 Leathers(2008)	모슬렘과 크리스천 여성들의 종교와 페미니즘에 대한 관점	7명(미국계 흑인 5명, 백인 2명)의 크리스천 여성 그리고 7명(백인 3명, 아랍인 2명, 아프리칸 미국인 1명, 터키인 1명)의 모슬렘 여성 1명(25~38세)	박사과정 학생 4명, 박사학위 연구자 1명; 박사과정 감수자 1명	전화 면담 1회 (45~90분)	모슬렘과 크리스천 여성들 모두 종교는 그들이 인생에서 아주 중요한 긍정적인 역할을 한다고 나타냈고, 여성은 반드시 자녀들을 양육하는 데 중요한 역할을 해야 한다고 했으며, 평등을 위한 페미니스트의 믿음과 여성의 권한을 지지하였다. 그러나 모슬렘 여성들이 크리스천 여성들보다 페미니스트로서의 정체성을 가지고 있었다.

(계속)

저자(연도)	목적	참가자	연구진	면담	결과
Park-Taylor 등(2008)	이민 2세대 미국인의 '진짜' 미국인이 되는 것에 대한 인식과 경험	10명(여성 5명, 남성 5명; 아시아계 미국인 5명, 히스패닉 3명, 캐리비언 1명, 혼혈 1명)의 이민 2세대 대학원생(나이는 명시되어 있지 않음)	박사과정 학생 5명, 박사학위 연구자 1명; 박사과정 학생 감수자 1명	직접 면담 1회 (30~45분) 그리고 전화 또는 온라인인 매체 면담 1회 (시간은 명시되지 않음)	참가자들은 '진짜' 미국인이 되는 것은 하얀 피부, 금발 머리 그리고 파란 눈을 가지고 에국적인 행동을 하는 것으로 인식하였다. 참가자들은 9·11 사건과 이라크 전쟁 반대가 '진짜' 미국인에 대한 태도를 바꿔 놓았다고 나타내었다. 참가자들의 미국인으로서의 정체성은 점차 확립되었고, 그들은 누구와 함께였는지 그리고 그들이 어디에 있었는지에 따라 '진짜' 미국인이라고 느꼈다.
Spanierman 등(2008)	백인 대학생들의 사회적인 인종차별에 대한 반응	11명(여성 7명, 남성 4명; 학부생 9명, 대학원생 2명)의 백인 참가자(18~23세)	학부생 2명, 대학원생 4명, 박사학위 연구자 1명; 대학원생 감수자 1명	직접 면담 1회 (60~90분)	백인 학생들이 인종차별에 대한 반응은 긍정적인 반응(공감, 죄책감 등)과 사회적 반응(사람들의 피부색에 대한 제한적인 폭로, 질병 또는 우세 인종과 관련된 공포, 인종차별에 대한 반감), 그리고 인지적 반응(인종, 인종차별에 대한 애구마 부정, 인종차별에 대한 지식, 백인 권위의식 그리고 미국사회에서 백인이 되는 것에 붙이에 대한 대한 인식의식)으로 분류할 수 있다.
Constantine, Kindeichi, Okazaki, Gainor와 Baden(2009)	국제적인 아시아인의 문화적 적응 경험	국제적인 아시아 여성 15명 (18~21세)	박사과정 학생 1명, 박사학위 연구자 4명; 박사과정 감수자 1명	개별 면담 1회 (45~60분)	참가자들은 미국으로 오는 모든 기회가 주어진 것에 대해 들뜰 뿐만 아니라 더러 이것을 떠나야 한다는 것에 슬퍼하였다. 그들은 중요한 학문적인 영어 능력이라고 생각하였다. 참가자들은 다른 민족 아시아인으로 차라하거나 능숙하지 않은 영어 실력에 대해 놀림을 받는 등의 다양한 차별을 경험하였다. 이러한 차별에서 벗어나기 위한 강점에는 친구들과 가족들에게 이드바이스를 구하고, 더 독립적 또는 자급자족할 수 있는 법을 배우고 그룹이 문제들을 최소화하거나 부정하거나 부정하는 것이 포함되었다.

(계속)

저자(연도)	주제	표본	자료수집 방법	결과
Liu, Stinson, Hernandez, Shepard와 Haag(2009)	노숙하는 남자들 사이의 노숙이의 노숙자, 남성성 그리고 사회적 지위	15명(백인 11명, 미국 혹인 2명, 혼혈 2명)의 노숙자 남성(29~61세)	직접 면담 1회 (시간은 명시되지 않음), 박사과정 연구자 3명; 박사과정 감수자 3명	참가자들은 그들이 노숙자가 된 이후 노숙자들과 더 공감하였고 노숙자임에 상관없이 남성성을 유지하고 있다고 나타냈다. 참가자들은 노숙자 생활을 극복하는 데 중요한 장애물로 물질 사용, 불충분한 건강 관리 그리고 사회적 낙인을 언급했다. 참가자들은 물질적 부, 지속적인 일자리의 성취, 더 높이 올라가는 것 그리고 사회적으로 더 존경 받고 다른 가족을 부양하는 것을 가장 중요한 구분 했다.
Wing Sue, Torino, Capodilupo, Rivera와 Lin (2009)	백인 교수들이 인종 간 대화의 어려움에 대한 인식과 반응	8명(여성 6명, 남성 2명, 모두 백인)의 대학 교수단(43~68세; 10~25년의 지도 경력)	박사과정 학생 연구자 4명; 박사 학위 감수자 1명, 개별 면담 1회 (45~60분)	인종 간 대화의 어려움에는 교수들과 학생들 모두 적절한 감정 그리고 붙안을 포함하였다. 가르침이 능숙함을 방해하는 주요 장애물은 개인적 편향과 편견에 대해 좋미로운 사실을 드러내는 것에 대한 두려움, 교실을 컨트롤하지 못하고 이해하는 것이 불가능하고 어려운 대화의 한인을 알아차리고 개입하는 지식과 기술이 부족하다는 것을 포함하였다.
Blustein 등 (2010)	학교, 일, 인종과 민족성에에 대한 도시 학생의 생각	32명(여성 19명, 남성 13명; 카리브해 미국인 13명, 미국 혹인 6명, 다민족 5명, 다민 체 여성/남성 4명, 백인 4명)의 도시 고등학교 학생(13~19살)	박사과정 학생 연구자 4명; 박 사학위 감수자 1명, 직접 면담 1회 (30~60분)	대부분의 학생은 사회가 그들의 인종적·민족적 배경의 기준에 대해 기대감이 낮다고 믿은 반면 배경에 따라 성공을 예상할 수 있다고는 믿지 않았다.

(계속)

경력 발달

E. N. Williams 등 (1998)	상담심리학에서 유명한 여성들의 진로	학계에서 주로 선택되는 13명의 유명한 여성들의 상담 심리학자(43~66세; 16~31년의 박사 후 경력)	박사과정 학생 1명, 학부생 3명, 학사후과정 학생 연구자; 박사과정 학생 1명, 박사학위 감수자 1명	전화 면담 1회 (40~60분)	기회와 계획 모두 참가자의 경력에서 중요하였다. 기회는 경력 모두를 바꾸는 것에 의해 또는 자기 개념의 변경에 의해 진로를 선택하는 데에서 영향을 받았다. 내면적 성격(위험을 감수하는 능력, 자신감 등)과 외적 요소(강력한 지지 체계, 적은 외적 장애물 등) 모두 참가자가 가능성 있는 기회를 활용할 수 있도록 도와주었다.
Juntunen 등 (2001)	미국 인디언의 직업 생활	18명(여성 11명, 남성 7명)의 미국 인디언(21~59세)	박사과정 학생 4명, 박사학위 연구자 1명; 박사과정 학생 1명, 감수자 1명	직접 면담 1회 (시간은 명시되지 않음)	직업은 미국 인디언에게 중요한 개념으로, 장기적인 책무, 미래에 대한 계획, 개인적인 인간 관계를 가지고 있고, 가족의 목표가 있으며, 하나의 존재로 본다는 것을 의미한다. 사회와 가족의 교육 수준이 상관없이 직업을 결정하는 데 영향을 준다. 교육은 고등학교를 마치지 못한 사람에 비해 고등학교를 마친 사람에게 더 강력한 지지 요소였다. 고등학교를 마친 참가자에게 대표적인 장애물은 중요한 다른 사람으로부터의 지지가 없다는 것이었던 반면, 고등학교를 마치지 못한 참가자에게 대표적인 장애물은 차별이었다.
Pearson과 Bieschke (2001)	미국계 흑인 전문직 여성의 경력 발달에서 가족의 영향	중간급 경력의 미국계 흑인 여성 14명(나이 중앙값=40, 표준편차=6.7년)	석사 수준의 사회복지사 4명, 박사과정 학생 3명, 박사학위 연구자 2명; 감수자 1명(교육 수준은 명시되지 않음)	면담 1회 (60~120분; 인터뷰 형식은 명시되지 않음)	가족에 혹은 여성들의 경력 발달과 관련하여 가족 요소에서 가장 중요한 것은 교육에 대한 강조, 가족과의 관계 그리고 가족의 사회적·경제적 지원이었다. 다른 요소들은 가족의 성 역할 사회화 그리고 일을 가치 있게 바라보는 것이 있었다.

(계속)

저자(연도)	연구 주제	표본	연구팀	자료 수집	설명
Schultheiss, Kress, Manzi와 Glasscock (2001)	직업 탐구와 결정에서의 상관관계적인 영향	14명(여성 8명, 남성 6명; 백인 7명, 미국계 흑인 5명, 아시아계 미국인 1명, 중동인 1명)의 학부생(18~40세)	박사과정 학생 2명, 박사학위 연구자 1명; 박사학위 감수자 1명	직접 면담 1회 (60분)	참가자들은 가족 구성원 간의 관계와 그들의 경력 발달에 영향을 주는 중요한 중정적인 다른 요소들의 대해 설명하였다. 참가자들은 그들이 직업과 관련된 결정을 내릴 때 그들의 자신감을 올려 주는 요소로 가족 구성원과 다른 중요한 요소들이 제공하는 정서적 지지를 언급했다. 가족 구성원들과 중요한 다른 것들은 정보 제공과 중요한 임마와 관련된 정보 인하는 것을 통해(예, 이력서 작성) 적극적으로 참가자들을 지원했다.
Schultheiss, Palma, Predragovich와 Glasscock(2002)	직업 탐구와 결정을 내리는 과정에서 형제자매의 상관적 영향	13명(여성 7명, 남성 6명; 백인 8명, 미국계 혹인 5명, 하부생 12명, 하사 후 1명)의 학부생(나이 중앙값=21.5, 표준편차=4.93년)	박사과정 학생 2명, 박사학위 연구자 1명; 박사학위 감수자 1명	직접 면담 1회 (60분)	형제자매 관계는 지지 요소에서 지배적이다. 참가자들은 교육적·직업적 결정을 하기 위한 탐구 과정에서(예, 직업을 선택하거나 대학을 선택하거나) 또는 이를 이행할 때, 종종 형제자매에게 다가가 조언을 듣고 정보를 구한다고 그들을 몰 모델로 보기도 한다고 보고했다.
Cinamon와 Hellman (2004)	이스라엘인 학교 상담자의 경력 발달 단계	이스라엘 여성 학교 상담자 15명(24~57세; 1~19년의 경력)	대학원생 1명, 학교 장면에서의 임상 수퍼바이저 1명; 박사학위 연구자 2명; 박사과정 감수자 1명	직접 면담 1회 (90~120분)	학교 상담자의 발달은 4단계인 탐구, 수립, 유지, 특성화를 따른다. 더불어 이스라엘인 학교 상담자들은 특히 학교의 사회 그들의 역할을 학교에서 서비스의 조화 그리고 시작과 이뭄(변화)의 과정으로 보았고, 그들의 직업을 중요하게 고려했다. 일하는 방식에서, 참가자들은 그들의 직업은 응급한 것에 반응하는 것, 선생님 그리고 심리하자 같은 전문가들과의 공동 작업 그리고 평가 내담자의 필요 그리고 그들이 필요를 충족하기 위한 프로그램 계획이 포함되어 있었다.

(계속)

저자	연구주제	참가자	연구자	자료수집	연구결과
Schaefer, Friedlander, Blustein과 Maruna (2004)	아동 성추행범들의 직장·생활	특수 이후 치료 시설 외래환자에게 선택된 아동 성추행범들로 유죄가 선고된 8명(백인 7명, 히스패닉 1명)의 남성(36~52세)	석사과정 학생 1명, 박사과정 학생 연구자 3명; 박사과정 학생 감수자 1명	직접 면담 1회 (120분)	상호 간의 영향력은 참가자의 직업 경험과 그들의 성적 범죄 행위 사이에서 발전되었는데, 일에 과도하게 집중하거나 일에서 지루함이나 좌절을 느낀 경험이 종종 범죄 행위에 방아쇠를 당기는/또는 피해자들에게 다가가는 기회를 제공하였다. 참가자들은 목표와 유죄 판결 이후에 자존감, 자기 조절 능력, 직장생활에서의 사회적 지지를 급자스럽게 잃게 이야기하였다. 지료자가 보았을 때 점차 나아지는 참가자들은 직장에서 수퍼바이저는 물론 사회적 네트워크를 다시 구축하는 면을 보였다.
Constantine, Miville, Warren, Gainor과 Lewis-Coles (2006)	미국계 흑인 전문계 학생들의 흥교, 영성 그리고 경력 발달	12명(여성 8명, 남성 4명)의 미국계 흑인 전문대 학생 (18~22세)	박사학위 연구자 2명; 박사학위 감수자 1명	직접 면담 1회 (55~80분)	흥교와 영성은 직업 발달의 중요한 요소다. 흥교는 일을 통해 다른 사람들을 도울 수 있는 직업을 선택하기 위해 학생들을 안내하는 방향으로 직업 선택에 영향을 준다. 흥교와 영성은 또한 학생들이 직업에 대한 목표를 믿고 나아가게 해 줌으로써 도전에 부딪히는 비 보호적인 완충제 역할을 한다.
Kenny 등 (2007)	도시 청소년의 교육적·직업적 성취에 대한 지지와 장벽에 대한 인식	16명(여성 10명, 남성 6명; 미국계 흑인 8명, 라틴계 남성/여성 7명, 혼혈 1명)의 9학년 학생(14~16세)	박사과정 학생 3명, 박사학위 연구자 2명; 박사과정 학생 감수자 2명	직접 면담 1회 (시간은 명시 되지 않음)	학생 대부분은 미래의 전화에 대한 목표를 세웠다. 그들은 이 목표를 향하는 데 가장 지지적인 요소들이 학교와 가족이라고 말했다. 역으로, 학생들은 그룹의 목표에 도달하는 데 가장 큰 장벽이 되는 것은 가족의 불행한 일과 학교의 부적 절함이라고 답했다.
Okubo, Yeh, Lim, Fujita와 Shea(2007)	중국계 미국 청소년들의 직업에 대한 의사결정	8명(여성 5명, 남성 3명)의 중국계 미국 청소년(16~19세)	연구자 3명; 감수자 1명(교육 수준은 명시되지 않음)	직접 면담 1회 (25~45분)	부모의 희구와 그리고 직업적 기대는 중국계 미국 청소년들의 진로 결정에 영향을 주었다. 참가자들은 그룹의 흥미와 내면화된 직업적 기대 사이에서 혼란을 경험하였다.

(계속)

Shivy 등 (2007)	전 범죄자들의 교도소에서 노동자로의 이행	15명(여성 9명, 남성 6명, 미국에 혹인 8명, 백인 6명, 다른 인종 1명)의 참가자(21~46세)	교정 부서의 스태프 2명, 박사과정 학생 4명, 박사학위 연구자 2명; 박사과정 감수자 1명	직접적 포커스 그룹 2회(90분)	사회적 네트워크라는 전 범죄자들이 재진입에 대해 비판적인 역할을 하였고, 때로는 지지적이고 때로는 방해하였다. 이 행의 방향을 사회적으로 찾아가기 위한 사회적 기술과 능력 또한 감옥에서 직장으로 옮겨 가는 데 비 영향을 주었다.
Fouad 등 (2008)	아시아계 미국인의 경력 발달	12명(여성 9명, 남성 3명)의 아시아계 미국인(20~80대)	박사과정 학생 6명, 박사학위 연구자 1명(교육 수준은 명시되지 않음)	직접 면담 또는 전화 면담 1회(60~90분)	문화와 가족의 근원은 모두 아시아계 미국인으로서의 진로 선택에 대한 의미를 만들어 나가는 데 영향을 주었다. 가족의 영향에는 가족의 기대, 가족의 지지, 가족으로서의 의무, 가족의 근원과 미국인의 마을 등이 포함되었다. 문화적 영향에는 태생적 문화와 미국 주류 문화 사이의 차이점, 문화적 가치와 기대, 문화를 대표하는 행동, 기대, 차별, 성과 신뢰/불신이 포함되었다.
Cinamon과 Hason(2009)	위험한 상황에 있는 이스라엘 청소년의 가족과 진로 계획과 자원에서의 자원과 장벽	위험한 상황에 있는 이스라엘 청소년 15명(여성 8명, 남성 7명; 16~19세)	연구자 4명(교육 수준은 명시되지 않음); 박사학위 감수자 1명	직접 면담 1회(90~120분)	참가자들은 직업을 돈을 버는 주된 방법으로 바라보았다. 그들은 살아갈 수 있는 몇 가지 직업을 고려하였다. 자기 스스로를 미래의 계획에 대한 장애물과 자원으로 바라보았다. 참가자들은 자녀들이 그들이는 달리 안전하고 안정적인 장소를 제공받기를 원했다. 그들은 가족에게 의무가 있다고 느꼈고, 범죄의 순환과 실업을 피하고 하는 것으로부터 그들을 막을 수 있는 것 또한 가족이라는 것을 알았다.
Schultheiss, Palma와 Manzi(2005)	유년기 중반의 진로 발달	49명(여성 30명, 남성 19명; 백인 29명, 미국계 혹인 12명, 다민족 남성/여성 6명, 다른 인종 2명)의 초등학교 학생 중 도시 초등학교 학생(9~12세)	박사과정 학생 1명, 박사학위 연구자 1명; 박사학위 감수자 1명	5개의 개방형 질문에 대한 필답	유년기 중반에 참가자들은 돈을 받는 것과 그림이 가족을 위해 집을 구하는 것과 일을 통해 다른 사람들을 돕는 것의 중요성에 대해 생각하기 시작하였다. 그림의 인생에서 중요한 것들은 그들의 진로 발달에도 중요한 영향을 미친다.

(계속)

트라우마

Kasturirangan과 Williams(2003)	라틴계 여성의 가정 폭력에서의 생존 경험과 상담자에 대한 영향	9명의 라틴계 여성(24~51세)	학부학생 1명, 박사학위 연구자 1명; 박사학위 감수자 1명	직접 면담 1회 (45분)	여성들은 전통적인 성 역할에 따라 좋은 가정주부, 엄마, 부인이 되는 것에 스스로를 맞췄다. 그들의 설명은 마리아 숭배 사상에 의거(즉, 여성은 남자에게 순종적이고 학대를 견디 내고 가족을 돌들이 매는 고통을 참기에 충분히 강하다)하였다. 여성들은 폭력을 학두르는 관계에서 두려움, 무력함과 관계 속에 남아 있는 문화적 압력 속에 머무르고 있었다.
Wettersten 등(2004)	보호소에 있는 여성의 직장생활에서 가정 폭력의 영향	10명(북미 원주민 5명, 백인 4명, 라틴계 여성 1명)의 여성(20~47세)	석사과정 학생 2명, 박사과정 학생 4명, 박사학위 연구자 1명; 박사학위 감수자 1명	직접 면담 1회 (55~100분)	가정 폭력은 직업을 유지하려는 노력과 일에 집중하려는 것을 방해한다. 참가자의 직업과 관련된 자아 개념과 일에 대한 능력도 신체적 정신적 폭력의 정도와 반비례한다. 여성들은 이미 있는 고용을 가능하게 하거나 지연하게 하는 사회적 자원에 대해서도 이야기하였다.
Brown 등(2005)	구타당한 여성이 폭력적인 관계를 떠나는 과정	13명(미국계 흑인 9명, 백인 3명, 다른 인종 1명)의 여성 (22~46세)	박사과정 학생 5명, 박사학위 연구자 1명; 박사학위 감수자 1명	직접 면담 1회 (시간은 명시하지 않음)	대표적인 목적은 직업을 구하고 안정적인 집을 얻는 것이다. 폭력적인 관계에서 떠나기 위한 인지된 능력은 피신을 통해 집을 옮기는 상황에 달려 있다. 참가자들은 일하거나 전문 직업을 가지는 것에 관심을 보였으며, 이러한 목적은 폭력적인 관계에 존재로부터 빠져 나오는 과정을 통한 회복이 많이 원천이다.
Constantine, Alleyne, Caldwell, McRae와 Suzuki(2005)	9·11 사건 이후 뉴욕 시 거주하는 아시아인, 혹인 그리고 라틴계 남성/여성의 대처 반응	24명의 뉴욕 시 거주자(여성 16명, 남성 8명; 아시아인 8명, 흑인 8명, 라틴계 남성/여성 8명; 19~53세)	박사학위 연구자 2명; 박사학위 감수자 1명	직접 면담 1회 (40~68분)	참가자들은 가족 구성원, 친구 그리고 동료로부터 지지를 구했다. 그들은 종교적 지지를 얻고, 다른 사람들의 도움, 기도, 교회 의식 참석과 그 비극에 대한 생각을 피하기 위해 바쁘게 살아가는 것을 통해 대처해 나갔다.

(계속)

Jacob과 Veach(2005)	성적 아동 학대에서의 남성 생존자들의 여성 파트너니에 대한 개인 그리고 가족적 영향	10명의 성적 아동학대에서의 남성 생존자들의 여성 파트너니(27~51세)	석사과정 학생 1명, 박사과정 연구자 1명; 박사학위 감수자 1명	직접 면담 1회 (120~195분)	Maltas 그리고 Shay(1995)의 트라우마 전염 모델에서의 결과들은 구성 요소들(신념에 대한 위기, 만성 스트레스 그리고 성적 아동기 학대 측면의 재연)에 들어맞았다. 다른 생존자들과 성적 트라우마가 있는 남성 생존자는 여성 파트너니와의 성행위에서 특이한 문제점이 있을 것으로 보인다.
Cinamon과 Hellman (2006)	테러에 의해 학교에서 영향을 받는 이스라엘인 상담자들의 일의 교평과 전문적 발달	12명의 여성 이스라엘 유대교 학교 상담자(22~56세)	박사학위 연구자 2명; 감수자 2명(교육 수준은 명시되지 않음)	전화 면담 1회 (90~120분)	참가자들은 테러 발생 위험에 처했을 때 그들의 역할에 대한 혼란을 경험하였다. 대리적인 외상 후 스트레스 장애와 비슷한 증상을 나타낸다. 경험이 있는 상담자들과 비교했을 때 초보 상담자들은 더 직설적으로 쓰고, 일과 개인적인 삶을 구분하는 데 더 어려움을 느꼈다.
Inman, Yeh, Madan-Bahel과 Nath(2007)	9·11 사건 발생 9~10개월 후의 남아시아인 가족의 사망과 교평	9·11 사건에서 가족을 잃은 11명(여성 7명, 남성 4명)의 이민 1세대 남아시아인(나이는 명시되지 않음)	박사과정 학생 2명, 박사학위 연구자 1명; 박사과정 감수자 1명	직접 면담 또는 전화 면담 1회(90분)	미국에서는 전통적인 애도 관습이 부재하는 탓에 가족 구성원의 죽음 후 마무리를 잘하는 것이 어렵다는 경험을 했다. 문화특정적인 애도 관습은 예상치 못한 상실의 경우에 더 중요했다.

이혼과 건강 관련 연구

Veach, Bartels와 LeRoy(2001)	유전적 문제가 있는 환자들에 의해 문제가 제기되고 유전 상담자가 제기된 윤리적 그리고 전문적 도전	97명(여성 74명, 남성 19명, 불명확한 성별 4명)의 의사, 간호사 그리고 유전 상담자(4분의 3이 25~45세 사이의 참가자)	석사 수준의 유전 상담자 1명, 박사학위 연구자 2명; 유전 상담 석사과정 감수자 1명	12개의 포커스 그룹 (120분)	유전 상담에서 고려사항은 미리 알려진 동의, 불확실성, 자원의 할당과 가치 있는 감동을 포함한다. 다양한 이슈들이 언급되고, 가뭄 갈등, 윤리적 원칙과 전문가적인 의무가 발생한다.

(계속)

저자	주제	참여자	연구자	방법	결과
J. Williams, Wyatt, Resell, Peterson과 Asuan-O'Brien (2004)	남성과 성경험이 있는(MSM) HIV 양성인자를 보유한 미국 흑인 혹은 라틴계 남성의 심리적인 문제	23명(미국 흑인 12명, 라틴계 남성 11명; 10명은 게이, 13명은 게이가 아님, 그룹에 대해서는 교육 수준이 명시되지 않음)	연구자 5명(박사학위 2명, 3명에 대해서는 교육 수준이 명시되지 않음)	4개의 포커스 그룹(60분, 그룹의 분류는 민족 그리고 게이 여부)	유색 인종의 MSM은 그룹의 민족 사회에 남아 있는 동안 성 역할에 대한 성취감과 사회적 기대에 힘들어 하였다. 사회화적 그리고 성 역할은 성별의 정의에 따라 만들어졌고, 성적 학대 과거가 있으면서 HIV 양성인자를 가지고 있는 미국 흑인과 라틴 남성 사이에서 성적 그리고 약물 중독 위험 경험이 관련이 있다.
Parr, Kavanagh, Young과 McCafferty (2006)	일반인(GP)과 사용자들 사이에서 벤조디아제핀(BZ) 사용에 대한 관점	28명(남성 20명, 여성 8명)의 일반인 그리고 23명(14명 여성, 9명 남성)의 BZ 복용자(25~79세)	연구자 3명; 감수자 1명(교육 수준은 명시되지 않음)	직접 면담 1회 (일반인: 15~30분; BZ복용자: 30~60분)	사용자들은 BZ가 너무 쉽게 처방된다고 느꼈다. 그룹은 의사들로부터 BZ를 장기 복용했을 경우의 부작용, 약화되어 지 않은 문제의 관리, 복용 중단 그리고 금단과 불안에 관리하기 위한 전략에 대한 조언을 더 원했다.
Brown, Pikler, Lavish, Keune와 Hutto (2008)	아동기 백혈병 생존: 직업, 가족 그리고 미래에 대한 기대	11명(남성 7명, 여성 4명; 백인 10명, 라틴계 남성 1명)의 아동기 백혈병을 진단받은 사람(진단 받은 나이: 2~15세; 현재 나이: 19~24세)	박사과정 학생 3명, 박사학위 연구자 1명; 박사학위 감수자 1명	직접 면담 또는 전화 면담 1회(시간은 명시되지 않음)	참가자들은 처음에는 의사나 간호사가 되기를 원했지만 현재 직업은 의학 분야가 아닌 분야를 선택했다. 참가자들은 그들의 암 경험을 긍정적으로 생각하였고 미래 계획에 대한 가족의 지지를 인지하였다.
Comeilie, Tademy, Reid, Belgrave와 Nasim(2008)	여성과 성관계를 한 흑인 남성 사이에서 성 사이의 성적 안정성과 성적 위험 감수	여성과 성관계를 한 28명의 흑인 미국인(18~35세)	박사과정 연구자 2명; 박사학위 감수자 1명	직접 면담 1회 (15~50분) 또는 포커스 그룹(58~70분)	STI에 대한 염려에 따라 피임은 콘돔이 자주 사용되었다. 콘돔을 사용하지 않는 것은 일부일처제 관계의 안정성에 대한 인식과 '중독적'인 이유 때문이었다.
Heppner 등 (2009)	유방암 생존자의 림프부종 대처	유방암 림프부종이 있는 여성 10명(47~88세)	대학원생 연구자 3명; 박사학위 감수자 1명	직접 면담 1회 (15~50분) 또는 포커스 그룹(58~70분)	림프부종과 관련 있는 스트레스 요인은 매일의 활동 그리고 직장생활의 개입과 적절히 건강을 돌봐 주는 사람이 부재를 포함한다. 여성들은 정보와 선택할 수 있는 치료에 대해 활발하게 찾아보고, 림프부종에 따른 한계를 받아들이고, 삶의 긍정적인 부분에 초점을 맞추고 사회적 지지를 고려으면서 대처하고 있었다.

(계속)

동성 관계

Rostosky 등 (2004)	동성 커플에 대한 가족의 지지에 관한 인식	동성 커플 14쌍(남성 7쌍, 여성 7쌍, 백인 25명, 미국 흑인 1명, 북미 원주민 1명, 다른 인종 1명; 18~50세; 7개월~22년의 관계)	박사과정 학생 연구자 3명; 박사과정 감수자 1명	작성된 프롬프트로 한 파트너들 사이의 녹화된 대화 (30분)	커플은 가족을 지지적이거나 지지적이지 않은 모든 애증이 있는, 긍정적인 또는 부정적인 감정적 반응에 대한 결과로서 인지하였다. 가족의 지지는 강력한 관계를 바탕으로 한 가족 확장을 통한 긍정적인 관계와 같이 커플의 관계의 질에 영향을 주었다.
Castro-Convers, Gray, Ladany와 Metzler(2005)	이성애자를 통한 게이 남성의 대인 관계 접촉	스스로 이성애자라고 생각하는 사람 8명(여성 6명, 남성 2명; 백인 1명, 유대인 2명, 자메이카인 1명, 라틴 여성 4명)(18~34세)	박사과정 연구자 2명; 박사학위 감수자 1명	인간의 성장 촬영 과목 부분의 한 부분으로 이루어진 기록된 인터뷰(20~35분) 분석	참가자들은 게이 남성에게 처음에는 긍정적이거나 자연스러운 태도를 보였다. 게이 바에서 일어난 경험에 대해 처음에는 불편하게 여겼지만, 전반적으로는 긍정적이었다. 사람의 성적 발달에 중요한 개방적인 경험과 이미 있는 대인 관계적 접촉은 게이에게 더 개방적으로 다가가게 해 주었다. 게이와의 접촉은 개인적인 도덕성을 변화시키지는 않았다.
Rostosky, Riggle, Dudley와 Wright(2006)	동성 관계에서의 약속	동성 커플 14쌍(남성 7쌍, 여성 7쌍; 백인 24명, 백인이 아닌 사람 4명; 19~54세; 7개월~22년의 관계)	연구자 3명; 감수자 1명(박사 소지 2명, 박사 수준 2명)	작성된 프롬프트를 바탕으로 한 파트너들 사이의 녹화된 대화 (30분)	참가자들은 게이 관계를 비교하는 것과 비용, 커플 내부의 다른 점, 투자, 개인적 그리고 관계의 가치 이상, 보상 그리고 성적 정체성을 통해 약속을 정의하였다. 일부 일치에게 대한 결정은 약속을 인지하는 데 가장 중요한 점이다.
Sanchez, Greenberg, Liu와 Vilain (2009)	남성다움 이상형의 영향에 대한 게이 남성의 관점	547명(백인 83%, 라틴 남성 6.8%, 아시아계 미국인 4.4%, 미국 흑인 2.0%, 북미 원주민 1.1%)의 게이 남성(18~80세)	박사과정 학생 1명, 학부생 연구자 2명; 박사학위 감수자 2명	6개의 개방형 질문에 대한 온라인 답변	참가자들은 감정적 그리고 정서적이 되는 것에 대한 두려움, 신체적으로 매력적인 것에 대한 압박 그리고 사회적 수용을 위해 남성적인 모습이 되는 것 그리고 다른 게이 남성과의 바람직함을 포함한 자아상에 따른 남성적인 이상향과 로맨틱한 관계에 대해 긍정적인 영향보다 부정적인 것을 더 이야기하였다.

a는 CQR-M 방법을 사용한 연구임.
b는 CQR-C 방법을 사용한 연구임.

참고문헌

Ali, S., Mahmood, A., Moel, J., Hudson, C., & Leathers, L. (2008). A qualitative investigation of Muslim and Christian women's views of religion and feminism in their lives. *Cultural Diversity and Ethnic Minority Psychology, 14*(1), 38-46. doi:10.1037/1099-9809.14.1.38

Baird, M., Szymanski, D., & Ruebelt, S. (2007). Feminist idneity development and practice among male therapists. *Psychology of Men & Masculinity, 8*(2), 67-78. doi:10.1037/1524-9220.8.2.67

Blustein, D., Murphy, K., Kenny, M., Jernigan, M., Pérez-Gualdrón, L., Castañeda, T., & Davis, O. (2010). Exploring urban students' constructions about school, work, race, and ethnicity. *Journal of Counseling Psychology, 57*(2), 248-254. doi:10.1037/a0018939

Brown, C., Linnemeyer, R., Dougherty, W., Coulson, J., Trangsrud, H., & Farnsworth, I. (2005). Battered women's process of leaving: Implications for career counseling. *Journal of Career Assessment, 13*(4), 452-475. doi:10.1177/1069072705277928

Brown, C., Pikler, V., Lavish, L., Keune, K., & Hutto, C. (2008). Surviving childhood leukemia: Career, family, and future expectations. *Qualitative Health Research, 18*(1), 19-30. doi:10.1177/1049732307309221

Buboltz, W., Miller, M., & Williams, D. (1999). Content analysis of research in the *Journal of Counseling Psychology* 1973-1998). *Journal of Counseling Psychology, 46*(4), 496-503. doi:10.1037/0022-0167.46.4.496

Burkard, A. W., Johnson, A. J., Madson, M. B., Pruitt, N. T., Contreras-Tadych, D. A., Kozlowski, J. M., Hess, S. A., & Knox, S. (2006). Supervisor cultural responsiveness and unresponsiveness in cross-cultural supervision. *Journal of Counseling Psychology, 53,* 288-301. doi:10.1037/0022-0167.53.3.288

Burkard, A., Knox, S., Groen, M., Perez, M., & Hess, S. (2006). European American therapist self-disclosure in cross-cultural counseling. *Journal of Counseling*

Psychology, 53(1), 15-25. doi:10.1037/0022-0167.53.1.15

Burkard, A. W., Knox, S., Hess, S., & Schultz, J. (2009). Lesbian, gay, and bisexual affirmative and non-affirmative supervision. *Journal of Counseling Psychology, 56,* 176-188. doi:10.1037/0022-0167.56.1.176

Castro-Convers, K., Gray, L., Ladany, N., & Metzler, A. (2005). Interpersonal contact experiences with gay men: A qualitative investigation of "fag hags" and gay-supportive heterosexual men. *Journal of Homo-sexuality, 49*(1), 47-76. doi:10.1300/J082v49n01_03

Chang, D. F., & Berk, A. (2009). Making cross-racial therapy work: A phenomenological study of clients' experiences of cross-racial therapy. *Journal of Counseling Psychology, 56*(4), 521-536. doi:10.1037/a0016905

Cinamon, R., & Hason, I. (2009). Facing the future: Barriers and resources in work and family plans of at-risk Israeli youth. *Youth & Society, 40*(4), 502-525. doi:10.1177/0044118X8328008

Cinamon, R., & Hellman, S. (2004). Career development stages of Israeli school counselors. *British Journal of Guidance & Counselling, 32*(1), 39-55. doi:10.1080/03069880310001648085

Cinamon, R., & Hellman, S. (2006). Israeli counsellors facing terrorism: Coping and professional development. *British Journal of Guidance & Counselling, 34*(2), 191-207. doi:10.1080/0369880600583246

Constantine, M., Alleyne, V., Caldwell, L., McRae, M., & Suzuki, L. (2005). Coping responses of Asian, Black, and Latino/Latina New York City residents following the September 11, 2001 terrorist attacks against the United States. *Cultural Diversity and Ethnic Minority Psychology, 11*(4), 293-308. doi:10.1037/1099-9809.11.4.293

Constantine, M., Anderson, G., Berkel, L., Caldwell, L., & Utsey, S. (2005). Examining the cultural adjustment experiences of African international college students: A qualitative analysis. *Journal of Counseling Psychology, 52*(1), 57-66. doi:10.1037/0022-0167.52.1.57

Constantine, M., Kindaichi, M., Okazaki, S., Gainor, K., & Baden, A. (2005). A qualitative investigation of the cultural adjustment experiences of Asian international college women. *Cultural Diversity and Ethnic Minority Psychology, 11*(2), 162-175. doi:10.1037/1099-9809.11.2.162

Constantine, M., Miville, M., Warren, A., Gainor, K., & Lewis-Coles, M. (2006). Religion, spirituality, and career development in African American college students: A qualitative inquiry. *The Career Development Quarterly, 54*(3), 227-241.

Corneille, M., Tademy, R., Reid, M., Belgrave, F., & Nasim, A. (2008). Sexual safety and risk taking among African American men who have sex with women: A qualitative study. *Psychology of Men & Masculinity, 9*(4), 207-220. doi:10.1037/a0012768

De Stefano, J., D'Iuso, N., Blake, E., Fitzpatrick, M., Drapeau, M., & Chamodraka, M. (2007). Trainees' experiences of impasses in counselling and the impact of group supervision on their resolution: A pilot study. *Counselling & Psychotherapy Research, 7*(1), 42-47. doi:10.1080/14733140601140378

DiGiorgio, K., Arnkoff, D., Glass, C., Lyhus, K., & Walter, R. (2004). EMDR and theoretical orientation: A qualitative study of how therapists integrate eye movement desensitization and reprocessing into their approach to psychotherapy. *Journal of Psychotherapy Integration, 14*(3), 227-252. doi:10.1037/1053-0479.14.3.227

Dillon, F., Worthington, R., Savoy, H., Rooney, S., Becker-Schutte, A., & Guerra, R. (2004). Counselor preparation: On becoming allies: A qualitative study of lesbian-, gay-, and bisexual- affirmative counselor training. *Counselor Education and Supervision, 43*(3), 162-178.

Fitzpatrick, M. R., Janzen, J., Chamodraka, M., Gamberg, S., & Blake, E. (2009). Client relationship incidents in early therapy: Doorways to collaborative engagement. *Psychotherapy Research, 19*(6), 654-665. doi:10.1080/10503300902878235

Fitzpatrick, M., Janzen, J., Chamodraka, M., & Park, J. (2006). Client critical incidents in the process of early alliance development: A positive emotion-exploration spiral. *Psychotherapy Research, 16*(4), 486-498. doi:10.1080/10503300500485391

Fouad, N,. Kantamneni, N,. Smothers, M., Chen, Y., Fitzpatrick, M., & Terry, S. (2008).

Asian American career development: A qualitative analysis. *Journal of Vocational Behavior, 72*(1), 43-59. doi:10.1016/j.jvb.2007.10.002

Friedlander, M. L., Larney, L. C., Skau, M., Hotaling, M., Cutting, M. L., & Schwam, M. (2000). Bicultural identification: Experiences of internationally adopted children and their parents. *Journal of Counseling Psychology, 47,* 187-198. doi:10.1037/0022-0167.47.2.187

Fuertes, J. N., Mueller, L. N., Chauhan, R. V., Walker, J. A., & Ladany, N. (2002). An investigation of European American therapists' approach to counseling African American clients. *The Counseling Psychologist, 30,* 763-788. doi:10.1177/0011000002305007

Gazzola, N., & Stalikas, A. (2004). Therapist interpretations and client processes in three therapeutic modalities: Implications for psychotherapy integration. *Journal of Psychotherapy Integration, 14*(4), 397-418. doi:10.1037/1053-0479.14.4.397

Gazzola, N., & Th iault, A. (2007). Relational themes in counselling supervision: Broadening and narrowing processes. *Canadian Journal of Counselling, 41*(4), 228-243.

Gelso, C. J., Hill, C. E., Rochlen, A., Mohr, J., & Zack, J. (1999). Describing the face of transference: Psychodynamic therapists' recollections of transference in successful long-term therapy. *Journal of Counseling Psychology, 46,* 257-267. doi:10.1037/0022-0167.46.2.257

Gray, L. A., Ladany, N., Walker, J. A., & Ancis, J. R. (2001). Psychotherapy trainees' experience of counterproductive events in supervision. *Journal of Counseling Psychology, 48,* 371-383. doi:10.1037/0022-0167.48.4.371

Hayes, J. A., McCracken, J. E., McClanahan, M. K., Hill, C. E., Harp, J. S., & Carozzoni, P. (1998). Therapist perspectives on countertransference: Qualitative data in search of a theory. *Journal of Counseling Psychology, 45,* 468-482. doi:10.1037/0022-0167.45.4.468

Hendrickson, S. M., Veach, P. M., & LeRoy, B. S. (2002). A qualitative investigation of student and supervisor perceptions of live supervision in genetic counseling.

Journal of Genetic Counseling, 11, 25-49. doi:10.1023/A:1013868431533

Heppner, P., Tierney, C., Wang, Y., Armer, J., Whitlow, N., & Reynolds, A. (2009). Breast cancer survivors coping with lymphedema: What all counselors need to know. *Journal of Counseling & Development, 87*(3), 327-338.

Hernández, P., Taylor, B., & McDowell, T. (2009). Listening to ethnic minority AAMFT approved supervisors: Reflections on their experiences as supervisees. *Journal of Systemic Therapies, 28*(1), 88-100. doi:10.1521/jsyt.2009.28.1.88

Hess, S., Knox, S., Schultz, J. M., Hill, C. E., Sloan, L., Brandt, S., & Hoffman, M. A. (2008). Pre-doctoral interns' non-disclosure in supervision. *Psychotherapy Research, 18,* 400-411. doi:10.1080/10503300701697505

Hill, C. (1996). *Working with dreams in psychotherapy.* New York, NY: Guilford Press.

Hill, C. (2004). *Dream work in therapy: Facilitatin exploration, insight, and action.* Washington, DC: American Psychological Association.

Hill, C., Kellems, I. S., Kolchakian, M. R., Wonnell, T. L., Davis, T. L., & Nakayama, E. Y. (2003). The therapist experience of being the target of hostile versus suspected-unasserted client anger: Factors associated with resolution. *Psychotherapy Research, 13,* 475-491. doi:10.1093/ptr/kpg040

Hill, C., Knox, S., Hess, S., Crook-Lyon, R., Goates-Jones, M., & Sim, W. (2007). The attainment of insight in the Hill dream model: A case study. In L. G. Castonguay & C. E. Hill (Eds.), *Insight in psychotherapy* (pp. 207-230). Washington, DC: American Psychological Association.

Hill, C. E., Knox, S., Thompson, B. J., Williams, E. N., Hess, S. A., & Ladany, N. (2005). Consensual Qualitative Research: An update. *Journal of Counseling Psychology, 52,* 196-205. doi:10.1037/0022-0167.52.2.196

Hill, C. E., Nutt-Williams, E., Heaton, K. J., Thompson, B. J., & Rhodes, R. H. (1996). Therapist retrospective recall of impasses in long-term psychotherapy: A qualitative analysis. *Journal of Counseling Psychology, 43,* 207-217. doi:10.1037/0022-0167.43.2.207

Hill, C. E., Sim, W., Spangler, P., Stahl, J., Sullivan, C., & Teyber, E. (2008). Therapist immediacy in brief psychotherapy: Case study II. *Psychotherapy: Theory, Research, Practice, Training, 45,* 298-315. doi:10.1037/a0013306

Hill, C. E., Sullivan, C., Knox, S., & Schlosser, L. Z. (2007). Becoming psychotherapists: Experiences of novice trainees in beginning graduate class. *Psychotherapy: Theory, Research, Practice, Training, 44,* 434-449. doi:10.1037/0033-3204.44.4.434

Hill, C. E., Thompson, B. J., & Williams, E. N. (1997). A guide to conducting consensual qualitative research. *The Counseling Psychologist, 25,* 517-572. doi:10.1177/0011000097254001

Hill, C. E., Zack, J. S., Wonnell, T. L., Hoffman, M. A., Rochlen, A. B., Goldberg, J. L., & Hess, S. (2000). Structured brief therapy with a focus on dreams or loss for clients with troubling dreams and recent loss. *Journal of Counseling Psychology, 47,* 90-101. doi:10.1037/0022-0167.47.1.90

Hoffman, M. A., Hill, C. E., Holmes, S. E., & Freitas, G. F. (2005). Supervisor perspective on the process and outcome of giving easy, difficult, or no feedback to supervisees. *Journal of Counseling Psychology, 52,* 3-13. doi:10.1037/0022-0167.52.1.3

Inman, A., Howard, E., Beaumont, R., & Walker, J. (2007). Cultural transmission: Influence of contextual factors in Asian Indian immigrant parents' experiences. *Journal of Counseling Psychology, 54*(1), 93-100. doi:10.1037/0022-0167.54.1.93

Inman, A., Yeh, C., Madan-Bahel, A., & Nath, S. (2007). Bereavement and coping of South Asian families post 9/11. *Journal of Multicultural Counseling and Development, 35*(2), 101-115.

Jacob, C., & Veach, P. (2005). Intrapersonal and familial effects of child sexual abuse on female partners of male survivors. *Journal of Counseling Psychology, 52*(3), 284-297. doi:10.1037/0022-0167.52.3.284

Jennings, L., & Skovholt, T. M. (1999). The cognitive, emotional, and relational characteristics of master therapists. *Journal of Counseling Psychology, 46,* 3-11. doi:10.1037/0022-0167.46.1.3

Jennings, L., Sovereign, A., Bottorff, N., Mussell, M., & Vye, C. (2005). Nine ethical values of master therapists. *Journal of Mental Health Counseling, 27*(1), 32-47.

Johnson, C., Hayes, J., & Wade, N. (2007). Psychotherapy with troubled spirits: A qualitative investigation. *Psychotherapy Research, 17*(4), 450-460. doi:10.1080/10503300600953520

Juntunen, C. L., Barraclough, D. J., Broneck, C. L., Seibel, G. A., Winrow, S. A., & Morin, P. M. (2001). American Indian perspectives on the career journey. *Journal of Counseling Psychology, 48,* 274-285. doi:10.1037/0022-0167.48.3.274

Kasper, L., Hill, C. E., & Kivlighan, D. (2008). Therapist immediacy in brief psychotherapy: Case study I. *Psychotherapy: Theory, Research, Practice, Training, 45,* 281-297. doi:10.1037/a0013305

Kasturirangan, A., & Williams, E. N. (2003). Counseling Latina battered women: A qualitative study of the Latina perspective. *Journal of Multicultural Counseling and Development, 31,* 162-178.

Kenny, M., Gualdron, L., Scanlon, D., Sparks, E., Blustein, D., & Jernigan, M. (2007). Urban adolescents' constructions of supports and barriers to educational and career attainment. *Journal of Counseling Psychology, 54*(3), 336-343. doi:10.1037/0022-0167.54.3.336

Kim, B. S. K., Brenner, B. R., Liang, C. T. H., & Asay, P. A. (2003). A qualitative study of adaptation experiences of 1.5-generation Asian Americans. *Cultural Diversity & Ethnic Minority Psychology, 9,* 156-170. doi:10.1037/1099-9809.9.2.156

King, R., Bambling, M., Lloyd, C., Gomurra, R., Smith, S., Reid, W., & Wegner, K. (2006). Online counselling: The motives and experiences of young people who choose the Internet instead of face to face or telephone counseling. *Counseling & Psychotherapy Research, 6*(3), 169-174. doi:10.1080/14733140600848179

Knox, S., Burkard, A. W., Edwards, L., Smith, J., & Schlosser, L. Z. (2008). Supervisors' reports of the effects of supervisor self-disclosure on supervisees. *Psychotherapy Research, 18,* 543-559. doi:10.1080/10503300801982781

Knox, S., Burkard, A. W., Johnson, A. J., Suzuki, L. A., & Ponterotto, J. G. (2003). African American and European American therapists' experiences of addressing race in cross-racial psychotherapy dyads. *Journal of Counseling Psychology, 50,* 466-481. doi:10.1037/0022-0167.50.4.466

Knox, S., Catlin, L., Casper, M., & Schlosser, L. Z. (2005). Addressing religion and spirituality in psychotherapy: Clients' perspectives. *Psychotherapy Research, 15,* 287-303. doi:10.1080/10503300500090894

Knox, S., Dubois, R., Smith, J., Hess, S. A., & Hill, C. E. (2009). Clients' experiences giving gifts to therapists. *Psychotherapy: Theory, Research, Practice, Training, 46,* 350-361. doi:10.1037/a0017001

Knox, S., Goldberg, J. L., Woodhouse, S. S., & Hill, C. E. (1999). Clients' internal representations of their therapists. *Journal of Counseling Psychology, 46,* 244-256. doi:10.1037/0022-0167.46.2.244

Knox, S., Hess, S., Petersen, D., & Hill, C. E. (1997). A qualitative analysis of client perceptions of the effects of helpful therapist self-disclosure in long-term therapy. *Journal of Counseling Psychology, 44,* 274-283. doi:10.1037/0022-0167.44.3.274

Knox, S., Hess, S. A., Williams, E. N., & Hill, C. E. (2003). "Here's a little something for you": How therapists respond to client gifts. *Journal of Counseling Psychology, 50,* 199-210. doi:10.1037/0022-0167.50.2.199

Knox, S., Hill, C., Hess, S., & Crook-Lyon, R. E. (2008). Case studies of the attainment of insight in dream sessions: Replication and extension. *Psychotherapy Research, 18*(2), 200-215. doi:10.1080/10503300701432242

Knox, S., Schlosser, L. Z., Pruitt, N. T., & Hill, C. E. (2006). A qualitative examination of graduate advising relationships: The advisor perspective. *The Counseling Psychologist, 34,* 489-518. doi:10.1177/0011000006290249

Ladany, N., Constantine, M. G., Miller, K., Erickson, C., & Muse-Burke, J. (2000). Supervisor countertransference: A qualitative investigation into its identification and description. *Journal of Counseling Psychology, 47,* 102-115. doi:10.1037/0022-0167.47.1.102

Ladany, N., Hill, C. E., Thompson, B. J., & O'Brien, K. M. (2004). Therapist perspectives on using silence in therapy: A qualitative study. *Counselling & Psychotherapy*

Research, 4, 80-89. doi:10.1080/14733140412331384088

Ladany, N., O'Brien, K. M., Hill, C. E., Melincoff, D. S., Knox, S., & Petersen, D. A. (1997). Sexual attraction toward clients, use of supervision, and prior training: A qualitative study of predoctoral psychology interns. *Journal of Counselling Psychology, 44,* 413-424. doi:10.1037/0022-0167.44.4.413

Liu, W., Stinson, R., Hernandez, J., Shepard, S., & Haag, S. (2009). A qualitative examination of masculinity, homelessness, and social class among men in a transitional shelter. *Psychology of Men & Masculinity, 10*(2), 131-148. doi:10.1037/a0014999

Lloyd, C., King, R., & Ryan, L. (2007). The challenge of working in mental health settings: Perceptions of newly graduated occupational therapists. *British Journal of Occupational Therapy, 70*(11), 460-470.

Maltas, C., & Shay, J. (1995). Trauma contagion in partners of survivors of childhood sexual abuse. *American Journal of Orthopsychiatry, 65*(4), 529-539. doi:10.1037/h0079673

Niles, S. G., Goodman, J., & Pope, M. (2002). *The career counseling casebook: A resource for practitioners, students, and counselor educators.* Tulsa, OK: National Career Development Association.

Okubo, Y., Yeh, C., Lin, P., Fujita, K., & Shea, J. (2007). The career decision-making process of Chinese American youth. *Journal of Counseling & Development, 85*(4), 440-449.

Park-Taylor, J., Ng, V., Ventura, A., Kang, A., Morris, C., Gilbert, T., & Androsiglio, R. A. (2008). What it means to be and feel like a "true" American: Perceptions and experiences of second-generation Americans. *Cultural Diversity and Ethnic Minority Psychology, 14*(2), 128-137. doi:10.1037/1099-9809.14.2.128

Parr, J., Kavanagh, D., Young, R., & McCafferty, K. (2006). Views of general practitioners and benzodiazepine users on benzodiazepines: A qualitative analysis. *Social Science & Medicine, 62*(5), 1237-1249. doi:10.1016/j.socsimed.2005.07.016

Pearson, S. M., & Bieschke, K. J. (2001). Succeeding against the odds: An examination of familial influences on the career development of professional African American women. *Journal of Counseling Psychology, 48*, 301-309. doi:10.1037/0022-0167.48.3.301

Rhodes, R., Hill, C. E., Thompson, B. J., & Elliott, R. (1994). Client retrospective recall of resolved and unresolved misunderstanding events. *Journal of Counseling Psychology, 41,* 473-483. doi:10.1037/0022-0167.41.4.473

Rich, Y., & Cinamon, R. (2007). Conceptions of spirituality among Israeli Arab and Jewish late adolescents. *Journal of Humanistic Psychology, 47*(1), 7-29. doi:10.1177/0022167806291324

Rostosky, S., Korfhage, B., Duhigg, J., Stern, A., Bennett, L., & Riggle, E. (2004). Same-sex couple perceptions of family support: A consensual qualitative study. *Family Process, 43*(1), 43-57. doi:10.1111/j.1545-5300.2004.04301005.x

Rostosky, S., Riggle, E., Dudley, M., & Wright, M. (2006). Commitment in same-sex relationships: A qualitative analysis of couples' conversations. *Journal of Homosexuality, 51*(3), 199-222. doi:10.1111/j.1545-5300.2004.04301005.x

Sánchez, F., Greenberg, S., Liu, W., & Vilain, E. (2009). Reported effects of masculine ideals on gay men. *Psychology of Men & Masculinity, 10*(1), 73-87. doi:10.1037/a0013513

Santiago-Rivera, A. L., Altarriba, J., Poll, N., Gonzalez-Miller, N., & Cragun, C. (2009). Therapists' views on working with bilingual Spanish-English speaking clients: A qualitative investigation. *Professional Psychology: Research and Practice, 40,* 436-443. doi:10.1037/a0015933

Schaefer, B. M., Friedlander, M. L., Blustein, D. L., & Maruna, S. (2004). The work lives of child molesters: A phenomenological perspective. *Journal of Counseling Psychology, 51*(2), 226-239. doi:10.1037/0022-0167.51.2.226

Schlosser, L. S., Knox, S., Moskovitz, A. R., & Hill, C. E. (2003). A qualitative examination of graduate advising relationships: The advisee perspective. *Journal of Counseling Psychology, 50,* 178-188. doi:10.1037/0022-0167.50.2.178

Schultheiss, D. E. P., Kress, H. M., Manzi, A. J., & Glasscock, J. M. J. (2001). Relational influences in career development: A qualitative inquiry. *The Counseling Psychologist, 29,* 216-239. doi:10.1177/0011000001292003

Schultheiss, D., Palma, T., & Manzi, A. (2005). Career development in middle childhood: A qualitative inquiry. *The Career Development Quarterly, 53*(3), 246-262.

Schultheiss, D. E. P., Palma, T. V., Predragovich, K. S., & Glasscock, J. M. J. (2002). Relational influences on career paths: Siblings in context. *Journal of Counseling Psychology, 49,* 302-310. doi:10.1037/0022-0167.49.3.302

Shivy, V., Wu, J., Moon, A., Mann, S., Holland, J., & Eacho, C. (2007). Ex-offenders reentering the workforce. *Journal of Counseling Psychology, 54*(4), 466-473. doi:10.1037/0022-0167.54.4.466

Sim, W., Hill, C. E., Chowdhury, S., Huang, T. C., Zaman, N., & Talavera, P. (2010). Problems and action ideas discussed by first- and second-generation female East Asian students during dream sessions. *Dreaming, 20,* 42-59. doi:10.1037/a0018993

Spangler, P., Hill, C. E., Mettus, C., Guo, A. H., & Heymsfield, L. (2009). Therapist perspectives on the dreams about clients: A qualitative investigation. *Psychotherapy Research, 19,* 81-95. doi:10.1080/10503300802430665

Spanierman, L., Oh, E., Poteat, V., Hund, A., McClair, V., Beer, A., & Clarke, A. M. (2008). White university students' responses to societal racism: A qualitative investigation. *The Counseling Psychologist, 36*(6), 839-870. doi:10.1177/0011000006295589

Stahl, J. V., Hill, C. E., Jacobs, T., Kleinman, S., Isenberg, D., & Stern, A. (2009). When the shoe is on the other foot: A qualitative study of intern-level trainees' perceived learning from clients. *Psychotherapy: Theory, Research, Practice, Training, 46,* 376-389. doi:10.1037/a0017000

Tuason, M. T. G., Taylor, A. R., Rollings, L., Harris, T., & Martin, C. (2007). On both sides of the hyphen: Exploring the Filipino-American identity. *Journal of Counseling Psychology, 54,* 362-372. doi:10.1037/0022-0167.54.4.362

Veach, P. M., Bartels, D. M., & LeRoy, B. S. (2001). Ethical and professional challenges posed by patients with genetic concerns: A report of focus group discussions with genetic counselors, physicians, and nurses. *Journal of Genetic Counseling, 10,* 97-119. doi:10.1023/A:1009487513618

Vivino, B. L., Thompson, B., Hill, C. E., & Ladany, N. (2009). Compassion in psychotherapy: The perspective of psychotherapists nominated as compassionate. *Psychotherapy Research, 19,* 157-171. doi:10.1080/10503300802430681

Wettersten, K., Rudolph, S., Faul, K., Gallagher, K., Trangsrud, H., Adams, K., & Terrance, C. (2004). Freedom through self-sufficiency: A qualitative examination of the impact of domestic violence on the working lives of women in shelter. *Journal of Counseling Psychology, 51*(4), 447-462. doi:10.1037/0022-0167.51.4.447

Whiston, S., Lindeman, D., Rahardja, D., & Reed, J. (2005). Career counseling process: A qualitative analysis of experts' cases. *Journal of Career Assessment, 13*(2), 169-187. doi:10.1177/1069072704273126

Williams, E. N., Jdudge, A. B., Hill, C. E., & Hoffman, M. A. (1997). Experiences of novice therapists in prepracticum: Trainees', clients', and supervisors' perceptions of therapists' personal reactions and management strategies. *Journal of Counseling Psychology, 44,* 390-399. doi:10.1037/0022-1067.44.4.390

Williams, E. N., Polster, D., Grizzard, M. B., Rockenbaugh, J., & Judge, A. B. (2003). What happens when therapists feel bored or anxious? A qualitative study of distracting self-awareness and therapists' management strategies. *Journal of Contemporary Psychotherapy, 33,* 5-18. doi:10.1023/A:1021499526052

Williams, E. N., Soeprapto, E., Like, K., Touradji, P., Hess, S., & Hill, C. E. (1998). Perceptions of serendipity: Career paths of prominent academic women in counseling psychology. *Journal of Counseling Psychology, 45,* 379-389. doi:10.1037/0022-0167.45.4.379

Williams, J., Wyatt, G., Resell, J., Peterson, J., & Asuan-O'Brien, A. (2004). Psychosocial issues among gay-and non-gay-identifying HIV-seropositive African American and Latino MSM. *Cultural Diversity and Ethnic Minoity Psychology, 10*(3), 268-286. doi:10.1037/1099-9809.10.3.268

Wing, Sue, D., Torino, G., Capodilupo, C., Rivera, D., & Lin, A. (2009). How White faculty perceive and react to difficult dialogues on race: Implications for education and training. *The Counseling Psychologist, 37*(8), 1090-1115. doi:10.1177/0011000009340443

Wonnell, T., & Hill, C. E. (2000). The effects of including the action stage in dream interpretation. *Journal of Counseling Psychology, 47*, 372-379. doi:10.1037/0022-0167.47.3.372

Yeh, C., Ma, P., Madan-Bahel, A., Hunter, C., Jung, S., Kim, A., & Sasaki, K. (2005). The cultural negotiations of Korean immigrant youth. *Journal of Counseling & Development, 83*(2), 172-182.

제4부

합의적 질적 연구의
수정과 확장

제17장 단순 질적 자료를 위한 합의적 질적 연구
제18장 사례 연구를 위한 합의적 질적 연구의 수정

Consensual Qualitative Research **제17장**

단순 질적 자료를 위한 합의적 질적 연구 합의적 질적 연구-수정본

Patricia T. Spangler, Jingqing Liu, & Clara E. Hill

당신이 훈련 과정에서 치료자들이 사용하는 역전이 활용 전략에 대한 대규모의 온라인 양적 조사를 수행한다고 상상해 보라. 조사에서 양적 기준을 포함하는 것과 더불어 기준에 의해 담아 내지 못한 그들의 특이한 임상 경험의 구성을 묘사하기 위해 참가자에게 개방형 질문을 하기로 결심했다고 가정해 보자 (예, "특정한 내담자의 특성이나 제시되는 문제들이 당신의 해결되지 않은 문제들과 어떻게 연관되는가?"). 300명의 참가자에게서 얻은 답변은 각각 3~4문장으로 구성되고 비교적 간단하고 쉽게 이해할 수 있다. 전통적인 합의적 질적 연구 (Consensual Qualitative Research: CQR)를 분석하기 위해 핵심 개념들을 구성하는 것은 지나쳐 보인다. 그 지적은 이미 간결하고 우려할 내용이 없기 때문이다. 분야나 합의에 의해 자료에서 파생된 범주를 만드는 CQR의 간단한 대안들은 유용하겠지만, 코딩하는 팀을 구성하고, 자료를 코딩하고, 연구 전반에 포함된 내용의 결과를 발표하거나 질적 연구 결과를 논의하는 것을 어떻게 구조화할 것인지에 대한 확신이 없다. 다행스럽게도 합의적 질적 연구-수정본(CQR-M)

은 이 일들을 잘하도록 해 준다.

　이 장에서는 CQR-M의 간략한 정의와 배경을 제공하고, CQR-M 분석을 수행하는 단계를 안내할 것이다.

1. 정의와 배경

　CQR-M은 CQR에서 파생된 질적 연구 방법으로, 큰 표본과 비교적 간략하고 심플한 질적 데이터와 함께 사용하기 위한 방법이다. 기존의 CQR을 기본으로 할 뿐만 아니라 발견 지향 연구(Mahrer, 1988)와 탐구적인 연구(Hill, 1990) 모두에서 비롯되었다.

　이 방법은 상향식 접근법으로 연구자가 자료에 미리 결정된 구조를 도입하기보다는 자료에서 범주를 도출해 내는 것이다. 범주가 만들어지면, 발견 지향적이며 탐구적인 연구자들은 새로운 평정팀을 훈련시킨다. 훈련 내용은 범주에서 파생된 자료를 코딩하고 연구자 간 신뢰도를 계산하는 것이며, 필요하다면 더 높은 신뢰성을 가지고 코딩하기 위해 재훈련한다.

　그러나 우리는 높은 신뢰도를 위해 연구자를 훈련하는 식의 접근법은 피한다. 신뢰성에 초점을 두는 것이 연구자의 임상적 판단을 억압하고, 논의를 막으며, 이 때문에 점검에서 포괄적으로 가장 정통한 최상의 팀을 배출하기가 어렵다는 것을 경험했기 때문이다.

　CQR-M은 CQR의 합의적 요소와 함께 발견 지향적이고 탐구적 접근법을 병합한 방법이다. 이는 우리가 평정자 사이의 합의를 이용해 비교적 단순한 자료를 바로 범주로 코딩하는 방법을 만들기 위함이다.

2. 합의적 질적 연구−수정본에 대한 근거

1) 합의적 질적 연구−수정본 vs. 측정자 간 동의

우리는 연구자 간의 동의를 강조하는 양적 방법 중에서 몇 가지 이유로 CQR-M
을 지지한다. 첫째로, 인간의 의사소통은 종종 미묘한 차이가 있거나 애매하다.
의미의 미묘한 차이에 대해 생각하고 말하는 것이 가능하다는 것은 연구자들이
개인적으로 일하면서 성취할 수 있는 것보다 참가자의 반응을 더 충실히 나타
내는 데 도움이 된다는 말이다. 양적 연구와 관련하여 연구자는 주로 독립적으
로 자료를 코딩하는데, 그에 따라 그들의 확인되지 않은 편견이 중요한 사항을
간과하도록 하는 원인이 될 수 있다. 반면에 CQR-M 연구자들은 그들의 예상,
편견 그리고 동의하지 않는 부분에 대해 서로 상세히 논의하며, 이에 따라 서로
자료에 대해 정확성을 지키는 데 도움을 준다. 다양한 관점이 있다는 것은 개인
적인 편견을 줄이는 데 도움을 주고, 이에 따라 자료를 더 잘 이해할 수 있다.
마지막으로, 양적 연구의 연구자는 종종 의식적으로나 무의식적으로 많은 동
의를 얻고자 노력하는데, 이는 아마도 그들의 임상 기관에서 그렇게 하도록 하
기 때문일 것이다. 더불어 다른 연구자들이 어떤 말을 할지 추측하려 노력한다.
그래서 그들은 명확한 동의 수준에 다다를 수 있다. 반면에 CQR-M 연구자들은
특별한 분야에서의 자료에 대해 높은 동의를 얻기 위해 노력할 필요가 없다. 대
신 그들은 그들의 코딩에 대해 사려 깊은 이유를 제공하도록 그들의 경험과 지
혜를 사용할 것을 독려받는다.

2) 합의적 질적 연구−수정본의 목적

CQR-M은 새롭고 예상치 못한 생각에 대한 탐구 현상을 연구하는 데 효과적

인 도구다. 예를 들어, 최근 연구에서(Spangler et al., 2009) 우리는 즉시성의 조력 기술을 사용하도록 하기 위해 학부 학생들을 훈련할 특정한 교육 방법들을 조사했다. 참가자들이 즉시성의 학습 경험을 적은 반응에 대한 질적 분석을 통해 그들이 훈련에서 무엇을 좋아하고 무엇을 싫어하는지 참가자의 반응을 연구할 수 있었다. CQR-M을 사용하여 즉시성 훈련에서 두 가지의 기대하지 않은 영역을 발견할 수 있었다. "첫째는 어떤 학생들이 훈련을 좋아했는가, 둘째는 그 훈련이 연구 팀 구성원들의 친밀감에 어떤 영향을 주었는가." 이다.

탐색하고 발견하는 것과 더불어 CQR-M은 연구된 현상을 묘사할 때도 이용할 수 있다. CQR-M의 결과는 지식의 기본을 확대하고 더 깊이 있는 연구를 하기 위한 바탕으로 이용할 수 있다. 최근의 묘사된 현상 같은 것은 조사를 바탕으로 더 깊은 이해를 얻기 위해 양적 연구와 결합할 수 있다. 예를 들어, 꿈속에서의 대인 관계 패턴에 대한 연구에서(Hill, Spangler, Sim, & Baumann, 2007) 67명의 참가자가 꿈을 묘사했다. 이 연구의 목적은 꿈속에서의 대인 관계의 테마들을 확인하고 묘사하는 것이며, 또 다른 목적은 이런 상관 관계에 있는 테마들과 회기 과정에서의 양적 자료와 결과 사이의 유대 관계를 평가하는 것이다. CQR-M을 통해 기본적인 상관 관계의 테마 다섯 가지—긍정적, 부정적, 대인 관계와 관련된 악몽, 대인 관계와 관련된 단체 그리고 대인 관계와 관련 없는 것—가 나왔다. 패턴들을 묘사하는 것과 더불어 양적 분석법들은 다섯 가지 다른 형태의 꿈에 대해 꿈 회기에서 일어나는 다른 패턴들이 과정인지 결과인지를 결정하기 위해 이용되었다.

삼각 측량—CQR-M을 사용하는 또 다른 이유—은 현상의 다양한 시각을 통해 현상을 더 잘 이해할 수 있다는 생각에서 사용한다(Heppner, Kivlighan, & Wampold, 1999). Denzin(1978)은 방법론적인 삼각 측량을 현상을 조사하기 위한 방법으로 묘사했다. CQR-M은 방법론적 삼각 측량법의 목적을 위한 양적 방법들과 결합하여 이용할 수 있다. 예를 들어, 앞서 언급한 즉시성 훈련에 대한 연구에서(Spangler et al., 2009) 전반적인 연구의 목적은 즉시성을 이용하기 위해 학생들의 자기 옹호에 교육적 구성 요소가 구체적으로 어떻게 기여할 수 있을지를 조사하는 것이었다. 각각의 구성 요소에 대한 훈련이 끝난 후(예, 읽기, 강의, 연습), 참가자에게 4점 문항 척도의 즉시성을 사용하도록 하여 그들의 자기 옹호의 등급을 물어보았다. 우리는 개방형 질문 4개에 대한 참가자들의 답변 결과를 분석한 CQR-M과 함께 이 문항에서 얻은 양적 결과를 삼각 측량했다.

즉시성을 시행하는 것을 배우는 데 무엇이 어려웠는가? 훈련에서 무엇이 가장 도움이 많이 되었는가? 무엇이 가장 도움이 되지 않았는가? 즉시성을 배우는 데 당신의 문화가 당신의 능력(긍정적, 부정적 모두)에 영향을 미치는 것에 대해 어떻게 생각하는가? 양적 결과와 질적 결과를 비교한 결과 학생들의 즉시성 훈련 경험에 대한 인식은 회상 장면에서 매우 달랐다(훈련의 마지막 부분에 개방형 질문을 했다). 훈련 과정 중일 때보다 양적 측정이 완료된 시점일 때 그 차이가 컸다. CQR-M 분석은 표본의 72%가 즉시성 연습이 훈련 중 가장 효과적인 부분으로 생각한 반면, 양적 결과는 강의가 다 끝난 이후 즉시성에서 자기 옹호가 가장 많이 상승하는 것을 보여 주었다. 이 가지각색의 결과는 다양한 시점에서 삼각 측량 관점이 갖는 이점을 보여 준다.

분명히 이 연구에서 질적 구성 요소는 교육 내용 요소들의 비교 효과에 대해 흥미로운 점을 갖게 만들었다. 그리고 양적 측정법이 천장 효과를 일으킬 수 있다는 우리의 생각을 밑받침했다. 또한 탐색적 질문은 상담 기술을 훈련하는 데 있어서 문화는 특히 양적인 측정으로 사전 형성과 포함할 수 없는 특정 문화 변인에 새로운 관점을 제공한다.

3. 합의적 질적 연구─수정본: A단계별 가이드

이제부터 CQR-M 분석을 수행하는 방법을 상세히 설명할 것이다. 우리는 질적 데이터의 목적을 확정하는 것과 표본 크기에 관한 것을 포함한 설계 시 고려사항부터 시작한다. 다음은 자료 수집과 연구자들을 구하고 훈련하기 위한 단계다. 우리는 영역과 범주의 개발과 합의적 코딩 과정을 포함하는 간략한 질적 자료 분석을 위한 과정을 묘사한다. 마지막으로 CQR-M 결과와 논의된 부분을 작성하는 방법을 안내한다. CQR-M 과정의 단계는 [그림 17-1]에 도표로 나타난다. CQR-M을 CQR과 비교하기 위해 [그림 17-1]을 제1장에 있는 [그림 1-1]과 비교해 보라(p. 29 참조).

시작

1. 질적 자료의 목적을 결정한다.
2. 표본의 크기를 결정한다.
3. 질문의 적당한 길이를 결정한다.
4. 자료 수집을 위한 매체를 결정한다.
5. 자료를 수집한다.
6. 자료 설정에 어떤 자료를 포함해야 하는지 결정한다.

자료 분석

1. 분야와 범주의 목록을 발전시킨다.
2. 코딩팀을 뽑는다.
3. 평정자를 훈련한다.
4. 분야와 범주를 수정한다.
5. 범주에 자료를 코딩한다.

원고 작성

1. 쓰고, 다시 쓰고, 또 다시 쓴다.
2. 범주를 묘사하기 위한 인용구를 제시한다.
3. 피드백을 받고 수정한다.
4. 자료를 잘 반영하는 훌륭하고 명확한 스토리를 전달할 수 있을 때까지 계속 쓴다.

[그림 17-1] 합의적 질적 연구-수정본과 관련된 단계

1) 설계 시 고려사항

(1) 질적 자료의 목적

CQR-M이 적당한가 아닌가를 결정하기 위한 중요한 고려사항은 그 질적 자료가 어떻게 이용되는가다. 자료가 현상의 설명과 묘사를 위해 사용될지 아니면 양적 자료와 함께 삼각 측량에 이용될지는 자료를 얼마만큼 수집해야 하는지 그리고 어떤 주제들이 연구의 초점이 되어야 하는지를 결정하는 데 도움을 줄 것이다. 예를 들어, 즉시성 훈련에 대한 연구에서(Spangler et al., 2009) 우리는 학생들이 자기 옹호 즉시성을 얻는 것과 관련이 있는 변수를 추측하는 것부터 시작했다. 이 변수 사이에서 구체적인 훈련 구성 요소는 학생의 적성, 상담과 함께 이전의 경험 그리고 연구팀의 분위기다. 구체적인 훈련 요소는 그룹 분위기와 상담 성향 등이며, 양적 검사를 했다. 우리는 양적 측정이 상급이거나 사회적으로 상담 기술이 불편한 것과 같이 학생들의 배움 경험의 복잡성을 잡아내지 못한 것은 아닌지를 걱정했다. 우리는 참가자-설계 관점의 경험을 더 제공해 주는 양적 자료와 질적 분석의 삼각 측량법에 관심이 있었다. 그러나 큰 규모의 표본을 고려할 때, 그들이 작성한 답변의 길이에 제한을 둠으로써 모든 CQR의 기본인 면담 자료에서는 할 수 없었던 개인적인 경험을 이끌어 낼 수 있고 합리적인 시간 안에 분석할 수 있기를 원했다.

(2) 표본의 크기

CQR은 전통적으로 작은 표본을 분석하는 데 이용되었지만(8명에서 15명의 참가자), CQR-M은 큰 표본도 가능하다. 지금까지 2개의 연구(Hill et al., 2007; Spangler et al., 2009)에서 각각 67과 132라는 표본 크기와 CQR-M 접근법을 사용했다. 거기에는 CQR-M을 이용함에 따른 이익과 큰 표본을 연구하는 데 대한 비용이 있다. 분명히 많은 사례와 풍부한 양의 자료를 전통적인 CQR 방식으로 수집하는 것은 그것에 들여야 하는 시간과 노력을 생각할 때 비현실적인 생각이다. CQR-M은 많은 수의 사례에서 수집된 적은 양의 질적 자료를 분석하는 데서 깊이와 풍부함은 놓치지만, 그 모집단을 더 완벽하게 묘사할 수 있게 해 준다(그 표본이 무작위로 선택되었다고 가정). 그러므로 연구의 초점이 완벽하지 않을 때 CQR-M을 사용하면 각 사례에 대한 맥락적 이해보다 모집단에 대한 포괄적인 이해를 얻을 수 있다. 예를 들어, 즉시성 훈련에 대한 연구(Spangler et al., 2009)에서 질적 구성 요소는 연구에서 매우 중요한 부분이었지만, 우리의 표본 크기(N=132)는 전통적인 CQR 방식으로 실행할 수 없게 만들어져 있다. 그러므로 우리는 양적 측정만으로 이끌 수 있는 것보다 참가자가 이 기술을 배운 경험을 충분히 묘사하는 데 더 초점을 맞춰 좁은 범위에서 질문하기로 했다.

예상치 못한 변수가 표본 전체를 분석하는 데 어려움을 줄 때, 큰 표본은 연구자들이 하위 집단에서 표본을 나눌 수 있도록 해 준다. 예를 들어, Hill 등 (2007)의 연구에서 참가자 67명을 모아 큰 표본을 사용함으로써 양적 과정과 꿈속의 대인 관계에서 질적으로 파생된 패턴들의 하위 그룹 6개에 대한 변수를 연구할 수 있었다.

2) 자료 수집

CQR-M에서 자료 수집 방법은 표본의 크기에 따른 현실적인 염려와 함께 희망하는 구성의 풍부함 사이의 균형에 대해 생각하는 데 도움이 된다. 전통적인 CQR 연구 방식은 오히려 노동 집약적인 과정이다. 연구자가 각 참가자의 면담 기록을 한 글자 한 글자 꼼꼼히 읽고, 그 자료와 자문과 코딩 그룹 사이에 피드백을 수차례 반복하여 핵심 개념과 범위를 도출하고, 모든 사례의 핵심 개념에 대한 교차 분석을 합의적으로 진행한다. 8명에서 15명의 참가자에 대해 6개월에서 18개월의 과정을 추천했다. 큰 표본에서는 확실히 길이나 세세한 자료 분석 같은 것은 실현 가능하지 않을 것이다. 그러므로 큰 표본이 포함될 때는 연구자들에게 간략하고 간단한 질적 자료를 모으도록 권했다.

CQR-M의 새로운 시도에서 한 가지 중요한 점은 연구자와 참가자의 관계가 전통적인 CQR에서보다 훨씬 덜 중요한 요소라는 것이다. 큰 크기의 표본은 대체로 면담을 할 수 없어서 면담 자료를 수집하기 위한 직접적인 대인 관계 접촉이 없기 때문이다. 대체로 연구자가 참가자에게 영향을 주는 것은 간접적인 방법을 통하고, 연구자와 참가자 간의 직접적인 접촉이 있을 때 물어보게 되는 후속 조사에 의한 참가자들의 현실 구조는 영향을 받지 않는다. 자료는 대체로 설문지의 활자체 형식으로 수집하고, 설문지는 연구자와 참가자 간의 전형적 의사소통 방식이 된다.

(1) 설문지 개발

CQR-M의 설문지 개발에서 질적 조사 목적의 명확한 개념을 가지는 것은 매우 중요하다. 목적에 따라 특별함과 솔직함 사이에서 과정을 조정하는 것은 문항의 구조를 알려 줄 것이다. 예를 들어, Hill 등(2007)의 연구에서 질적 자료 분석의 목적은 꿈속의 대인 관계 테마들과 그와 관련된 양적 과정과 도출된 결과를 연구하는 것이었다. 그러므로 질문은 참가자들에게 매우 개방적이고 단순하게 최근의 꿈을 묘사하도록 요청했다. 참가자에게 답변을 어느 정도로 솔직하게 작성해야 하고 그것이 얼마나 중요한지는 암시하지 않았다.

답변의 범위와 길이가 바라던 대로 되었다면, Spangler 등(2009)의 즉시성 훈련에 대한 연구에서 준비된 공간의 양이 암시를 주었을 수 있다. 그 연구에서 참가자들은 각 질문에 대해 답변을 적도록 종이 반 장씩을 제공받았고, 연구팀은 이렇게 함으로써 답변이 얼마만큼의 분량이기를 바라는지 암시하고, 답변의 범위에 일관성의 정도를 제공했다. 답변의 분량을 조절하는 것과 더불어 질적 답변을 수집하는 목적 한 가지는 특정한 교습 구성의 효과에 대해 즉시성 자기효능감 측정과 함께 삼각 측량을 하는 것이다. 이에 따라 2개의 질문이 즉시성 자기효능감의 양적 측정과 연관된다. 특히 우리는 "훈련에서 무엇이 가장 도움이 되었는가?" "훈련에서 무엇이 가장 도움이 되지 않았는가?"를 질문했다. 다른

2개의 질문, 즉 "즉시성을 행하기 위한 배움에서 무엇이 어려웠는가?" 그리고 "즉시성을 배우기 위한 당신의 능력에 문화는 어떤 영향을 미쳤는가?(긍정적 그리고 부정적)"는 더 탐구적이다.

자료 수집의 수단은 표본의 크기가 클 때 매우 중요하고 현실적인 부분이고, 우리는 연구자가 전자 자료 수집 방법을 사용하는 것을 적극적으로 권한다. 전자 수집은 지필 방식으로 수집하는 것보다 비용이 적게 들고 환경에도 도움이 되며, 익명이 가능하고, 기록을 추가하며 저장하지 않고 합리적으로 자료를 관리할 수 있다. 즉시성 훈련 연구에서는 수업을 위한 웹사이트에 설문지를 올리거나 참가자에게 메일을 보냈다. 경험이 생생한 상태에서의 느낌을 알기 위해 참가자들에게 다음 주 수업이 시작하기 전에 교수에게 이메일로 답변지를 제출하라고 요구했다. 질문한 문항은 높은 기밀성 유지가 필요한 답변을 이끌어 내고자 한 것이 아니므로 이메일이 답변을 수집하는 데 용인될 수 있는 수단이라고 여겼다. 그러나 그들의 답변지에 오직 한 번만을 사용할 것을 부탁했다. 이 연구를 위해 상담 기술 강사들과 조교 중에서 심사위원을 뽑았는데, 그러한 방법을 통해 참가자의 익명성을 유지하고자 했다. 학생들의 답변에 대한 강사들의 편견이나 기대를 최소화하기를 원했기 때문이다.

(2) 빠지거나 적절하지 않은 자료의 처리

연구의 목적이 사건의 묘사와 탐구를 위해 CQR-M을 사용하는 것이라면, 빠진 자료는 큰 문제가 되지 않는다. 그러나 연구의 취지가 특정 현상에 대한 질적 그리고 양적 결과를 삼각 측량하는 것이라면, 연구자는 참가자들의 빠진 질적 또는 양적 자료로 인해 참가자들의 모든 자료 생략 여부를 결정해야 한다. 즉시성 훈련 연구에서(Spangler et al., 2009) 우리는 질적 답변과 양적 결과의 비교를 원했기 때문에 질적 그리고 양적 측정에서 완벽하지 않은 모든 참가자의 자료를 생략했다.

CQR-M 연구자는 연구 문제에 도움이 되지 않는 수집 자료를 가지고 있어야 하는가의 딜레마에 빠질 것이다. 그 자료는 이론적으로 그리고 방법론적으로 모두 작용하지 않을 것이다. 예를 들어, 꿈속에서의 대인 관계에 관한 연구에서 (Hill et al., 2007) 범주들에서 매우 간단하고 관련성 있는 패턴을 이끌어 내는 것은 대인 관계 패턴이 과정과 자료 결과와 어떤 관련이 있는지를 조사하는 데 꼭 필요한 일이다. 이론적으로 분석을 수행하기 위해 순수한 범주들을 가지고 있는 것은 매우 중요하다. 그러나 꿈 대부분은 어떤 패턴이 꿈과 맞는지 연구자들이 합의하기 어려운 다양한 장면과 이미지로 복잡하다. 그러므로 이러한 참가자에 대한 양적 자료뿐만 아니라 이와 같은 복잡한 꿈은 비록 다른 연구에 중요한 자료를 제공했을지라도 이 연구에서는 특정한 질문의 최종 분석 단계에서 제거된다.

3) 연구자의 선발과 훈련

CQR-M 분석을 위해 코딩팀을 모을 때, 연구자는 반드시 코딩할 자료의 양과 시간의 제약이나 용어의 유효성에 대해 고려해야 한다. 매우 큰 표본을 위해서는 두 팀 또는 그 이상의 팀이 동시에 일하는 것이 도움이 되는데, 이들이 분야와 범주에 대한 이해를 공유하도록 훈련은 같이 해야 한다. 또 다른 고려사항은 용어의 이전 코딩 경험과 관심이 있는 현상의 유사성이다. 비록 초보 수련 코더들이 왜곡과 기대를 최소화할 수 있다고 할지라도, 일부 질적 자료에 대해서는 용어가 조사 주제를 더 정교하게 이해해야 한다. 마지막으로, 왜곡과 기대 때문에 CQR-M에서 현상에 대한 용어의 해석이 영향을 미칠 가능성이 있는 만큼 그들은 CQR에서 코딩에 앞서 코딩팀 구성원들과 그들의 편견과 기대를 솔직하게 이야기하고 의견을 나누는 것이 중요하다.

즉시성 훈련 연구에서 코딩팀을 위한 평정자를 채용할 때(Spangler et al., 2009), 우리는 즉시성에 대해 가르치고 배우는 과정 모두에 친숙한 사람 그리고 이 상담 기술의 이론적 기본 지식과 임상적 활용의 이해가 있는 사람이 도움이 된다고 결정했다. 이에 따라 시간 강사와 조교, 저자들에게 평정자로 물어보기로 했고, 이로써 코딩을 하기 위한 6명을 각각 선발할 수 있었다. 평정자의 조합은 회기에서 벗어나서 이루어지지만, 범주와 하위 범주들이 분명히 정의되고 자료가 간단하고 그리고 모두 훈련된 평정자이기 때문에, 팀들의 구성 요소가 움직이는 데 그리 문제가 있어 보이지 않았다. 일반적으로 평정자는 영역 개발 초기에 즉시성 훈련에 대한 기대와 편견을 논의하고 큰 그룹으로 만난다. 그 기술을 가르치고 배우는 그들만의 양쪽 경험과 그들이 문화에 대해 어떻게 생각하는지가 즉시성 자기효능감에 영향을 줄 것이기 때문이다. 훈련을 위해서 우리는 그룹으로 각 영역과 범주에 대해 이야기했고 각각의 의미에 대한 공통된 이해에 도달하고자 노력했다. 각 범주의 공통된 이해를 확실히 하기 위해서 여러 번의 기록으로 연습했다. 그렇게 해서 오로지 최상의 동의를 이뤄 낸 후, 우리는 작은 하위 집단으로 나누었다.

4) 코딩 과정

(1) 영역과 범주 만들기

CQR-M에서 영역과 범주는 자료에서 파생되고, 이는 상향식(세부적인 곳에서부터 시작)으로 이루어진다. 일반적으로 30개 정도의 녹취를 읽고 영역을 도출할 사람을 2명 둔다. 그리고 영역 목록을 작성하고 편집하며, 목록에 비슷한 개념을 함께 넣는다. 다음 단계는 큰 팀과 만나서 영역과 범주들을 다른 30개 정도의 기록에 적용한다. 가장 매력적인 구조에서 우리가 이끌어 낸 관련 있는 모든 개념을 모든 사람이 만족할 때까지 수정한다. 다시 명확성을 위해서 구체적으로 목록을 만들고 편집한다. 그 목록이 만들어졌을 때, 코딩을 시작하면 된다.

예를 들어, 꿈속에서의 대인 관계에 관한 연구의 범주를 결정할 때(Hill et al., 2007), 저자 중 2명은 대략 50개의 꿈 사례를 읽고 네 종류의 대인 관계적 꿈과 대인 관계적 내용이 전혀 들어 있지 않은 한 종류로 나누어 꿈속에서의 대인 관계에 대한 내용 범주들을 이끌어 냈다. 제1저자는 꿈에 대해 수년간 연구하고 CQR 경험이 있었고, 제2저자는 과정의 많은 단계에서 자료들을 가지고 작성했기 때문에 꿈 묘사에 상세한 지식이 있었다. 즉시성 훈련 연구에서(Spangler et al., 2009), 영역과 범주를 파생시켜 나가는 것은 더 복잡하고 매우 복합적인 목록을 발전시키는 것을 동반한다(목록의 부분에 대한 〈표 17-1〉 참조). 초기 단계 코더 2명은 영역을 도출시키기 위해 질문한 문항을 이용해 시작했고 범주들과 하위 범주들을 끌어내기 위해 사례의 예를 검토했다. 그들은 빈도를 결정하는 것을 가능하게 한 각 참가자의 반응을 추적하기 위해 코딩 표(〈표 17-2〉 참조)를 만들었다. 더불어 코더들이 특히 기술적인(묘사적인) 반응을 우연히 발견하게 된다면 그들은 반응 횟수에 별표를 붙이며, 그 글은 나중에 인용구로 묘사될 수 있다.

〈표 17-1〉 합의적 질적 연구-수정본을 위한 코딩 범주와 하위 범주 목록의 예

영역: 훈련에서 가장 도움이 된 부분(He)
1. 비디오 삽화
2. 강의/교훈적인
3. 독서
   a. 교과서
   b. 추가 논문
   c. 읽기 시험
4. 수련 실습
   a. 체인 실습(예, 피드백 사슬, 피드백 고리, 첫 번째 실습 수련)
       i. 정상화하기
       ii. 강제적인 사실
       iii. 긍정적인 피드백을 좋아함
       iv. 내담자와 상담자 역할 모두 수행하기
   b. 학급 동료에게 개방하기
   c. 수련은 실제로 그리고 즉시성(인위적인 것이 아닌)
   d. 실습 리더
       i. 롤 플레이/모델(데모)

ii. 지지적인
e. 실습 그룹의 구성원
　　i. 그들을 관찰하기(모델링)
　　ii. 지지적인 참여(그룹의 분위기, 존중)
f. 피드백
　　i 실습 리더로부터
　　ii 친구/동료로부터
g. 마음챙김/이완작업
5. 훈련 구성의 연속(수련 전에 점점 교훈적이 됨)
6. 기타

〈표 17-2〉 합의적 질적 연구-수정본 코딩표의 예

평정자:

설명: 가장 윗줄에 ID의 끝 4자리를 쓰시오. 매우 잘 연결된 좋은 예라면 별표를 하시오.

영역/범주	ID#1234	ID#5678	ID#	ID#	ID#
가장 도움이 된					
He1	V*	V			
He2		V			
He3					
He3a					
He3b					
He3c					
He4					
He4a					
I					
Ii	V				
Iii					
He4b					
He4c					
He4d					
I	V	V*			
Ii		V			

He4e				
I				
Ii	V			
He4f				
He4g				
He5				
He6				

CQR-M에 나타나는 CQR의 가장 주요한 점은 핵심 개념을 구성하지 않는다는 것이다. CQR-M 자료는 대체로 상세하거나 복잡하거나 장황하지 않고 많은 문맥을 포함하지 않기 때문에 문맥 속에서 해석된 자료를 가지고 있다는 것을 확실히 할 필요가 없다. 오히려 우리는 간단하게 자료를 범주에 바로 집어넣었다(그 단계는 CQR에서의 교차 분석 단계와 비슷하다). 예를 들어, 대인 관계적 꿈 연구(Hill et al., 2007)에서 꿈 묘사는 간단히 여섯 가지 타입 중 하나에 들어갔다(긍정적, 부정적, 대인 관계 대행, 대인 관계와 관련된 악몽, 대인 관계적이지 않은 꿈, 기타).

특히 CQR-M 반응을 작성하는 것은 애매하기 쉽다. 연구자가 질문들을 명확히 하기 위해 물어볼 기회가 없기 때문이다. 자료가 비교적 간단할지라도 참가자의 후속 질문을 물어볼 기회가 없는 것은, 연구자가 분석에서 중요한 요소인 자료의 애매함을 명확히 하는 능력을 기르게 해 준다. 이런 이유 때문에 합의적 분석 과정은 한 사람이 불명확한 자료를 코딩하기보다는 평가자들이 모호함에 해석을 제공하고 참가자들의 의도에 대한 항의를 한다는 점에서 이롭다.

연구자들은 돌아가며 반응을 읽고 적절한 범주에 대한 의견을 내놓는다. 의견 차이가 있으면 합의에 도달할 때까지 논의한다. Spangler 등(2009)에서 참가자의 답변들이 모두 질문에 부합하지 않았기 때문에 연구자들은 4개의 문항 모두에 대한 답변을 읽고 모든 범주를 고려했다. 이렇게 모든 과정을 통하는 것을 이용하여 마지막 코딩을 하는 동안 전체적으로 새로운 영역(훈련의 결과)이 나타났고, 연구자들은 모든 문서를 이 영역에 코딩하기 위해 되돌아갔다.

CQR-M 분석에서 다음 단계는 각 범주의 비율을 제시하는 것으로, 우리가 전형적으로 하던 답변의 빈도를 결정하는 것이다(각 범주의 빈도는 답변의 전체 수에서 나뉜다). 이 단계는 비율보다 CQR이 원래 가지고 있던 '일반적' '전형적' 또는 '드문'으로 제시되던 빈도에서 벗어났다. 예를 들어, 즉시성 훈련 연구에서(Spangler et al., 2009) 표본의 72%가 즉시성 훈련에서 수련이 가장 도움이 되는 부분이었다고 한 반면, 14%만이 강의가 도움이 되었다고 답했다. 30% 차이의 연역적인 결정 기준을 사용하는 것은 '중요한' 차이의 한계점(이 기준에 대한 이유는 제12장 참조)이 되므로 우리는 수련이 강의보다 도움이 된다고 말할 수 있다.

마지막 단계로, 작거나 겹치거나 필요에 의해 수정된 것으로 드물게 나타나는 범주인지 결정하기 위해 모든 범주를 살펴본다. 우리는 작은 범주들을 크거나 더 추상적인 범주들 또는 여러 종류로 떨어뜨려 놓았거나 작거나 드물게 나타나는 관계가 적은(〈1%) 범주에 합치려 한다.

(2) 자문을 활용하지 않는다

CQR-M은 자문을 활용하지 않는다. 상대적으로 간략한 답변을 해석하는 과정에서 자문단 사이의 불일치는 구성원과의 논의와 합의를 통해 쉽게 풀어 나갈 수 있기 때문이다. 자료의 빈약한 내용과 간단함을 고려할 때, 팀 구성원의 다양한 관점은 효율적으로 보인다. 그러나 연구자들이 코딩의 질을 염려하고 있다면, 코딩을 체크하기 위해 자문에게 자료의 일부분을 제출할 것이다.

5) 합의적 질적 연구-수정본 작성

(1) 결과 작성

질적 자료의 풍부함과 복합성 때문에 질적 결과를 명확하고 간결하게 나타내는 것이 어려울 수 있다. 명확성을 가능하게 하기 위한 한 가지 제안은 연구 문제들을 바탕으로 결과를 정리하는 것이다. 특히 연구자들은 연구 문제를 다시 고쳐 말하고, 그 질문에 대한 결과를 따를 것이다. 예를 들어, 즉시성 훈련 연구에서(Spangler et al., 2009) 연구의 목적 한 가지는 즉시성을 배우는 학부 참가자들의 경험에 영향을 미친 특별한 구성이나 경험을 연구하는 것이다. 이 연구 문제와 관련이 있는 네 영역이 결과에 제시되었다. 네 영역은 다음과 같다. 즉시성을 배우는 데서의 어려움, 즉시성을 배우는 데서의 문화의 영향, 훈련하는 데 가장 도움이 되는 부분, 훈련하는 데 가장 도움이 되지 않는 부분이다.

우리는 결과 부분에서 각 범주의 비율을 작성한다. 예를 들어, Spangler 등 (2009)의 연구에서 저자는 즉시성을 배우는 데서의 어려움이라는 영역에서 어려움에 대해 가장 많이 설명했고, 표본의 55%가 답변에서 이 어려움에 대한 경험을 말했다고 보고했다. 우리는 범주들의 나머지에 대한 결과를 보고했다. Hill 등(2005)의 조언에 따르면 CQR 연구자들은 나타난 모든 자료를 보고하고 본문에서 오직 일반적이고 전형적인 결과를 제시하라고 하지만, CQR-M 연구자들은 제시된 모든 자료를 보고하고 결과 부분의 본문에서 가장 많이 나타나는 범주에 대해 제시할 것을 추천한다. 마지막으로, CQR의 전통적인 연구에서도 도움이 되었듯이 우리는 CQR-M의 결과를 제시할 때 영역과 범주를 설명하기 위해서 인용구를 쓰는 것에 동의한다. 참가자들이 실제로 사용한 단어들은 독자가 그 자료에 대해 생생한 느낌을 받고 그 범주의 의미를 이해하는 데 도움을 줄 수 있다(Hill et al., 2005).

(2) 논의 작성

Hill 등(2005)의 CQR을 사용한 논문에서 저자들은 논의 부분에서 단순히 결과를 반복해서는 안 된다고 말한다. 우리는 이에 동의한다. CQR-M을 사용하는 저자들이 새롭거나 예상치 못했던 현상을 묘사하는 데서 그들의 연구 결과의 풍부함을 더 정교하게 하기 위해, 그리고 그 자료가 글과 어떻게 일치하는지 증명하기 위해 논의를 사용할 것을 추천한다. 더불어 저자들이 어떻게 그들의 질적 연구 결과를 양적 결과와 삼각 측량했는지에 대해 논의에 쓰는 것을 추천한다.

특별한 관심의 요점은 질적 결과와 양적 결과 사이의 일관성과 모순 및 이러한 결과들이 어떻게 관심 있는 현상에 대한 이해를 담고 있는가에 대한 고려사항이다. 예를 들어, Spangler 등(2009)의 연구에서 양적 그리고 질적 결과는 모두 즉시성 훈련이 효과적이었다고 나타내며, 이는 즉시성 훈련의 효과에 대해 오직 양적 또는 질적 자료에 기반을 둔 우리의 지지보다 강력한 증거를 제시한다. 그러나 질적 결과와 양적 결과는 훈련의 각 구성에 대한 상관적 중요성을 위해 나뉜다. 특히 양적 결과는 훈련에서 강의가 가장 효과적인 부분이었다고 제시하는 반면, 질적 결과는 수련이 가장 도움이 되는 부분이었다고 나타낸다. 양적 결과와 질적 결과 사이의 이러한 차이는 흥미로운 질문을 제기했고, 우리는 이를 논의에서 다루었다.

4. 결 론

CQR-M은 특히 큰 표본에서 발생하는 간단한 자료를 다루기 위한 접근법으로 유용하다. 발견 지향적 연구와 탐구적인 방법들의 구성 요소를 통합하는 동안 다양한 연구자들 사이에 합의를 유지하는 형태다. 큰 표본을 사용하는 것이 가능하지 않은 전통적 CQR의 구성 요소들을 없앰으로써 CQR-M은 연구자에게 탐구하고 현상을 묘사하고 그들의 질적 연구 결과를 양적 연구 결과와 함께 삼각 측량할 수 있는 수단이 되었다. 이는 앞서 CQR-M 입문서에서 독자가 질적 자료 코딩을 위해 실제적이고 효과적인 방법을 사용하도록 흥미를 느낄 수 있게 방법을 충분히 설명하기를 바란다.

참고문헌

Denzin, N. K. (1978). *The research act: A theoretical introduction to sociological methods.* New York, NY: McGraw-Hill.

Heppner, P. P., Kivlighan, D. M., & Wampold, B. E. (1999). *Research design in counseling* (2nd ed.). Belmont, CA: Wadsworth.

Hill, C. E. (1990). A review of exploratory in-session process research. *Journal of Consulting and Clinical Psychology, 58,* 288-294. doi:10.1037/0022-006X.58.3.288

Hill, C. E., Knox, S., Thompson, B. J., Williams, E. N., Hess, S. A., & Ladany, N. (2005). Consensual qualitative research: An update. *Journal of Counseling Psychology, 52,* 196-205. doi:10.1037/0022-0167.52.2.196

Hill, C. E., Spangler, P., Sim, W., & Baumann, E. (2007). The interpersonal content of dreams: Relation to the process and outcome of single sessions using the Hill dream model. *Dreaming, 17*(1), 1-19. doi:10.1037/1053-0797.17.1.1

Hill, C. E., Thompson, B. J., & Williams, E. N. (1997). A guide to conducting consensual qualitative research. *The Counseling Psychologist, 25,* 517-572. doi:10.1177/0011000097254001

Mahrer, A. R. (1988). Discovery-oriented psychotherapy research. *American Psychologist, 43,* 694-702. doi:10.1037/0003-066X.43.9.694

Spangler, P., Hill, C. E., Dunn, M. G., Hummel, A., Liu, J., Walden, T., & Salahuddin, N. (2009). *Helping in the here-and-now: Teaching undergraduates to use immediacy.* Manuscript in preparation.

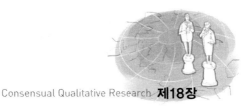

사례 연구를 위한 합의적 질적 연구의 수정
CQR-C 소개

John L. Jackson, Harold T. Chui, & Clara E. Hill

합의적 질적 연구(Consensual Qualitative Research: CQR)의 발달 이래로(Hill et al., 2005; Hill, Thompson, & Williams, 1997), CQR 연구자는 주로 자료 수집에 의존하며 참가자의 내적 경험, 태도, 믿음에 관한 깊은 이해를 얻을 수 있었다. 이러한 면담 접근 방식은 참가자의 경험, 태도 혹은 믿음에 대해 직접 물어볼 좋은 방법이지만, 종종 발생한 것(예, 회기 동안 내담자와 치료자의 관계의 진행)이 가장 잘 관찰된 현상을 분석하는 데 부족한 부분이 있다. 심리치료 연구자들은 특히 심리치료 사례의 관찰로 얻은 질적 분석 자료에 관심이 있기 때문에 Hill과 동료들은 사례 연구를 위해 CQR의 수정본을 바탕으로 연구를 진행했다. Hill은 이 수정본의 몇몇 원리를 잘 표현했고, 우리는 이 장에서 이를 더 자세히 설명할 것이다. 특히 우리는 사례 연구에서 질적 방법을 사용하는 정당성을 제시하고, 연구자가 사례 연구에 CQR을 사용할 수 있도록 단계의 윤곽을 제시할 것이다. 합의적 질적 연구-사례[CQR-C(case)]를 다른 곳에도 분명히 사용할 수 있고 장려할 수 있지만(예, 법적 사례의 연구, 친구 사이에서의 대화), 이번 장에서는 오직 심리치료에서의 CQR-C 적용에만 초점을 맞출 것이다.

1. 질적 사례 연구 접근 방식에 대한 정당화

100년 넘게 연구자들은 심리치료 효과의 본질을 조사하고 이해하기 위한 양적 · 질적 접근 방식의 폭을 발전시키고 개선시켜 나가고 있다. 사례 연구 접근법은 심리치료의 개별 사례에서 얻은 자료를 연구하기 위해 설계되었고, 지금까지 연구의 일반적인 영역으로 발전해 왔다.

우리는 심리치료 사례 연구 방법의 두 가지 경향을 확인했다. 첫 번째 방법에서 연구자들은 양적 사례 연구에서 만들어진 것의 반복 가능한 사용을 끊임없이 강조했다. 특히 심리치료 연구자들은 객관성과 내담자의 변화를 고려한 추정 자료와 심리치료 과정(Borckardt et al., 2008; kazdin, 1981)을 얻기 위한 시계열 설계를 계속 증진시켰다. 사례를 통해 반복 가능한 결과를 만들기 위한 양적 방법의 약속에도 불구하고, 그들은 종종 새로운 이야기, 심리치료에서의 복잡한 현상을 조사하기에 불충분했다. 이는 그들이 미리 정해진 기준화된 평가 방법들 또는 코딩된 계획을 사용했기 때문이다. 일부 수정된 연구 방법들은 사례들에서 얻거나 분석된 자료의 영역을 줄이는 것과 관련 있다. 양적 수단들의 영역 밖의 자료 감소는 '노이즈' 또는 에러로 처리된다. 이에 따라 양적 사례 연구 접근 방식들을 사용할 때는 종종 특이하고 흥미 있는 현상의 신기한 점을 발견하지 못하게 된다. 우리는 연구팀에서 적절한 심리 측정으로 주목받는 방법을 사용하여 내담자와 치료자 변수들과 관련이 있는 연구자 코딩을 포함하는 사례 연구(Hill, 1989; Hill, Carter, & O'Farrell, 1983; O'Farrell, Hill, & Patton, 1986)를 수행했다. 우리는 이 사례 연구에서 연구자들이 높은 신뢰도를 성취하도록 훈련받았고 시스템적으로 그리고 상당히 정확한 자료를 바탕으로 사례 연구를 수행할 수 있음을 보여 준다고 언급했다.

두 번째 연구 방법인 질적 사례 연구 접근 방식들은 심리치료 연구의 역사를 통해 영향력 있고 역동적인 존재로 남아 있다. 사례 연구 방법은 역사적으로 사례로부터 입증되지 않은 자료의 수동적인 관찰을 포함한다. 연구에서는 종종 임상 부분과 내담자에 대해 의사들이 적은 것(Hilliard, 1993)에서 주목할 만한 것을 모았다. 이렇게 더 정확한 사례 연구를 만들고 발전시키는 것은 (앞서 말한 실험적 양적 사례 연구들을 반대하는 것으로서) 몇몇 연구자들이 질적 사례 연구를 더 엄격하고 실측적인 방법을 사용하여 행하고 있다.

질적 사례 연구 방법을 사용하면 연구자가 심리치료 과정에서의 인간적 경험 및 행동과 관련이 있는 복잡하고 신기한 현상(예, 대인 관계 과정, 동맹 형성과 유지, 정서 표현)을 관찰하고 분석할 수 있다. 사례 연구를 위해 수정된(CQR-C; Hill, 2011) 합의적 질적 연구(Hill et al., 1997, 2005)는 연구자가 복잡한 사회과학 현상을 엄격하고 깊이 있게 조사하고 설명할 수 있도록 해 주는 방법 중 한 가지다. 앞서 언급한 관측된 사례 연구에 대해 CQR-C는 계산된 신뢰도 통계와 독립적인 연구자의 기존 등급제에 기대지 않고 있다. 대신 그 방법은 관심 분야에서의 높게 합의된 심사를 위한 연구팀 구성원 사이에서 깊은 논의를 이끈다. 각각의 팀 구성원들의 사례 경험은 적용되고 다양하고, 건설적인 이해와 현상을 제시하도록 만들었다.

CQR-C를 위해 우리는 사례 연구를 각각의 사례에 대한 흥미로운 현상이나 심리치료의 적은 수의 사례를 펼쳐놓는 데 집중한 연구로 정의하였다. CQR-C는 필수적으로 심리치료 과정을 통한 관심 있는 현상을 분명히 밝히는 사건에 대한 인지와 묘사가 포함된다. 만약 몇몇 사례를 조사했다면, 사건에서 자료 수집은 사례 안에서나 사례들을 통해 요약될 수 있다. 지금까지 CQR-C 선도자는 몇몇 사례 연구를 사용했다(Berman et al., 발표; Hill et al., 2008, 2011; Kasper, Hill & Kivlighan, 2008). 이 장에서는 스스로 발전해 나가고 있는 이 방법을 통해 CQR-C를 수행하는 기본 단계에 대한 최근의 논의사항을 설명하고자 한다.

2. 합의적 질적 연구-사례의 발전 과정에서 영향력 있는 원인

CQR-C의 발전 과정에서 우리는 기존 이론의 언급과 함께 각 사례에서 관찰을 통합하는 과정으로 사례 연구를 설명한(Stiles, 2003) Bill Stiles의 영향을 받고 있다. Stiles는 폭넓은 심리치료 연구의 기본적인 서술과 관련된 것을 끌어내는 많은 관측을 증명하기 위한 사례 연구의 가능성에 초점을 맞췄다. 그는 사례 연구는 기존의 이론을 확인해 주거나 확인해 주지 않을 뿐만 아니라 더 중요하고 더 확장되고 수정되거나 정교한 이론도 끌어와 준다고 주장한다. Stiles(2007)는 사례에서 관찰된 것에 의지하기 위해서는 많은 사례 기록이 필요하다고 설명한다. 그리고 그 사례 기록에는 치료 회기 기록, 회기별 양적 설문지 자료, 치료 결과에서 얻은 양적 자료, 서술된 자료와 같은 질적·양적 자료가 포함되어야 한다고 말한다. 더불어 사례에 이론을 적용하기보다는 이론에 그 사례를 적용하기 위해 사례 기록에서 자료를 이용하는 것을 강조했다. 사례에 기존 이론을 맞추는 것처럼 연구자가 무시한 자료의 중요한 세부사항, 잠재적인 이론의 정교함의 깊이와 폭에서 공간의 제약과 같은 요구다. 또한 Stiles는 비록 사례 연구 방법이 체계적이고 의도적이더라도, 필수적으로 유용한 정보를 주는 연구보다 수집한 자료에서 다양성에 제약이 있고 실험에 대한 사례 연구를 줄이는 것 같이 융통성 없는 연구 계획을 진행하는 것은 어리석다고 말한다.

CQR-C가 관찰을 기본으로 한다는 점을 고려할 때, 발견 지향적 접근 방식은 기존 이론의 확인 또는 미확인에 가장 중요한 것으로 자료의 깊이와 독특성에 주의를 기울인다. 이러한 특징은 Stiles의 사례 연구 관점에 대한 많은 연구(2003, 2007)에서 볼 수 있다. 우리는 이론 정교화와 수정 과정을 통해 자료에 이론을 맞추는 것보다 기존 이론에 자료를 맞추는 것에 더 동의한다. 이뿐만 아니라 CQR-C는 풍부한 사례 기록에 의존하고 우리는 이 방법을 통해 사례 연구를 수행할 때 질적·양적 자료를 모두 사용하는 것을 권한다. 마지막으로, CQR-C는 원고를 구성할 때 자료 수집에서 연구의 조직화 과정까지 진행하는 동안 각 부분에서 선택의 수를 연구자가 정할 수 있는 융통성 있는 접근법이다.

Elliott 등(2009)의 치료 효능의 확실성과 불확실성을 명확히 하려는 사례 연구 역시 우리에게 영향을 주었다. 단일 사례 효능 설계(HSCED)는 긍정적이고 불확실한 증거 중 특별히 내담자의 변화를 이끈 연속적인 사건과 연관이 있는 증거를 수집하는 것을 포함한다. Elliott 등은 긍정적인 팀과 의심이 많은 팀이 질적·양적 자료를 기반으로 평가한 뒤 어떤 치료가 내담자를 긍정적으로 변화시켰는지 논의하는 더 공식적인 '판결' 접근 방법의 결합에 따라 HSCED 방법을 수정했다. 우리는 Elliott의 HSCED 방법과 판결 접근 방법이 집단순응사고와 CQR-C팀에서의 구성원 간 우위가 생기지 않도록 하는 데 좋은 수단이 된다는 것을 발견했다. 비록 CQR은 공식적인 판결 접근 방법이 포함되어 있지 않을지라도, 우리는 Elliott의 업적을 바탕으로 합의적 과정을 거치는 동안 모순되는 개념들이 자유롭게 표현되고 개개인의 연구팀 구성원들이 논의를 나눌 수 있도록 노력하고 있다.

마지막 영향은 Schielke, Fishman, Osatuke와 Stiles(2009)의 Ward 방법(건축학 디자인의 팀 발전에 대한 Ward 접근 방법으로 1987년에 이름 붙여짐)으로 알려진 질적 접근 방식이다. 이 방식은 심리치료 연구자의 팀에서 '개별적이고 창의적인 일'과 '그룹 정보를 교환하는 일'에 긍정적 영향을 준다. 연구팀이 흥미로운 주제와(예, 심리치료 사례에서 즉시성의 사용) 주제에 관한 질문을(예, 즉시성이 사례에서 어떻게 사용되었는가?) 발전시키고, 그 후 각 구성원이 사례 기록을 개별적으로 평가하고 사례들이 가지고 있는 질문의 개념화를 만든다. 그리고 나서 구성원들이 팀으로 만나 각각의 개념화에 대해 논의한다. 이때 팀 구성원들은 비난보다는 정교화를 위한 질문을 하고, 다른 구성원이 말하는 개념화를 더욱 확장할 수 있도록 돕는다. 이 만남 이후 구성원들은 다른 구성원을 통해 얻은 개념들을 독립적으로 통합하며 수정한다. 이러한 반복적인 독립된 일과 팀 구성원 간의 정보 교환을 통해 그 팀은 마침내 모든 구성원의 지지를 받는 공통되는 개념화로 수렴할 수 있는 부분에 도달한다. 우리는 합의 과정을 방해하는 비난이나 팀 지배를 최소화하는 한편, 팀의 창의적이고 생산적인 상호작용을 위한 Schielke 등(2009)의 Ward 방법을 이용하여 창의적인 길을 찾게 되었다. 우리는 비슷한 반복적인 독립된 과정과 팀 구성원 간의 정보 교환을 이용해 CQR-C의 과정 중 자료 요약 부분에서 Ward 방법을 적용했다.

3. 합의적 질적 연구−사례의 초기 단계

CQR-C의 초기 단계는 CQR과 비슷하다(제3장 참조). 이에 대해 간략히 설명하고, 몇 가지 중요한 다른 점을 강조할 것이다(CQR-C 단계 순서도 참조).

1) 주제의 선택

CQR에서 다양하고 의미 있는 결과를 얻는 데 주제 분야를 선택하는 것이 중요한 것처럼 이는 CQR-C에서도 매우 중요하다. 그 주제는 알맞은 사례의 선택과 사례 속에서 관심 있는 사건을 발견하기 위한 선택을 말한다. 주제 분야가 선택되면 연구자들은 연구의 방향을 위한 몇 가지 연구 문제를 발전시킨다(이러한 질문은 연구자 스스로 이 사례에 몰두하거나 더 관심 있는 것을 발견한다면 바뀔 수도 있다).

2) 팀의 연구자 선택

CQR-C를 사용한 심리치료의 연구에서 최상의 연구팀은 심리치료에서 훈련이든 전문적인 일이든 적어도 몇 차례 경험이 있는 사람들로 구성된다. 기본 이론적 방향(예, 심리 역동, 인지행동)과 심리치료 과정의 측면(예, 치료적 관계, 전이, 치료자 개입 유형)은 사례들에 대해 논의할 때, 구성원의 의미 있는 관점에 도움을 줄 것이다. 하나 또는 그 이상의 개념들이 전형적으로 심리치료 연구의 관심 있는 현상과 연관이 있기 때문이다. 초보 구성원은 가끔 새로운 관점을 제시하고 경험 있는 구성원은 그들의 경험에서 얻은 지혜를 제공할 수 있다는 점을 고려할 때, 전문 지식의 수준이 다른 구성원이 함께하는 것 역시 권장한다.

우리는 규모가 큰 팀(예, 4명에서 6명의 구성원)이 CQR보다 CQR-C를 더 사용하는 것을 제안한다. 복잡한 자료를 연구할 때는 때로 더 많은 관점이 매우 유익하고, 자문을 잘 활용하지 않기 때문이다. 팀이 정해질 때 연구자들은 주제와 관련된 그들의 편향과 기대에 대해 이야기를 나눈다(제5장 참조).

3) 사례 획득

연구자에게는 사례를 얻는 데 주요 선택권이 두 가지 있다. 하나는 연구 목표를 위한 치료 과정을 완벽하게 할 수 있는 내담자와 치료자를 구하는 것이다 (예, 치료자 즉시성에 관한 연구에서, Kasper et al., 2008, 채용 면담에서 즉시성에 관해 조사하는 것에 대해 긍정적으로 답변한 심리치료자와 내담자 구하기). 다른 하나는 이미 끝난 사례에서 사례 자료를 얻는 것이다(예, Berman et al., 발표 중, 기존에 거식증을 겪은 내담자와 자연스럽게 관계 작업에서 어떻게 회복하는지에 대한 3개의 개인 사례). 한 가지 중요한 사항은 심리치료 회기의 오디오 자료보다는 비디오 자료가 더 유용하다는 것이다. 비디오는 관심 있는 부분에 대한 치료자와 내담자의 언어적 · 비언어적인 행동도 함께 고려할 수 있기 때문이다.

시 작

1. 주제를 선택하고 문헌을 살펴본다.
2. 팀의 연구자들을 선택한다. 이때 CQR-C에서는 규모가 큰 팀(예, 4명에서 6명)을 추천한다는 것을 명심하여 선택한다.
3. 사례를 획득하고 사례에 익숙함을 얻는다.
4. 관심 있는 사건(들)을 규정한다.
5. 영역을 도출시킨다.

자료 분석

1. 사례 자료를 살펴본다(예, 심리치료 회기들).
2. 사건들을 확인한다. 녹음하는 것과 다시 돌려 보는 것을 멈춘다.
3. 사건에 대한 이야기 묘사를 준비한다.
4. 이미 만들어진 영역에 맞추어 사건을 코딩한다.
5. 모든 사건이 확인되고 녹음되고 코드화될 때까지 1단계에서 4단계를 반복한다.

교차 분석

1. 요약 표를 만든다.
2. 영역 안에서의 범주들을 발전시킨다.
3. 다른 사례와 함께 삼각 측량을 한다.
4. 연구 문제들에 대한 대답인 서술 문서를 발전시키고 자료의 시놉시스를 제공한다.
   1) 각 구성원이 초기의 개념화를 따로 발전시킨다.
   2) 연구팀이 마지막 개념화를 함께 발전시킨다.

원고 작성

1. 사례와 함께 독자가 적당히 친근해하는 것을 확인하고 작성한다.
2. 수정하고, 다시 수정하고, 또 수정한다.

[그림 18-1] 합의적 질적 연구 – 사례를 위한 수행 단계

4. 자료 수집을 위한 준비

먼저 연구자는 반드시 사례에 친숙해져야 한다. 연구자는 사례 심사를 하기 위해 맥락을 이해하는 것이 필요하기 때문이다. 사례에 친숙해지기 위해서는 전체 사례 비디오를 시청하는 것도 도움이 될 것이다. 그들이 상담 이후 사건과 사례의 결과를 알고 있다는 점을 고려할 때, 만약 팀 구성원들이 관심 있는 현상에 대해 인지하고 있는지에 관한 편향을 가지고 있다면, 사례에 대한 모든 지식은 문제가 될 것이다. 그러한 경우에는 면접 상담 자료를 읽고 몇 가지 앞 회기를 보는 것을 통해 사례와 익숙해지는 것이 팀 구성원들에게 더 좋을 것이다.

1) 사건의 규정

관심이 생기는 현상이 일어나는 동안 사건은 치료의 회기 중 일부분이다. 사건은 그것의 시작과(예, 그 현상이 처음 나타났을 때) 끝(예, 치료자와 내담자가 무언가에 대해 이야기를 시작할 때, 또는 그 현상이 사라질 때)에 의해 정의될 수 있다. 예를 들어, Hill 등(2008)의 심리치료에서의 즉시성에 관한 연구에서 저자는 즉시성이 일어난 사건(그 사건은 논의가 다른 주제로 넘어갔을 때 끝이 났다)을 '치료자 또는 내담자가 치료적 관계에 대한 이야기를 시작하거나 다른 사람이 이 논의를 해 나가도록 하는 것을 시작하는 것'으로 정의했다. 만약 그 회기나 그다음 회기에서 논의가 다시 시작되었다면, 이는 맥락의 유사성에 따라서 같은 사건이나 분리된 사건으로 코드화된다(즉, 때때로 참가자가 막간 이후 다시 주제로 돌아온다. 예, "…… 아까 내가 말했듯이 ……"). 사건은 몇 초에서부터 전체 회기로 범위를 정할 수 있으나, 처음과 끝 두 상황의 참가자들이 모두 사건으로 고려되기 위한 주제에 관련되어야 한다(예, 만약 치료자들이 주제를 이끌었으나 내담자가 치료자를 무시한다면, 우리는 사건이 일어났다고 보지 않고, 오히려 사건이 성과를 맺지 못했다고 말한다).

2) 영역의 발전

사건이 규정되고 치료에서 자료를 얻었을 때, 팀은 다른 크기의 사건을 이끌어 내기 위한 영역 목록을 발전시킨다(제8장 참조). 영역은 처음에 흥미로운 현상과 관련이 있는 정보를 분류하며 발전시켜 나간다. 예를 들어, 각 사건의 관계(내담자가 치료자와의 관계에 대한 이야기를 할 때 또는 치료 밖의 사람과의 관계에 대한 이야기를 할 때)에 대한 Hill 등(2011)의 연구에서 저자들은 합의적으로 소망, 자신의 반응, 다른 사람의 반응, 활동적 정서, 억제적 정서라는 범위에서의 행동을 묘사했다. 이러한 영역들은 이 연구의 흥미로운 주제의 편향을 바탕으로 발전되고(상관적인 주제들과 치료 과정을 통한 그들의 변화), 상관적인 주제를 평가하기 위한 문헌 검토를 통해서도 발전되었다. 팀이 사례에 익숙해짐에 따라 새로운 연구 문제가 나올 것이기 때문에(예, 예상치 못한 질문이 자료와 함께하는 팀을 통해 나올 수 있다) 분야의 발생은 융통성 있는 과정이고, 새롭고 더 나은 분야가 추가되고 효과 없는 분야가 삭제되는 것은 자료를 더 잘 이해하기 위한 것이다.

5. 자료 수집

연구자는 사례의 회기들을 연속적으로(그래서 맥락을 짚을 수 있도록) 보고 기정화된 사건의 발생을 팀원들이 구분할 때 녹화하는 것을 멈춘다. 사건을 구분하고 사건의 시작부터 끝까지 녹화한 뒤, 팀은 그것을 다시 시청하고 사건에 대한 서술적 묘사를 준비한다. 예를 들면 다음과 같다.

내담자에게 치료자가 회기에 늦은 것에 대해 어떻게 느끼는지 물어보았다. 내담자는 치료자가 자신을 존중하지 않거나 자신에 대해 신경 쓰지 않는다고 생각되어 화가 났다고 표현했다. 그는 치료자가 다른 때 2번 늦었다고 했다. 치료자는 늦은 것에 대해 사과하고, 내담자를 존중하고 그들의 일을 신경 쓰고 있다고 이야기했다.

합의는 모든 구성원의 관점이 반영되었다는 것을 의미하기 때문에 서술적 묘사를 발전시키는 데 매우 중요하다. 각 팀 구성원이 공유하고 최상의 공동 작업을 성취하기 위해서 우리는 팀 구성원들이 돌아가면서 사건 초기 묘사를 하고 나머지 팀원들이 그 묘사를 합의적으로 수정하는 것을 추천한다.

사건을 묘사한 후, 팀 구성원들은 예정된 각 분야에 따라 사건을 코딩한다. 여기서 합의적 논의로 넘어가기 전에 각 팀 구성원이 생각을 공유하는 것이 중요하다. 합의는 사건을 연구하고 코딩하는 동안 예정된 신뢰성을 얻게 된다. 예를 들어, Hill 등(2011)의 심리치료와 관련된 사건에 대한 논문에서 내담자가 걱정이나 불안을 표현하는 상관적인 상황은 '불안'으로 억제된 감정의 영역으로 코드화한다. 사건을 위한 각 영역의 코드 또는 관용구는 사건의 서술적 묘사를 통해 녹화하였다. 팀은 반복해서 만나며 이 과정을 지속하고, 그렇게 함으로써 사건의 서술적 표현을 발전시키고 영역을 바탕으로 한 코딩을 마무리한다. 〈표 18-1〉은 관련된 사건의 연구에 대한 자료 수집 단계 동안의 서술적 사건 요약을 구성한 예를 제공한다. 연구자들은 때때로 명목상의 범주를 사용하고(예, 정서-초점화, 인지-초점화), 때때로 다양한 강점을 반영하는 것에 기능을 부여한다(예, 활동적 정서의 크기). 코딩 과정을 통해 연구팀들은 새롭게 나타난 사례들에 맞고 그들이 재규정하기 위해 필요한 영역을 찾았을 것이다. 영역이 바뀐다면, 팀은 일관된 프로젝트를 만들어 가기 위해 앞서 코드화한 회기를 다시 검토해야 한다. 팀 미팅에서 필기하는 일을 맡은 구성원(다시 말하지만 우리는 이 일을 돌아가면서 할 것을 권한다)은 그 사건에 대한 모든 정보를 녹화할

〈표 18-1〉 합의적 질적 연구-사례 사건에 대한 서술적 요약과 분야 정보의 예

RE2(8:45): 내담자는 그 집을 떠나기 위해 서둘렀고, 동거인 R이 그녀의 이름을 불렀다. 내담자는 그에게 지금 바쁘다고 퉁명스럽게 이야기했다. 그러자 동거인 R은 내담자에게 그저 모닝 커피가 준비되었다는 것을 알려 주려 했다고 말했다. 내담자는 동거인 R이 언제나 그랬듯이 그에 대한 관심을 일으키기 위해 그녀를 불러 앉혀 이야기를 나누고자 한다고 생각했다.

Wish: 한 단계, 내담자는 동거인 R이 그녀를 떠나서 이 집에서 사는 데 걸림돌이 되지 않기를 바랐다. 다른 수준으로 내담자는 소용이 있었으면 바랐다.

RO: R은 왜 그가 내담자에게 다가갔는지 다시 이야기하고 다시 설명하였다.

RS: 내담자는 동거인 R이 쉽게 만족하지 않고, 자기중심적이며, 그녀를 항상 필요로 하는 것에 짜증이 났다.

Action: 내담자는 동거인 R과 커피를 마시기 위해 앉았고, 제시간에 집을 떠나고 싶은 마음을 그냥 내버려 두었다.

AA: 자기 주장(그녀가 지금 나가야 한다고 정중하게 이야기할 필요)

평가: 24

IA: 안타까움(만약 다른 사람들이 그녀를 원하지 않았다면 사랑스럽지 않다)

평가: 56

참조: 조사된 치료 회기에서 회기의 8분 45초에 두 번째 관련된 사건(RE2)이 시작되었다. 다음의 간략한 사건 요약은 관심 있는 영역이다. AA와 IA 아래의 숫자와 관련된 평가는 내담자가 AA와 IA를 0부터 100까지 표현한 크기를 나타내는 것으로, 팀에서 합의를 통해 정해졌다. CQR-C=CQR-사례 연구; CI=내담자; RO=다른 사람의 반응(즉, 사건 속에서 그의 개입 반응에 대한 내담자의 인식); RS=자신의 반응, RO에 대한 내담자 반응; AA=사건에서의 내담자의 활동적 정서(즉, 팀이 생각하기에 사건의 주어진 상황에 그 영향이 적용되었다고 보는 것); IA=내담자의 억제적 감정(즉, AA를 더 표현하는 것으로부터의 내담자에 제한적인 부적응 정서)

책임이 있다(예, 회기의 횟수, 사건의 시작과 끝의 시간을 정하는 것, 서술적 묘사, 모든 코딩).

6. 자료 요약(교차 분석)

1) 요약 표 만들기

자료가 수집되고 난 후, 연구자는 표 안에 모든 사건을 포함시킬 수 있다[Hill 등(2011)의 〈표 18-2〉 참조]. 이는 팀이 찾아볼 수 있고 사건들을 통한 자료에서 패턴을 논의할 수 있게 간결하고 조직화된 문서를 만들기 위한 것이다. Hill 등 (2011)은 치료 과정에서 내담자가 그녀와 치료자의 관계 또는 치료 밖에서의 다른 사람과의 사이에서 그녀의 개입에 대해 이야기한 부분을 코딩했다. 연구 자들은 개입에서 내담자의 태도와 반응을 잡아내기 위한 틀로 Luborsky와 Crits-Christoph(1990)의 핵심 대립적 관계 테마를 사용했고 상호작용과 0부터 100까지의 범위를 사용한 합의적 감정 순위를 위해 내담자의 활동적 그리고 제한적 감정을 잡아내기 위해서 McCullough 등(2003)의 정서 표현 틀을 사용 했다. 〈표 18-2〉는 처음에 이러한 정보가 어떻게 표로 정리된 형태로 조직화 되는지 설명하고, 어떻게 사건 번호들과 '타깃'(즉, 내담자들이 대화한 각 개인의 이니셜)이 대표하는지를 보여 준다. 지면을 줄이기 위해서 이 특정 표는 각 사건의 서술적 묘사는 포함하지 않는다. 그러나 연구자는 이 칼럼에 단축된 서술적 묘사를 포함시키길 원할 것이다. 〈표 18-2〉에서 보이듯이 각 영역을 칼럼에서 보여 준다.

〈표 18-2〉 Hill 등(2011)의 상관적 심리치료 연구 회기 1

사건	타깃	Wish	RO	RS	AA	IA
1-1	R	친밀감	논쟁 없이 협조적으로 그의 관점에 대해 논의함	안도-예상보다 쉬웠음	친밀감 (35)	두려움·불안 (40)
1-2	R	다른 것들을 조절하는 것	그는 그녀에게 동의하지 않았고 그녀에게 정직함이 중요하다고 이야기함	못 믿겠다는 느낌과 분노	고통 (20)	분노 (50)
1-3	R	친밀감	그녀를 거부, 그녀는 너무 나이가 많고 그는 가족을 원한다고 이야기함	상처 그리고 충격. 대화는 끝났다고 말하고 방을 떠남	아픔 (35)	수치심 (40)
1-4	R	존중받는 것	그는 내담자의 나이와 관련하여 세심함을 보임	그녀는 존중받는다는 것을 느낌	자기존중 (41)	수치심 (25)
1-5	A	조절하는 것	룸메이트는 조절을 반대함	내담자는 격노하고, 소름이 끼치는 것을 느끼고, 절망하고, 분노함	아픔 (31)	분노 (91)
1-6	A	타당한 의견을 가지고 있다는 것을 깨닫는 것	룸메이트는 그녀의 의견을 입증함	결백함을 느낌	자기존중 (41)	죄책감 (36)
1-7	T	안심시키고, 치료자를 불쾌하게 하지 않는 것	치료자가 내담자를 안심시킴	희망적이지만 여전히 의심스러움	고통 (25)	거절에 대한 두려움 (55)

참조: 이 사건의 중심은 회기를 포함한 사건의 횟수에 의해 숫자가 매겨진다. 타깃 부분은 회기에서 내담자와 함께 의사소통한 사람을 뜻한다(R=룸메이트 R, A=룸메이트 A, T=치료자). RO 부분은 다른 영역의 반응에 대한 정보를 포함한다. RS 부분은 스스로의 반응 영역에 대한 정보를 포함한다. AA 부분은 사건이 일어나는 동안 내담자의 활동적 정서에 대한 정보와 점수가 포함된다. IA 부분은 사건이 일어나는 동안 내담자의 제한적 정서에 대한 정보와 점수를 포함한다.

2) 영역 안에서 범주 발전

범주 발전 단계에서 팀 구성원들은 영역 안에서 합의적으로 주제나 패턴을 발견한다. 이 일을 완수하기 위해 각 구성원이 각각의 영역 안에서 사건들을 바탕으로 발견한 패턴에 대한 아이디어를 공유하는 팀 미팅을 초기에 할 것을 제안한다. 이 논의에 따라 개인적으로 발달시킨 범주에 대해 다시 논의하기 전에 팀 구성원들은 독립적으로 각자 자료와 범주를 만든다. 다음 회의나 필요하다면 연속적인 회의를 통해 팀은 각 구성원이 만들어 낸 범주들을 합의적으로 통합시켜 각 부분에 가장 잘 들어맞는 범주를 정한다. 가끔 나타나는 자료나 범주에 깔끔하게 포함되지 않는 자료가 있으면 반드시 새로운 범주를 다시 만들어야 하는지 아니면 기존의 다른 범주에 포함시켜야 하는지를 재조사하게 될 수 있다. 〈표 18-3〉은 앞에서 언급된 Hill 등(2011)의 연구에서 승인을 받아 다시 만들어진 요약 표다. 이 표는 코드화된 사건을 '대상'에 따라 치료의 처음과 마지막 세 회기에서 각각 정리했고, 각각의 흥미로운 5개 영역 안에서 표준화된 범주들을 포함한다. 더불어 범주들은 모든 회기에 걸쳐 얼마나 자주 일어나는지 의미하도록 하기 위해 일반적, 전형적 또는 드문으로 명명되었다.

3) 삼각 측량

이전에 나타냈듯이 CQR-C가 관찰 자료로 수행되었을 때 우리는 교차 분석으로 알아낸 주제들을 다른 질적 자료(예, 치료자와 내담자의 면담)와 함께 삼각 측량하는 것을 추천했다. 그러한 자료는 팀의 주제들을 확인하거나 확인하지 않을 수 있다. 예를 들어, Kasper 등(2008)의 즉시성에 대한 사례 연구에서 범주들은 내담자들이 심리치료 전 면담에서 표현했던 즉시성에 대한 부정적인 반응을 잡아내지 않았다. 따라서 그 면담 자료는 치료 회기들을 코딩할 때 팀 구성원들이 무엇을 관찰했는지, 그리고 Kasper 등의 연구에 무엇이 포함되었는지에 대한 중요한 관점이 더해졌다.

관찰과 면담을 기본으로 한 질적 자료는 사례에 대한 연구자의 이해를 높이기 위해 양적 자료와 삼각 측량을 할 수 있다. 예를 들어, Hill 등(2011)의 상관적 사건들에 관한 연구에서 치료 후 변화에 대한 사전 분석에서는 내담자가 전반적으로 대인 관계에서 겪는 힘든 점의 중요한 개선을 보여 주었다. 그러나 질적 자료 분석에서 비록 내담자의 다른 중요한 점과 더불어 상호작용이 개선되었다 할지라도, 욕구와 행동은 다른 관계의 문제점으로 남아 있다는 것을 보여 주었다. 따라서 원고에서 제시되고 논의된 자료의 이러한 미묘한 차이는 복잡한 대인 관계적 변화 과정에서 발생하는 다른 관점과 통찰을 제시했다.

4) 연구 문제에 답하기

다른 자료를 바탕으로 한 자료 삼각 측량 이후, 주요 팀은 지금 연구 문제에 대답하고 자료에서 찾은 주제들과 미묘한 차이의 주요 개요를 내주는 서술 문서(여기서는 사례 개념화로 언급된다)로 발전한다. 개념화 과정을 살펴보면 다음과 같다. 첫째, 팀 구성원들이 개별적으로 초기 개념화를 발달시켜 나간다. 둘째, 이 개념화가 연구되고 강화되는 동안 여러 번의 팀 미팅이 이루어진다. 셋째, 팀 공동의 최종 개념화를 수반한다. 우리는 이 단계에 대해 다음에서 더 자세히 설명하고자 한다.

개념화는 팀 구성원들이 어떤 개념화를 원하는지 명확히 하기 위한 미팅에서 시작된다. 개념화 단계에서 관심 있는 영역의 중요한 부분에서 개념을 명확히 하는 것을 발전시킨 후, 팀 구성원들은 그들 각각의 나눠진 길로 가서 다루어지지 않은 자료와 코딩을 상의하고 각자 초기 개념화를 진행한다.

다음 미팅에서 구성원들은 돌아가면서 각자 개념화한 것들을 제시하고, 연구를 위해 다른 구성원들이 제기하는 의문에 답변을 제시한다. 이로써 각 구성원이 개념을 제시할 기회를 제공하고 다른 구성원들의 아이디어를 빠짐없이 들을 기회를 갖게 한다[이 과정은 Schielke 등(2009)이 사용한 방법과 유사하다]. 이 장기적인 논의를 통해 합의가 도출되는 것으로 보인다면, 팀은 최종 개념화를 이끌어 내기 위해 뭉치는 단계로 넘어간다. 만약 아무런 합의도 이끌어 내지 못하는 것으로 보인다면, 팀 구성원들은 다시 나뉘어 개인적으로 일을 계속 진행한다. 구성원들은 앞 미팅을 하는 동안 다른 사람들에 의해 공유하게 된 의미있는 생각을 반영하여 기존의 개념화를 통합하고 수정한다. 그리고 구성원들은 다음 미팅에서 다시 같은 과정을 거친다. 생각을 설명하고, 논의하고, 다시 쓰는 과정을 구성원 간에 생각이 통합될 때까지 이어간다. 통합은 각 개인의 개념화에서 가장 적절한 부분에 대한 팀 구성원들의 합의적 발견으로 이루어진다. 통합된 이 적절한 자료는 최종 합의적 사례 개념화를 위한 틀을 제공하기 위한 미팅에서 논의되고 기록된다. 더불어 팀 구성원들은 계속 다뤄지지 않은 자료에 주의를 기울이며 새로 나타난 개념화를 신뢰성 있는 사례 자료에 남겨 둔다. 최종 개념화를 위해서 각 팀 구성원은 수집된 모든 중요한 아이디어를 바탕으로 문서의 각 부분을 작성하는 책임을 진다.

Berman 등이 발표한 심리치료에서 상관적인 일에 대한 연구는 개념화 과정의 설명을 제공한다. 3개의 심리치료 사례 자료를 질적으로 코딩한 후, 연구팀의 구성원들은 만나서 그들의 개념화에 대한 세 가지 질문에 답하는 데 동의해야 한다. 그 질문은 다음과 같다. 첫째, 상관적 사건들이 일어난 것이 어떤 맥락에서였는가? 둘째, 상관적 사건들은 어떤 영향을 미쳤는가? 셋째, 어떤 내담자, 치료자, 관계적 요소들이 그 영향의 원인이 되는가? 각 구성원은 이 질문에 대답한 3명의 내담자 각각에 대한 개념화를 개별적으로 진행한다. 그런 다음에 팀 미팅에서 그들의 개념화에 대해 설명하고 다른 구성원들로부터 질문을 받으며, 이 과정을 통해 그들의 의견이 최대한 표현되고 이해될 수 있다. 팀 구성원들은 그들의 작업을 이어가고 또한 팀의 합의를 이끌어 낼 때까지 팀 구성원들과 미팅을 한다. 그들은 사례의 합의적 개념화에 대해 논의하고 최종 개념화를 작성하기 위한 책임을 배분한다.

〈표 18-3〉 Hill 등(2011)의 처음 그리고 마지막 3회기 동안의 내담자의 소망(W), 다른 사람의 반응(RO), 스스로의 반응(RS), 활동적 정서(AA) 그리고 억제적 정서(IA) 연구의 요약에서 발췌

상호작용 대상	번호	W	RO	RS	AA	IA
				처음 세 번의 회기		
전 상사 C	4	폐쇄/필요(T), 존중(V)	그녀를 반대/거부(V), 그녀를 입증(V)	실망/상처(V)	분노/자기 주장(T), 아픔/상처(V) 전반적 강도(중앙값=322.00, 표준편차=6.68)	수치심/죄책감(T) 전반적 강도(중앙값=47.00, 표준편차=7.26)
동거인 D	7	조절(T), 존중(V), 폐쇄(V)	그녀를 반대/거부(T), 그녀를 입증(V), 그녀와 함께 편집(V)	좌절/분노(T), 긍정적/연결됨/마음을 터놓는(V), 실망/상처(V)	아픔/상처(T), 분노/자기 주장(V) 전반적 강도(중앙값=29.29, 표준편차=7.93)	수치심/죄책감(T) 전반적 강도(중앙값=39.12, 표준편차=23.15)
동거인 E	8	폐쇄/필요(V), 조절(V), 존중(V)	그녀를 반대/거부(V), 그녀와 함께 편집(V)	실망/상처(V), 긍정적/연결됨/마음을 터놓는(V)	아픔/상처(V) 전반적 강도(중앙값=29.62, 준편차=9.81)	수치심/죄책감(T) 전반적 강도(중앙값=39.12, 표준편차=8.22)
모든 상호작용	30	폐쇄/필요(T), 조절(V), 존중(V), 갈등 회피(V)	그녀를 반대/거부(V), 그녀를 입증(V), 그녀와 함께 편집(V)	좌절/분노(V), 실망/상처(V), 정서/연결됨/마음을 터놓는(V)	아픔/상처(T), 분노/자기 주장(V), 자기 존중/자긍심(V), 친밀감/유연함(V) 전반적 강도(중앙값=30.27, 준편차=7.40)	수치심/죄책감(T), 공포/불안(V), 분노/경멸/불신(V), 혼란/갈등 적/군경에 빠진(V) 전반적 강도(중앙값=47.67, 준편차=17.44)

(계속)

		마지막 세 번의 회기			
전 상사 C	9	폐쇄/필요(T), 존중(T)	그녀를 반대/거부(T), 그녀를 임증(V)	실망/상처(T), 자기 존중/자긍심(V), 아픔/상처(V), 분노/자기 주장(V)	아픔/상처(T), 진밀감/유연함(V), 전반적 강도(중앙값=29.22, 표준편차=13.65)	혼란/갈등등적(V), 아픔/슬픔(V), 수치심/죄책감(V), 전반적 강도(중앙값=32.44, 표준편차=10.74)
동거인 D	2	조절(G)	그녀를 반대/거부(G)	좌절/분노(G)	아픔/상처(G), 전반적 강도(중앙값=10.50, 표준편차=7,1)	공포/불안(G), 전반적 강도(중앙값=20.00, 표준편차=0)
동거인 E	1	존중	그녀를 받아들임	긍정적/연결됨/마음을 터놓는	긍정적 자기 감정, 강도=58	슬픔/아픔, 강도=18
모든 상호작용	19	폐쇄/필요(T), 조절(V), 존중(V), 감등 회피(V)	그녀를 반대/거부(T), 그녀를 임증(V)	긍정적/연결됨/마음을 터놓는(T), 분노/자기주장(V), 좌절/분노(V), 실망/상처(V), 혼란(V), 갈등(V)	아픔/상처/슬픔(T), 분노/자기주장(V), 자기 존중/자긍심(V), 진밀감/유연함(V), 전반적 강도(중앙값=30.63, 표준편차=13.95)	아픔/슬픔(V), 공포/불안(V), 혼란/갈등등적(V), 수치심/죄책감(V), 전반적 강도(중앙값=25.79, 표준편차=13.38)

참조: 자료를 각 영역별로 범주화했고 연구에서 나온 범주이므로 대표성이 있다. G=일반적(모든 경우에 발생), T=전형적(사건의 반 이상에서 발생), V=드문(2개 사건에서 발생). Hill, Chui, Huang, Jackson, Lin, Spangler, 2011, 상담과 심리치료 연구, 11, p. 38. '심리치료에서 대인 관계 변화의 사례 연구' 에서 발췌.

7. 합의적 질적 연구-사례의 결과 작성

CQR-C의 결과를 작성하는 것은 전통적인 CQR 자료 작성 과정과 유사하다(제11장 참조). 그러나 적절히 독자가 사례에 익숙하게 하는 것이 중요하다(물론 참가자의 신분을 숨기는 데도 신경을 쓴다, 제15장 참조). 관련된 치료자와 내담자의 인구통계학적 정보는 반드시 포함해야 한다. 치료자에 대한 부가 정보는 치료 제공 경험 연차/경력, 이론적 성향, 사례를 통한 치료자의 태도와 개입 방식 등을 포함한다. 내담자에 대한 부가 정보는 사례를 통한 혼인 여부, 성적 취향, 치료를 받으러 온 이유, 진단, 겉모습, 전반적인 태도 등을 포함한다. 치료 과정과 관계에 대한 간략한 설명은 치료자와 내담자가 함께 해결해 나가면서 어떤 일이 일어났는지에 몰두할 수 있도록 해 준다. 이와 같은 정보는 아마도 치료 과정에서 발생한 어떤 불화나 교정 순간뿐만 아니라 회기들을 통해 논의된 두드러지는 주제를 포함할 것이다. 이 정보 조각의 설명을 따라 제시된 자료와 개념화는 각 연구 문제에 대한 상세한 답변을 제공하고(합의된 사건과 함께), 향후의 연습과 연구를 위한 연구 결과의 영향에 대해 연구한다.

8. 주요 고려사항

1) 합 의

합의는 사례의 충분하고 임상적으로 관련 있는 개념화를 이루기 위해 중요하다(제1장 참조). 그래서 연구자들은 모든 구성원이 자료 분석을 통해 그들의 생각을 공유한다는 점을 확실히 하기 위해 연구팀의 집단 역동에 주의를 기울일 필요가 있다(제6장 참조). 각 구성원이 번갈아가면서 차례대로 논의를 시작하는 것은 모든 사람이 말할 수 있도록 분명히 하는 구조를 제공할 수 있다. 만약 불균형적인 힘의 역동성이 팽배하고 몇몇 구성원이 과소평가된다고 느끼거나 미팅 동안 그들의 의견을 공개적으로 공유하기에 무능하다고 느낀다면, 집단적 사고가 발생할 수 있고 연구 결과가 편향적일 수 있다.

2) 자 문

지금까지 우리는 CQR-C에서 자문을 사용하지 않았다. CQR 연구에서 자문을 활용한 것은 주요 팀으로 직접적으로 필요했기 때문이다. 효과를 높이기 위해 자문은 주요 팀으로서 사례에 대한 최대한의 정보가 필요했고, 그만큼의 정보를 얻으려면 전체 사례의 관찰과 대규모 회의가 필요했다. 사례에 대해 논의를 한 팀을 가지고 있지 않고, 자문은 자료를 비교할 만한 방법을 이끌어 내기에는 어려운 시간일 것이다.

자문이 없는 것을 대신하기 위해 우리는 연구자 2~3명으로 구성하던 전통적인 CQR의 연구 방식 대신 4~6명의 대규모 팀을 활용했다. 대규모 팀은 팀 구성원의 관점을 통해 더 많은 변화를 제공한다. 두 번째 강점은 자료가 지속적으로 코드화되고 있는지 확인하기 위해 회기를 보는 여러 번의 시간이다. 세 번째로, 규모가 큰 팀은 치료자가 질문하는 데 그리고 내담자가 사례에 대한 그들의 관점을 제공하는 데 도움이 되는 것을 증명해 준다. 예를 들어, Hill 등(2011)의 연구에서 치료자(물론 저자)는 연구팀과 함께 초기 몇 회의 심리치료 회기를 지켜보고 논의했으며, 치료의 일반적 맥락에서 그녀의 느낌에 대해 제공했다. 그 연구팀은 치료자를 제외하고 회기의 나머지를 보고 논의했고, 그들은 치료에 대한 느낌에 더 편안하고 개방적일 수 있었다. Kasper 등(2008)의 연구에서 치료자는 연구에서 그의 반응에 대한 논의를 하기 위해 치료 후 면담에 참여했다. 그는 원고의 계획안을 읽고 사례와 치료 과정을 통한 즉시성의 사용과 관련한 연구 문제에 대해 나중에 생각한 것을 적었다. 비록 자료 분석에서 치료자와 내담자의 관점을 통합하는 것이 저자들에 대해 대리적이지 않을지라도, 자료에 대한 가치 있는 외부의(아마 내부라고 불리는 것이 나을 듯) 관점을 제공하고 연구자가 그들의 질문에 대한 결론과 자료로 돌아가고 작업을 수정하는 데 도움을 주었을 것이다.

9. 결론

비록 CQR-C 접근 방식이 새로운 방식이고 여전히 발전하고 있을지라도, 이 장에서 제공한 단계에 대한 설명이 충분한 정보를 제공하여 연구자들이 이를 사용하기 시작할 수 있기를 바란다. 어느 정도 표준화되어 있긴 하지만, 이 장에서 윤곽을 나타낸 과정은 사례 연구의 연구자에게 자연의 현상과 연구될 수 있는 치료 유형(예, 개인 치료, 직업 상담, 커플 상담, 집단 심리치료), 흥미로운 현상의 연구를 통합할 수 있는 자료의 종류(예, 녹화된 심리치료 회기, 치료자와 내담자가 함께하는 치료 후 면담, 양적 과정, 결과치)와 관련하여 상당한 유연성을 제공한다. 우리는 새롭게 등장한 이 방법을 더욱 혁신적으로 개선하고 발전시켜 나갈 것이다.

참고문헌

Berman, M., Hill, C. E., Liu, J., Jackson, J., Sim, W., & Spangler, P. (in press). Corrective relational events in the treatment of three cases of anorexia nervosa. In L. G. Castonguay & C. E. Hill (Eds.), *Transformation in psychotherapy: Corrective experiences across cognitive behavioral, humanistic, and psychodynamic approaches*. Washington, DC: American Psychological Association.

Borckardt, J. J., Nash, M. R., Murphy, M. D., Moore, M., Shaw, D., & O'Neil, P. (2008). Clinical practice as natural laboratory for psychotherapy research: A guide to case-based time-series analysis. *American Psychologist, 63*(2), 77-95. doi:10.1037/0003-066X.63.2.77

Elliott, R., Partyka, R., Alperin, R., Dobrenski, R., Wagner, J., Messer, S. B., & Castonguay, L. G. (2009). An adjudicated hermeneutic single-case efficacy design study of experiential therapy for panic/phobia. *Psychotherapy Research, 19*(4-5), 543-557. doi:10.1080/10503300902905947

Hill, C. E. (1989). *Therapist techniques and client outcomes: Eight cases of brief psychotherapy.* Newbury Park, CA: Sage.

Hill, C. E. (in press). Consensual qualitative research (CQR) methods for conducting psychotherapy process research. In O. Gelo (Ed.), *Psychotherapy research: General issues, outcome and process.* Vienna, Austria: Springer.

Hill, C. E., Carter, J. A., & O'Farrell, M. K. (1983). A case study of the process and outcome of time-limited counseling. *Journal of Counseling Psychology, 30,* 3-18. doi:10.1037/0022-0167.30.1.3

Hill, C. E., Chui, H., Huang, T., Jackson, J., Liu, J., & Spangler, P. (2011). Hitting the wall: A case study of interpersonal changes in psychotherapy. *Counselling and Psychotherapy Research, 11,* 34-42.

Hill, C. E., Knox, S., Thompson, B. J., Williams, E. N., Hess, S. A., & Ladany, N. (2005). Consensual qualitative research: An update. *Journal of Counseling Psychology, 52,* 196-205. doi:10.1037/0022-0167.52.2.196

Hill, C. E., Sim, W., Spangler, P., Stahl, J., Sullivan, C., & Teyber, E. (2008). Therapist immediacy in brief psychotherapy: Case study II. *Psychotherapy: Theory, Research, Practice, Training, 45,* 298-315. doi:10.1037/a0013306

Hill, C. E., Thompson, B. J., & Williams, E. N. (1997). A guide to conducting consensual qualitative research. *The Counseling Psychology, 25,* 517-572. doi:10.1177/0011000097254001

Hilliard, R. B. (1993). Single-case methodology in psychotherapy process and outcome research. *Journal of Consulting and Clinical Psychology, 61*(3), 373-380. doi:10.1037/0022-006X.61.3.373

Kasper, L., Hill, C. E., & Kivlighan, D. (2008). Therapist immediacy in brief psychotherapy: Case study I. *Psychotherapy: Theory, Research, Practice, Training, 45,* 281-297. doi:10.1037/a0013305

Kazdin, A. E. (1981). Drawing valid inferences form case studies. *Journal of Consulting and Clinical Psychology, 49*(2), 183-192. doi:10.1037/0022-006X.49.2.183

Luborsky, L., & Crits-Christoph, P. (1990). *Understanding transference: The core conflictual relationship theme method.* New York, NY: Basic Books.

McCullough, L., Kuhn, N., Andrews, S., Kaplan, A., Wolf, J., & Hurley, C. L. (2003). *Treating affect phobia: A manual for short-term dynamic psychotherapy.* New York, NY: Guilford Press.

O'Farrell, M. K., Hill, C. E., & Patton, S. (1986). Comparison of two cases of counseling with the same counselor. *Journal of Counseling and Development, 65,* 141-145.

Schielke, H. J., Fishman, J. L., Osatuke, K., & Stiles, W. B. (2009). Creative consensus on interpretations of qualitative data: The Ward method. *Psychotherapy Research, 19,* 558-565. doi:10.1080/10503300802621180

Stiles, W. B. (2003). When is a case study scientific research? *Psychotherapy Bulletin, 38*(1), 6-11.

Stiles, W. B. (2007). Theory-building case studies of counselling and psychotherapy. *Counselling & Psychotherapy Research, 7*(2), 122-127. doi:10.1080/14733140701356742

Ward, A. (1987). Design archetypes from group processes. *Design Studies, 8,* 157-169.

부록:
합의적 질적 연구
FAQ

Clara E. Hill

　나는 독자들이 이 책을 읽고 합의적 질적 연구(CQR)가 생동감 넘치고 자료를 밀접하게 확인하는 즐거운 방법이며, 그 의미를 분석하고 참가자들이 이야기한 바가 분명해지는 방법이라는 점을 알게 되기 바란다. 우리는 더 고전적인 양적 접근에 질적인 접근이 스며들게 함으로써 이 방법론을 개발하고 수정했다. 두 가지 패러다임을 혼합하는 것이 두 방법론의 장점을 결합하여 통합을 이끌 것이라고 믿는다. 우리는 새로운 주제와 자료 유형에 맞도록 CQR을 꾸준히 수정할 것이며, 새로운 도전과 기회를 위한 지속적인 혁명을 기대한다.

　CQR에 관한 많은 궁금증이 이 방법론을 사용한 경험적인 논문만큼이나 이 책을 통해 해소되기를 희망한다. 그러나 새로운 개념은 받아들이기 어렵고, 다양한 형태로 설명되어야 한다는 것을 잘 알고 있기에 CQR에 관해 자주 받는 질문을 소개하고 답변과 함께 더 자세한 설명을 하기 위해 이 장을 구성에 포함했다. 다음은 전반적인 방법론, 자료 분석, CQR 연구를 작성하는 데 관한 질문에 답변한 것이다.

1. 전반적인 방법론

1. CQR이란 무엇인가?

- CQR은 수량보다는 언어에 근거하는 연구를 위한 귀납적인 접근 방식이다. 연구자들과 자문으로 이루어진 팀이 자료를 코딩하고, 모든 연구자의 합의를 이끌어 내며, 자료의 정확한 반영을 위해 초기 자료로 끊임없이 되돌아가는 작업을 한다. 자료는 대개 언어적 면담으로, 개방형 질문에 대한 응답과 사례 자료다.
  ➡ 제1장 참조

2. CQR을 사용하는 것의 장단점은 무엇인가?

- 장점은 자료에 대한 밀접성을 유지하는 것, 복합적이고 맥락적으로 현상을 탐색하는 능력과 깊은 수준에서 자료를 연구하는 능력의 향상, 자료에 대한 다양한 관점, 팀 작업에 따른 사회적인 측면을 포함한다.
- 단점은 분석 진행에 연관된 세부 내용의 양과 시간, 면담자와 연구자의 알려지지 않은 편견의 영향, 자료의 수송 능력과 연관된 어려움(예, 연구 자료의 복사)을 포함한다.
  ➡ 제1장, 제2장, 제3장 참조

3. CQR을 위해서는 어떤 계통과 훈련법이 가장 적절한가?

- CQR은 심리치료 연구에 주로 사용되지만, 많은 다른 주제의 연구에 사용될 수 있다(예, 건강, 임신중절, 성적 능력).
  ➡ 제2장, 제16장 참조

4. 양적 연구 방법 혹은 질적 연구 방법 중 어느 쪽을 사용해야 하는가? 어떤 종류의 연구 문제가 CQR에 적합한가?

- 양적 혹은 질적 연구 방법론의 선택은 연구 문제에 달렸다. 연구 문제가 통계적으로 무언가의 수량을 알고자 하는 것(예, 미국에 심리치료가 어느 정도 보급되었는가)이거나 조건의 통계적 비교(예, 심리 역동적 심리치료가 인지행동치료보다 나은가) 혹은 변수 간 관련성(예, 작업 동맹과 심리치료 성과 간의 관련성)이라면, 양적 방법론이 가장 좋은 접근이다. 그러나 문제가 내적 경험(예, 치료자가 그들 앞에서 적대적으로 행동하는 내담자에게 어떻게 반응했는가), 태도(예, 심리치료에 대한 기대) 또는 신념(예, 종교/영적 신념)의 상세한 묘사가 필요한 것이라면 혹은 주제에 관해 많은 것을 알지 못하는 상태라면 질적 방법론이 적합하다.
  ➡ 제3장 참조

5. CQR은 다른 질적 방법론과 어떻게 다른가?

- CQR은 많은 다른 질적 방법론보다 구조화되어 있다. 참가자에게서 자료를 수집하기 위해 반구조화된 면담을 하고, 자료 분석을 위해 비교적 명확히 과정을 제한하며, 다양한 연구자와 자문 사이에 합의를 이끌어 낸다.
  ➡ 제1장, 제2장 참조

6. CQR에 관하여 어떻게 양적 연구자들과 소통할 수 있는가?

- 다양한 관점의 중요성, 내적 판단의 신뢰도에 대한 고전적인 측정의 문제점, 일관성을 얻는 반복적인 확인을 위해 원자료로 돌아가는 과정, 매우 깊이 있고 상세하게 현상을 연구하는 능력을 강조한다.
  ➡ 제1장, 제2장 참조

7. CQR에 관하여 어떻게 질적 연구자들과 소통할 수 있는가?

- 자료 분석의 구성적인 특징(자료에서 나타난 현상을 이해하기보다 분류한다는 것은 사실이 아니다)과 아래로부터 분석한다는 점(자료에 이론을 적용하기보다는 자료에서 결과를 도출한다)을 강조한다.

  ➡ 제1장, 제2장 참조

8. CQR과 새로운 변형(CQR-M과 CQR-C) 중 선택 기준은 무엇인가?

- 고전적인 CQR은 면담 자료를 활용하는 데 적합하다. 이러한 자료들은 대면 면담, 전화 혹은 이메일로 수집할 수 있다. CQR-M은 개방형 질문에 대한 응답을 연구하는 데 적합하다. 이런 응답들이 핵심 개념을 구축할 필요 없이 자료에서 파생된 범주 안에 직접적으로 위치해 비교적 간단하다. CQR-C는 사례 자료(예, 심리치료 회기) 연구에 적합하며, 참가자에게 특정한 질문을 하지 않는다. 연구자는 대신 범주화된 자료에서 파생된 구조를 활용한다.

  ➡ 제1장, 제7장, 제17장, 제18장 참조

9. CQR 연구는 시간이 얼마나 걸리는가?

- 우리의 연구는 보편적으로 시작부터 끝까지 2~3년이 걸린다. 계획하는 데 3~6개월, 계획안에 따라 면담을 진행하는 데 3개월, 자료를 분석(영역, 핵심 개념, 교차 분석)하는 데 9~12개월, 원고를 작성하고 다시 쓰는 데 6개월, 논문 출간을 위해 원고를 제출하는 데 6~12개월이 걸린다. 이 시간 제한은 모든 것이 잘 돌아갈 때에 한하며, 팀은 연구 중에 한 주당 2시간을 작업한다. 학위 논문과 논문은 팀이 주당 6~10시간을 작업하기 때문에 더 빨리 완성되는 경향이 있다.

10. CQR은 보편적으로 양적 연구보다 작은 규모의 표본을 사용하는데, 그렇다면 어떻게 보편화할 수 있는가?

• CQR 표본은 모집단으로부터 무선적으로 선정되지 않기 때문에 우리는 자신 있게 모집단에 보편화시킬 수 없다. 그러나 우리는 자료가 표본에 포함된 개인을 더 깊이 이해하는 데 유용해지기를 원한다(예, 우리는 다른 사람에게 적용되는 결과를 희망한다). 그러한 결과를 위해 우리는 주제에 관해 명료하고 설득력 있게 말할 수 있는 잘 분류된 참가자의 표본을 선정하기 위해 매우 노력을 기울인다. 우리는 논문을 쓰면서 독자가 표본의 특성을 알 수 있도록 표본에 관한 자세한 정보를 제공한다. 또한 논문 작성 시 표본의 이례성이나 제한에 관해 기록한다.

• 우리는 각각의 발견이 얼마나 많은 표본의 특징인지 묘사한다. 얼마나 많은 결과가 표본으로부터 보편화될 수 있는지에 관한 아이디어를 제공하려 한다. 우리는 일반적(전부 혹은 하나 빼고 전부에 적용), 전형적(일반적을 위한 기준에서 절반 이상에 적용), 드문(전형적 기준에서 둘 혹은 셋이 적게 적용)으로 구분한다.

  ➡ 제6장, 제13장 참조

• 우리는 또한 CQR 자료의 양도성(transferability)을 직접적으로 시험하고 표본 간 결과의 일관성을 시험하기 위해 질적 메타 분석의 활용을 제안한다.

  ➡ 제6장, 제12장 참조

11. 왜 연구자 간의 신뢰도를 평가하지 않는가?

• 연구자가 신뢰도를 얻기 위해 작업하고 사전에 구분된 범주로 코딩하면, 그들의 목적은 범주의 의미와 다른 연구자들이 어떻게 생각하는가에 국한된다. 그래서 혁신적인 방식으로 자료에 관해 생각해 보는 데 자신의 임상적인 판단을 활용할 필요가 없다. 대신 사려 깊은 논의와 많은 아이디어의 환기 이후에 연구자 간의 합의를 활용하면, 우리의 경험은 더 알맞은 의미

있는 자료를 얻게 된다.

12. 자문을 구하기 위한 CQR 전문가를 어떻게 찾아낼 수 있는가?

• 당신은 관심 있는 주제에 대한 CQR 연구를 진행해 본 저자들과 접촉할 수 있다. 그러나 이러한 요청은 세심하게 이루어져야 한다. 적절한 협의는 오래 걸리는 일이다. 자문가는 대가를 요청하거나 논문에 포함되기를(아마도 자문으로) 원할 것이기 때문이다.

2. 자료 분석의 진행

13. CQR을 어떻게 진행하는가?

• 이 책을 주의 깊게 읽은 뒤에 시작하라. 당신이 도달한 각 단계에 대응하는 연관된 장을 읽어 보도록 한다. 추가로 다른 사람들은 연구에 어떻게 접근했는지 아이디어를 얻을 수 있는 CQR 연구물을 읽어도 좋다. 그리고 가능하다면 처음에는 CQR 경험이 있는 이들과 팀을 이루어 작업하라.

14. 연구 이전에 주제에 관한 현존하는 문헌을 조사해야 하는가, 혹은 시작 전에는 편견이 생길 수 있으므로 그러지 말아야 하는가?

• 우리는 당신이 이전 연구를 답습하는 것이 아니라 다른 이들에게서 배우고 이전에 완료된 연구로부터 확장할 수 있도록 문헌을 조사할 것을 추천한다. 그러나 당신이 면담과 자료 분석을 진행 중이라면 가능한 한 눈앞의 자료에 완전히 집중하도록 이러한 사전 지식을 치워 두거나 넣어 두는 것이 중요하다.

➡ 제3장, 제5장, 제8장, 제9장 참조

15. 연구를 위해 지원한 참가자들을 선정하는 데 얼마나 시간이 걸리는가? 참가자들이 좀 더 잘할 수 있도록 어떻게 격려할 수 있을까?
- 당신의 연구에 사람들이 참여하기를 원한다면, 그들에게 의미 있고 핵심적인 주제를 선정하고, 당신에게 도움이 되고자 하는 그들의 바람에 어필하는 것이 중요하다. 참가자들에게 잘 대하고, 안전을 제공하고, 이야기를 하기 위한 내밀한 환경을 조성하는 것도 중요하다.

  ➡ 제6장 참조

16. 왜 반구조화된 면담을 하는가?
- 우리는 결과를 비교할 수 있도록 참가자들의 자료에 일관성이 유지되기를 원한다. 동시에 개인의 경험이 깊은 수준에서 탐색되기를 원한다. 그래서 두 가지 목표를 위해 반구조화된 면담을 사용한다.

  ➡ 제7장 참조

17. 어느 정도 지난 경험까지 연구에 포함시킬 수 있는가?
- 연구 주제에 따라 다르다. 주제가 순간적인 것(예, 심리치료 회기 내에서 한숨이나 울음)이라면 사건이 일어난 이후 가능한 한 빨리 면담을 진행하는 것이 최선이다. 다른 한편 주제가 더 심오하고 핵심적이며, 당신이 시간에 따른 관점을 원한다면(예, 분리의 영향), 면담은 연구를 위해 경험 이후 약간의 시간이 지난 뒤에 이루어질 필요가 있다.

  ➡ 제6장 참조

18. 자료를 수집하는 중간에 참가자 전원에게 중요한 영역을 탐색하는 것을 잊었다는 점을 깨닫는다면 어떻게 해야 하는가? 초기 참가자들과 면담을 다시 해야 하는가?
- 당신은 그 결과에 대해 주의 깊게 생각해 봐야 한다. 이전 참가자들과 새로

운 참가자들에게서 수집된 자료는 맥락이 상당히 다를 수 있다. 단지 새로운 표본을 위해 자료를 수집하기를 원한다면 자료의 일부를 위해 작은 규모의 표본을 조사하라. 결과 영역에서 추가로 새롭게 발견한 것을 조사하기 원하는 것이라면, 다른 연구자가 이 주제의 자료를 수집하는 것을 권한다.

➡ 제7장 참조

19. 영역이란 무엇인가?

• 영역은 별개의 주제 영역이다(예, 선행 사건, 행동, 결과, 연관된 요인).

➡ 제8장 참조

20. 핵심 개념이란 무엇인가?

• 핵심 개념이란 더 간결한 분류로 참가자가 명확히 말한 것의 핵심을 요약하거나 추상화한 것이다. 핵심 개념은 참가자의 관점을 맥락적으로 반영하기 위해 참가자가 말한 모든 것에서 도출한다.

➡ 제8장 참조

21. 주요 팀에 얼마나 많은 사람을 포함해야 하는가?

• 우리는 주요 팀에 최소한 3명을 포함할 것을 권한다. 영역, 핵심 개념, 교차 분석에 관한 주 연구자로 구성된다. 더 큰 팀도 있고, 드물게 더 소규모 팀도 있다.

➡ 제4장 참조

22. 팀 구성원을 어떻게 선정하는가?

• 연구팀 구성원은 동기가 부여되어 있고(예, 1~2년의 투자) 연구 주제에 흥미가 있으며, 개방적이고, 목적 지향적인 사고가 가능하며(예, 특정한 방식으로 원하는 결과를 얻으려는 의제를 가지고 있지 않은), 팀 작업을 즐겨야 한

다. 그것은 팀의 다양한 선택에 도움을 준다. 또한 서로 대화가 통할 수 있는 사람들로 팀을 구성해야 한다.

➡ 제4장 참조

23. 팀 구성원의 의무는 무엇인가?

• 진행 초기에 역할을 안내하는 것은 중요한 일이다. 전형적으로, 수석 연구자는 제1저자이며, 기관 승인을 얻고, 자료의 흐름을 유지하며, 원고를 작성하는 주된 책임을 맡는다. 수석 연구자를 포함하여 모든 팀 구성원은 보편적으로 면담의 진행과 면담한 사례의 관리에 대한 책임을 공유한다. 이 작업 분배에서 예외는 학위 논문이나 논문에서 자주 발생하는데, 여기에서 수석 연구자(논문 학생이나 저자)는 면담과 자료 관리의 대부분을 맡는다.

➡ 제4장 참조

24. 팀 구성원이 작업을 하지 않는 것을 어떻게 알 수 있는가?

• 팀 구성원이 회의에 나타나지 않거나 과제를 수행하지 않거나 어떠한 의견도 내지 않거나 혹은 다른 이들의 말을 따르지 않거나 지배하려 할 수 있다.

➡ 제4장 참조

25. 만약 CQR팀의 구성원이 작업을 하지 않으면 어떻게 해야 하는가?

• 팀 구성원을 현명하게 선정하여 사전에 문제를 방지하라. 문제가 발생하면, 첫 번째로 팀은 즉시 집단 안에서 그 문제를 논의하기 위해 노력해야 한다. 집단 역동은 필연적으로 발생하며 감수성과 동정심을 필요로 한다. 문제가 해결되지 않으면, 수석 연구자는 해당 팀 구성원에게 물러날 것을 권유할 필요가 있다.

➡ 제4장 참조

26. 자문은 몇 명이나 필요한가?

- 우리는 보편적으로 1명에서 2명의 자문을 활용했다. 두 자문은 종종 관점이 달랐다.

  ➡ 제10장 참조

27. 질적 자료 분석에는 어떤 컴퓨터 소프트웨어를 사용하는가?

- 우리는 어떤 상용 프로그램도 사용하지 않았다. 사용한 단 하나의 프로그램은 워드(예, Micro Word)였다.

  ➡ 제8장 참조

3. 합의적 질적 연구 결과의 작성과 출간

28. 결과와 논의 부분을 보여 주는 가장 효과적인 방식은 무엇인가?

- 연구에 따라 다르다. 때때로 결과와 논의 부분은 분리되어 있고, 때로는 통합되어 있다.

  ➡ 제11장 참조

29. 결과에 핵심 개념이나 인용문을 포함시켜야 하는가?

- 우리는 둘 다 사용했지만, 인용문이 참가자가 실제로 말한 내용의 느낌을 더 잘 전달했기 때문에 이를 더 많이 사용하기 시작했다. 결과에서 핵심 개념과 인용문을 사용할 때도, 표를 사용할 때도 있었다.

  ➡ 제11장 참조

30. 어떻게 논의 부분이 결과를 단순히 반복하지 않게 할 수 있는가?

- 문헌 안에 결과를 고정시켜라. 그리고 발견한 것들의 더 큰 의미에 관해 생

각하라. 이것이 어떤 이론에 들어맞거나 그것을 설명하는 이론을 만들 수
있는가? 중요한 것은 발견한 것들이 말하고자 하는 이야기를 파악하는 것
이다.

➡ 제11장 참조

31. 저자 순서를 어떻게 결정하는가?

- 보편적으로, 수석 연구자가 제1저자이고 연구팀의 다른 구성원들이 다음
  저자다. 저자의 기록은 동등하게 관여했는가와 연관이 있다. 그들의 이름
  은 철자순이나 임의로 위치한다. 자문은 보편적으로 최근의 출판물 정렬에
  따른다. 저자 순서가 연구 초기에 논의되고 모든 구성원이 저자 순서에 기
  록되는 것이 중요하다. 연구에 학부생이 연구자 등으로 참가했을 때나 학
  위 논문 연구를 위해 학점을 획득하려고 저자에 이름을 올리는 경우에는
  문제가 발생한다. 이러한 경우, 우리는 학생의 헌신과 관여의 수준에 따르
  는 두 가지 방식을 활용했다.
- 저자 순서의 윤리에 관해서는 APA 안내서를 참조하라.

32. 어떤 학술지가 CQR 연구를 받아 주는가?

- 상담 학술지의 대부분이 CQR 연구를 게재한다. 아마도 CQR이 상담 심리
  학에서 개발되었기 때문일 것이다. 다른 학술지들에서도 CQR 논문 게재
  는 증가하고 있다.

➡ 제16장 참조

33. CQR 연구의 가치를 학술지 편집자에게 어떻게 설명할 수 있는가?

- 높은 수준의 CQR 연구를 실시하고, 편집 회의에 제출하라. CQR의 적절성
  에 대해 학술지 편집자에게 이야기하라. 질적 연구 방법론에 대한 편견으
  로 원고가 거부당한다면, 편집자에게 글을 써서 방법론을 기술적으로 설

명하고, 질적 연구를 리뷰할 수 있는 자격을 갖춘 사람들 또는 그러한 사람의 이름을 제안할 수도 있다.

4. 마지막 생각

20년 안에 이 책에 제시된 CQR의 내용보다 새로운 질적 방법들이 발전되리라 기대한다. 이러한 발전이 보여 줄 것을 생각해 보는 것은 즐거운 일이다. 연구자들이 연구를 향상시키도록 지속적으로 도울 수 있는 새로운 접근 방법을 생각해 볼 것을 권하는 바다.

참고문헌

Amesican Psychological Association (2010). *Publication manual of the American Psychological Association* (6th ed.). Washington, DC; Autor.

찾아보기

인 명

Bateson, G. 184, 185
Burkard, A. W. 263

Corbin, J. 18

Elliott, R. 18

Gadamer, H.-G. 184
Guba, E. 234

Hess, S. A. 213
Hill, C. E. 15
Hoffman, M. A. 236
Howard, E. E. 247

Inman, A. G. 247

Knox, S. 58, 98, 115, 195

Ladany, N. 106, 159

Mahrer, A. R. 50
McLeod, J. 20
Morrow, S. L. 236
Myers-Briggs 59

Ponterotto, J. G. 40

Rhodes, R. 17

Schlosser, L. Z. 63, 195
Stahl, J. V. 39
Strauss, A. 18

Taylor, N. E.
Thompson, B. J. 17, 64, 141
Timulak, L. 214

Vivino, B. L. 106, 141

Williams, E. N. 64, 233

내 용

APA 윤리사항 266
CQR-C 34
GT 31
Ward 방법 353

가변성 238
갈등 관리 82
감수자 153
감정 반영 128
강화 전략 48
개념화 과정 364
개방형 질문 21
개방형 코딩 18
개요 형식 160
개인 치료 370
결과 작성 275
결과 타당도 259
고용 253
관심 집단 258
관찰법 43
교차 분석 19, 28
구두 자료 18
구성주의 패러다임 248
구조주의 40
귀납적 방식 31
귀납적 접근 22

근거 이론 18
기대 87

논평 기사 92

다양성 범주 237
다중법 236
단계적 구조 18
단일 사례 효능 설계 353
대상 표본 110

라포 270

면담 43, 115
면담 계획안 65
면담 녹취록 273
면담 방식 18
면담 사본 141
면담 숙련도 266
면담 시행자 122
면담 질문 120, 272
면담 질문지 132
면담자 훈련 126
면대면 포커스 그룹 285
면접 자료 115
명확성 240

모사 213
모사 연구 227
모의 면담 126
모집 111
모집 과정 106, 113
모집 방법 109
모집 편지 110
모집단 104, 108, 253
무선 표집 41
무선 할당 41
무작위 표본 104
문헌 조사 58, 64
문화 보편주의 247
문화 상대주의 247
문화적 타당성 253
물리학 선망 50
미국심리학회 263

반영성 234
반응성 239
발견 지향 연구 330
범주 라벨 223
범주 목록 173
범주 체계 176
범주화 과정 168
변산성 172

변증법 184

변형적 범주 238

부표본 214, 226

비디오 녹화 설문지 285

비밀 보장 253, 272

빈도 범주 171

사례 개념화 364

사례 연구 349

사례 연구 접근법 350

사전 동의 254

사전 면담 115

사후 분석 92

삼각 측량 234

상향식 접근법 330

서면 설문 115

서면 질문지 136

소프트웨어 프로그램 150

수석 연구자 75

슈퍼바이저 23, 117

슈퍼바이지 203

슈퍼비전 118

시범 면담 27, 120

신뢰도 233

신뢰성 233

실증주의 40

아이디어 수첩 61

안정성 173

양적 연구 방법 15

양적 접근법 50

연구 동맹 128

연구 문제 375

연구 보고서 97

연구 아이디어 58

연구 주제 60

연구 질문 252

연구 패러다임 40, 48

연구자 숙련도 266

연역적 접근 17

영역 개발 142

영역 구조 172

영역 목록 141, 142

오디오 녹음 254

오디오 장비 133

오차 분산 233

온라인 포커스 그룹 285

외부 독자 207

외부 자문 188

워드 프로세서 150

워밍업 질문 258

원고 작성 97, 206

원자료 269

유도성 질문 120

유사 언어 254

의존성 234

이동성 234

이메일 설문 115

이메일 질문지 136

이중 관계 270

이중 역할 270

이중 코딩 147

이중맹검법 41

익명성 253

인터넷 면담 121

일기 쓰기 136

일반화 가능성 234, 238

임상시험심사위원회 263

자기 개방 120, 271

자기 지각 239

자료 분석 32, 95

자료 사본 28

자료 수집 32, 92, 247

자료 해석 88, 249

자문 92, 156, 183

자문 위원 188

잠재적 참가자 111, 122

잡동사니 자료 147

재진술 128

전사 133

전사자 133

전집 47

전형적 범주 237

전화 면담 115

정보 제공 동의 과정 274

정보의 동의 271

주관성 234, 239

주제 선정 58

주제 영역 28, 143

준언어 254

지도화 185

지필 설문지 285

지필 자료 18

직업 상담 370

직접 면담 121

진실성 234

질적 메타 분석 34, 214

질적 면담 266

질적 연구 17

질적 연구 방법 17

질적 자료 48

집단 사고 82

집단 심리치료 370

집단 역동 25, 84, 96

집단 역동성 270

집단 연구 25

참가자 122

참여율 109

초보 연구자 269

최종 개념화 365

축어록 133

커플 상담 370

코드 번호 273

코딩 17, 258

코딩 과정 88, 91

타당도 233

탐구적인 연구 330

통신문 115

통합 구성 200

팀의 구성 71

편견 60, 87

평정자 15

평정팀 330

포커스 집단 27, 136

포화 상태 234, 236

표 형식 160

표본 101

표본 결과 222

표본 모집 106, 235

표본 선정 101

표본 선택 101

표본 추출 247

표본 크기 105, 333

표적 집단 115, 258

표집 47

프로토콜 126, 132

피드백 방식 191

하위 표본 170

하향적 접근 17

합의 버전 148

합의적 질적 연구 19

합의적 질적 연구-사례 연구
280

합의적 질적 연구-수정본 17,
280, 329

핵심 개념 28

행동주의 심리학 48

현상학적 접근 51

화상통신 면담 122

확증성 234

후기 실증주의 40

훈련 78

| 편저자 소개 |

힐(Clara E. Hill) 교수는 1974년 서던 일리노이 대학교에서 박사학위를 받았다. 그해 매릴랜드 대학교 심리학과에 조교수로 부임해서 지금까지 교수로 재직하고 있으며, 상담심리 프로그램을 운영하고 있다. 그녀는 Society for Psychotherapy Research와 North American Society for Psychotherapy Research 학회장, *Journal of Counseling Psychology*, *Psychotherapy Research*의 편집장을 역임하였다. 또한 미국심리학회 분과 17(상담심리학회)에서 수여하는 Leona Tyler Award를 수상하였고, 분과 29(심리치료)에서는 저명한 심리학자상, Society for Psychotherapy Research에서는 저명한 연구자상, 상담심리학회 평생업적 공로상을 수상하였다.

힐 교수의 주요 연구 주제는 상담의 기술, 심리치료 과정 성과 연구, 심리치료자 훈련, 꿈치료, 질적 연구다. 힐 교수는 165편의 학술논문을 발표했고, 34개의 북 챕터를 집필했으며, *Therapist Techniques and Client Outcomes: Eight Cases of Brief Psychotherapy* (1989), *Working with Dreams in Psychotherapy* (1996), *Helping Skills: Fascilitating Exploration, Insight and Action*(1st ed., with Karen M. O'Brien, 1999), *Helping Skills: The Empirical Foundation*(2001), *Dream work in Therapy: Fascilitating Exploration, Insight, and Action*(APA, 2004), *Helping Skills: Fascilitating Exploration, Insight, and Action*(2nd ed., APA, 2004), *Insight in Psychotherapy*(with Louis G. Castonguay, APA, 2007) 등의 저서가 있다.

| 역자 소개 |

주은선은 현재 덕성여자대학교 심리학과 교수로 재직하고 있다. 초등학교와 중학교 시절을 미국에서 보냈고, 이것이 계기가 되어 다양한 사람이 사회와 문화에 적응하는 분야에 관심을 갖게 되었다. 특히 다학제 간 접근(심리학을 중심으로 사회학, 인류학, 의학, 신학 등과 접목시킴)에 매력을 느껴 미국 시카고 대학교 심리학과의 임상 및 상담심리 프로그램인 Mental Health Program을 수료하여 1996년에 박사학위를 받았다. University of Chicago 병원, Northwestern Veterans 병원, Chicago Counseling and Psychotherapy Center 등에서 인턴십, post-doc. 훈련을 마치고 미국 일리노이 주 임상심리학자 자격 조건을 갖추었다. 한국상담심리학회 상담심리전문가, 한국가족상담협회 가족상담사 슈퍼바이저, 다문화상담자 슈퍼바이저이고, 미국 포커싱 트레이너 자격증을 취득하였다.

주요 연구 관심 분야는 합의적 질적 연구, 인간중심과 포커싱 체험심리치료, 심리치료자들의 발달과 성장, 상담과 문화다. 주요 역서로는 『상담의 기술』, 『진정한 사람되기: 칼 로저스 상담의 원리와 실제』, 『꿈 치료: 탐색 · 통찰 · 실행의 촉진』, 『인간중심 상담의 임상적 적용』 등이 있고, 『포커싱 체험심리치료: 내 마음의 지혜와 선물』, 『Handbook of Counseling and Psychotherapy in an International Context』(Routledge 출판사)의 한국 챕터를 집필하였다. 「Counselors in South Korea」, 「Application of focusing-oriented psychotherapy in dealing with issues of Asian immigrants」 등의 논문을 국제학술지(SSCI)에 게재하였다.

합의적 질적 연구
– 사회과학 현상 탐구의 실질적 접근 –

Consensual Qualitative Research:
A Practical Resource for Investigating Social Science Phenomena

2016년 1월 20일 1판 1쇄 발행
2023년 6월 20일 1판 5쇄 발행

편저자 • Clara E. Hill
옮긴이 • 주 은 선
펴낸이 • 김 진 환
펴낸곳 • (주) **학지사**
       04031 서울특별시 마포구 양화로 15길 20 마인드월드빌딩 5층
대표전화 • 02) 330-5114   팩스 • 02) 324-2345
등록번호 • 제313-2006-000265호
홈페이지 • http://www.hakjisa.co.kr
페이스북 • https://www.facebook.com/hakjisabook

ISBN 978-89-997-0547-2 93370

정가 20,000원

출판미디어기업 **학지사**

간호보건의학출판 **학지사메디컬** www.hakjisamd.co.kr
심리검사연구소 **인싸이트** www.inpsyt.co.kr
학술논문서비스 **뉴논문** www.newnonmun.com
원격교육연수원 **카운피아** www.counpia.com

질적 연구방법론
-다섯 가지 접근-
원서 3판

John W. Creswell 저
조흥식 · 정선욱 ·
김진숙 · 권지성 공역

2015년
4×6배판 · 양장 · 520면 · 23,000원
ISBN 978-89-997-0594-6 93370

질적 연구
-시작부터 완성까지-

Robert K. Yin 저
박지연 · 이숙향 · 김남희 공역

2013년
4×6배판 · 반양장 · 488면 · 20,000원
ISBN 978-89-997-0237-2 93370

질적 연구
방법으로서의 면담

Irving Seidman 저
박혜준 · 이승연 공역

2009년
신국판 · 반양장 · 320면 · 15,000원
ISBN 978-89-6330-232-4 93370

근거 이론의 발견
-질적 연구 전략-

Barney G. Glaser ·
Anselm L. Strauss 공저
이병식 · 박상욱 · 김사훈 공역

2011년
신국판 · 양장 · 368면 · 16,000원
ISBN 978-89-6330-605-6 93370

내러티브,
인문과학을 만나다
-인문과학연구의 새 지평-

Donald E. Polkinghorne 저
강현석 · 이영효 · 최인자 ·
김소희 · 홍은숙 · 강웅경 공역

2009년
신국판 · 반양장 · 408면 · 15,000원
ISBN 978-89-6330-128-0 93370

민속방법론
-현상학적 사회학과 질적 연구-

손민호 · 조현영 공저

2014년
크라운판 · 반양장 · 288면 · 16,000원
ISBN 978-89-997-0452-9 93370

APA 논문작성법
원서 6판

미국심리학회 편
강진령 역

2013년
크라운판 · 반양장 · 416면 · 18,000원
ISBN 978-89-6330-890-6 93180

7판
현대 기초통계학
-이해와 적용-

이화여자대학교 성태제 저

2014년
4×6배판 · 반양장 · 544면 · 23,000원
ISBN 978-89-997-0293-8 93310

구조방정식모델링의
이해와 적용

문수백 저

2009년
4×6배판 · 반양장 · 728면 · 27,000원
ISBN 978-89-6330-014-6 93370

구조방정식모형
-원리와 적용-

Rex B. Kline 저
이현숙 · 김수진 · 전수현 공역

2010년
4×6배판변형 · 반양장 · 480면 · 22,000원
ISBN 978-89-6330-303-1 93370

2판
SPSS/AMOS를 이용한
알기 쉬운 통계분석
-기술통계에서
구조방정식모형까지-

이화여자대학교 성태제 저

2014년
4×6배판 · 반양장 · 456면 · 19,000원
ISBN 978-89-997-0294-5 93310

알기 쉬운
메타분석의 이해

황성동 저

2014년
4×6배판 · 반양장 · 320면 · 16,000원
ISBN 978-89-997-0431-4 93310